KB045100

# 연꽃 십자가

# 연꽃 십자가

## 개운사 훼불사건과 종교평화

손원영교수불법파면시민대책위원회 편

도서출판 모시는사람들

# 연꽃 십자가

등록 1994.7.1 제1-1071
1쇄 발행 2020년 5월 25일

엮은이 손원영교수불법파면시민대책위원회
펴낸이 박길수
편집장 소경희
편 집 조영준
관 리 위현정
디자인 이주향
펴낸곳 도서출판 모시는사람들
03147 서울시 종로구 삼일대로 457(경운동 88번지) 수운회관 1207호
전 화 02-735-7173, 02-737-7173 / 팩스 02-730-7173
홈페이지 http://www.mosinsaram.com/

인 쇄 (주)성광인쇄(031-942-4814)
배 본 문화유통북스(031-937-6100)

값은 뒤표지에 있습니다.
ISBN 979-11-88765-81-2 03300



이 도서의 국립중앙도서관 출판예정도서목록(CIP)은 서지정보유통지원시스템 홈페이지(http://seoji.nl.go.kr)와 국가자료공동목록시스템(http://www.nl.go.kr/kolisnet)에서 이용하실 수 있습니다.(CIP제어번호: CIP2020016758)

# "세상은 저절로 좋아지지 않는다"

박경양 _ 손원영교수불법파면시민대책위원회 상임대표

기독교는 종교 갈등과 관련한 아픈 역사가 있습니다. 이교도를 몰아내고 성지를 회복한다는 명목으로 교황 우르바노 2세에 의해 1095년에 시작되어 1291년까지 아홉 차례에 걸쳐 약 200년간 계속된 십자군 전쟁은 기독교 역사의 오점으로 남아 있습니다. 또 제2차 세계대전 후 발생한 중동국가들의 분쟁, 캐시미르 분쟁, 북아일랜드 분쟁, 코소보 분쟁, 이란과 이라크 분쟁, 아르메니아와 아제르바이잔 분쟁 등 국가 간 분쟁이나 내전은 대부분 이념이나 종교적인 문제에서 비롯되었습니다. 이것은 종교 갈등이 얼마나 위험한지를 말해 줍니다. 다종교 사회인 우리나라에서 종교평화를 추구하고 종교 갈등의 위험성을 늘 경계해야 할 이유도 여기에 있습니다.

개신교 복음주의 신학자인 제럴드 맥더모트는 『기독교는 타종교로부터 무엇을 배울 수 있는가?』에서 성 아우구스티누스는 신플라톤주의로부터, 토마스 아퀴나스는 아리스토텔레스로부터, 장 칼뱅은 르네상스 인문주의로부터 배웠듯이 기독교는 이웃종교로부터 배워야 한다고 말했습니다. 이웃종교 사상가와 전통들로부터 그리스도 안에 나타난 하나님의 계시를 더 분명히 이해할 수 있기 때문입니다. 그는 "이웃의 신앙을 이해할 때 우리는 그들을 지성을 다해 더욱 사랑할 수 있습니다. 또한 그들의 종교에 대해 배울 때 우리가 그들을 존중하고 있음을 표현할 수 있습니다."라고 말했습니다.

"세상은 저절로 좋아지지 않는다." 역사학자인 에릭 홉스봄의 말입니다. 종교평화 역시 그렇습니다. 종교평화는 저절로 오는 것이 아닙니다. 종교평화를 위해 투쟁하는 그 누군가를 통해 종교평화 시대는 열릴 것입니다. 그런 의미에서 종교평화를 위한 '김천 개운사 훼불 사건'과 관련한 손원영 교수의 행동은 박수를 받아야 합니다. 이 책 제목이기도 한 '연꽃 십자가'의 한 몸부림이니까 말입니다. 하지만 손원영 교수는 한 개신교인이 훼손한 김천 개운사 불당 복원을 위해 모금운동을 전개했다는 이유로 재직 중인 대학으로부터 파면을 당해야 했습니다. 그리고 3년간의 법적 소송 끝에 대학 측의 그에 대한 파면이 무효라는 법원의 최종 판결을 이끌어 냈습니다.

이 책은 김천 개운사 훼불 사건과 관련한 손원영 교수의 고통스럽고 지난했던 투쟁의 기록입니다. 지난 3년간의 소송 과정에서 손 교수가 감당해야 했던 고통은 감히 짐작하기 어렵습니다. 하지만 이 책을 출판하는 이유는 단순히 손원영 교수의 투쟁 기록을 남기기 위해서가 아닙니다. 손원영 교수처럼 종교평화를 꿈꾸는 이들에게, 또 앞으로 종교평화를 위해 투쟁할 이들에게 용기를 주고, 특히 이웃종교에 배타적이고 종교 갈등을 조장하는 이들에게 경종을 울리기 위해서입니다. 하여 우리는 손원영 교수의 지난했던 투쟁의 기록을 '연꽃 십자가'라는 제목을 달아 이 책에 또렷하게 기록해 둡니다.

이 책은 크게 4부로 되어 있습니다. 우선 제1부는 '종교평화의 길'이란 주제로 선별된 손원영 교수의 설교문과 에세이입니다. 특히 여기에 실은 그의 설교는 모두 불교와 관련된 내용으로서, 불교의 언어를 통해 가급적 기독교를 다른 각도에서 이해하고자 시도한 것들입니다. 마치 불교라는 타자를 '거울'로 하여 기독교인 우리 자신을 새롭게 보고자 한 시도라고 말할 수 있습니다. 이러한 설교를 일컬어 손원영 교수가 활동하는 기독교교육학계에서는 '재개념주의 접근'(reconceptualist approach)이라고 부릅니다. 이러한 유형의 설교나 교육은 기독교의 진리를 새롭게 재구성하는 데 매우 유익할 뿐만 아니라, 다종교 시대에 적절한 선교의 방식이 아닌가 싶습니다. 모쪼록 기독교와 불교가 한때 적대적 관계였다고 한다면, 이제 손원영 교수의 설교와 같은 재개념주의적 복음 선교를 통해 두 종교가 진리를 함께 추구하는 가까운 벗이 되기를 간절히 빌어마지 않습니다.

제2부는 '개운사 훼불 사건과 법정'의 일지로, 개운사 훼불 사건 및 불당회복을 위한 모금운동 이후 벌어진 손원영 교수의 '법정 투쟁 보고서'입니다. 이내용은 다시 크게 세 부분으로 구성되었습니다. 첫째는 손원영 교수가 소위 우상숭배죄로 고발되어 서울기독대학교 교수직에서 파면되기까지 학교 당국과 주고 받은 주요한 공식 문서이고, 둘째는 불법 파면이 있은 후 각계에서 보내준, 파면 철회를 바라는 탄원서들입니다. 그리고 셋째는 대한민국 법원이 내린 파면무효 확인소송의 판결문입니다. 이 자료들은 대학을 비롯한 종립기관에서 유사한 종교적인 문제로 갈등하는 분들에게 중요한 정보로 활용될 수 있는 한 '판례'가 될 수 있을 것입니다.

제3부는 종교와 폭력을 주제로 한 토론문입니다. 주지하듯이 손원영 교수의 파면을 안타까워하면서 2017년 3월 31일 '손원영교수불법파면시민대책위원회'가 구성되었습니다. 그리고 같은 해 5월 26일 대책위는 서울시 NPO지원센터에서 '종교와 폭력'이란 주제로 손원영 교수 파면 철회를 위한 시민대토론회를 개최하였습니다. 여기에 수록된 네 편의 글은 모두 그때 발표된 원고들입니다. 발표자들은 한결같이 우리 사회 종교 폭력의 문제점을 예리하게 분석해 주었고, 종교평화의 중요성을 적절히 제시하여 주었습니다. 이 지면을 빌려 발표자들에게 심심한 고마움을 전합니다.

마지막으로 제4부는 종교평화를 위한 담론들의 모음집입니다. 손원영 교수가 교수직에서 파면되자, 묘한 일들이 벌어졌습니다. 그것은 다름 아니라 그의 가까운 지인에서부터 전혀 알지 못하는 분들에 이르기까지, 또 학자에서부터 언론인에 이르기까지 학교 당국의 몰상식성과 기독교의 배타성을 비판하는 글들이 수없이 쏟아진 것입니다. 어떤 이는 자신의 페이스북에 포스팅하였고, 또 어떤 이는 신문에 투고하였습니다. 그리고 언론들은 사설을 통해 손원영 교수의 복직 요구와 함께 종교평화를 외쳤고, 기자들도 인터뷰를 요청하였습니다. 따라서 제4부에서는 손원영 교수를 변호하며 응원한 여러 글들, 그리고 손원영 교수 사건의 종교적이고 학문적인 의미, 특히 법적인 의미를 밝힌 글들을 담았습니다. 담론들이 손원영 교수의 파면 사건에 국한된 글들이니만큼 내용상 약간 중복된 부분이 없지 않습니다. 하지만 한 사건을 입체적으로 조명한다는 측면에서 그 의미가 매우 크다고 생각하여 가감 없이 수록하였습니다. 독자분들의 넓은 이해를 구합니다.

이 책을 출판하면서 지난 3년간의 지루한 투쟁 과정에서 형언하기 어려운 아픔을 온몸으로 겪은 손원영 교수님께 마음 깊은 위로와 격려의 뜻을 전하고 싶습니다. 그동안 손원영 교수가 승리하기까지 함께한 대책위의 위원들과 응원해 주신 모든 분들, 특히 옥고로 응원해 주신 여러 필자들과 출판사 관계자 여러분에게 깊은 감사의 말씀을 드립니다. 끝으로 종교평화를 꿈꾸는 모든 이들에게 "세상은 저절로 좋아지지 않습니다. 하지만 바로 당신이 종교평화의 시대를 사는 그 사람입니다."라고 말해 주고 싶습니다. 감사합니다.

2020년 3월

민영진_ 전 대한성서공회 총무

평소에 손원영 교수는 서울기독대학교를 자랑했고, 사랑했다. 그는 그 대학이 소속된 그리스도의교회협의회 핵심 가치 중 하나인 '본질에는 일치, 의견에는 자유, 매사에는 사랑'이라는 선언에 긍지를 가지고 있었다. 이러한 정신과 태도를 가진 교단이라면, "새 언약의 일꾼"(고후 3:6) 되기에 넉넉한 교단으로서 모든 교회와 우리나라 국민 모두의 존경을 받아 마땅하고, 민족과 세계를 구원하기에 넉넉한 복의 근원(창 12:2)이 될 수 있고, 세계 끝까지 모든 '종족과 민족과 백성과 언어'(계 7:9)를 구원할 '뭇 민족을 비추는 빛'(사 49:6)의 사명을 감당하는 대열에 넉넉히 참여할 수 있을 것이라고 생각했다. 손원영 교수가 그 대학의 교수로 임용이 되어 행복하게 최선을 다하여 그 대학을 섬긴 것을 보면 나의 이런 생각이 과히 틀리지 않을 것 같았다.

그러나 한 기독교 신도가 개운사 불상을 훼손한 사건을 보고, 손원영 교수가 기독교인으로서, 한 신학자로서, 한 목사로서 그 훼불에 대한 잘못을 인정하고, 배상 책임을 자인하고, 훼손된 불당회복을 위한 모금 활동을 전개하자 환원학원이사회는 손 교수가 교단과 학교의 신학에 반하는 행동을 한 것이라고 하여 그를 파면한 것을 보면서, 이 교단이 언제부턴가 '공중권세 잡은 자'의 손에서 조종을 당하고 있는 현실을 보았다. 비록 손 교수가 3년여 법정 투쟁 끝에 파면 취소라고 하는 최종 승소를 이끌어냈지만, 안타깝게도 상처가 아물기에는 아직 시간이 많이 필요한 것 같다.

손 교수가 악전고투를 하면서도 승소를 이끌어낸 배후에는 그를 불러서

쓰신 그분께서 손 교수에게 숱한 천군천사들을 보내시어 그를 지켜주셨기 때문이다. 이제 그 천군천사들이 지난 3년 동안 손 교수에게 일어났던 일의 목격자로서 사실을 차례대로 엮어 누구나 확인할 수 있도록 내놓았다. 이 엄중한 사실과 소중한 증언인 『연꽃 십자가: 개운사훼불 사건과 종교평화』는 환원학원과 그 교단도 되살리고, 우리나라에서는 종교평화도 이루어낼 것을 확신하면서, 이것으로써 독자 제현께 삼가 추천의 말씀을 갈음한다.

2020년 3월

| 추천사 |

석현장_ 대원사 주지스님

“가나안 성도를 아시나요?” 서울에 가면 가나안교회가 있다. 함께하는 성도가 200만 명이 넘는다니 세계 최대 규모의 교회가 아닐 수 없다. 가나안 성도들을 인도하는 손원영 목사님의 초대로 나는 가나안교회 강론 연사로 초대받아 간 적이 있다. 신에 대한 믿음은 있지만, 독선적인 성직자의 행태가 보기 싫어 교회에는 ‘안 나가’는 신자를 가나안 성도라고 부른다. 가톨릭에는 입문자도 많지만 냉담자도 크게 늘어나고 있다. 불교는 좋아하지만 종단의 비리에 사찰을 외면하는 불자들도 많다. 이처럼 특정 종교를 떠나 신자들 위에 군림하고 추태를 일삼는 일부 성직자들로 인해 탈종교 현상이 빠르게 진행되고 있다. 그리고 가나안 성도가 중심이 되어 영성과 명상의 시대가 열리고 있다. 내가 초대받은 가나안 성도들의 모임 장소는 거창한 교회가 아니고 작은 방이었고, 모인 사람들도 소박한 성품의 선한 이웃들이었다. 그때, 나는 탐진치 삼독의 노예로 살아가는 범부의 삶을 닭과 뱀 그리고 돼지의 비유를 들어 이야기했던 기억이 난다.

동양적인 신학의 내공이 깊은 온화한 성품의 손원영 목사는 지난 2017년 2월17일 서울기독대학교에서 교수직을 박탈당했다. 내력은 이렇다. 자신을 개신교 신자라고 밝힌 한 남성이 김천 개운사 법당에 들어가 “불상은 미신이고 우상이다.”라고 외치며 몽둥이로 법당에 봉안되어 있던 불상 등을 파괴한 사건이 일어났다. 이 같은 사실을 보도를 통해 알게 된 손 교수는 사건에 대해 대신 사과하고, 자신의 페이스북을 통해 사과의 의미를 담아 불당 복구비용을 모금했다. 손 교수의 모금운동은 종교간 화합을 상징하는 미담 사례로 소개되며 잔잔한 감동을 불러왔다. 그러나 서울기독대가 속한 교파인 그리스도의교회협의회와 서울기독대학교 총동문회 등에선 손 교수의 모금운동이 건학이념을 훼손하였다며 문제를 삼았다. 그리고 학교당국은 결국 '우상숭배'를 옹호한 죄로 손 교수를 전임교수로 일해 왔던 학교에서 쫓아냈다.

사실 개운사 법당 파괴 사건 이전에도 문화재 법당에 불지르고 불상을 파괴한 사건은 수없이 발생하였다. 범인들은 한결같이 개신교신자로 밝혀졌다. 경찰은 책임자를 법에 따라 처벌하고 피해보상을 하게 해야 하는데, 많은 경우 종교간 분쟁을 예방한다는 차원에서 정신질환자의 소행으로 처리하였다. 하지만 여기서 우리가 한 가지 기억해야 할 것은 수많은 법당이 불타고 불상이 파괴되었지만, 불교도들의 보복방화나 십자가 훼손은 한 건도 보고된 적이 없다는 점이다.

손원영 목사는 자신의 파면이 공적인 문제로 생각하여 학교 측을 상대로 파면무효소송을 제기하였다. 법원은 기독교인의 양심과 종교화합을 위해 개운사 불당 파괴에 대한 사과와 모금운동을 전개한 일이 파면의 이유가 될 수 없다고 판시하며 손원영 교수의 손을 들어주었다. 여기서 특이한 일은 손 교수가 개운사 불당회복을 위한 모금운동을 한 이후로 한국 사회에 불상 파괴나 법당 방화 사건이 더 이상 발생하지 않았다는 사실이다. 따라서 바라기는 손원영 교수의 사건이 종교평화의 마중물이 되어 이 땅에 이웃종교를 폄훼하는 일이 반드시 없어지기를 기대하는 바이다. 그리고 이 책이 종교평화를 바라는 많은 분들에게 좋은 참고가 되기를 바란다.

2020년 3월

# | 추천사 |

오강남_ 캐나다 리자이나 대학교 종교학 명예교수

저는 종교간의 대화, 특히 불교와 기독교의 대화와 화해와 협력을 염원하고 계속 그 방면의 글을 써 온 사람으로서 한국에서 자주 들리는 기독교인들에 의한 훼불 사건을 들을 때마다 가슴이 아팠습니다. 그보다 더욱 가슴 아프고 황당하기까지 한 일은 그런 훼불 사건에 대해 미안해하고 그 미안함을 어떻게든 표해 보고자 훼손된 불상의 복원을 위한 모금에 애쓴 기독교 신학자를, 해당 신학교에서 우상숭배라는 죄명을 씌워 파면했다는 사실이었습니다. 프란치스코 교황은 근본주의는 그 자체가 폭력이라 하였습니다.

이 사건의 당사자 손원영 교수의 소식을 듣고 안쓰러운 마음에 그를 만나 인사동에서 점심도 함께하고 그가 열린선원에서 설교/설법할 때 거기 참석하기도 하였습니다. 몇 번 만날 때마다 그가 시작한 가나안교회의 기본정신에도 찬동한다는 마음을 전하기도 하였습니다. 그를 만날 때마다, 그리고 그가 여기 저기 쓰는 글을 대할 때마다 이렇게 따듯하고 열린 마음을 가진 분이야말로 종교간 대화를 진작시키는 데 힘쓸 적임자라는 생각이 더욱 뚜렷해졌습니다. 이런 분이 이번에 자기가 겪은 경험을 기록으로 남기고 그와 가까운 분들과 함께 종교간의 관계가 어떠면 좋을까를 다루는 책을 내게 된다니 매우 기쁘게 생각합니다. 부디 이 책이 역사적 기록으로 남을 뿐 아니라 상당수 한국 기독교인들이 이웃종교에 대해 보여주는 배타적 태도가 어떠한가를 여실히 드러내고 또 이런 태도를 불식시키는 데 도움이 되기 바랍니다.

2020년 3월

## | 추천사 |

고진하_ 시인

벽이 허물어지는 아름다운 어울림을 보네.
저마다 가는 길이 다른
맨머리 스님과
십자성호를 긋는 신부님,
나란히 나란히 앉아 진리의 법을 나누는
아름다운 어울림을 보네.
늦은 깨달음이라도 깨달음은 아름답네.
자기보다 크고 둥근 원(圓)에
눈동자를 밀어 넣고 보면
연꽃은 눈흘김을 모른다는 것,
십자가는 헐뜯음을 모른다는 것,
연꽃보다 십자가보다 크신 분 앞에서는
연꽃과 십자가는 둘이 아니라는 것,
하나도 아니지만 둘도 아니라는 것,
늦은 깨달음이라도 깨달음은 귀하다네.
늦은 어울림이라도 어울림은 향기롭네.
이쪽에서 〈야호!〉 소리치면
저쪽에서 〈야호!〉 화답하는 산울림처럼
이 산 저 산에 두루 메아리쳐 나아가면 좋겠네.

- 고진하, 『얼음수도원』 중에서

이 책의 제목은 내가 쓴 위 시 〈연꽃과 십자가〉에서 따 왔다고 한다. 고마운 일이다. 시 안에는 종교간의 관용과 대화 그리고 평화를 추구하는 일이 얼마나 힘들고 어려운 일인지 잘 담겨 있다. 실제로 그 일로 해서 터무니없는 고초와 시련을 당한 분들이 꽤 있다. 손원영 목사님도 그중의 한 분이다. 하지만 그가 붓대롱으로 하늘을 보는 옹졸하고 편협한 세력과 맞설 때 곁에서 응원하고 격려해 준 분들의 글을 여기에 모았다. 아직도 그 길이 좁고 험난하지만 우리 모두 헌걸찬 걸음으로 진리와 생명과 빛의 세상을 열어가자!

2020년 3월

## | 감사의 글 |

2016년 1월 17일 늦은 밤, 김천의 개운사에 큰 소동이 벌어졌다. 60대의 한 기독교인이 법당에 들어가서 불상은 우상이라며 불당을 모두 훼손하고, 또 비구니 주지인 진원 스님에게 지옥에 가라며 폭언을 한 사건이 벌어진 것이다. 이것은 다종교 사회인 대한민국에서 절대로 일어나지 말아야 할 참담한 사건이었다. 그 날 밤, 나는 개신교인에 의해 계속 반복되는 이웃종교 폄훼사건을 목도하면서 한 그리스도인이자 신학대학 교수로서 말할 수 없는 부끄러움과 수치심을 느꼈다. 그래서 가슴 속 양심이 시키는 대로 곧 불자분들에게 죄송하다는 사과의 말과 함께 훼손된 불당을 회복하기 위한 모금운동을 전개하였다. 그런데 그것이 내 인생을 180도 바뀌는 사건이 되고 말았다. 왜냐하면 그 사건이 인연이 되어 나는 대학교수 직에서 파면 처분되었고, 3년이라는 긴 세월 동안 법정을 오가면서 종교평화의 전도사가 되었기 때문이다.

2019년 11월 4일, 지루하던 파면무효확인 소송이 나의 최종승소로 끝났다. 그리고 어제 2020년 4월 1일 만우절에 거짓말 같은 복직 소식이 드디어 날아왔다. 학교 이사회가 나의 복직을 최종적으로 승인했다는 소식이었다. 개운사 사건이 일어난 지 만 4년 3개월 만의 일이다. 드디어 제자리로 돌아갈 수 있게 되어 기쁘기 한량없다. 지금까지 지지하고 응원해 준 모든 분들에게 머리 숙여 심심한 사의를 표한다. 마침 소송이 끝날 무렵, '손원영교수불법파면시민대책위원회'의 상임대표이신 박경양 목사님께서 나의 사건을 정리하여 기록으로 남기자고 제안하셨다. 나는 한국의 종교평화를 위해 의미 있는 일이라고 판단되어 기꺼이 동의하였다. 그런데 그 원고의 마지막 교정작업을 하는 중에 복직 소식을 접하니 참 묘한 기분이 든다. 마치 하늘의 높은 분이 뜻이 있어 다 일을 꾸미고, 나는 그 각본에 따라 연기를 잘 마친 느낌이랄까? 가슴 속에서 어떤 뜨거운 것이 솟아오른다. 그리고 말할 수 없는 개운함과 뿌듯함, 그리고 고마움이 마음에 가득하다. 모쪼록 이 땅에 다시는 종교가 다르다는 이유로 서로 미워하고 혐오하는 일이 없었으면 좋겠다.

끝으로, 소송에서 최종 승소하고 또 복직하기까지 음으로 양으로 나를 격려하며 응원해 준 모든 분들에게 진심으로 감사드린다. 특히 비록 짧은 지면으로나마 구체적으로 감사를 표해야 할 분들이 여럿 계신다. 우선, 개운사 전 주지인 진원 스님과 현 주지인 일균 스님에게 감사드린다. 두 분에게는 이루 말할 수 없는 죄송함과 또 고마움이 있다. 모쪼록 나의 승소와 복직이 상처를 입은 개운사의 불자분들에게 작은 위로가 되기를 바라며, 앞으로 종교평화를 위해 서로 협력하는 좋은 벗이 되기를 기대한다. '손원영교수불법파면시민대책위원회'의 박경양 상임대표님을 비롯한 종교계와 학계를 망라한 40여 분의 위원님들에게 감사드린다. 대책위의 응원이 없었더라면 매우 어려운 처지에 빠질 뻔하였는데, 대책위 덕분에 승소에 큰 힘이 되었다. 그리고 이렇게 의미 있는 책까지 출판하게 되어 너무나 감사하다. 특히 이도흠 교수님(한양대)과 이찬수 교수님(서울대)의 응원을 잊지 못할 것이다. 이도흠 교수님은 항소심에서 내가 매우 힘들어할 때 용기를 북돋아 주며, 자청하여 전국의 교수 및 연구자 2,501명 명의의 탄원서를 받아 법원에 제출해주었다. 2,501명의 서명자와 이도흠 교수님에게 머리 숙여 감사드린다. 또 이찬수 교수님은 처음부터 나와 함께 모금운동을 펼친 분으로서, 모금한 성금을 '레페스포럼'에 기부하였을 때 개운사 스님의 취지에 따라 훌륭하게 '레페스심포지엄'이란 이름으로 종교대화 모임을 이끌어 주셨다. 참으로 감사하다.

또한 나의 복직을 위해 발벗고 나선 동료 교수들과 연구자들, 그리고 목회자들에게 감사하다. 특히 한국문화신학회(회장 박숭인 교수)와 한국종교교육학회(회장 김세곤 교수), 연세대학교 신과대학 동문회(회장 원진희 목사), 그리고 대학 후배인 민경식 교수님과 김학철 교수님 등이 앞장서서 펼친 인터넷 지지 서명 및 그 일에 동참해 준 전 세계의 수많은 목회자와 신학자분들에게 깊이 감사드린다. 또한 재판 중 가슴이 가장 따뜻했던 때는 내가 서울기독대학교와 인연을 맺은 동안 사랑의 교제를 가졌던 여러분들이 아낌없이 응원해 준 때였다. 특히 법원에 탄원서를 제출해준 서울기독대학교 전총장 임종운 목사님과 대학교회 윤석희 장로님, 그리고 황지영 선생님을 비롯한 서울기독대학교의 여러 졸업생들에게 감사하다. 그리고 교단에서 난처한 입장에 처할 수 있음에도 불구하고 나와 환원운동의 뜻을 같이 하며 동지의식을 갖고 끝까지 의리를 지켜준 황한호 목사님(돈암그리스도의교회)을 비롯한 그리스도의교회 중앙지방회 여러 동역자들에게 감사드린다. 이제 복직을 하게 되면, 이 분들과 뜻을 모아 훼손된 환원운동을 다시 재건하는 일 곧 복음의 진정한 '회복운동'(restoration movement)을 펼치고 싶다.

인생의 밑바닥에 내려간 듯 외롭고 고독할 때, 기꺼이 나의 벗이 되어준 분들이 있다. 필자가 대표로 있는 가나안교회와 예술목회연구원의 여러 언님들, 스승이신 유동식 교수님과 이계준 목사님 그리고 민영진 목사님, 전국교권수호교수모임(대표 손경환 교수)을 비롯한 오대종교인모임(특히 현장 스님과 이우원 선도사님), 낙토회, 홍사회, 연신회, 연무회, 옥수수회, 연세84동기회, 레페스포럼, 거시기회, 서기대해직교수모임, 가나난, 성호회, 댓돌회 등등에게 감사하다. 이 분들이 없었더라면 정말 힘든 시간을 보내야만 했을 것이다. 또한 해직 기간 중 굶지 않고 연구하며 밥벌이할 수 있도록 도와준 여러 교수님들(최승언, 강창동, 김찬기, 김기숙, 한미라, 김영래, 김도일, 정승우, 김선정, 이영미, 권수영 교수님 등)에게 심심한 감사를 드린다. 그리고 나의 파면을 함께 아파하며 여러 글을 통해 뜨거운 지지를 보내준 이 책의 여러 필자 분들에게 마음 깊이 감사를 드린다. 특히 2018년 12월 초 열린선원(주지 민법현스님) 주최 예수님오신날 법회에서 나의 "보살예수와 육바라밀"이란 설교를 2018년 한국교회 최고의 설교로 뽑아 '옥상'(玉賞)을 주며 격려해 준 옥성득 교수님(UCLA)에게 감사드린다. 그리고 재판에서 현명한 판단을 해 준 내 사건의 모든 재판부에게 마음 깊은 존경과 감사를 드린다. 무엇보다 나의 변호인으로서 성실하게 승소에 기여한 오동운 변호사님과 김민선 변호사님, 그리고 김광산 변호사님에게 감사드리며, 틈틈이 중요한 법적 자문을 해 준 황치연 박사님에게 감사드린다. 덧붙여 NCCK 신학위원회(위원장 박찬웅 교수)에 감사드린다. 항소심에서 학교측과 한국기독교총연합회(한기총)가 한 편이 되어 황당한 이유를 들어 나를 이단으로 몰아 이단증명서를 법원에 제출하였을 때, NCCK는 나의 신학이 지극히 건전하고 정통임을 문서로써 잘 증명해 주었다. 지면을 빌어 감사드린다.

덧붙여, 책 제목은 고진하 시인이 쓴 〈연꽃과 십자가〉란 시어에서 빌어왔다. 시어의 사용을 흔쾌히 동의해 준 시인님에게 감사드린다. 또한 출판계의 어려운 현실에도 불구하고 기꺼이 이 책이 출판될 수 있도록 마음을 써주신 〈도서출판 모시는사람들〉의 박길수 대표님께 감사드린다. 그리고 바보처럼 늘 사고만 치는 아들을 위해 한결같은 사랑으로 묵묵히 기도해 주시는 양가 부모님과 가족들에게 감사드린다. 무엇보다 해직기간 동안 맘고생이 너무나 많았을 아내 김지혜 언님과 아들 성현 언님에게 미안함과 고마움을 전한다. 마지막으로 이 땅에서 종교의 다름 때문에 침묵을 강요받으며 온갖 차별과 혐오 속에서 고난을 겪고 있는 모든 분들에게 주님의 위로를 빌며, 이 책이 종교평화를 위해 묵묵히 인욕바라밀을 실천하는 모든 언님들에게 작은 희망이 되기를 기대한다.

2020. 4. 2.<br>남산 기슭에서 손원영 두손모음

차례 연꽃 십자가

제1부

# 종교평화의 길

손원영

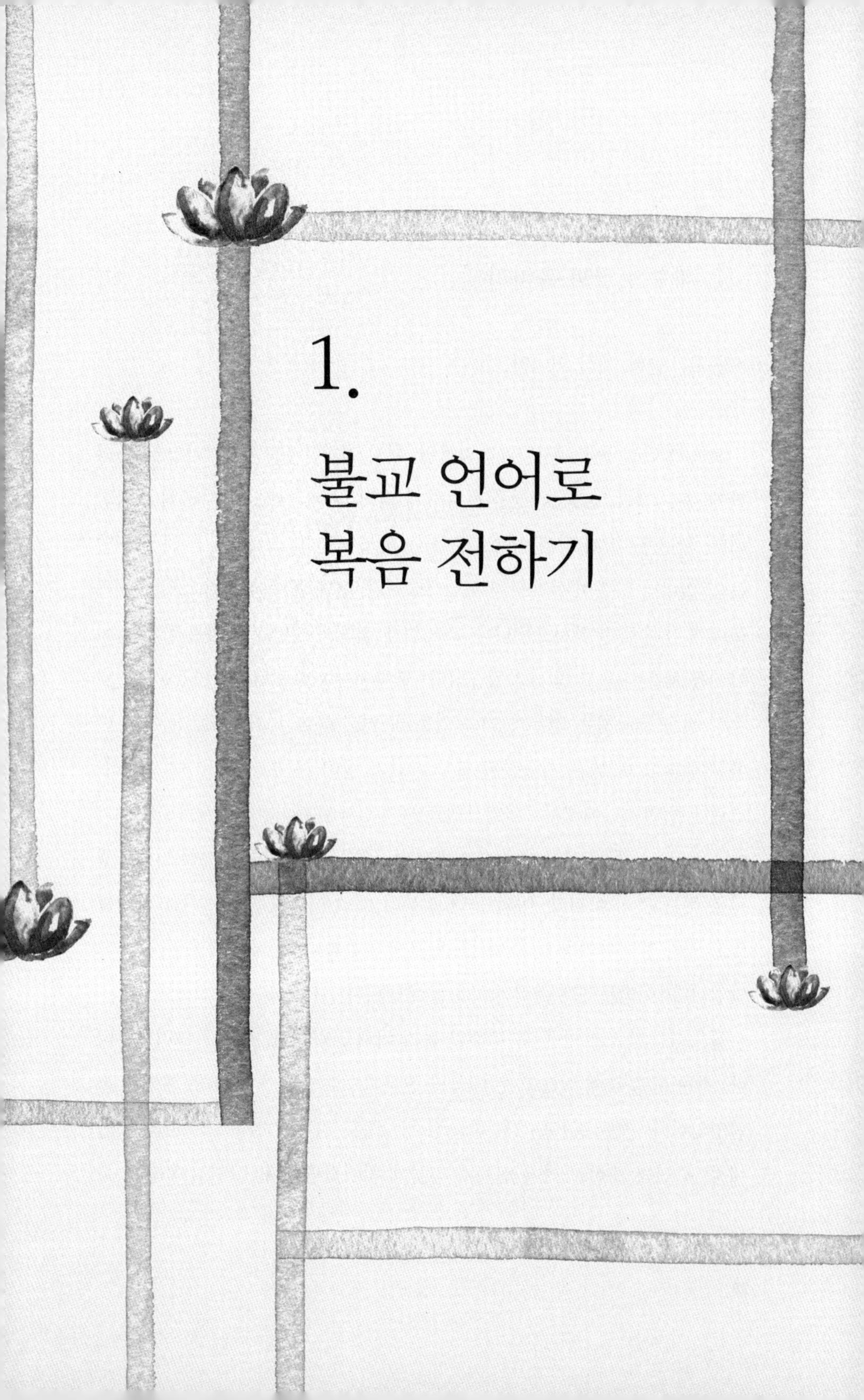

# 1. 불교 언어로 복음 전하기

## 1. 예수 보살과 육바라밀

### 종교간 평화, 해직, 가나안교회

오늘 성탄절 축하행사를 〈열린선원〉에서 저희 〈종교대화가나안교회〉와 함께 예수 그리스도의 탄생을 축하하게 되어 너무 기쁘고 감사하게 생각합니다. 할렐루야! 제 평생 처음으로 절에 와서 성탄절 축하행사를 하게 되었는데, 얼마나 가슴이 설레는지 모르겠습니다. 초대해 주신 법현 스님과 여러분에게 다시 한번 감사드립니다. 스님한테 절에서 성탄절 행사를 한다는 이야기를 처음에 듣고 참 놀라웠습니다. 교회에서는 부처님 오신 날에 부처님 오신 것을 축하하는 경우가 거의 없는데, 역시 불교는 기독교보다 훨씬 더 아량이 많고 또 넓은 성숙한 종교가 아닌가 싶어 큰 부러움이 생겼습니다. 그런데 법현스님에게서 〈열린선원〉(서울특별시 은평구 갈현동 위치. 불교아카데미, 참선문화아카데미 운영, 선원장 법현스님)이 올해 처음으로 크리스마스 행사를 하는 것이 아니라, 이미 13년 전부터 매년 이맘때 크리스마스 파티를 열고 있다는 이야기를 듣고 또 한 번 크게 놀랐습니다. 역시 불교구나! 하고 말입니다. 여러분에게 존경의 마음을 보냅니다.

들으셨는지 모르지만, 혹 이해를 돕기 위해 간략히 제 소개를 드리겠습니다. 저는 이 부근에 있는 작은 대학의 신학교수로 있다가 작년 초 해직된 손원영입니다. 지난 2016년 1월 중순경 경상북도 김천에 있는 개운사라는 절에 한 중년의 개신교 남자 신자가 밤늦게 찾아갔습니다. 그리고 불상은 우

가나안교회 · 열린선원 성탄절 법회에서 손원영 목사의 설교(2019년 12월 9일)

상이라면서 그것을 모두 훼손하는 일이 벌어졌습니다. 그리고 비구니스님인 주지 스님에게도 '예수를 믿지 않으면 지옥 간다'고 말하면서 위협적인 행동을 했습니다. 그래서 충격을 받은 스님은 오랫동안 정신 치료를 받는 일이 벌어졌습니다. 저는 그 소식을 언론을 통해 접하고 한 기독교 신자로서 너무나 부끄럽고 또 불자들에게 너무나 죄송한 마음이 들었습니다. 그래서 개운사 스님과 또 불자들에게 미안하다는 내용으로 제 페이스북에 포스팅을 하였습니다. 그리고 말로만 미안하다고 하면 진정성이 떨어지니까, 훼손된 불당을 회복하기 위한 모금을 친구들과 함께 시작했습니다. 그것이 제 인생을 이렇게 바꿔 놓았습니다. 제 모금 활동을 지켜본 저희 대학당국에서는 저를 종교재판식 징계위원회에 회부하였고, 저는 여러 번 재판을 받은 뒤 결국 2017년 2월 파면처분을 받았습니다. 다행히 많은 분들이 저의 파면 사건을 안타까워하며 응원해 주셔서 민사소송 1심에서 승소하였습니다. 하지만 학교 측은 고등법원에 항소하여 현재 2심 재판이 진행 중에 있습니다. 재판에서 꼭 이겨서 저의 행동이 틀린 것이 아니라 옳은 일이었다는 것이 법적으로 증명되고, 또 다시는 개신교인들에 의해 불교 사찰이 훼손되는 일이 절대로 없기를 간절히 빌어마지 않습니다.

해직되고 나서 갑자기 할 일이 없어지니까 마음이 많이 허전했습니다. 그러던 차에 저는 그래도 목사로서 무엇을 할까 하다가 '가나안교회'를 하기로 마음을 먹었습니다. 여기서 가나안은 '안 나가'의 거꾸로 의미입니다. 요즈음 교회가 이런저런 일로 문제가 많으니까 교회에 안 나가는 신자가 많이 생겼습니다. 그래서 그들을 일컬어 '가나안' 교인이라고 부릅니다. 그런데 본래 가나안은 성경에서 젖과 꿀이 흐르는 천국과 같은 '낙토'(樂土)를 의미합니다. 불교식으로 말하면 불국토(佛國土)입니다. 말하자면 이상향이죠. 그런데 그 가나안이 이제 '안 나가'란 의미까지 갖게 되었으니 참으로 재미있는 일입니다. 아무튼, 저는 가나안 신자들에게 비록 교회에는 더 이상 안 나가지만 가끔이라도 만나서 하나님과의 인연을 계속 이어갈 수 있도록, 그래서 성경에서 말하는 젖과 꿀이 흐르는 땅 가나안으로 계속 걸어 가자라는 취지로 가나안교회를 하고 있습니다.

그런데 가나안교회를 시작하기로 결심한 뒤 어디에서 어떻게 할까 고민하다가 그것을 페이스북에 올렸더니, 재미있게도 경복궁 근처에 있는 '마지'라는 한 사찰음식점 주인에게서 연락이 왔습니다. 자기 식당에서 하면 어떻겠느냐고 말이죠. 저는 깜짝 놀랐습니다. 교회는 가나안 신자들에게 무관심하거나 심지어 미워하는데, 오히려 불교인이 저희를 환대하니 말이죠. 정말로 한국불교는 대단한 종교입니다. 고맙습니다! 그래서 그 제안에 기꺼이 감사한 마음으로 받아서 마지라는 이름을 붙여 '마지가나안교회'를 그곳에서 처음으로 2017년 6월 셋째 주일에 시작하게 되었습니다. 그러면서 제가 그랬습니다. 제가 불교와의 인연 때문에 학교에서 해직되고 가나안교회까지 하게 되었으니 이곳에서는 기독교와 불교, 그리고 이웃종교들을 이해하기 위한 '공부하는 가나안교회'를 하면 좋겠다고요. 그래서 매월 셋째 주 일요일 오후에 '마지종교대화가나안교회'로 모이고 있습니다. 얼마나 보람 있는지 모릅니다. 오늘은 그 인연으로 저희 마지종교대화가나안교회와 열린선원이 이렇게 함께 만나게 된 것입니다. 모쪼록 오늘 우리의 이런 작은 노력들이 모아져서 한국 사회에 종교 갈등이 줄어들고, 또 종교가 사회에 누를 끼치지 않고, 더 나아가 이 땅이 더욱 아름다운 평화로운 나라가 될 수 있기를 간절히 바라마지 않습니다.

### 예수 보살과 육바라밀!

스님께서 제게 크리스마스 설교를 해 달라고 해서 오늘 무슨 말씀을 전할까 고민이 많이 되었습니다. 고민 끝에 평소 제가 생각하던 것을 좀 나누기로 하고, 설교 제목을 '예수 보살과 육바라밀'이라고 잡아 봤습니다. 여기 앉아 계신 대부분이 불교신자이시니 여러분들의 입장에서 예수를 소개하려고 합니다. 목사는 본래 예수를 전하는 사람이니 예수 이야기만 한다고 너무 서운해 하지 마시길 바랍니다. 저도 선교를 해야 하니까요! (하하) 그리고 제가 불교에 대해서는 문외한이기에 혹 잘못이 있다면 넓은 마음으로 용서해 주시길 바랍니다.

제가 알기로 대승불교의 핵심 사상 중 하나는 '보살사상'이 아닌가 싶습니다. 대승불교에서 '보살'은 모든 인류가 다 구원받을 때까지, 모두가 다 고통에서 해방되어 부처가 될 때까지 나 스스로는 부처가 되는 길을 포기하며 중생의 해탈을 돕는 존재입니다! 그것이 대승불교의 보살입니다. 말하자면 보살은 위로는 보리를 추구하고 아래로는 중생을 교화한다는 '상구보리 하화중생'(上求菩提下化衆生)의 정신을 가장 잘 실천한 자입니다. 한마디로 '자리이타'(自利利他)의 존재입니다. 그가 보살입니다. 그렇다면 불자들에게 예수가 누구냐고 묻는다면, 뭐라고 답할까요? 그렇습니다. '보살'입니다. 예수 보살! 따라서 오늘 불자와 기독교 신자가 함께 공동으로 예수 탄생을 축하하는 의미는 예수가 우리 모두에게 가장 훌륭한 보살이기 때문입니다. 다른 일상적인 말로 표현하면, 예수는 우리 인간이 궁극적으로 추구해야 할 참 인간의 궁극적인 모범이 되기 때문입니다. 따라서 우리는 불자가 되었든 아니면 기독교 신자가 되었던 예수 탄생을 기뻐하며 축하하는 것입니다.

그럼 왜 예수가 보살인지 그 이유를 좀 생각해 보도록 하겠습니다. 예수께서는 인류 구원을 위해, 즉 상구보리 하화중생의 정신을 실천하기 위해 육바라밀의 수행을 어떻게 철저하게 실천했는지 살펴보도록 하겠습니다. 주지하듯이, 육바라밀(六波羅密)은 보살도(菩薩道)의 대표적인 수행법입니다. 물론 후에 육바라밀을 더욱 발전시켜 화엄경에서는 10신, 10주, 10행, 10회향, 10지, 등각, 묘각 등의 52위의 보살 수행계위를 말하지만, 어쨌든 육바라밀이 그 핵심을 이룬 것 같습니다. 그런데 불자들은 다 아시는 내용이지만, 여기 오신 기독교인들은 잘 모르기 때문에 간단히 더 첨언한다면, 바라밀은 '피안'(彼岸)을 의미합니다. 이 세상을 끝내고 해탈의 세계 저 너머로 건너가는 것을 말합니다. 말하자면, 바라밀은 과학적인 용어로 한다면, '임계점'이라고 말할 수 있습니다. 따라서 수행을 적당히 해서는 안 되고 임계점에 이르러야 되는 것입니다. 비행기가 활주로를 떠나 하늘로 날아오르기 위해서는 임계점을 넘어가야 합니다. 또 물이 수증기로 변화되기 위해서는 임계점을 넘어서야 합니다. 그것이 바라밀입니다. 그러니까 보시를 예로 든다면, 이웃을 돕는 것을 적당히 하면 안 되고 임계점을 넘어 끝까지 도와야 바라밀이 되는 것입니다. 그래서 보시만 하면 안 되고 보시바라밀을 해야 하는 것이죠! 그런 점에서 보면, 예수께서는 정말로 위대한 육바라밀 수행을 철저히 완수하여 모든 보살의 모범이 되었습니다.

우선 육바라밀의 첫 번째 수행덕목은 '보시바라밀'(布施波羅蜜)입니다. 보통 보시에는 재정적인 어려움을 겪고 있는 사람들에게 금전적으로 돕는 '재시'(財施)나, 오늘 설교하는 저나 혹은 학교의 교사들처럼 진리를 가르치는 '법시'(法施), 그리고 요즈음 의사나 상담사 혹은 사회복지사들처럼 공포나 걱정거리를 제거해 주고 마음을 안정시켜주는 '무외시'(無畏施)가 있습니다. 예수께서는 자선에 대해 가르칠 때 이렇게 말씀하셨습니다. "오른손이 하는 것을 왼손이 모르게 하여 네 자선 행위를 숨겨 두어라. 그리하면 남모르게 숨어서 보시는 네 아버지께서 너에게 갚아 주실 것이다."(마6:3-4) 그런데 여러분, 최고의 자선이 무엇인줄 아십니까? 그것은 상대가 갚을 수 없도록 하는 선행입니다. 말하자면 남이 모르게 하거나 또 알더라도 너무나 커서 아예 갚는 것을 포기하도록 만드는 선행이 최고의 선행입니다. 그런 점에서 보면, 예수의 십자가 사건은 선행 중에 최고의 선행입니다. 왜냐면 예수의 십자가 사건은 인류의 많은 분들에게 예수께서 자신들의 죄를 대신 짊어지고 죽은 것이라는 것을 모르게 한 사건이기 때문입니다. 아직도 모르는 분들이 많습니다. 기독교인은 알지만, 여기 계신 불자도 모르고 세상 사람들도 다 모르지 않습니까? 그리고 또 예수의 십자가는 설사 많은 사람들이 자신의 죗값을 치르기 위해 예수께서 죽은 것임을 알았다 할지라도 그것을 우리가 어떻게 되갚을 수 있겠습니까? 누가 인류의 죄를 모두 다 대신할 수 있겠습니까? 불가능한 일입니다. 그래서 예수의 십자가 사건은 가장 위대한 보시바라밀이 되는 것입니다.

저도 요즈음 재판을 받고 있습니다만, 누가 저 대신 재판을 받아주면 좋겠다는 생각을 한 적이 있습니다. 큰 죄가 아닌 것에도 마음 졸이고 걱정하는데, 하물며 죽을 수밖에 없는 저희의 죄를 누군가가 대신 짊어졌다고 생각하니 얼마나 감사한지 모르겠습니다. 예수께서 이런 말씀을 하셨습니다. "사람이 자기 친구를 위하여 자기 목숨을 내놓는 것보다 더 큰 사랑은 없다."(요 15:13) 그렇습니다. 그렇게 예수는 우리를 친구 삼아 주시고 또 그 친구를 위해 자기 목숨을 내놓는 보시를 한 것입니다. 아니 보시바라밀을 한 것입니다. 사랑하는 여러분, 보시를 하더라도 예수처럼 그렇게 합시다. 십자가를 지면서까지 사랑하는 것입니다. 그것이 보시바라밀입니다.

둘째는 '지계바라밀'(持戒波羅蜜)입니다. 지계바라밀은 계율을 지키고 항상 자기반성을 하는 것을 뜻합니다. 예수께서는 철저하게 계율을 지키는 실천의 사람이었습니다. 구약성서에는 모두 613개의 계율이 있습니다. 그런데 예수께서는 그 계율을 크게 두 개로 요약해 주셨습니다. 하나는 '하나님을 사랑하는 것'이고, 또 하나는 '내 이웃을 내 몸처럼 사랑하는 것'입니다.(눅 10:27-28) 예수의 삶은 이 두 계명을 철저히 지키기 위한 삶이었습니다. 지계바라밀입니다. 그래서 우리와 같은 인간으로 예수 자신도 십자가를 지기 두려웠지만, 그는 하늘 아버지를 사랑하였기 때문에 아버지의 뜻을 따라 십자가를 지기로 순종한 것입니다. 십자가를 앞두고 예수께서는 겟세마네 동산에서 이렇게 기도했습니다. "아버지, 이 잔을 내게서 거두어주시옵소서. 그러나 내 뜻대로는 마옵시고 아버지의 뜻대로 하옵소서."(마26:39) 뿐만 아니라 예수께서는 이웃을 내 몸처럼 사랑하는 계율에 철저했습니다. 특히 예수께서는 이웃을 사랑하되 원수까지도 사랑하라고 가르치면서, 말로만이 아니라 실제로 십자가를 통해 그런 삶의 모범이 되셨습니다. 예수께서는 십자가 위에서 자기에게 못을 박는 사람들을 보면서 이렇게 외칩니다. "아버지, 저들을 용서하여 주옵소서. 저들은 지금 저들이 하는 일을 모르고 있나이다."(눅23:34) 그리고 그는 십자가 위에서 "다 이루었다"(요19:30)라고 말하고 운명하셨습니다. 무슨 뜻입니까? 모든 계율을 십자가에서 다 지켰다는 말씀입니다. 지계바라밀을 완성했다는 말입니다. 따라서 우리는 예수의 십자가에서 가장 위대한 보살도를 보게 되는 것입니다. 사랑하는 여러분, 하늘을 사랑하고, 우리의 이웃을 사랑합시다.

셋째는 '인욕바라밀'(忍辱波羅蜜)입니다. 인욕은 고난을 이겨 나가는 것입니다. 이에 대해서는 뭐라 더 말할 필요가 없습니다. 예수께서는 십자가의 고통과 모욕을 다 참고 인내하였으니 말입니다. 특히 제 경험을 보니까, 십자가와 같은 육신의 고통 못지않게 힘든 고통은 가까운 친구들의 배신이 아닌가 싶습니다. 그것을 견디는 것이 참 힘든 일입니다. 제가 학교에서 해직되고 재판을 받는데, 참 마음이 아팠습니다. 학교 측에서 제가 나쁜 놈이라는 증인으로 제 동료 교수들과 제 제자들을 회유하여 내세웠기 때문입니다. 제가 아끼고 사랑했던 후배 교수들과 제자들이 저에게 칼을 든 형국이었습니다. 그것을 참으려니 얼마나 힘든지 모르겠습니다. 그런데 여러분, 예수를 보십시오. 그는 자기의 제자였던 가롯 유다에게 팔려서 가장 끔찍한 형벌인 십자가형에 넘겨졌습니다. 그리고 자기를 3년씩이나 따라다녔던 베드로를 비롯한 제자들은 모두 예수가 체포되자 스승을 부인하며 전부 도망가고 말았습니다. 그런데 예수께서는 그런 제자들에게 원망을 돌렸을까요? 아닙니다. 그는 끝까지 인욕바라밀을 하셨습니다. 그리고 오히려 예수께서는 부활하신 뒤, 제자들을 먼저 찾아가서 그들을 위해 생선을 구워주고 아침밥을 손수 차려 주면서 옛 정을 나눴던 것입니다. 이것이 진정한 보살행이 아니고 무엇이겠습니까? 억울한 일이 닥칠 때 끝까지 인내하며 참읍시다. 그럴 때 상구보리 하화중생의 길이 열립니다.

넷째는 '정진바라밀'(精進波羅蜜)입니다. 정진은 보살도를 힘써 닦으며 쉬지 않고 꾸준히 노력하는 것입니다. 이런 점에서 보면, 예수는 정말로 정진바라밀의 모범이십니다. 당시 유대의 최고 종교지도자였던 바리새파 사람들에게 시기를 받고, 심지어 가족들조차 오해하는 상황에서도 예수께서는 하나님 나라를 이 땅에 일구는 일을 결코 쉬지 않았습니다. 정진에 정진을 거듭한 것입니다. 그러면서 그는 이렇게 말씀했습니다. "하나님이 일하시니 나도 일한다!"(요5:15) 얼마나 멋진 말입니까? 그러면서 그는 쉬지 않고 병든 자를 고쳐주고, 귀신 들린 자들을 치료해 주고, 또 어리석은 사람들에게 끊임없이 하나님의 나라에 대해 쉽게 가르쳤던 것입니다. 제가 학창시절에 공부할 때, 공부를 열심히 해야겠다고 마음먹고 외웠던 독일어 단어 세 개가 있습니다. "langsam, stätig, und gründlich"입니다. 즉 "천천히, 꾸준히, 그리고 철저하게!" 말하자면 이 세 단어가 정진바라밀의 방법이 아닌가 싶습니다. 예수는 정말로 하나님의 나라를 위한 정진수행에 있어서 천천히, 꾸준히, 그러나 철저하게 실천했습니다. 그래서 정진바라밀의 모범이었습니다. 우리도 정진의 이 세 원칙만 잘 지킨다면, 예수 그리스도처럼 훌륭한 보살이 될 수 있을 것입니다.

다섯째는 '선정바라밀'(禪定波羅蜜)입니다. 선정은 마음을 안정시켜 올바른 지혜가 나타나게 하는 수단인 선정(禪定)을 닦는 것입니다. 기독교의 용어로 한다면 '기도' 혹은 '관상'하는 것입니다. 보살이 되고자 한다면, 기도는 필수입니다. 기도하지 않는 자는 결코 보살이 될 수 없습니다. 기도는 자기를 철저하게 비우는 과정이요, 그래서 그 빈 공간에 절대자를 모시는 과정입니다. 불교식으로 표현하면 공성(空性)을 이루는 과정입니다. 예수께서는 그 누구보다 선정바라밀을 잘 실천하신 분입니다. 그는 시간 나는 대로 고요하게 기도하기를 좋아했고, 또 기도 중에 하나님과 하나 되는 체험을 하였습니다. 요한복음 14:20에 이런 말씀이 있습니다. "그날에 너희는 내가 내 아버지 안에 있고, 너희가 내 안에 있으며, 또 내가 너희 안에 있음을 알게 될 것이다." 그렇습니다. 예수께서는 십자가를 앞두고 기도하면서 하나님과 자신이 하나가 된 것같이 그를 따르는 모든 사람들도 하나님과 하나가 되기를 소원했던 것입니다. 그렇게 내가 하나님과 하나가 되었을 때, 그것을 신학에서는 '동일본질'의 체험이라고 말합니다. 호모우시우스(homoousios)! 예수는 자신이 하나님과 동일본질이라는 것을 기도를 통해 깨달으신 모범입니다. 그런 존재를 일컬어 정교회에서는 하나님과 같은 존재, 곧 '테오시스'(theosis/deification/神化)라고 표현했습니다. 그것이 말하자면 기독교인의 꿈입니다. 신처럼 우리의 존재가 성화되는 것! 예수께서는 또한 선정에 들기 위한 수련법으로 '주기도문'을 가르쳐주셨습니다. 그래서 기독교인들은 주기도문 수행을 통해 선정에 드는 것입니다. 사랑하는 여러분, 예수처럼 선정을 실천합시다. 아니 '선정바라밀'을 철저하게 수행합시다.

마지막으로 여섯째는 '반야바라밀'(般若波羅蜜)입니다. 반야는 진실하고 올바른 '지혜', 즉 무분별지(無分別智)를 말합니다. 깨달음을 얻는 것이죠. 대승불교에서는 아마 최고의 깨달음으로 '공'(空)을 말하는 것으로 알고 있습니다만, 기독교에서는 최고의 깨달음으로 '하나님의 나라'를 말합니다. 예수께서는 하나님의 나라에 대한 깨달음을 얻은 뒤에, 공생애 기간 동안 그 하나님의 나라를 선포하시다가 돌아가셨습니다. 따라서 그 하나님 나라의 비밀을 깨닫는 것이야말로 최고의 지혜입니다. 그래서 예수께서는 그 하나님의 나라 비밀을 가르치기 위해 유대 지도자들과는 논쟁도 마다하지 않았고, 또 지혜가 부족한 사람들에게는 비유를 써 가면서 아주 쉽게 지혜바라밀을 실천했던 것입니다. 뿐만 아니라 제자들에게는 산상수훈을 통해 하나님의 나라의 비밀을 가르쳐주었습니다. 한 번은 예수께서 사람들에게 하나님의 나라를 설명하면서, "그 나라는 여기 있다 혹은 저기 있다가 아니라 그 나라는 너희 안에 있다"(눅17:21)고 말씀하신 적이 있습니다. '너희 안에'란 두 가지 의미가 있을 수 있는데, 첫째는 하나님의 나라가 '우리의 마음속에' (inside) 있다는 의미입니다. 우리의 마음을 천국의 마음으로 바꾸어야 한다는 말입니다. 그리고 둘째는 사람들이 모여 친교하며 사랑을 나누는 그 사이에 (among/between) 천국이 있다는 의미입니다. 말하자면, 오늘 아기 예수의 오심을 축하하는 이 자리가 천국 곧 하나님의 나라라는 말씀입니다.

## 스승을 보라, 예수를 보라

이제 결론을 맺겠습니다. 사랑하는 여러분, 이 세상에 있는 모든 사람들이 고통에서 해방되고 그래서 모두 열반의 세계에 이르도록 우리 모두 보살행을 실천하면 좋겠습니다. 특히 육바라밀을 잘 실천하면 좋겠습니다. 그런데 여러분, 육바라밀을 실천하기가 얼마나 힘듭니까? 그때 필요한 것이 스승이 아니겠습니까? 그래서 하나님께서는 이 땅의 우리에게 보살 되신 아기 예수 그리스도를 선물로 보내주셨습니다. 육바라밀을 실천하실 때, 종종 예수 그리스도를 바라보십시오. 그리고 그분의 가르침과 또 십자가의 삶을 교훈삼아 우리도 육바라밀을 잘 실천하면, 이 땅에 있는 모든 중생들은 하나님의 은총으로 어느 날 홀연히 모든 고통에서 해방되고 모두 열반에 이르게 될 것입니다. 감사합니다. 메리 크리스마스!!

열린선원/마지종교대화가나안교회 성탄절 공동축하회 설교(2018.12.9)

## 페이스북 댓글 및 포스팅

□전선O: 설교 원본을 공유해주셔서 감사드립니다. 육바라밀과 비교 설명해 주시니 귀에 쏙쏙, 가슴에 새겨집니다. 제 이름과 소리가 같은 바라밀은 특히나… ㅎㅎ

□박병O: 예수보살과 육바라밀이라는 설교 마음에 새깁니다. 행복한 크리스마스 기원합니다.

□윤정O: 의미 있는 성탄 축하 행사입니다. 온누리에 평화가 함께 하기를 빕니다. 나마스떼.

□DanyaO: 오히려 대통합이 되었네요~^^

□석현O: 개운사 법당에 들어가 불상을 파괴한 신자도 손목사님 해직시킨 신학교도 모두 주님의 뜻입니다. 오늘 육바라밀로 부활하신 예수보살을 가까이 느끼면서…나마스테. 대원사 아실암에서는 윤정O 신부님 모시고 제3회 자정미사 템플스테이가 열립니다.

□고성O: 목사님, 감동의 복음을 읽었습니다.

□Paul DongwonO: "선교적"인 법문에 은혜와 도전 많이 받았습니다!!

□김영O: 손목사, 아주 정확한 해석이고, 훌륭한 적용인 듯 싶네. 시대와 사회가 꼭 필요로 하는 멋진(!) 스승이 되리라 믿네.

□Beophyeon Min: 고맙습니다, 목사님. 예수님과 6바라밀 가르침 정말 좋았다고 불자들이 고마워합니다.

□안광O: 저도 법현 스님을 알고 친하게 지냅니다. 시장 상가 절에도 가 보았지요. 좋은 교제, 친구 되셔서 좋습니다.

□유승O: 이렇게 설교가 가능하군요. 목사님의 불교 지식의 해박하심에 또 한 번 놀랍니다.

□LeeO: 이렇게 타종교에 대한 이해와 공유가 이루어진다면 하늘나라가 이미 우리 안에 임한 것이네요. 멋진 설법이었습니다.

□김병O: 감사합니다. 뭐라 말할 수 없는 감동입니다. 공유하겠습니다.

□최들O: 아멘. 큰 은혜 받았습니다.

□이도O: 종교평화가 세계평화의 초석! 축하드립니다.

□노성O: 그나마 올바른 신앙인들이 있어 기성종교의 명분을 유지하는듯합니다. 응원합니다.

□SeolO: 교수님! 넓은 바다에 가서 그물을 던지시는 모습이 참 아름답습니다. 저는 불교에 대해서는 門外漢이나 교수님 설교를 읽고 쉽게 이해가 되었습니다! 찰싹거리는 파도소리에 언제나 놀라는 저에게도 깊고, 망망한 바다로 가는 담대한 마음과 믿음과 실천의 은혜가 있기를 소망합니다. 복음은 불변하지만, 더 많은 주의 백성들을 예수 앞에 부르기 위하여 시

대, 나라와 문화, 공동체, 개인의 특성에 따른 복음의 전달 방법과 매체는 각양각색으로 달라져야 할 것입니다. 교수님!! 항상 도전을 주셔서 감사합니다! 샬롬~~^^*

□SuyeonO: 정말 정말 자랑스럽고 귀한 손원영 님을 응원합니다.

□Sung Deuk Oak: 어려운 설교를 참 잘 했습니다. 한국교회사에 길이 남을 설교입니다.

□Kang-nam Oh: 설교 바로 앞자리에서 정말 잘 들었습니다.^^

□이규O: 귀한 설교입니다. 불교 용어와 가르침을 명쾌하게 기독교 설교로 풀어내셨습니다.

□진광O: 종교간에 서로 상생 하는 것이 넘 좋아 보입니다. 이제는 개신교도 변해야 합니다. 그들만의 아집에서 벗어나 서로 존중과 배려의 종교정신이 깃들면 좋겠습니다.

□YongHanO: 역시 스승님!

□경현O: 와~~ 멋진 복음전도였습니다!! 감동입니다~^^

□유재O: 승가대학 교수를 하셔도 될 분입니다. 그 학교 설립자는 여러 비리로 형사 처벌을 받았는데 선한 일을 했음에도 해직을 당한 것을 법원도 상식이 있다면 알아줄 것입니다. 힘내세요. 이 설교서 많은 것을 배웠고 종교간 대화와 상생의 아름다운 모습입니다. 하루빨리 복직을 기원합니다.

□박순O: 아이구… 눈물 납니다. 세상에나… 봐도 봐도 천국 말씀이네요. 우리 마음속에 천국이 일게 하는 손목사님이야 말로 진정 기독교의 보배 목사님. 나도 알고 남도 알고 나도 살고 남도 살고 서로 친교하며 사랑하는 사이… 천국 백성들 모습~~^^

□SongO: 이 설교를 친척 분들 중에 불교 신자이신 분들이 들으셨다면 하는 마음입니다. 교수님 큰일 하고 계십니다. 진정한 주님의 사자이십니다~ 주말 잘 보내시옵소서.

□HyunO: 이웃종교에 이웃종교인들의 언어로 기독교를 소개하신 설교라 고맙게 여겨집니다!!

□오인숙: Wow~ 우리 손목사님 very smart! 참으로 예수님의 제자답게 예수님 가르치심을 삶의 현장에서 실천하시는 훌륭한 model이심을 추카드려요! 존경합니다! 재판에서 반드시 Win! Win 하시길 계속 기도합니다! Your sermon in Buddhist temple for Christmas is excellent. Super duper!!

□김성O: 지나가는 객입니다. 목사님 설교에 감동받고 갑니다.~~^^ 제 페북에 공유해도 될런지요?

□류영O: 처음부터 끝까지 천천히 잘 읽었습니다. 종교의 끝… 그 끝은 모두 같은 의미를

가지고 있죠. 화합하고 참된 진리를 위해 정진해 나가는 길. 목사님의 방향이고 실천하는 힘입니다. 늘 응원합니다.

□InSunO: 오늘의 루터입니다!

□김영O: 불교인의 입장에서 예수와 하나님을 이해하는 데 있어서 이만큼 깊이 있고 정확한 비교분석이 없을 만큼 좋은 설교입니다. 어느 누가 기독교와 불교의 차이와 공통점을 이렇게 명료하고 설득력 있게 정리할 수 있을까 하는 생각을 해봅니다. 부처님을 믿는 불자의 입장에서 보면 예수와 기독교의 이해가 참 쉽네요. 감사합니다!!!

□DanyaO: 저는 학생 때. 천주교가 다수인 유럽에서 살면서, 기독교 세례를 받고 어린 나이에 집사로 봉사도 하며 신실한 신앙생활을 하다가 다시 기독교가 다수인 미국에 이주해 살며, 독학으로 불교철학에 심취하여 신앙의 내외적 균형과 완성을 위해 살아가는 사람이 되었습니다. 두 종교 모두 강렬한 체험을 동반했었고 또한 현재도 생의 큰 기둥입니다. 지금 한국에 와서는 아무리 노력해도 교회에 나가지 못합니다. 기독교가 갖는 교회천국 불신지옥 등의 흑백논리는 이 지구가 종교와 문화 안에 무지개색이라는 걸 암암리에 단죄하는 그 카르텔 안에 결코 자유롭지 못함을 거부하기 때문입니다. 어제도 수덕사에 갔고 주님께 나라와 가족들의 평안을 기도합니다. 서양 종교인 기독교를 전파하고 사랑을 쉐어함에-동양최고의 불교철학을 비교하고 인용함이 왜 징계 파면의 빌미인가요? 오히려 여타 종교와의 비교-유사를 통한 새로운 교수법이나 다양한 이론이 학자가 가야 할 길이 아니라면 기독교 강의는 필요가 없습니다. 차라리 논리 체계 없이 금식과 기도만 시키는 사이비 기도원을 운영하는 편이 낫지요. 손원영 교수님의 신앙—특히, 타종교와의 화합 정신은 해직 대상이 아닙니다. 학교를 위해서도 반드시 복귀가 돼야 대한민국의 기독교 학과가 발전할 것이며 평화로울 것이라 생각합니다. 타종교들은 하나님을 모두 다른 이름으로 부를 뿐입니다. 자세히 들여다보면-불교도 부처를 성인이라 부르지-신이라고 하지 않습니다. 기독교인들은 타종교를 두려워한 나머지 홀로 존재하시는 하나님의 위엄을 오히려 잊고 계시지는 않는지요. 저는 하나님만이 신이시고 외에는 모두 깨달음에 이른 성인이나 높은 철학자라는 신앙관을 갖게 하심에 감사하는 1인입니다.

□조성O(포스팅): “한국 기독교의 ‘예’는 어디에 있는가?” 중국 출신의 대만감독 후 샤오시엔은 영화평론가 정성일 씨와의 인터뷰에서 “영화는 제가 세상을 대하는 예의입니다”라고 했다고 한다. 나는 이것이 유학의 창시자인 공자가 <논어>에서 설파한 ‘예’의 정신이라고 생각한다. <예>는 이념이나 종교에 상관없이 인간이라면 누구나 지켜야할 세상에 대한 기본적

인 태도이자 매너이다. 몇 년 전에 어느 한 기독교 신자가 불교사찰에 가서 불상을 손상시키는 <무례한> 행위를 범했다. 이에 대해 서울기독대학교의 손원영 교수는 한 사람의 기독교인으로서, 그리고 성직자로서 페이스북에 사과를 하고, 친구들과 불당회복을 위한 모금운동을 시작했다고 한다. 그런데 그 이유로 손 교수는 학교 측으로부터 파면을 당해야 했다. 나는 이 얘기를 듣는 순간 내 귀를 의심해야만 했다. 과연 오늘날 한국의 기독교에 <예>라는 것이 있는가 하고… 한국은 기독교 국가이기도 하지만 조선왕조 이래의 유교 국가이기도 하다. 그런데 오늘날 한국의 기독교에는 <예>가 사라진 것 같다. 예수가 오늘날 살아 돌아온다면 과연 그런 무례한 행위를 용납했을까? 나는 기독교 교리는 잘 모르기 때문에 이에 대한 대답은 할 수 없다. 그러나 만약에 용납했다고 한다면 당장 내 책장에 꽂혀 있는 <성경> 책을 내다 버릴 것이다. 무례한 예수라고 하면서… 확실히 조선의 유학자들은 서학과 동학을 탄압하였다. 이 점은 분명 비난받아야 마땅할 것이다. 그러나 공자였다면 그런 행동을 무례하다고 질타했음에 틀림없다. "예가 아니면 보지도 말고 듣지도 말고 말하지도 행하지도 말라!"고 훈계하면서…

□이복O: 그 불교인들도 대단하네요. 서로 이랬으면 좀 좋을까요…

□HughO: "무례하지 않게, 상대방이 마음을 열고 들을 수 있도록…"

□여동O: 도전이 되네요. 아마 바울도 헬라인들에게 이런 식으로 설교했겠죠. 헬라용어와 철학을 차용하여.

□온상O: 예 글을 보니 과거 길희성 교수님이 쓰신 "보살예수" 책이 생각나네요!^ 불교전문가인 그리스도인^ 폭넓은 포용력과 예의! 도전이 되네요^

□이영O: 이웃종교와 더불어 지내는 모습이 아름답습니다. 그리고 목사님의 설교가 깊이가 있고 포용적이며 인간다운 면모가 가득 담긴 감동스러운 설교였습니다. 감사합니다.

□이규O: 예수님의 삶과 말씀을 불교의 교리와 가르침의 옷을 입혀서 육화시키는 손 교수님의 설교 정말 대단합니다. 우리 기독교인들이 타종교를 이웃종교로 대하며 이웃종교인들을 사랑과 존중함으로 배우려는 겸손한 담대함이 필요하지요.

□JoshuaO: 저도 태국에서 예수님의 생애와 십자가에서의 대속적 죽음을… 불교의 보시교리… 재시, 법시, 무외시…에 비유하여 설명한 적이 있었는데…여기 옥교수님께서 소개하시는 손 교수님은 기독교 진리를 불교 세계관에서 이해할 수 있도록 번역하시는 놀라운 지혜가 있으시네요. 기독교의 복음… 모든 종교와 세계관 속에서 살고 계신 이들을 위해 무한한 번역 가능성(translatability)을 가지고 있습니다. 제가 어떤 선교사 훈련원에서…불교 문화권

속에서의 메시지의 상황화에 대해서도 나누는데…이 글을 케이스 스터디로 사용하고 싶습니다!

□윤환O: 놀라운 설교네요! 손 교수님을 해직한 학교는 하나님께 버림받지 않을까 싶습니다.

□Mateo SangwonO: 최고의 구속적 유비인 것 같습니다. 교수님 글 잘 읽고 있습니다. 감사합니다.

□권종O: 지난번에도 목사님 설교를 읽고 참 좋았는데 다시 읽으니 더 좋네요. 선교의 시작은 대화라고 생각합니다. 대화를 하기 위해선 상대의 언어와 철학을 알아야 합니다. 그리고 그들이 아는 언어와 철학과 개념을 바탕으로 대화를 해야 비로소 복음이 이해될 수 있을 겁니다. 예수께서도 어부를 만나면 '사람을 낚는 어부로 만들겠다.'며 어부의 언어로 복음을 전하셨고, 민중들에게 복음을 전하며 농부, 목자, 품꾼의 비유를 든 것도 민중들이 아는 비유를 들어 대화하려는 배려였을 겁니다. 서울기독대 식의 논리대로라면 지하철에서 스님의 머리에 손을 얹고 회개하라고 외치는 식의 부끄러운 행동이 복음을 전하고, 참다운 선교라는 말입니까? 불교인에게 이보다 더 잘 어떻게 복음을 전할 수 있는지 서울기독대에 되묻고 싶네요. 목사님 재판 잘 하시구요. 늘 응원합니다.

□SongO: 저는 성서학을 전공했고, 교회 전도사입니다. 이 설교는 진정한 복음 설교라고 생각합니다. 불교인들에게 이보다 더 잘 예수님을 전할 분이 없을 것입니다! 손 목사님 힘내세요! 응원합니다!

□Sang CheulO: 손 교수님다운 설교이니… 재판에서 이기세요… 4월 19일 어디 몇 시인가요?

□최승O: 스님들 앞에서 하나님의 말씀으로 설교한다는 것 자체가 예수그리스도가 모든 이에게 복된 소식이 됨을 의미한다.

□심광O: 이 땅에서 서로 다른 종교인들의 만남과 대화, 공동선을 위한 종교간 협력과 행동은 필수적이며 하느님의 은총의 선물이기도 합니다. 손목사님의 생각과 행동 그리고 말씀을 적극 지지하고 응원합니다.

□Kang-nam Oh: 저는 종교학 전공자로서 언제나 종교간의 대화와 이해 증진이 필요함을 강조하고 있습니다. 그 날 열린선원에서의 손원영 목사님 설교를 바로 앞에서 직접 들었는데 예수님과 보살정신에 관한 그 설교는 종교간 대화와 이해를 위해 더없이 훌륭한 말씀이었다고 생각했습니다.

□Lee JuO: 기독인으로 해야 할 일 어떻게 예수님을 따라서 살아가야 하는지 잘 설명해 주셨네요. 귀한 복음을 직접 듣지 못한 아쉬움이 있으나 이렇게 다시 이야기를 할 수밖에 없는 상황이 되어서 여러 사람들이 읽을 수 있게 된 것이 오히려 참 감사하네요. 목사님 파이팅!!

□김학O: 성경 말씀이 생각납니다. 너희는 할 수 있는 대로 모든 사람들과 화평하라.

□남성O: "오늘 불자와 기독교자 함께 공동으로 예수 탄생을 축하하는 의미는 예수가 우리 모두에게 가장 훌륭한 보살이기 때문입니다. 다른 일상적인 말로 표현하면, 예수는 우리 인간이 궁극적으로 추구해야할 참 인간의 궁극적인 모범이 되기 때문입니다." "예수께서는 정말로 위대한 육마라밀 수행을 철저히 완수하여 모든 보살의 모범이 되었습니다." "그런 점에서 보면, 예수의 십자가 사건은 선행 중에 최고의 선행입니다. 왜냐하면 예수의 십자가 사건은 인류의 많은 분들에게 예수께서 자신들의 죄를 대신 짊어지고 죽은 것이라는 것을 모르게 한 사건이기 때문입니다. 아직도 모르는 분들이 많습니다. 기독교인은 알지만, 여기 계신 불자도 모르고 세상 사람들도 다 모르지 않습니까? 그리고 또 예수의 십자가는 설사 많은 사람들이 자신의 죗값을 치르기 위해 예수께서 죽은 것임을 알았다 할지라도 그것을 우리가 어떻게 되갚을 수 있겠습니까? 누가 인류의 죄를 모두 다 대신 할 수 있겠습니까? 불가능한 일입니다. 그래서 예수의 십자가 사건은 가장 위대한 보시바라밀이 되는 것입니다." 교수님의 불교 언어를 빌려 예수 그리스도, 복음을 선포하신 것이 틀림없습니다. (개인적으로는 틸리히의 상관관계방법론에 딱 들어맞는 예가 아닌가 생각됩니다.) 위의 말씀들을 듣고 스님, 불자님들이 '예수님'을 믿고 따르게 되었는지 어떤지는 모르겠으나, 그것은 하나님께서 하실 일이고, 교수님은 기독교인, 목사로서 선교, 전도를 매우 잘 하셨다고 생각합니다. 멀리서 응원합니다. 힘내세요.^^

□이찬수: 손 교수님의 언행이 신앙적, 학문적으로는 물론 법적으로도 정당하다는 사실은 하늘이 알고, 땅이 압니다. 법원에서 이미 알고 아마 항소한 학교에서도 알 걸요?^^

□우희종: 목사님 설교 내용은 기독교적 가치에 있어서 전혀 다르지 않고 적절합니다. 종교는 가르침이자 실천이라 할 때 화합의 설교 내용보다 왜 그곳에서냐는 것으로 박해하는 이들이야말로 기독교인이 아니라고 생각합니다./ 사법부에게: 모든 종교에 있어서 해당 종교가 추구하는 가치에 충실한 자가 진정한 종도이자 신자일 것입니다. 기독교의 핵심은 사랑이자 실천입니다. 원수마저 사랑하라는 새로운 계약(신약)시대에 효력을 잃은 구약을 거론하며 박해하는 상황이 되었습니다. 가르침에 대한 믿음과 실천이 중요한 집단에서 형식논리와 조문

만으로 정죄되는 것을 막아주시기를 간절히 바랍니다.

□정용O: 저는 이 설교가 제 평생 들어본 설교 가운데 고린도전서 9장 19~23절에서 표현된 복음적 실천의 태도(불자들을 얻기 위해 기꺼이 불자가 된)를 가장 탁월하게 현재화한 것이라 생각했습니다. 늘 응원하고 지지합니다. 힘내세요!^^

□최선O: 이보다 더 어떻게 타종교와 화합하며 예수님의 말씀을 전하는 설교가 있을까요!? 요즘 부끄러운 기독교인들의 행태 때문에 부끄러운데, 손목사님이야말로 행동으로 예수의 가르침을 실천하시는 참 그리스도인이십니다. 끝까지 파이팅!!

□Sung Deuk Oak: 나는 2018년 12월 18일 이 설교를 "2018년 玉賞, 올해의 설교"로 선정해서 발표했다. 한국교회사에서 불교인들에게 행한 설교로는 최고의 설교라고 생각한다. 불교에 대한 깊은 이해를 바탕으로 불교인들이 이해할 수 있도록 그들의 언어로 복음의 핵심을 설교한 것을 높이 평가한다. 기독교 목사는 기회가 주어지면 어디서든지 복음을 전해야 한다. 그러나 무례하지 않게, 상대방이 마음을 열고 들을 수 있도록 전해야 한다. 그것이 바울이 말한 '헬라인에게는 헬라인처럼, 이방인에게는 이방인처럼' 성육신적으로 복음을 해석해서 전하는 방법이다. 이 과정에서 복음을 비틀거나 혼합하면 안 된다. 비유하자면 쓴 약에 설탕을 코팅해서 받아 삼킬 수 있도록 하는 것이다. 설탕만 보고 비판하지 말고, 그 안에 든 복음을 보아야 한다. 삼킨 알약이 배에 들어가 소화되면 변화가 오고 병이 나을 것이다. 이 설교에는 설탕도 있지만 복음의 핵심이 충실하게 들어 있다. 내용도 내용이지만 불교 사찰을 도왔다는 이유로 해직 상태인데, 학교 측에서 탐탁지 않게 생각할 줄 알면서도 이런 설교를 한 용기에 박수를 보낸다.(UCLA 한국기독교 석좌교수 옥성득)

□Sung Deuk Oak(포스팅): 손원영 목사 설교, "예수 보살과 육바라밀" 2018. 12. 10, 열린선원. 2018년 12월 18일 나는 이 설교를 [2018년 玉賞] "올해의 설교"로 선정해서 발표했다. 나의 선정 소감이다. "한국교회사에서 불교인들에게 행한 설교로는 최고의 설교라고 생각한다. 불교에 대한 깊은 이해를 바탕으로 불교인들이 이해할 수 있도록 그들의 언어로 복음의 핵심을 설교한 것을 높이 평가한다. 기독교 목사는 기회가 주어지면 어디서든지 복음을 전해야 한다. 그러나 무례하지 않게, 상대방이 마음을 열고 들을 수 있도록 전해야 한다. 그것이 바울이 말한 '헬라인에게는 헬라인처럼, 이방인에게는 이방인처럼' 성육신적으로 복음을 해석해서 전하는 방법이다. 이 과정에서 복음을 비틀거나 혼합하면 안 된다. 비유하자면 쓴 약에 설탕을 코팅해서 받아 삼킬 수 있도록 하는 것이다. 설탕만 보고 비판하지 말고, 그 안에 든 복음을 보아야 한다. 삼킨 알약이 배에 들어가 소화되면 변화가 오고 병이 나을 것이다. 이 설교

에는 설탕도 있지만 복음의 핵심이 충실하게 들어 있다. 내용도 내용이지만 불교 사찰을 도왔다는 이유로 해직 상태인데, 학교 측에서 탐탁지 않게 생각할 줄 알면서도 이런 설교를 한 용기에 박수를 보낸다." 당시 일부만 올렸기에 오늘 다시 올린다. 불교에 대해 좀더 이해할 수 있고, 불교인에게 어떻게 복음을 전할 수 있을지 잘 보여주는 설교이다. 사족) 나도 수업 시간에 <반야바라밀다심경> 전문을 영어로 소개하고 해설해 준다.

□천정O: 마음과 생각의 경계를 허물어주는 귀한 설교 말씀입니다. 책잡을 거리를 찾는 사람들에게야 말씀이 제대로 들릴 리야 없겠지만 타문화 속에서 예수 탄생의 의미를 이렇게 선교적으로 밝힐 수가 있을까요. 오히려 감사를 하고 귀감을 삼아야 할 텐데 단지 절이고 불교의 가르침이라 비방하고 배척하니 안타까울 뿐입니다. 상대방보다는 재판부의 열린 마음과 들을 귀에 기대해 봅니다. 관심을 가지고 함께 합니다. 교수님 힘내세요. ^^♡♡

□고성O: 학교측의 무지와 학문의 자유에 대한 왜곡을 통탄합니다.

□유상O: 설교문 공유함으로 함께 응원 드립니다. 좋은 결과 있으실 겁니다!!

□감O: 교수님이 뭘 잘못하셨는데요?? ㅠㅠ파이팅하세요~!!♥ 요즘 신학교가 참…말로 듣던 것보다 더 엉망이구나… ㅠㅠ손원영 교수님이 잘못한 게 없구만~ 남 도와 주는 게 죄냐?? 파면이라니… 너무 부당하다!! 서울기독대 너희가 가르치는 하나님은 그 따위로 니들 가르쳤냐?? 오정□, 김삼□, 조용□, 김장□같이 진짜 타락하고 변질된 인간들에게는 찍소리도 못하고!!! 나도 기독교인이지만, 내가 오히려 서울기독대에 불 지르고 싶다!! 누가 진짜 하나님을 모독하는지 너희 머리와 가슴은 알잖아. 아휴~~서울기독대 교직원 니들도 안 짤릴려고 애쓴다… 니들 밥줄도 달렸으니… 하긴… 니들도 노예지… ㅠㅠ우리 친척: 총신(합동)+장신(통합)목사&선교사&장로&권사&집사 있는 집안임.. 모태 기독교인인 내가 다 부끄럽다!

□강성O: 사랑과 평화를 추구함에 있어 손 교수님의 행위는 절대 지탄의 대상이 될 수 없습니다. 일반 세속의 국제 정치사에 있어서도 종교간 대화의 중요함을 알고 토니 블레어 영국 전 총리는 국제종교연구재단을 만들어 운영하고 있을 정도로 중요한 일이 아닐 수 없습니다. 이로 볼 때, 손 교수님의 행위는 세계평화종교사에 길이 남을 만한 역사적으로 기록 되고 칭찬해야 할 일이라고 확신하지 않을 수 없습니다. 어찌 보면 이 일은 세계의 관심 대상이 되어야 한다 생각합니다. 국제 사회에 모범적인 사례 중 하나가 되어 학문적으로 실천적으로 채택되어 세계가 한 수 배우러 올 수 있는 기회가 되어야 하겠습니다. 소속되어 있던 학교재단의 학교 설립 목적에서도 분명 하나님과 예수 그리고 성령의 삼위일체에 대해 언급하고 있을 것입니다(평화를 상징). 현재 학교 재단관계자 운영관계자들의 편협한 관점과 왜곡된

해석으로 인하여 발발한 비극이라 아니 할 수 없습니다. 속히 법원의 정의로운 판결로 확정되어 손원영 교수님의 세계적이고 국제적인 종교간의 평화의 대화가 지속 발전되어 중요한 사례로 평가될 수 있기를 기원합니다. Myanmar-Korea Centre/International Studies at the University Yangon

□조성O: 저는 종교는 없지만, 한국에 사는 시민의 한사람으로서 한국 기독교는 열린선원의 열린 정신을 배워야 된다고 생각합니다. 그런 점에서 손원영 목사님의 설교 <예수보살과 육바라밀>은 불교 측의 종교간 대화에 화답하는 내용이었다고 생각합니다. 기독교도인 서강대 종교학과 길희성 명예교수님도 <보살예수>라는 책을 쓰신 적이 있습니다.

□Indon PaulO: 그들에게 4복음서를 이해하느냐고 묻고 싶습니다. 특히 요한복음의 문화적 배경 철학적 배경을 이해하고 그들에게 맞는 언어와 그들의 이해를 돕기 위한 방식으로 서술된 요한복음서를 복음서로 받아들이냐고 묻고 싶습니다. 이 설교는 옥성득 교수의 말처럼 최고의 설교입니다. 불교를 이해하고 불교도에게 그리스도의 가르침과 실천의 방법을 설교한 탁월한 교리적이고 실천적인 설교입니다. 종교개혁은 라틴어에서 지방어로 알아들을 수 있도록 성서번역을 하면서 확장되었습니다. 성서번역의 정신은 백성들이 알아듣고 읽을 수 있는 언어로 전해지도록 한 성령강림절 사건의 정신입니다. 마찬가지로 불교도들에게 그들이 이해하고 실천하는 내용으로 예수님을 설명하고 복음을 전한 것입니다. 그들은 교리적인 잣대를 들이대면서 처음부터 끝까지 대조하겠지만 짧은 한정적 시간 안에 모든 교리적 사실을 망라하여 언급하기는 무리인 것을 받아들이지 않을 것입니다. 불교문양과 불교적 사찰을 교회건축으로 도입한 한국성공회는 그로 인하여 이단교파로 낙인을 찍어야 하겠네요. 일단 몇 가지 생각나는 대로 적어 보았습니다. 힘내세요. 진리가 자유케합니다

□SehoonO: 무지와 편협의 악마 떼인 개독무리와 싸우시는 손 교수님을 응원합니다. 필승!

□권지O: 교수님의 행동은 예수님이 가르치신 사랑을 실천하신 것입니다. 깊이 공감하고 응원합니다. 고맙습니다.

□유근O: 저는 선교사로서 교수님의 설교만큼 선교적인 설교가 어디 있을까 생각해보았습니다. 많은 이들이 '선교는 나가서도 하지만 지금 내가 있는 곳에서 하는 것이다.'라고 할 때… 어떻게 해야 하는지를 가장 잘 보여주신 분이라고 생각합니다. 선교의 본질인 성육신적, 내려감, 함께함, 사랑함…이 고스란히 녹아들어간 말씀과 삶에 큰 도전을 받습니다… 응원합니다.

□임영O: 존경합니다. 신앙의 대화courage to be. 그리스도인으로 존재의 용기를 가지신 목사님이십니다.

□임성O: 꼭 필요한 말씀입니다. 목사님 응원합니다.

□홍승O: '종교간 평화'가 제 전문분야가 아님에도 불구하고 '종교와 커뮤니케이션'을 전공했다는 이유로 '종교간의 소통'을 어떻게 해야 하는지 물어오는 경우가 종종 있습니다. 그럴 경우 특히 우리나라 상황에서의 이상적인 예를 제시하는 것이 쉽지 않았는데, 이제 그런 고민은 안 해도 될 것 같습니다. 종교인으로서 자신의 종교적 신념을 유지하면서도 배려와 존중을 바탕으로, 최대한 상대방의 언어로 이야기를 풀어내는 목사님의 설교문을 알게 되었기 때문입니다. 선교학에서 말하는 '상황화'의 끝장을 보여준다고나 할까요. 어떤 면에선 사도행전 17:19-34의 예를 떠올리게도 해주셨습니다. 물론 목사님께선 아마도 당시 맥락에서의 바울보다 더 큰 배려와 존중을 보여주셨을 것으로 생각됩니다만~^^ 설교 현장에 있지 못했던 것이 너무 아쉽습니다. 앞으로 종종 이 설교문을 인용해야겠습니다. 좋은 예를 보여주셔서 정말 감사합니다!

□이종O: 존경스럽습니다. 교수님. 복음 충만한 설교라고 생각합니다.

## 2. 성속일여의 신앙

13. 사람들이, 어린이들을 예수께 데리고 와서, 쓰다듬어 주시기를 바랐다. 그런데 제자들이 그들을 꾸짖었다.

14. 그러나 예수께서는 이것을 보시고 노하셔서, 제자들에게 말씀하셨다. "어린이들이 내게 오는 것을 허락하고, 막지 말아라. 하나님 나라는 이런 사람들의 것이다.

15. 내가 진정으로 너희에게 말한다. 누구든지 어린이와 같이 하나님 나라를 받아들이지 않는 사람은 거기에 들어가지 못할 것이다."

16. 그리고 예수께서는 어린이들을 껴안으시고, 그들에게 손을 얹어서 축복하여 주셨다. 〈마가복음 10:13-16〉

25. 어떤 율법교사가 일어나서, 예수를 시험하여 말하였다. "선생님, 내가 무엇을 해야 영생을 얻겠습니까?"

26. 예수께서 그에게 말씀하셨다. "율법에 무엇이라고 기록하였으며, 너는 그것을 어떻게 읽고 있느냐?"

27. 그가 대답하였다. "'네 마음을 다하고 네 목숨을 다하고 네 힘을 다하고 네 뜻을 다하여, 주 너의 하나님을 사랑하여라' 하였고, 또 '네 이웃을 네 몸같이 사랑하여라' 하였습니다."

28. 예수께서 그에게 말씀하셨다. "네 대답이 옳다. 그대로 행하여라. 그리하면 살 것이다."

29. 그런데 그 율법교사는 자기를 옳게 보이고 싶어서 예수께 말하였다. "그러면, 내 이웃이 누구입니까?"

30. 예수께서 대답하셨다. "어떤 사람이 예루살렘에서 여리고로 내려가다가 강도들을 만났다. 강도들이 그 옷을 벗기고 때려서, 거의 죽게 된 채로 내버려 두고 갔다.

31. 마침 어떤 제사장이 그 길로 내려가다가 그 사람을 보고 피하여 지나갔다.

32. 이와 같이, 레위 사람도 그 곳에 이르러 그 사람을 보고, 피하여 지나갔다.

33. 그러나 어떤 사마리아 사람은 길을 가다가, 그 사람이 있는 곳에 이르러, 그를 보고 측은한 마음이 들어서,

34. 가까이 가서, 그 상처에 올리브 기름과 포도주를 붓고 싸맨 다음에, 자기 짐승에 태워서, 여관으로 데리고 가서 돌보아주었다.

35. 다음 날, 그는 두 데나리온을 꺼내어서, 여관 주인에게 주고, 말하기를 '이 사람을 돌보아주십시오. 비용이 더 들면, 내가 돌아오는 길에 갚겠습니다' 하였다.

36. 너는 이 세 사람 가운데서 누가 강도 만난 사람에게 이웃이 되어 주었다고 생각하느냐?"

37. 그가 대답하였다. "자비를 베푼 사람입니다." 예수께서 그에게 말씀하셨다. "가서, 너도 이와 같이 하여라." 〈누가복음 10:25-37〉

## 하나님 나라

오늘 마가복음과 누가복음의 본문 말씀은 예수님의 사상을 가장 잘 표현한 말씀 중의 하나가 아닌가 생각합니다. 예수께서는 이 땅에 오셔서 많은 가르침을 베푸시고 또 병자를 고치시며 사람들에게 큰 감동을 주셨는데, 그

모든 것은 오직 한 가지로 귀결됩니다. 그것은 '하나님의 나라'입니다. 예수께서는 앉아서도 하나님의 나라, 서서도 하나님의 나라, 병자를 고치는 것도 하나님의 나라, 십자가를 지심도 하나님의 나라를 위함이었습니다. 그러니까 예수의 존재는 하나님의 나라를 이루기 위한 삶 그 자체라 말할 수 있습니다. 그것이 복음서 전체의 말씀입니다.

그런 맥락에서 볼 때, 오늘 누가복음의 말씀도 하나님의 나라와 관계시켜 이해할 수 있습니다. 한번은 어떤 율법교사가 예수께 찾아와서 질문합니다. "선생님, 제가 무슨 일을 해야 영원한 생명을 얻을 수 있겠습니까?" 여러분, 여기서 영원한 생명은 하나님의 나라와 같은 의미입니다. 왜냐하면 하나님의 나라는 영원한 생명이 있는 나라이기 때문입니다. 그래서 율법교사의 질문을 다음과 같이 바꿀 수 있습니다.

"선생님, 어떻게 해야 제가 당신이 가르치는 하나님의 나라에 들어갈 수 있습니까?" 같은 말입니다.

율법교사의 질문에 대하여 예수께서는 무어라 대답하셨습니까? 직답 대신에 오히려 반문합니다. "네가 율법교사이니 율법에 대해 잘 알 텐데, 네가 가장 소중하게 생각하는 그 율법에 무엇이라고 적혀 있느냐?" 그랬더니, 율법교사가 답합니다. "'네 마음을 다하고 네 목숨을 다하고 네 힘을 다하고 네 생각을 다하여 주님이신 네 하느님을 사랑하라. 그리고 네 이웃을 네 몸같이 사랑하라'고 하였습니다." 이 대답에 예수께서는 "옳은 대답이다. 그대로 실천하여라. 그러면 살 수 있다." 그랬더니, 율법교사는 자기를 옳게 보이고 싶어서, 혹은 똑똑한 체 하려고 분별지(分別智)에 사로잡혀서 질문합니다. "그러면 누가 저의 이웃입니까?" 그러자 예수께서는 널리 알려진 '선한 사마리아 사람'의 비유를 소개합니다. 그러면서 유명한 질문을 합니다. "[강도 만난 사람 곁을 지나간] 이 세 사람 중에, 그러니까 사제, 레위, 그리고 사마리아 사람 중에 누가 강도 만난 사람의 이웃이냐?" 이 질문에 율법교사가 답합니다. "그 사람에게 사랑을 베푼 사람입니다." 그러자 예수께서 아주 확실한 답을 주십니다. "너도 가서 그렇게 하여라."

## 성속일여, 하나님 나라로 가는 사랑의 실천

결론적으로 오늘 말씀을 본문 그대로 요약하면 간단합니다. 그것은 세 가지로 요약할 수 있습니다. 첫째, 영원한 생명 곧 하나님의 나라는 어떻게 얻을 수 있습니까? 그것은 하나님을 사랑하고 이웃을 사랑함으로써 얻을 수 있습니다. 둘째, 누가 우리의 이웃입니까? 강도 만난 사람처럼, 내 주변에서 고통당하는 사람이 나의 이웃입니다. 셋째, 그러면 무엇이 문제입니까? 실천이 문제입니다. 하나님을 사랑하고 내 이웃을 내 몸처럼 사랑해야 하는데, 그렇지 못한 것이 문제입니다. 그래서 예수께서는 "네 말이 옳도다. 그대로 실천하여라." 또 "너도 가서 그렇게 하여라."라고 말씀하셨던 것입니다. 실천하는 것입니다. 그러니까 오늘 본문의 핵심은 하나님의 나라, 하나님 사랑 이웃 사랑, 그리고 실천입니다. 그렇다면, 이 세 가지 단어를 기름을 짜듯 짜서 하나로 줄이면 무엇이 될까요? 저는 그것을 '성속일여'(聖俗一如)라고 말하고 싶습니다. 거룩한 것과 세상적인 것, 하나님과 이웃, 그것을 하나로 만드는 것, 일여(一如)하는 것, 그것입니다. 말하자면 성속일여의 신앙입니다.

하나님의 것과 이 세상의 것은 구별될 수 있을지언정 결코 분리될 수 없습니다. 하나님의 나라는 이 세상과 분리된 저세상이 결코 아닙니다. 하나님의 나라는 하나님과 세상을 하나로 일치시킬 때 그곳에 임재(臨在)합니다. 성과 속을 이분법적으로 분리시키지 않고 하나로 만드는 것, 이 세상을 하나님의 나라로 변화시키는 것, 하나님을 사랑하는 만큼 이 세상을 사랑하는 것, 성속일여, 그것이야말로 예수님의 핵심적인 가르침입니다.

초월심리학자로 유명한 켄 웰버(Ken Welber)라는 분이 있습니다. 그분의 사상 용어 중에 '전초오류'(Pre-Trans Fallacy)라는 말이 있습니다. 쉽게 설명하면 '앞과 뒤를 구분하지 못하는 오류'입니다. 선후가 비슷한 것 같지만, 결코 비슷한 것이 아니라 오히려 철저하게 다른데, 사람들은 그 드러난 현상만을 보고 앞뒤를 구분하지 못한다는 뜻입니다. 그 용어의 의미를 좀더 설명하면 이렇습니다. 철학자들이 종종 현대를 일컬어 이성의 시대라고 말합니다. 그 이성을 중심에 놓고 보면, 인류의 역사는 세 단계로 구분될 수 있습니다. 이성 이전의 시대, 이성의 시대, 그리고 이성 이후의 시대가 그것입니다. 그래서 이성의 시대를 일컬어 모던의 시대라고 한다면, 모던 이전의 시대를 프리(pre) 모던의 시대, 모던 이후의 시대를 포스트(post) 모던의 시대라고 부릅니다. 그런데 프리모던과 포스트모던이 드러난 현상만으로 볼 때, 너무나 비슷합니다. 그래서 사람들이 프리모던과 포스트모던을 구별하지 못합니다. 켄 웰버는 그것을 일컬어 전초오류라고 말한 것입니다.

특히 그는 심리학자로서 자아(自我) 곧 에고(ego)에 관심이 많았습니다. 그러니까 사람을 에고를 기준으로 삼아서 사람을 구분하면 다시 셋으로 구분할 수 있습니다. 에고 이전의 단계, 에고의 단계, 에고 이후의 단계가 그것입니다. 다시 말해, 인간의 자아는 자아의식이 분명하지 못한 단계에서 자아의식이 분명한 단계로, 그리고 다시 그 자아의식을 초월한 단계로 성장합니다. 그런데 자아의식이 분명하지 못한 단계와 그것을 초월한 단계가 현상적으로 볼 때 너무나 비슷하기 때문에, 웰버는 그 양자를 구분하지 못하는 경우를 일컬어 전초오류라고 부른 것입니다.

더 쉽게 설명해 드리면 이렇게 이야기할 수도 있습니다. 우리가 잘 아는 성철스님 이야기입니다. 성철스님은 현대 한국불교를 집대성한 스님이라고 평가됩니다. 특히 한국불교가 선불교로 다시 자리매김하는데 가장 결정적인 공헌을 한 분이 바로 성철스님이라고 하는데, 그분의 유명한 일화가 있습니다. 그분이 암자에서 수도하고 있었는데, 사람들이 찾아왔습니다. 한국불교를 대표하는 조계종의 총무원장이 되어 달라고 부탁하기 위해서 말입니다. 그때 성철스님이 그 부탁을 거절하면서 하신 말씀이 많은 사람들에게 널리 알려진 "산은 산이요 물은 물이로다."라는 말씀입니다. 이 말은 선불교를 설명하는 가장 핵심적인 표현입니다. "산은 산이요 물은 물이로다." 무슨 뜻입니까? 우리가 지금 눈으로 보는 산은 물리적인 산입니다. 나무가 있고, 숲이 있고, 계곡이 있고, 그리고 물이 흐르는 산입니다. 그런데 그 산은 산이 아닙니다. 왜냐하면 산은 불성을 갖고 있기 때문입니다. 불성을 갖고 있는 한 산은 산이 아닙니다. 그것은 불법의 세계입니다. 거룩한 것입니다. 그런데 그럼에도 불구하고 산은 산입니다. 산이 불법을 갖고 있다고 하더라도 산은 어디까지나 산입니다. 그리고 물은 물입니다. 그는 결국 그 선문답을 통해서 서울의 한복판에서 총무원장으로 일하나 산속 암자에서 수도를 하나 모두 같은 것이라며 완곡하게 거절하였던 것입니다. 결국 깨달음을 기준으로 해서 봤을 때, 깨닫기 이전에 바라본 산과 깨달음 이후의 산은 다 같은 산입니다. 그러나 산을 바라보는 나는 그만큼 성장한 것입니다. 그런데 깨달음이 없는 사람은 첫 번째 단계의 산과 세 번째 단계의 산을 구분하지 못합니다. 그래서 전초오류에 빠지는 것입니다.

### 어린이에서 성인으로, 성인에서 어린이로

저는 기독교 신앙도 마찬가지라고 생각합니다. 신앙성숙을 기준으로 봤을 때, 신앙성숙 이전의 단계와 신앙성숙 이후의 단계를 구분하지 못하는 오류를 너무나 많이 봅니다. 그런 오류에 빠지는 것은, 보이는 현상이 비슷하기 때문입니다. 예수 믿기 이전의 모습과 예수 믿고 구원받은 이후의 모습이 드러난 현상적으로 크게 다르지 않기 때문입니다. 예수 믿기 이전이나 이후나 모두 냉면을 좋아할 수 있고, 축구를 좋아할 수 있고, 와인을 좋아할 수 있고, 또 옷을 잘 입을 수 있습니다. 그러나 그 존재의 질은 엄청나게 다른 것입니다. 우리는 그것을 구분할 줄 알아야 합니다. 그래서 전초오류에서 벗어나서, 진정한 깨달음의 세계, 성속일여의 세계, 곧 하나님의 나라에서 살아야 하는 것입니다.

예수께서도 오늘 마가복음 10장 13절 이하에서 우리에게 말씀하셨습니다. "누구든지 어린이와 같이 하나님 나라를 받아들이지 않는 사람은 거기에 들어가지 못할 것이다."(15절) 따라서 너희는 어린이와 같이 되라는 말씀입니다. 어린이와 같이 된다는 것은 무슨 뜻일까요? 어린이는 말 그대로 아직 성장을 더 해야 하는 미숙한 상태의 존재입니다. 성인이 되어야 할 존재입니다. 그런데 예수께서는 오늘 우리보고 어린이와 같은 존재가 되라고 말씀하고 있습니다. 성인이 아니라 어린이 말입니다. 바로 여기에 하나님 나라의 비밀이 있습니다.

앞에서 살펴본 셋으로 나뉘는 발달 단계에 비춰 보면, 인간은 어린이에서 성인으로, 그리고 다시 성인에서 어린이로 발달해 간다고 할 수 있습니다. 우리 성인들은 다시 어린이가 되어야 하는 것입니다. 그래서 예수께서 하나님의 나라에 들어가기 위해서는 다시 어린이가 되라고 말씀하셨던 것입니다. 그런데 세상 사람들은 성인이 되기 이전의 어린이와 성인 이후의 어린이를 같은 것으로 생각합니다. 그것은 바로 앞에서 말한 그 전초오류라고 말할 수 있습니다. 그러나 모습은 비슷할지언정 그 질은 엄청나게 다른 것이 첫 번째 어린이와 세 번째 어린이의 의미입니다.

오늘의 말씀 누가복음 10장의 본문을 다시 보겠습니다. 율법교사의 오류가 무엇입니까? 바로 전초오류의 문제에 봉착한 것입니다. 그는 아직도 성속일여의 깨달음을 얻지 못한 것입니다. 그래서 그는 '자기를 옳게 보이고 싶어서'(29절), 즉 자아를 드러내고 싶어서, 하나님과 이웃, 또 내가 좋아하는 이웃과 싫어하는 타자를 구분하고 분리하는 분별지에 사로 잡혀서 질문합니다. '누가 내 이웃입니까?' 말하자면 그는 이성 이전의 단계, 이성의 단계, 이성 이후의 단계로 볼 때, 이성의 단계에 머문 사람입니다. 전자아의 단계, 자아의 단계, 그리고 초자아의 단계로 볼 때, 그는 아직도 자아의 단계에 머문 사람입니다. 산은 산이요 물은 물이라는 물리적인 단계, 산은 산이 아니요 물은 물이 아니라는 분별지의 단계, 그리고 다시 산은 산이요 물은 물이요라는 진정한 깨달음의 단계로 볼 때, 그는 여전히 분별지의 단계에 머문 사람입니다. 그래서 그는 하나님의 나라 이전의 단계와 하나님의 나라에 대한 깨달음 이후의 단계를 구분하지 못한 채, "그러면 내 이웃이 누구입니까?" 하면서 전초오류의 우를 범하는 것입니다.

그렇다면 예수께서는 지금 우리에게 무엇을 말씀하고 있습니까? 그렇습니다. 전초오류를 극복하고, 진정으로 성숙한 사람의 모습, 진정한 영원한 생명을 소유한 자의 모습, 참 하나님의 나라를 사는 사람이 될 것을 촉구하고 있습니다. 하나님은 하나님이고 세상은 세상입니다. 그러나 많은 사람들이 종교를 가지면서, 특히 교회를 다니면서부터 하나님과 세상을 구분하고 분별합니다. 하나님은 세상이 아니다, 교회는 세상과 달라야 한다 등등으로 말입니다. 그래서 하나님은 하나님이 아니고 세상은 세상이 아니라고 외칩니다. 그래서 하나님과 세상을 구분하고 또 분리합니다. 그리고 결국에는 하나님과 세상을 극단적으로 분리시킨 결과 하나님과 세상은 원수 사이가 됩니다. 그러나 신앙이 깊어지면 하나님과 세상은 다시 만납니다. 예수께서 말씀하십니다. "하나님이 세상을 이처럼 사랑하사 독생자를 주셨다!"(요3:16) 하나님이 세상을 사랑하는 것입니다. 예수를 통해 하나님과 세상이 하나가 되는 것입니다. 성과 속이 그리스도 안에서 하나가 된 것입니다. 하나님과 세상은 하나입니다. 성속일여입니다. 하나님 사랑과 이웃사랑은 다른 것이 아닙니다. 하나입니다.

그래서 예수께서 율법교사에게 말합니다. "누가 강도 만난 사람의 이웃이냐?" 율법교사가 답합니다. "자비를 베푸는 사람입니다." 예수님은 율법교사의 답을 재확인하여 줍니다. "그럼 너도 그와 같이 하여라." 그렇습니다. 하나님을 사랑하는 것과 이웃사랑은 같은 것입니다. 많은 그리스도인들이 하나님사랑과 이웃사랑을 구분합니다. 물은 물이 아니요 산은 산이 아닌 단계에 머물러 있습니다. 하나님 사랑을 교회 사랑으로만 생각하는 사람, 하나님 사랑을 종교적인 예배 활동에 참여하는 것으로만 생각하는 사람들이 너무나 많습니다. 물론 신앙이 성숙하기 위해서는 그 단계를 반드시 거쳐 가야 하지만, 그것이 궁극적인 단계는 아닙니다. 그것을 넘어서, 하나님 사랑과 이웃 사랑은 같은 것이라는 단계로 나아가야 합니다. 전초오류를 극복하고, 하나님 사랑과 이웃 사랑은 같은 것임을 알아야 합니다. 가장 불쌍한 이웃을 사랑하고 섬기는 것이 곧 하나님을 섬기는 것입니다. 그것이 오늘 말씀의 참 뜻입니다.

신반포감리교회 설교(2011.8.7)

## 3. 기독교도 수행종교다

7. 나는 내게 이로웠던 것은 무엇이든지 그리스도 때문에 해로운 것으로 여기게 되었습니다.
8. 그뿐만 아니라, 내 주 예수 그리스도를 아는 지식이 가장 고귀하므로, 나는 그 밖의 모든 것을 해로 여깁니다. 나는 그리스도 때문에 모든 것을 잃었고, 그 모든 것을 오물로 여깁니다. 나는 그리스도를 얻고,
9. 그리스도 안에 있는 사람으로 인정받으려고 합니다. 나는 율법에서 생기는 나 스스로의 의가 아니라, 그리스도를 믿는 믿음으로 말미암아 오는 의 곧 믿음에 근거하여, 하나님에게서 오는 의를 얻으려고 합니다.
10. 내가 바라는 것은, 그리스도를 알고, 그분의 부활의 능력을 깨닫고, 그분의 고난에 동참하여, 그분의 죽으심을 본받는 것입니다.
11. 그리하여 나는 어떻게 해서든지, 죽은 사람들 가운데서 살아나는 부활에 이르고 싶습니다.
12. 나는 이것을 이미 얻은 것도 아니며, 이미 목표점에 다다른 것도 아닙니다. 그리스도 [예수]께서 나를 사로잡으셨으므로, 나는 그것을 붙들려고 좇아가고 있습니다.
13. 형제자매 여러분, 나는 아직 그것을 붙들었다고 생각하지 않습니다. 내가 하는 일은 오직 한 가지입니다. 뒤에 있는 것은 잊어버리고, 앞에 있는 것을 향하여 몸을 내밀면서,
14. 그리스도 예수 안에서, 하나님께서 위로부터 부르신 그 부르심의 상을 받으

려고, 목표점을 바라보고 달려가고 있습니다.

15. 그러므로 누구든지 성숙한 사람은 이와 같이 생각하십시오. 여러분이 무엇인가를 달리 생각하면, 하나님께서는 그것도 여러분에게 드러내실 것입니다.

16. 어쨌든, 우리가 어느 단계에 도달했든지 그 단계에 맞추어서 행합시다.

〈빌립보서 3:7-16〉

## 기독교, 한국 종교가 되어야 할 때

저는 얼마 전 기독교공동학회에 참석한 적이 있습니다. 발표 내용 중 인상적이었던 것은 보수신학자로 널리 알려진 이 아무개 교수의 특강이었습니다. 그는 한국 신학의 세계화에 대하여 말했습니다. 그의 주장을 한마디로 요약하면, '이제 서양신학은 끝나가고 있으니 지금부터는 동양신학을 해야 한다'는 것입니다. 세계교회의 축이 이미 서구교회에서 아시아와 아프리카로 옮겨가고 있음에도 불구하고, 유감스럽게도 신학은 아직도 여전히 서구 중심적이라는 비판이었습니다. 말하자면 신학이 미국과 유럽에 너무나 오랫동안 뿌리깊이 식민지화되었다는 주장이었습니다. 그러면서 그는 그것을 극복하는 것이 한국 신학자들의 과제라고 말했습니다. 일리 있는 이야기입니다. 널리 알려진 보수신학자마저 동양신학의 중요성을 언급하는 것을 보면서 종교간 대화의 분위기가 이제 무르익었음을 온몸으로 느낄 수 있습니다.

더욱이 저는 그의 대안적 주장이 마음에 와 닿았습니다. 즉 세계교회의 축이 이동하는 시대상황에 따른 대안으로 기독교가 진정한 한국인의 종교가 되기 위해서는 기독교가 동양의 종교로 거듭나야 하는데, 그러기 위해서는 동양의 모든 종교가 '수행종교'라는 점에 착안하여 기독교도 '수행종교'가 되어야 한다는 주장입니다. 그렇습니다. 옳은 주장입니다. 저도 거기에 전적으로 동의합니다.

곰곰이 생각해 보면, 기독교는 지금까지 자신의 몸과 마음을 수행하는 것을 강조하는 수행종교가 아니었습니다. 오히려 기독교는 우리 죄를 대신하여 십자가를 지신 예수를 믿어서 죄로부터 구원받고, 또 죽어서는 우리 영혼이 하늘나라에 가는 것을 강조하는 종교였습니다. 그래서 예수를 믿기만 하면 되니까, 예수의 십자가는 값싼 십자가가 되었고, 기독교는 값싼 종교가 되었습니다. 본회퍼가 '값싼 은혜'(cheap grace)로 전락된 기독교를 비판했던 것을 다시 언급하지 않더라도, 우리 한국 기독교가 그렇게 값싼 기독교가 된 것입니다. 그래서 예수를 믿는 것과 예수의 가르침대로 사는 것은 아무 관련이 없는 것으로 생각하기에 이르렀습니다. 이미 예수가 다 십자가로 용서해 주었는데, 내가 더 무슨 덕을 닦고 수양할 필요가 있느냐 하는 오해입니다. 그 결과 어떤 일이 벌어지고 있습니까? 우리나라에서 기독교인들의 이미지는 말이 아닙니다. 부도덕한 집단으로, 가정을 돌보지 않는 집단으로, 돈과 명예만을 추구하는 이기적인 집단으로, 그렇게 지탄을 받고 있는 것입니다. 잘못된 구원관, 기독교에 대한 잘못된 생각으로 인하여 생긴 폐해라 아니할 수 없습니다.

그런 점에서 우리는 기독교도 분명히 수행종교라는 것을 간과해서는 안 되겠습니다. 유교가 '수신제가'를 가르치는 수행종교이듯, 불교가 깨달음을 얻기 위해 끊임없이 도를 닦는 것을 강조하듯이, 기독교 역시 분명히 구원의 완성을 위해 수행하는 '수행종교'라는 것을 잊어서는 안 되겠습니다. 말하자면, 기독교도 도를 닦는 종교, 예수의 도를 닦는 종교라는 것을 명심해야 하겠습니다. 오늘 주님께서 말씀하십니다. "하늘에 계신 아버지가 온전하신 것과 같이 너희도 온전한 자가 되어라."(마5:48) 그렇습니다. 우리는 온전한

자가 되기 위해 열심히 수행해야 합니다.

### 너희는 온전한 존재가 되어라

인간 구원과 관련하여 기독교가 가르치는 핵심 교리를 일컬어 '칭의론'이라고 합니다. 오늘 로마서 1:17에 나와 있듯이, 하나님께서 죄인 된 우리 인간을 예수 그리스도를 통하여 의인으로 인정해 주셨다는 교리입니다. 쉽게 말하면, 우리가 구원을 받는 것은 인간 자신의 공로 덕분이 아니라, 전적으로 우리를 의롭다고 인정하시는 하나님의 은혜 덕분이라는 것입니다. 루터가 종교개혁을 일으킬 당시 가톨릭교회는 로마대성당을 지을 돈을 마련하기 위해 면죄부를 팔면서, 그 면죄부를 사면 자신들이 지은 죄를 용서받고 또 내세에서 받을 벌마저 용서받는다고 거짓으로 선전했습니다. 말하자면 구원이 인간의 능력으로 혹은 공로로 되는 양 잘못 가르쳤습니다. 거기에 대항해서 루터가 '아니오!'라고 외친 것이 종교개혁이었습니다. 그는 구원은 인간의 공로로서가 아니라, 오직 하나님의 은혜(sola gracia)와 오직 믿음으로(sola fidei) 이루어지고, 그것은 교황의 권위가 아니라 오직 성경에 근거한 말씀(sola scriptrua)에 의해 보증된다고 주장하였습니다. 그래서 가톨릭교회와 개신교 사이에 지난 500년간 분열이 있었고, 지금까지 그 분열은 계속되고 있습니다.

그런데 최근 가톨릭교회와 개신교 사이에 엄청난 변화가 생겼습니다. 그것은 바로 가톨릭교회와 개신교를 분열시켰던 그 구원관에서, 서로의 오해를 불식시키고, 일치를 이룬 것입니다. 그 시발점은 1999년 로마 가톨릭교회와 루터교 세계연맹 사이에 일어난 합의입니다. 루터교 세계연맹과 로마 가톨릭교회는 1999년 10월 31일 '동반교회'로서 '루터교와 로마 가톨릭교회에 의한 공식적 공동성명서'에 서명함으로써 '칭의(Justification) 교리에 관한 공동선언'을 확정하였습니다. 그다음으로 세계감리교회는 2006년 7월 서울에서 열린 제19차 세계감리교대회(WMC)를 통해 가톨릭교회와 루터교회의 합의에 동참하였습니다.(2006년 7월 23일, 세계감리교회협의회 선데이 음방 회장, 로마교황청 그리스도교일치촉진평의회 의장인 발터 카스퍼 추기경과 김수환 추기경, 이스마엘 노코 세계루터교연맹 사무총장 등 각 교파 대표 2명씩 총 6명의 교계 지도자들 서명식참석) 말하자면, 가톨릭교회와 루터교회, 그리고 감리교회가 칭의론에서 합의를 한 것입니다.

'칭의 교리에 대한 합의 선언문(JDDJ)'의 골자는 이렇습니다.

"구원은 전적으로 하나님의 선물이며, 이는 선행을 통해서가 아니라 은총과 그리스도에 대한 믿음을 통해 오는 것이다. 그러나 성령께서 주시는 은총은 인간에게 선행할 힘을 주시고 또 그렇게 하도록 부르신 것이다."

핵심은 '구원은 전적으로 하나님의 선물'이라는 합의입니다. 그동안 구원과 관련하여 개신교는 "믿음으로만 구원받을 수 있다."고 주장하는 반면, 가톨릭은 "믿음과 함께 선행을 쌓아야 한다."고 주장함으로써, 숱한 갈등과 저항을 낳았습니다. 그리고 수많은 전쟁이 있었고, 수많은 이들이 '이단'으로 몰려 순교를 당하기도 했습니다. 그러나 이제 더 이상 이런 문제로 서로를 이단으로 정죄할 수 없게 되었습니다. 참으로 다행스러운 일이 아닐 수 없습니다. 사실, '구원은 하나님의 선물'이라는 사상은 기독교가 신 · 구교로 분리되기 전 서구 기독교의 교부 성 어거스틴(354~430)의 사상이기도 합니다. 그는 지금의 개신교처럼 은총(믿음)을 통한 구원관을 피력했습니다. 그런데 여기에는 '교회에 안 나가도 구원받을 수 있다'는 빌미가 싹텄습니다. 이에 대한 보완책으로 교황청은 '선행을 해야 구원을 받는다'는 '보상신학'을 내놓은 것입니다. 그런데 이것이 지나치게 강조되다 보니 '면죄부 판매(돈 내고 보상받겠다)'라는 타락상이 초래됐고, 루터는 거기에 저항하면서, 말하자면, '어거스틴으로 돌아가자'라고 외쳤던 것입니다.

하지만 여전히 논쟁은 남아있습니다. 가톨릭교회와 루터교회, 그리고 감리교회가 '구원은 하나님의 선물이다'라는 명제에 합의했지만, 이 교리적 합의와는 상관없이 여전히 믿음과 선행을 둘러싼 구원 논쟁은 계속되고 있기 때문입니다. 따라서 이제 가톨릭교회와 감리교회는 가능하면 빨리 만나서 새로운 합의를 해야 한다고 생각합니다. 그것은 우리 인간의 선행이 구원과 무슨 관계가 있느냐 하는 것과 관련된 합의입니다. 사실, 가톨릭교회와 감리교회는 이 문제에 대해 이미 교리적으로 거의 같은 의견을 갖고 있습니다. 그것은 바로 선행이 구원을 완성한다는 교리입니다. 우리가 구원을 얻을 수 있는 것은 전적으로 하나님의 은총이지만, 그 구원을 완성하는 것은 인간의 노력을 통해 이루어진다는 것입니다.

사실, 가톨릭교회는 구원과 관련하여 오랫동안 '선행'을 강조해 오고 있습니다. 마찬가지로 감리교회 역시 구원의 완성 조건으로서 '그리스도인의 완전' 곧 '성화사상'을 강조하고 있습니다. 그렇습니다. 구원은 전적으로 하나님의 선물이지만, 우리는 그 구원을 완성하기 위해 끊임없이 노력하고 수고를 해야 합니다. 예수님께서도 말씀하십니다. "아버지께서 온전하신 것과 같이 너희도 온전한 존재가 되어라."(마5:48) 우리는 온전한 존재가 되어야 합니다. 그것을 위한 노력과 수고를 해야 합니다. 그것이 하나님이 원하시는 바이시기 때문입니다.

## 기독교, 매일매일 그리스도에게로 나아가는 수행종교

사랑하는 여러분! 바로 이런 점에서 저는 오늘 기독교가 수행종교가 되어야 한다는 점을 말씀 드립니다. 기독교는 결코 수행을 경시하는 것이 아니라 우리 구원의 완성을 위해 오히려 선행 혹은 수행을 강조하고 있습니다. 그렇습니다. 종교적 수행은 결코 우리의 구원과 무관하지 않습니다. 그런 점에서 기독교는 본질적으로 수행종교라는 말씀입니다. 사도 바울도 말씀하시기를 "너희의 구원을 이루라."(빌2:12-18)고 권면합니다. 두렵고 떨림으로 구원을 완성하라는 말씀입니다. 그러면서 자신도 이미 구원의 끈을 잡은 줄로 생각하지 아니하고, 푯대를 향해서 매일매일 그리스도에게로 나아간다고 말했던 것입니다.(빌3:7-16) 말하자면, 우리를 향해 그리스도의 완전에 이르라고 권면하고 있는 것입니다.

사랑하는 여러분! 예수 그리스도로 믿음으로 말미암아 구원 받은 여러분! 우리의 몸과 마음을 갈고 닦아서 구원을 완성하십시다. 웨슬리 목사님이 강조한 것처럼 끊임없이 사랑을 실천하고 십자가의 삶을 삶으로써 그리스도의 완전에 이릅시다. 그리스도의 말씀을 몸과 마음으로 수행함으로써 영광스러운 구원의 완성을 추구하는 여러분 모두에게 하나님의 은총이 가득하시길 빕니다. 감사합니다.

신반포감리교회 설교(2008.11.16)

## 4. 춘안거 사순절

1. 그 즈음에 예수께서 성령에 이끌려 광야로 가셔서, 악마에게 시험을 받으셨다.
2. 예수께서 밤낮 사십 일을 금식하시니, 시장하셨다.
3. 그런데 시험하는 자가 와서, 예수께 말하였다. "네가 하나님의 아들이거든, 이 돌들에게 빵이 되라고 말해 보아라."
4. 예수께서 대답하셨다. "성경에 기록하기를 '사람이 빵으로만 살 것이 아니라, 하나님의 입에서 나오는 모든 말씀으로 살 것이다' 하였다."
5. 그때에 악마는 예수를 그 거룩한 도성으로 데리고 가서, 성전 꼭대기에 세우고
6. 말하였다. "네가 하나님의 아들이거든, 여기에서 뛰어내려 보아라. 성경에 기록하기를 '하나님이 너를 위하여 자기 천사들에게 명하실 것이다' 그리고 '그들이 손으로 너를 떠받쳐서, 너의 발이 돌에 부딪치지 않게 할 것이다' 하였다."
7. 예수께서 악마에게 말씀하셨다. "또 성경에 기록하기를 '주 너의 하나님을 시험하지 말아라' 하였다."
8. 또다시 악마는 예수를 매우 높은 산으로 데리고 가서, 세상의 모든 나라와 그 영광을 보여주고 말하였다.
9. "네가 나에게 엎드려서 절을 하면, 이 모든 것을 네게 주겠다."
10. 그때에 예수께서 그에게 말씀하셨다. "사탄아, 물러가라. 성경에 기록하기를 '주 너의 하나님께 경배하고, 그분만을 섬겨라' 하였다."

11. 이때에 악마는 떠나가고, 천사들이 와서, 예수께 시중을 들었다. 〈마태복음 4:1-11〉

### 우리의 거울, 이웃종교

기독교와 불교 사이의 공통점에 대하여 우스갯소리처럼 회자되는 말이 있습니다. 우선 불교의 스님은 동양의 중이고 기독교의 목사는 서양의 중이랍니다. 모두 '중'이란 점에서 같다는 것이지요. 앞으로 저를 '서양 중'으로 불러주셔도 되겠습니다. 둘째는 둘 다 공짜로 얻어먹는 것을 좋아한답니다. 스님도 공양이라 해서 공짜음식을 얻기 위해 돌아다니고, 목사도 알다시피 공짜를 좋아합니다. 앞으로 종종 맛있는 것 많이 사주시길 바랍니다. 셋째는 절에서 부르는 '찬불가'와 교회의 '찬송가'가 구분할 수 없을 정도로 서로 똑같다는 것입니다. 그래서 찬불가를 베이스로만 노래하면 모두 찬송가로 착각할 지경입니다. 시대가 참 많이 바뀐 것 같습니다. 그런데 오늘 저는 이번 주 수요일부터 사순절기를 시작하면서, 불교와 기독교의 또 다른 공통점을 중심으로 한 말씀을 드리고자 합니다. 특히 이웃종교를 하나의 거울로 삼아 우리 자신을 성찰하는 계기로 삼으면 어떨까 생각합니다.

### 불교의 동안거, 하안거 전통

우리가 알다시피 불교에는 크게 두 가지의 신앙전통이 있습니다. 하나는 교종(敎宗)의 전통이고 또 하나는 선종(禪宗)의 전통입니다. 교종은 부처님의 말씀을 기록한 불교경전을 주석하고 연구하여 깨달음을 추구하는 신앙전통입니다. 이에 반해 선종은 침묵과 기도, 그리고 선을 통해 불성을 깨닫는 신앙전통입니다. 이런 점에서 한국불교의 전통을 보면 양자 사이의 조화를 추구하고 있습니다. 다만 둘 중에 어느 전통에 더 강조점이 있느냐 하면, 선종이 조금 더 강하다고 할 수 있습니다. 그런데 선종 전통에서 강조하는 것 중 하나는 일 년 열두 달을 크게 둘로 나누는 것입니다. 그래서 6개월은 전국을 떠돌며 정법의 안목을 갖춘 선지식(善知識), 즉 불도를 깨쳐 덕이 높은 큰스님을 찾아 깨달음을 추구하는 만행(卍行)을 실천하는 것입니다. 말하자면, 스님들이 절 밖에서 살아갈 수 있도록 허용하는 기간입니다. 그러나 그 나머지 6개월 동안은 스님들이 철저하게 집안에, 절 안에만 머물면서 정진합니다. 이것을 일컬어 '안거 기간'이라고 말합니다. 이 안거 기간 6개월 동안에는, 전국을 돌아다니며 만행하던 수행자들도 자신의 소속 절간으로 돌아와서 참선정진을 해야 합니다. 이 생활 주기를 따라 수행하는 삶을 불교적 수행이라고 할 수 있습니다.

그런데 이 안거제도는 석가모니 부처님 당시부터 있었다고 합니다. 비가 많이 오는 우기에 밖으로 나오는 미물들을 밟지 않으려고 돌아다니는 만행을 중단하고 대신 3개월간 동굴이나 절간에 모여 수행에 전념한 것이 하안거의 기원이 되었다고 합니다. 그런데 이런 기원을 가진 안거는 북방의 대승불교에 이르러서는, 다시 크게 두 시기로 나누어 시행합니다. 하나는 동안거이고 또 다른 하나는 하안거입니다. 동안거(冬安居)는 음력 10월 15일에 시작해서 이듬해 음력 1월 15일까지 3개월 동안 진행됩니다. 그러니까 지금 이 시기는 절간은 동안거 기간으로 참선에 용맹정진하는 시기라 할 수 있습니다. 그리고 올해는 2월 28일이 음력 정월보름이니까 그날 동안거를 해제하게 됩니다. 한편, 하안거(夏安居)는 음력 4월 15일에 시작해서 7월 15일까지 이어집니다. 이렇게 일 년에 두 차례에 걸쳐 안거에 돌입하는 것입니다. 이 기간에 스님들은 공식적으로 참선을 공부합니다. 또 안거에 들어가는 것을 결제(結制)라 하고 안거가 끝나는 것을 해제(解制)라 하는데, 그 결제 날과 해제 날에는 불교의 큰스님들이 법어를 내려서 용맹정진을 당부하고 또 격려합니다.

그럼 안거 기간 동안 스님들은 어떻게 생활할까요? 우선 앞서 말한 것처럼, 여름 석 달과 겨울 석 달 동안 안거 기간에는 절 바깥으로 일절 나갈 수 없습니다. 오로지 수행에만 정진해야 합니다. 말을 해서도 안 되고, 계율을 어겨서도 안 됩니다. 밥 짓는 것에서부터 화장실 청소까지 일체를 수행스님들의 힘으로 해결합니다. 잠은 네 시간 이상 잘 수가 없습니다. 번뇌도 망상도 다 내려놔야 합니다. 이렇게 일절 절제의 시간, 고독의 시간을 보내는 것입니다. 그러나 이때, 단 한 가지만은 반드시 해야 합니다. 그것이 바로 화두(공안)라는 것입니다. 안거 시작할 결제 시에 받은 화두를 의심할 대로 의심하면서 견성을 위한 치열한 자기와의 싸움을 해야 하는 것입니다. 예를 들면, '나는 누구인가?' '불성이란 무엇인가?' '왜 나무에게도 불성이 있다고 하는가?' 등의 화두 가운데 하나를 갖고 씨름하는 것입니다. 이것이 바로 안거 기간 동안 지켜지는 스님들의 수행생활입니다.

### 기독교의 춘안거, 사순절 전통

그렇다면, 기독교는 어떻습니까? 우리는 어떠한 수행 방법이 있습니까? 불교에 견줄 만한 우리 기독교의 수행 방법은 무엇입니까? 우리는 언제 어떠한 방법으로 신앙을 수련합니까? 오늘 말씀은 앞에서 말씀드린 불교의 안거와 견주어서 비슷한, 우리 기독교의 신앙 수련에 대하여 한번 생각해 보고자 하는 것입니다. 오늘 저는 그것을 세 가지 차원에서 설명해 드리겠습니다.

첫째, 우리 기독교 전통에서 불교의 안거와 비슷한 수행전통이 있다면, 그것은 바로 사순절 신앙 수련이 아닐까 생각합니다. 달리 말씀드리면, 그것은 '춘안거'(春安居)라고 할 수 있습니다. 봄철 40일 동안 우리 기독교인들은 한적한 곳에 머물면서 철저하게 신앙을 점검하는 전통을 갖고 있는 것입니다. '춘안거'라는 말은 오늘 설교를 위해 제가 임의로 만든 말이지만, 우리 기독교에서는 불교의 동안거 및 하안거와 유사하게, 봄철에 이루어지는 수련 기간이 있다는 말씀입니다. 그것이 바로 항상 봄철에 이루어지는 사순절인 것입니다. 이 40일의 사순절 기간 동안 우리 기독교인들은 철저하게 신앙을 점검합니다. 그런데 이 40일 춘안거는 어디에 근거해서 생긴 것입니까? 불교의 하안거가 석가모니 부처로부터 유래된 것처럼, 우리 춘안거인 사순절은 성서에 기원한 것입니다. 다시 말해, 우리가 임의로 사순절 전통을 만들어서 지키는 것이 아니라, 성서에 기초하여 40일을 신앙 수련의 기간으로 지키는 것입니다.

좀더 구체적으로 말씀드리면, 이 춘안거 40일은 모세가 시나이(Sinai)산에서 지낸 40일로부터 유래하였습니다. 출애굽기 24장 12절 이하를 보면, 하나님께서는 모세를 부르셨습니다. 그리고 시나이산으로 올라와서 율법과 계명을 받으라고 말씀하십니다. 그렇게 해서 모세가 율법을 받기 위해 시나이산에 40일간 머물게 된 것입니다. 이 40일 동안 모세는 어떻게 했을까요? 하나님의 율법을 받기 위해 철저하게 자신을 죽이는 수련을 하였습니다. 모세는 시나이산에서 춘안거 40일을 보낸 것입니다.

모세가 시작한 춘안거 전통은 엘리야에게로 이어졌습니다. 엘리야는 북이스라엘 아합의 시대에 활동한 예언자입니다. 당시 북이스라엘 사마리아에 3년 동안 비가 오지 않자 난리가 났습니다. 짐승이 죽어 넘어가고 식물이 자라지 않게 된 것입니다. 그래서 기우제를 지냈는데, 이때를 틈타 엘리야를 한편으로 하는 그룹과, 바알 숭배자 450인과 아세라 숭배자 400인이 또 다른 한편으로 하는 그룹이 갈멜산에 모입니다. 그리고 진짜 신이 누구인지 겨루게 되었습니다.(열상18장) 우선 바알 선지자와 아세라 선지자들이 송아지를 잡고 예배를 드리고, 심지어 자신의 몸을 자해하면서 바알에게 제사를 드렸지만 허탕이었습니다. 바알은 아무 응답도 내리지 않은 것입니다. 그러나 엘리야는 어떻게 되었습니까? 엘리야가 하나님께 기도드리자, 하나님의 불이 내려와 번제물을 태우고 나무와 돌을 태우고 흙과 도랑의 물을 태워 버렸습니다. 그리고 가물던 하늘이 열리고 비가 내렸고, 그 일로 해서 바알 선지자들을 모두 죽임을 당하였습니다. 이 사건 때문에 바알 신을 숭배하던 아합왕과 이세벨 왕비가 분노하였고, 엘리야를 죽이기로 마음먹게 됩니다. 그래서 엘리야는 북쪽 사마리아로부터 남쪽 유다 끝브엘세바로 도망을 칩니다. 그리고 로뎀 나무 아래에서 식음을 전폐하고 죽기로 작정하고 있었습니다. 그때 하나님께서 나타나셨습니다. 그리고 먹을 것을 주면서 하나님의 산, 호렙산으로 가라고 말씀하셨습니다. 그래서 엘리야는 40일 동안 하나님이 주신 음식에만 의존하면서 호렙산에 이르는 고독한 순례의 길에 올랐습니다. 바로 그 40일은 고행의 길이요, 자기 반성의 길이요, 하나님을 만날 준비의 기간이었습니다. 이렇게 엘리야는 호렙산을 향한 순례를 계속하였습니다. 결국 그는 일종의 춘안거를 호렙산을 향한 도상에서 보낸 것입니다.

그런데 모세와 엘리야의 춘안거 40일 전통은 예수에게로 그대로 이어졌습니다. 예수께서는 하나님의 부름을 받고 나이 30이 되어 하나님의 나라를 본격적으로 선포하기 전, 40일 동안 광야에서 보내게 됩니다.(마태4장) 말하자면, 광야에서 춘안거를 보낸 것입니다. 그는 40일 동안 금식하면서 마귀와 하나님 사이에서 씨름하였습니다. 그 40일은 마귀를 선택할 것인지, 아니면 하나님을 선택할 것인지 그 사이에서 고민하는 시간이었습니다. 성경에 보면 재미있는 표현이 있습니다. 예수께서 광야로 향하게 된 동기가 성령에 이끌려 갔다는 것입니다.(1절) 다시 말씀드리면, 하나님께서 예수를 끌고 광야로 갔다는 말씀입니다. 그런데 그렇게 해서 광야에 이르렀는데, 그곳에는 하나님이 계신 것이 아니라 '마귀'가 있었습니다. 즉 하나님께서 예수를 마귀에게 데려다 준 것입니다. 참, 이상한 일입니다. 하나님이 마귀를 싫어하실 것 같은데, 본문은 그렇지 않습니다. 하나님께서 예수를 마귀에게 넘긴 것입니다.

여러분, 여기서 예수의 처지를 한번 생각해 보십시오. 얼마나 난처했겠습니까? 하나님과 마귀 사이에 끼어 있는 예수를 한번 생각해 보십시오. 그렇습니다. 지금, 예수께서는 하나님과 마귀 사이에서 고민하고 있는 것입니다. 내가 하나님의 자녀인가, 아니면 마귀의 자녀인가? 내가 하나님의 일꾼인가, 아니면 마귀의 일꾼인가? 내가 하나님의 나라를 전할 존재인가, 아니면 마귀의 나라를 전할 존재인가? 예수는 그 광야에서 바로 그 고민을 한 것입니다. 예수는 춘안거 40일 동안 하나님과 마귀 '사이에서' 누구를 선택해야 할지 치열하게 고민하였고, 결국은 마귀가 아니라, 하나님을 선택하는 훈련을 받은 것입니다. 이것이 바로 예수의 춘안거 40일입니다.

우리 기독교는 바로 모세와 엘리야, 그리고 예수로 이어지는 춘안거 40일 전통에 따라 사순절을 지키고 있습니다. 이 40일 동안, 모세가 하나님의 율법을 받기 위해 시나이산에서 자신을 수련했던 것처럼, 엘리야가 하나님의 음성을 듣기 위해 호렙산 도상에서 고독하게 수행했던 것처럼, 그리고 예수가 광야에서 하나님과 마귀 사이에서 누구를 선택할 것인지를 뼈가 타는 듯한 고뇌 속에 고민하면서 자신의 영성을 수련했던 것처럼, 우리도 이 40일 동안 우리의 신앙 문제를 갖고 수련해야 합니다. 이것이 바로 사순절이요, 우리 기독교의 춘안거입니다.

## 춘안거의 시종, 성회수요일과 부활절

둘째로, 불교에서는 안거를 시작할 때와 끝날 때를 중요하게 여깁니다. 그래서 안거를 시작하는 결제 날에 화두를 주고, 안거를 끝내는 해제 날에 법어를 내리는 의식을 각각 하는 것입니다. 그렇다면 우리 기독교는 춘안거를 시작하는 결제 날, 무엇을 합니까? 그리고 춘안거를 끝내는 해제 날 어떤 의식을 합니까? 이 질문은 우리 기독교 전통에서 매우 중요합니다. 그런데 유감스럽게도 우리 개신교에서는 이 춘안거 시작과 끝을 좀 소홀히 하는 경향이 있습니다. 그래서 이번 계제에 반성해 보고 싶습니다.

우선 기독교의 사순절 곧 춘안거는 항상 수요일에 시작합니다. 그래서 그 날을 성회수요일이라고 합니다. 영어로 하면, Ash Wednesday입니다. '재[灰]의 수요일'이라는 뜻입니다. 이날 올리브나무를 태운 뒤, 남은 재를 성직자들이 평신도의 이마에 발라주는 의식을 합니다. 그러면서 이렇게 외칩니다. "너는 흙이니 흙으로 돌아갈 것임을 기억하라!" 즉 우리 인간이 본래 흙에서 온 존재요, 또 언젠가 흙으로 돌아갈 존재임을 잊지 말라는 것입니다. 흙으로서의 존재됨에 걸맞지 않게 욕심을 부린 것이 있다면 반성하라는 것입니다. 이기심과 탐심, 교만과 허영에 싸여 있었다면 회개하라는 것입니다. 왜냐하면 본래 우리 인간은 흙이었기 때문에 그 본분을 넘어선 욕심을 철저하게 반성하는 것입니다. 그리고 옛날 구약시대에 자신의 죄를 회개할 때 재를 뒤집어쓰는 전통에 따라 재를 이마에 뿌리면서 자신의 현존을 점검하는 것입니다. 이것이 바로 성회수요일, 곧 속죄일 전통이요, 춘안거 결제일의 행사입니다. 이 전통은 가톨릭교회가 지금까지 이어오고 있습니다. 그러나 개신교는 중세의 전통이라 해서 재의 수요일 전통을 없애 버렸습니다. 얼마나 안타까운 일인지 모릅니다. 저는 이것이 우리 개신교 전통에서 사라진 것을 매우 가슴 아프게 생각합니다.

몇 년 전, 수요일이었습니다. 저는 그때 설날 명절을 맞아 시골을 가기 위해 고속도로를 달리고 있었습니다. 고향에 가서 부모님을 뵐 기대로 오직 제 머릿속에는 시골 생각뿐이었습니다. 그런데 그때, 라디오에서 들려오는 뉴스를 들으면서 저는 그만 망치로 뒤통수를 얻어맞는 듯한 충격을 받은 적이 있습니다. 그때 뉴스는 교황 요한 바오로 2세가 재임한 이래 처음으로 병 때문에 성회수요일 미사를 집전하지 못했다는 것이었습니다. 저는 그 소식을 듣고 얼마나 부끄러웠는지 모릅니다. 같은 목회자로서 저는 그날이 성회수요일인지도 모르고 오직 고향 갈 생각만 하고 있었는데, 또 다른 목회자인 교황은 성회수요일 예배에 참석하지 못해 가슴을 치고 있었습니다. 얼마나 기가 막힌 현실입니까? 저는 그 순간 하나님께 죄송한 마음으로 회개했습니다. 이것이 우리의 현실입니다. 사순절은 바로 우리 자신이 흙이라고 하는 존재 인식에서부터 출발합니다. 우리 기독교의 춘안거는 그렇게 재의 수요일, 속죄일 의식으로부터 시작되는 것입니다.

그러면 우리 기독교의 춘안거는 언제 끝납니까? 그렇습니다. 우리 기독교의 춘안거의 해제 날은 바로 부활절입니다. 40일 동안 수행한 기독교인들은 바로 그 마지막 날을 주님의 부활을 기념하는 축제로 지키면서 춘안거를 마감하는 것입니다. 이런 점에서 부활절은 우리 기독교인에게 매우 의미 있는 날입니다. 왜냐하면 그날은 주님의 부활을 축하하는 날인 동시에, 우리 각자에겐 자신의 신앙수련을 끝내는 해방의 날이기 때문입니다. 긴 터널을 빠져나왔을 때의 기분을 여러분, 한번 상상해 보시길 바랍니다. 얼마나 신나겠습니까? 얼마나 상쾌하겠습니까? 밝은 빛이 얼마나 고맙겠습니까? 바로 춘안거 마지막은 그 기쁨을 나누는 날입니다. 그래서 춘안거 기간 동안에는 전통적으로 검은색 계통의 옷을 입고, 오락도 삼가고, 금식하고 기도에 매진하지만, 부활절 날은 그 기쁨을 표현하기 위해 금식도 해제하고, 옷도 흰색으로 갈아입고, 부활절 칸타타를 부르면서 마음껏 즐거움을 표현했던 것입니다. 그래도 다행인 것은 우리 개신교가 사순절의 시작인 재의 수요일을 얼렁뚱땅 보내지만, 부활절만큼은 제대로 지키려고 노력하고 있다는 점입니다. 아주 다행입니다. 재의 수요일이 언제인지는 많이들 잊고 살지만, 부활절은 거의 기억하고 또 기다리고 있는 것입니다.

사랑하는 여러분, 여기서 우리는 중요한 것을 깨닫게 됩니다. 그것은 사순절을 얼마나 철저하게 보냈느냐에 따라, 부활절의 기쁨이 결정된다는 점입니다. 십자가의 고통이 크면 그 뒤에 찾아오는 부활의 기쁨도 큰 법입니다. 고난 뒤의 기쁨은 고난의 농도와 비례합니다. 눈물을 흘리며 씨를 뿌린 자는 기쁨으로 단을 거둡니다. 눈물을 흘리며 빵을 먹어본 자가 인생의 깊이를 압니다. 따라서 우리는 춘안거 40일 동안 주님의 고난에 동참하면서 우리 자신의 신앙을 수련하는 기간으로 삼아야 할 것입니다.

### 내 안의 그리스도가 사신 것이라

마지막으로 셋째, 불교에서는 하안거와 동안거 기간 동안 주로 참선을 하며 화두를 붙잡고 견성을 이루기 위해 씨름한다면, 우리 기독교는 사순절 춘안거 기간 동안 어떤 활동을 주로 합니까? 사순절의 목적이 무엇이냐 하는 질문입니다. 불교의 안거 전통이 화두를 매개로 하여 불성이라는 견성의 깨달음에 이르는 것이 목적이라면, 기독교 역시 기독교적 견성의 깨달음을 목적으로 영성 훈련을 수행합니다. 다시 말씀드리면, 우리는 사순절기간 동안 예수의 십자가라는 화두를 붙잡고 씨름하는 것입니다. 왜 예수의 십자가가 우리에게 구원이 되는가? 예수가 오줌을 누었는데, 왜 우리가 시원하게 되는가? 도대체 구원이란 무엇인가? 십자가의 의미는 무엇인가? 나는 누구인가? 도대체 예수는 누구인가? 예수는 역사인가 아니면 신화인가? 끝없이 이어지는 질문을 품고 기도하고 묵상하며 씨름하는 시간이 바로 사순절 기간인 것입니다.

십자가를 화두로 하여 그렇게 고민하는 중, 많은 사람들은 거듭나는 체험을 합니다. 사도 바울이 말한 대로, 이런 고백을 합니다. "내가 그리스도와 함께 십자가에 못 박혔나니 그런즉 이제는 내가 산 것이 아니요 오직 내 안에 그리스도께서 사신 것이라."(갈2:20) 그렇습니다. 지금 이렇게 살아 있는 내가 참 내가 아니라는 것입니다. 지금 눈에 보이는 내가 참 나가 아니라는 것입니다. 지금 먹고 자고 노는 내가 참 나가 아니라는 말씀입니다. 참 나는 지금 보이는 내가 아니라, 내 안에 계신 그리스도가 참 나라는 깨달음입니다. 이것이 그리스도인의 자아정체감입니다. 그래서 이제는 내가 사는 것이 아니라 내 안에 그리스도가 사는 것입니다. 과거에 나라고 생각했던 수많은 내 모습들은 예수의 십자가와 함께 죽는 경험을 하는 것입니다. 욕심 많았던 나, 교만했던 나, 이웃에 무관심했던 나, 사회 부조리와 구조악에 무감각했던 나, 바로 그런 나는 예수의 십자가와 함께 못 박히는 경험을 합니다. 이제 더 이상 그런 나는 참 나가 아닙니다. 오직 참 나는 그리스도가 내 안에 있는 나입니다. 그래서 내 안에 자비와 양선, 은혜와 긍휼이 가득 차 있는 존재가 되는 것입니다. 성령 충만한 존재가 되는 것입니다. 이것이 기독교적 견성이요, 구원의 확신입니다.

그런데 여기서 오늘, 특별히 하나 더 언급할 것은 전통적으로 기독교는 이 춘안거 40일을 새 신자를 교육하는 절기로 삼았다는 사실입니다. 바로 40일 동안 새 신자들은 기독교의 근본 가르침을 공부했습니다. 그럼 기독교의 근본 가르침, 가장 기초적인 교육 내용은 무엇이었습니까? 학교교육에서 기초적인 가르침을 3R로 나타내는데 기독교의 기초교육으로서 3R은 무엇이겠습니까? 학교교육의 3R은 읽기(Read), 쓰기(wRiting), 셈하기(aRithmetic)입니다. 그렇다면 우리 기독교 교육의 기본인 3R은 무엇입니까? 그것은 첫째로 바른 신앙고백입니다. 즉 기독교의 기초 교리를 가르치는 것입니다. 그 교재가 바로 사도신경입니다. 우리 감리교는 새 신자들에게 사도신경과 함께 교리적 선언을 이때 공부합니다. 그리고 둘째는 춘안거 기간 동안 하나님께 바르게 기도할 수 있는 법을 가르쳤습니다. 그러면 어떻게 기도하는 것이 가장 모범적인 기도이겠습니까? 기도의 교과서가 무엇입니까? 그렇습니다. 바로 '주의 기도'입니다. 주기도문을 텍스트로 해서 기도하는 방법을 가르치고 배웁니다. 마지막으로 세 번째 기독교의 기초는 무엇입니까? 그것은 기독교의 바른 삶입니다. 기독교인답게 어떻게 사회생활을 해야 할지 이 사순절 때 공부하는 것입니다. 그때 사용된 교재가 바로 십계명입니다. 이 십계명을 중심으로 기독교적 삶을 공부합니다.

결국 사도신경과 주기도문, 그리고 십계명, 이 세 가지가 우리 기독교의 춘안거 40일 동안 새 신자들에게 가르치는 주제입니다. 그리고 이 과정을 모두 마친 새 신자들에게 부활절 날, 그러니까 춘안거 해제일 날 세례를 베풀었습니다. 그리고 그들을 처음으로 성만찬에 참여시키고 입교인이란 자격을 주었습니다. 그래서 기독교 역사에서는 이것을 일컬어 기독교 공동체의 가입성례전이라고 불렀습니다.

사랑하는 성도 여러분, 사순절을 의미 있게 보내고자 결단하는 여러분에게 하나님의 도우심과 은총이 가득하기를 빕니다. 끝으로 사순절 기간 동안 춘안거를 훌륭히 마칠 수 있도록 격려하는 좋은 시가 한편 있어서, 여러분에게 소개해 드리면서 오늘 설교를 마칠까 합니다.

김소엽 시인의 〈북〉이라는 시입니다.

버리게 하소서/ 내 안에 가득한/ 부패한 것들을/ 미련 없이/ 버리게 하소서

포기하게 하소서/ 황금송아지와/ 높은 의자를/ 눈 딱 감고/ 포기하게 하소서

비워 주소서/ 북처럼/ 텅 빈 가슴 되어/ 당신의 북채로/ 울리게 하소서

당신 손 끝에/ 한마당/ 신명나게/ 두들겨 맞고/ 정수리에서 발끝까지/ 죄를 토해 내고

둥둥둥/ 해가 질 때까지/ 울리는/ 북/ 북이 되게 하소서. 아멘.

신반포감리교회 설교(2005.2.20)

## 5. 불가촉천민의 아버지 암베드카르

12. 예수께서 성전에 들어가셔서, 성전 뜰에서 팔고 사고 하는 사람들을 다 내쫓으시고, 돈을 바꾸어 주는 사람들의 상과 비둘기를 파는 사람들의 의자를 둘러엎으시고,
13. 그들에게 말씀하셨다. "성경에 기록한 바, '내 집은 기도하는 집이라고 불릴 것이다' 하였다. 그런데 너희는 그것을 '강도들의 소굴'로 만들어 버렸다."
14. 성전 뜰에서 눈 먼 사람들과 다리를 저는 사람들이 예수께 다가왔다. 예수께서는 그들을 고쳐 주셨다.
15. 그러나 대제사장들과 율법학자들은, 예수께서 하신 여러 가지 놀라운 일과, 또 성전 뜰에서 "다윗의 자손에게 호산나!" 하고 외치는 아이들을 보고, 화가 나서
16. 예수께 말하였다. "당신은 아이들이 무어라 하는지 듣고 있소?" 예수께서 그들에게 말씀하셨다. "그렇다. '주님께서는 어린 아이들과 젖먹이들의 입에서 찬양이 나오게 하셨다' 하신 말씀을, 너희는 읽어보지 못하였느냐?"
17. 예수께서 그들을 남겨 두고, 성 밖으로 나가, 베다니로 가셔서, 거기에서 밤을 지내셨다. 〈마태복음 21: 12-17〉

### 종교, 하나로 묶다, 개혁하다

종교라는 이름, 얼마나 좋은 말입니까? 본래 종교, 즉 'Religion'이라는 말

은 라틴어로 '하나로 묶다'라는 뜻이 있었습니다. 그러나 종교가 분리된 것을 서로 하나로 조화시키고 묶기보다는, 종교라는 이름으로 사람을 차별하고 억압할 때, 그것은 그 무엇보다 무서운 악이 됩니다. 이것을 우리는 중세의 십자군전쟁이나 종교재판을 통해 잘 알 수 있습니다. 반대로 개혁의 정신, 그것이 살아 있을 때, 한 나라도 희망이 있고, 한 종교도 많은 사람들에게 눈물을 닦아 주고 삶에 용기를 주는 것입니다.

오늘은 루터의 종교개혁을 기념하는 주일을 맞아, 종교가 종교의 이름으로 혹시 사람들을 차별하거나 눈물 흘리게 한 것은 없는지, 반성하는 시간을 가졌으면 좋겠습니다. 그리고 한국교회가 개혁의 정신, 종교의 본래 정신을 얼마나 구현하고 있는지 깊이 생각하는 한 시간이 되었으면 좋겠습니다.

### 인도, 안으로부터의 독립의 아버지 암베드카르

저는 지난주에 이명권 교수님이 번역한 책, 『암베드카르』를 읽었습니다. 이 책은 '인도 불가촉천민 해방자, 현대 인도불교의 중흥자'라는 부제가 달려 있는데, 디완 찬드 아히르가 썼습니다. 400페이지 가까운 책인데, 참 재미있어서 시간 가는 줄 모르고 단숨에 읽어 버렸습니다. 혹시 관심 있는 분들도 한번 읽어 보시길 바랍니다. 오늘 이 시간에는 개혁정신이 살아 있는 한 사람을 먼저 여러분에게 소개해 드리고자 합니다. 그의 이름은 암베드카르(Dr. Ambedkar, 1891-1956)입니다.

보통 어떤 사람을 소개할 때, 그 사람의 특징이나 직업, 혹은 업적을 기리어 한두 가지 수식어를 붙이는 것이 일반적입니다. 예를 들면, '위대한 교육자' 페스탈로찌라든지, 혹은 '서양 근대철학의 아버지' 데카르트 등과 같이, 그 사람의 업적을 기리어 수식어를 한두 마디 붙이는 것이 관례입니다.

그런데 제가 오늘 소개하고자 하는 암베드카르에 대한 수식어는 한두 가지가 아닙니다. 어느 책을 보니까 그 책에는 암베드카르에 대한 수식어가 자그마치 일곱 개나 따라붙는 것을 보았습니다. 무슨 말입니까? 그 만큼 위대한 개혁자라는 말씀입니다. 암베드카르에 대한 수식어는 이런 것입니다. '위대한 학자'(a great scholar), '저명한 법률가'(an eminent jurist), '뛰어난 헌법전문가'(outstanding constitutional expert), '빛나는 국회의원'(brilliant parliamentarian), '사회개혁자'(social reformer), '혁명가'(revolutionary), 그리고 '종교개혁자'(religious reformer). 정말로 사람에게 붙을 수 있는 찬사를 모두 붙여 놓은 것 같습니다. 그만큼 그의 사상과 삶은 많은 사람들에게 영향을 끼쳤습니다. 그런데 놀라운 것은 그가 우리 한국인에게 거의 알려져 있지 않다는 점입니다. 저도 사실은 그 책을 읽기 전까지 그를 전혀 몰랐습니다. 참으로 부끄러운 일입니다.

그렇다면, 암베드카르는 어떤 사람인가? 그는 19세기 말인 1891년 영국이 지배하는 인도에서 천민으로 태어났습니다. 그리고 1956년 서거할 때까지 인도를 위해 일했던 인도의 지도자였습니다. 보통 인도가 영국으로부터 독립하는 데 가장 큰 공헌을 한 사람이라면 아마도 당연히 간디를 꼽을 것입니다. 간디야말로 비폭력 저항운동의 상징으로서 인도의 자유와 독립을 쟁취하는 원동력이 되었으니 분명 '인도 독립의 참된 아버지'라고 부를 만합니다. 그러나 저는 그에 관한 책을 읽으면서 그 말이 결코 절대적으로 참일 수는 없다는 점을 발견하였습니다. 왜냐하면 간디가 인도의 해방을 쟁취하는 데 온 힘을 기울였을지는 몰라도, 인도 내부에 깊이 뿌리내려 있던 악법인 카스트 제도를 없애는 데는 결코 마음을 쏟지 않았기 때문입니다. 오히려 그는 불가촉천민(不可觸賤民)을 당연시하는 카스트 제도를 없애면 인도 사회가 혼란에 빠질 것이라 걱정하면서, 그 제도의 폐지를 반대했습니다. 그렇다면 영국으로부터 독립하는 일과 함께, 인도 내부의 압제로부터 독립하는 일, 곧 모두 불평등을 철폐하는 일, 이 두 가지 일을 모두 함께했던 사람은 없을까요? 그런 인도인이 있었다면 그야말로 '진정한 인도 독립의 아버지'라 말할 수 있지 않겠습니까? 놀랍게도 그런 인도인이 있었습니다. 바로 오늘 제가 소개하는 '암베드카르'가 그 사람입니다.

그는 일찍이 미국 콜럼비아대학교에 유학하여 존 듀이의 영향을 받아 경제학으로 박사학위를 받았습니다. 그리고 영국의 런던대학교에서 또 경제학과 법학을 공부하여 석사 및 박사학위를 취득했습니다. 그리고 영국 변호사 시험에 합격하여 변호사가 되었습니다. 그리고 인도로 돌아와서 인도의 독립과 가난한 자들을 위해 수많은 일을 했습니다. 그런데 이러한 그의 학력은 그가 살아온 삶에 비추어보면, 그다지 중요한 것이 아닙니다. 왜냐하면 그의 업적은 학력에 있는 것이 아니라, 그의 위대한 삶에 있기 때문입니다. 그는 인도를 독립시키기 위해 앞장서서 싸웠으며, 네루가 이끄는 독립국 인도의 초대 법무장관으로서 헌법 초안 전문을 만들었습니다. 그래서 그를 일컬어 '인도 헌법의 아버지'라고 부르고, 지금 인도 국회의사당 앞에는 그의 동상이 세워져 있습니다. 그리고 무엇보다 그가 행한 위대한 일은 인도의 관습헌법과도 같았던 악법 카스트 제도를 없애는 데 온 생을 받친 사실입니다. 그야말로 신분과 계층, 유식과 무식, 남자와 여자를 떠나, 인도인이라면 누구나 떳떳한 인도인으로 살 수 있도록 하는 토대를 만든 사람이 바로 암베드카르입니다.

그의 글 중에 이런 말이 있습니다. "사람의 입맛이 변할 수는 있어도 독약을 양약으로 바꿀 수는 없는 법입니다. 이 땅의 카스트 제도를 철폐하는 일은 마치 독약을 양약으로 바꾸는 일처럼 어렵습니다. 힌두교 사회의 뿌리 깊은 차별 의식이 뼛속까지 깊숙이 스며들어 있기 때문입니다. 다른 사람을 문둥이처럼 대하도록 가르치는 종교 체제 안에서 어떻게 평등과 자유라는 이상을 구현할 수 있겠습니까?" 그의 위대함은 바로 종교의 이름으로, 힌두교의 이름으로 인간을 차별하던 카스트 사성제 제도를 뿌리 뽑는 데 그의 온 삶을 다 바친 데 있습니다.

인도의 카스트 제도는 힌두교 법전에 뿌리를 둔 것으로서 모든 인도인들이 거부할 수 없는 운명처럼 받아들였던 계급제도입니다. 맨 위 계급은 브라만으로 승려와 권력자들이 속합니다. 두 번째 계급은 크샤트리아로 군인이고, 세 번째 계급은 바이샤로서 상인들입니다. 그리고 그 아래 네 번째 계급은 하인 계급으로, 수드라라고 합니다. 그런데 이 네 계급에도 해당되지 않는 마지막 계급이 있었는데, 바로 수드라 밑에 '불가촉천민'(the untouchables)이 있습니다. 그들을 건드리면 부정을 탄다고 생각했기 때문에, 당시 힌두 사람들은 그들을 격리시키고 차별했습니다. 암베드카르의 연구에 의하면, 당시 인도 전체 인구* 중 수드라가 80% 내외였고, 그 수드라 밑에 2천만 명 가량의 우범종족, 1천5백만 명 가량의 원시 토착종족, 그리고 5천만 명 가량의 불가촉천민이 있었습니다. 그리고 암베드카르 자신 역시 그 불가촉천민 출신이었습니다. 이러한 불평등한 계급구조가 조상으로부터 자식 대에, 그리고 그다음 세대까지 영원토록 이어지니, 그는 그것을 완전히 뿌리 뽑자고 주장했던 것입니다.(*1950년 기준 4억 명 내외)

암베드카르는 불가촉천민의 인권을 대변하면서 이렇게 주장하였습니다. "인도 사회에 이 같은 집단이 존재한다는 것은 실로 수치스러운 일이 아닐 수 없다. 그러고서야 어떻게 인도문명을 문명이라고 부를 수 있겠는가? 이는 수많은 사람들을 억압하고 노예화하려는 악마적인 음모라고 할 수 있다. 범죄를 생계수단으로 삼는 사람들, 문명사회 속에서 원시적인 야만인으로 살아가는 사람들, 그리고 약간의 신체적인 접촉도 부정을 탄다 하여 문둥이 취급을 받는 사람들이 집단적으로 존재하는 사회를 어떻게 문명사회라 부를 수 있겠는가?"

그렇다면, 암베드카르는 어떻게 불가촉천민의 해방운동을 전개했는지 몇 가지 예를 말씀드리겠습니다. 먼저 그는 불가촉천민들이 마셔서는 안 되는 '금지된 저수지', 곧 '초다르 저수지'의 물을 마시는 운동을 벌였습니다. 그는 초다르 저수지까지 그를 지지하는 사람들과 함께 가두행진을 벌였습니다. 그리고 맨 먼저 나아가 수많은 불가촉천민들이 보는 앞에서 보란 듯이 저수지 물을 떠서 마셨고, 그것은 인도 사회에 실로 역사적인 사건으로 기록되었습니다.

또 암베드카르는 불가촉천민의 해방에 반대하는 대부분의 보수적인 힌두교인들에게 다가가 대화하고 설득하며, 경우에 따라서는 논쟁하면서 불가촉천민들의 인권 개선을 위해 노력했습니다. 가장 대표적인 예는 간디와의 논쟁입니다. 간디는 불가촉천민 문제에서 카스트 제도는 인도사회의 전통이기 때문에 그것을 갑자기 없애면 인도사회가 흔들린다고 생각하여, 폐지 반대 입장을 분명히 했습니다. 암베드카르는 간디의 그런 태도를 비판하면서 불가촉천민의 해방을 위해 카스트 제도는 철폐되어야 한다고 주장하였고, 결국 간디를 설득하였습니다. 그 결과 1932년 8월 영국 정부에 의해 불가촉천민들도 '지역 의회'에 독자적으로 대표를 선출하여 파견할 권리를 얻게 되었습니다. 이로써 불가촉천민들도 다른 소수 집단들과 마찬가지로 독립된 집단으로 인정된 것이고, 독자적인 의석과 선거권을 갖게 된 것입니다.

암베드카르가 불가촉천민을 위해 행한 가장 결정적인 일은 인도의 헌법에 불가촉천민의 해방을 반영한 것입니다. 인도가 영국으로부터 독립했을 때(1947.8.15), 그는 바로 인도의 초대 법무장관직과 헌법기초위원회 위원장직을 맡았습니다. 그리고 자유와 평등의 원칙하에 인도 헌법을 제정하는데 공헌하였습니다. 그 헌법에 불가촉천민의 해방을 위한 내용이 담겨져 있는

데, 예를 들면 이런 것입니다. 불가촉천민을 위한 교육 기반 확충, 천민을 위한 공공시설 사용권, 천민을 위한 일정 비율의 공직 할당제, 천민들의 국회의원 지정의석 확보, 일부일처주의에 따른 여성인권 존중 등의 조항을 통해, 그때까지 불가촉천민에 가해진 엄청난 차별을 철폐하도록 명시하였던 것입니다.

그렇다면, 암베드카르가 이렇게 불가촉천민을 위해 일할 수 있었던 힘과 그 개혁정신은 어디에서 나온 것일까요? 그 원천은 바로 그의 신앙이었습니다. 우리로서는 기독교신앙이 아니기에 좀 유감이긴 합니다만, 그는 불교에서 그 힘을 얻었습니다. 암베드카르는 자유와 평등 그리고 박애의 이념을 모두 함축하고 있는 인도의 전통종교는 힌두교가 아니라 불교라고 생각했습니다. 그래서 그는 인간을 불평등하게 통제하는 카스트 제도에 맞설 수 있는 종교로서 불교를 선택하여, 힌두교를 버리고 불교로 개종합니다. 그리고 그가 죽기 얼마 전에는 50만 명이 동시에 함께 개종식을 함으로써, 종교사에서 유래를 찾아볼 수 없는 엄청난 사건을 만들어냈습니다.

이것은 한 인간이 바른 종교적 신념 위에 굳게 서 있을 때, 종교는 그 생명력을 얻게 되고, 사회 역시 건강하고 창조적인 방향으로 질서를 잡게 된다는 점을 보여주는 상징적인 사건입니다. 여러분! 힌두교에 기반한 카스트 제도가 보여주는 것처럼, 한 종교가 종교 본래의 정신에서 벗어날 때, 수많은 사람들에게 상처를 주고 그들의 자유와 인권을 짓밟습니다. 그러나 동시에 암베드카르가 믿었던 인도의 신불교가 보여주는 것처럼, 종교의 근본정신이 죽지 않고 살아 있을 때, 그 종교는 수많은 사람들을 살리고, 수천 년간 지속되어 온 차별과 억압으로부터 불가촉천민을 해방시키고, 한 사회를 건강하게 만들어 줍니다. 사랑하는 여러분! 우리 한국 사회에서 종교는 지금 어디에 서 있습니까? 우리 기독교는 인도의 불교처럼, 우리나라에서 사람을 살리는 종교입니까? 아니면 인도의 힌두교처럼, 종교의 이름으로 사람들을 차별하고 억압하는 잘못된 종교입니까? 종교개혁주일을 맞아 이것을 깊이 숙고하는 하루가 되었으면 좋겠습니다.

### 예수, 위대한 종교개혁가

오늘 본문을 한마디로 말씀드리면, 예수야말로 가장 대표적인 위대한 종교개혁가임을 보여주는 내용입니다. 오늘 본문은 유대인의 성전을 배경으로 합니다. 유대인의 성전은 본래 어떤 곳입니까? 그곳은 오늘의 본문에도 나와 있듯이, 하나님께 예배하고 기도하는 곳입니다. 특히 오늘 본문 12절에 '성전에서'라는 말이 있습니다만, 엄밀한 의미에서 '성전에서'라는 말은 '이방인의 뜰에서'라는 의미입니다. 왜 그렇습니까? 본래 성전은 크게 네 구역으로 되어 있었습니다. 가장 안쪽은 법궤가 있는 지성소로서 일 년에 한번 대제사장만이 들어가는 곳입니다. 그다음은 제사장들이 제사를 드리는 성소입니다. 그리고 또 하나는 유대인들만이 들어가는 안뜰이 있습니다. 그리고 마지막은 이방인들이 들어갈 수 있는 이방인의 뜰입니다. 이방인들은 성소 안으로는 들어갈 수 없었지만, 이방인들의 뜰에서 기도할 수 있었던 것입니다. 그런데 오늘 본문에 따르면 성전이 어떻게 되었습니까? 바로 이방인들이 기도할 수 있는 공간인 이방인의 뜰이 장사하는 장소로 변질된 모습을 보여 줍니다.

이해를 돕기 위해 좀더 설명해 드리면 이렇습니다. 본래 성전용 제물과 여러 가지 물건을 매매하는 장소는 감람산 위에 있었다고 합니다. 감람산은 넓은 의미에서 성전 지역에 속해 있었기 때문에, 성전에 필요한 용품을 준비하고 공급하는 데 문제가 없었습니다. 그리고 그 관리는 대제사장이 아니라 백성의 대표 격인 산헤드린이 하도록 되어 있었습니다. 그런데 본문에 따르면, 두 가지 문제가 나타납니다. 첫째는 예루살렘의 대제사장이 물질적인 욕심에 빠져 부패했음을 보여줍니다. 성전에 예배드릴 때 바칠 비둘기와 양 등을 사고팔고, 또 로마 화폐를 성전에 바칠 성전용 돈으로 교환하는 일이 산헤드린이 관리하는 감람산에서만 이루어지니까, 제사장들은 경제적인 이득이 없는 상황을 바꾸고 싶어 했습니다. 그래서 대제사장인 가야바가 이방인의 뜰에서 장사하는 것을 허용하였습니다. 이방인이 와서 기도하는 이방인의 뜰에서 장사할 수 있도록 시장을 열어서 감람산 위의 시장과 경쟁시킨 것입니다. 그 결과는 어떻게 되겠습니까? 그렇습니다. 누가 예배용 물건을 구입하기 위해 감람산에까지 올라가겠습니까? 당연히 성전에서 하겠지요. 결국 이방인의 뜰에서 장사할 수 있도록 함으로써 대제사장은 엄청난 경제적인 부를 얻게 되었습니다. 대제사장이 종교의 이름으로 이스라엘 백성들을 위로하고 희망을 준 것이 아니라, 자신의 물질적인 이득을 추구한 것입니다. 이것이 문제입니다. 종교인이 종교의 이름이나 권력을 이용하여 물질적 이익을 탐할 때, 종교는 언제나 타락합니다. 본문의 대제사장 가야바가 그런 타락의 길을 걷고 있는 것입니다.

두 번째 문제는 무엇입니까? 그것은 첫 번째보다 더 근본적인 것으로서, 이방인들이 와서 기도하는 공간을 장사하는 공간으로 바꿈으로써, 궁극적으로 이방인들이 기도할 수 없도록 만들어 버린 것입니다. 장사 허용을 통해 물질적인 이득을 취한 것도 문제이지만, 이방인이 기도할 수 없도록 만든 것이 더 큰 문제입니다. 종교의 이름으로 종교 행위를 하지 못하도록 만든 것입니다. 온 인류가 하나님의 성전에 와서 기도할 수 있다는 상징적인 의미를 지닌 이방인의 뜰이 더 이상 기도할 수 없는 공간이 된 것입니다. 이로써 성전의 존재 이유는 사라져 버렸습니다.

오늘 본문에 나와 있듯이, '성전은 하나님께 기도하는 곳'임에도 불구하고, 장사하는 공간으로 왜곡시킨 것입니다. 심지어 오늘 본문은 그곳을 일컬어 '강도의 굴혈(窟穴)'(17절)이라고 하였습니다. 강도의 굴혈은 앞에 나오는 '기도하는 집'과 대조를 이루는 말입니다. 이방인이 와서 기도하는 집을 강도의 집, 범죄의 공간으로 타락시킨 것입니다. 종교의 이름으로, 거룩한 성전이 아니라 가장 악한 죄악의 공간이 되었다는 말씀입니다.

결국 오늘 본문은 당시 유대교가 얼마나 타락했는지 잘 보여주고 있습니다. 대제사장은 물질에 눈이 어두워 종교의 이름으로 자기 이익만 추구합니다. 그리고 이방인이 기도할 수 있는 공간을 종교의 이름으로 빼앗음으로써, 누구든 와서 기도할 수 있는 기도의 집이라는 성전의 본래 의미를 잃어버리게 만들었습니다. 예수는 누구입니까? 바로 이런 타락한 성전, 타락한 유대교에 대하여 '아니오!'라고 말한 종교개혁가였습니다. 예수는 종교의 이름으로 타락한 성전은 더 이상 필요하지 않으며, 결국 그 성전은 곧 헐리게 될 것이라고 예언했던 것입니다. 그 대신, 하나님의 나라는 종교의 이름으로 타락한 성전이 아니라, 사랑과 정의, 그리고 믿음이 실천되는 우리의 삶 속에서 구현될 것이라고 말씀하셨습니다.(마태23:23) 이것이 예수의 종교개혁입니다. 종교의 이름으로 타락한 성전을 무효화하고, 진정한 하나님 신앙 위에서 하나님의 나라를 이 땅에 건설하신 분이 바로 예수라는 말씀입니다.

### "아니오!"라고 말씀하신 예수의 정신

사랑하는 여러분! 중세 가톨릭교회가 부패하여 수많은 사람들에게 종교의 이름으로 고통을 줄 때, 루터는 그 가톨릭교회에 대하여 '아니오!'라고 말하며 저항했습니다. 그것이 바로 비텐베르크대학 성교회 정문에 붙인 면죄부에 대한 95개 조항의 반박문이었습니다. 그것이 우리 개신교의 시작을 알리고 독일 사회를 새로운 사회로 만든 계기가 되었습니다. 인도에서도 종교의 이름으로 수많은 불가촉천민들을 박해하고 차별할 때, 암베드카르는 자유와 평등, 그리고 박애라는 그의 불교신앙 위에서, 잘못된 인도의 사회풍습에 저항했고, 불가촉천민의 해방을 위해 일을 했습니다. 그리고 오늘 본문 말씀에 나와 있듯이, 당시 유대교가 종교의 이름으로 물질적으로 타락하고, 수많은 사람들에게 기도할 수조차 없게 만들었을 때, 예수께서는 그 유대교에 대하여, 그리고 그 왜곡된 성전 체제에 대하여 '아니오!'라고 저항했습니다. 이러한 저항이 결국은 예수를 십자가처형으로 인도했지만, 그 정신은 결국 죽지 않고 다시 살아서 온 인류에게 희망이 되었고, 하나님의 나라를 이 땅에서 맛볼 수 있는 길을 열어 놓은 것입니다.

여러분, 지금 우리 한국교회는 어디에 있습니까? 타락한 중세 가톨릭교회처럼 종교의 이름으로 사람들을 죽이고 있지는 않습니까? 타락한 힌두교처럼 종교의 이름으로 수많은 사람들을 차별하고 있지는 않습니까? 아니면 옛날 유대교처럼, 종교의 이름으로 성직자의 배만 불리고, 하늘을 향해 기도하고자 하는 수많은 사람들을 가로막고 있지는 않습니까? 지금 우리 한국교회는 어디에 서 있습니까? 종교개혁주일을 맞이하여, 이것을 깊이 생각하고 반성하는 한 주가 되기를 바랍니다. 아멘.

신반포감리교회 설교(2005.10.30)

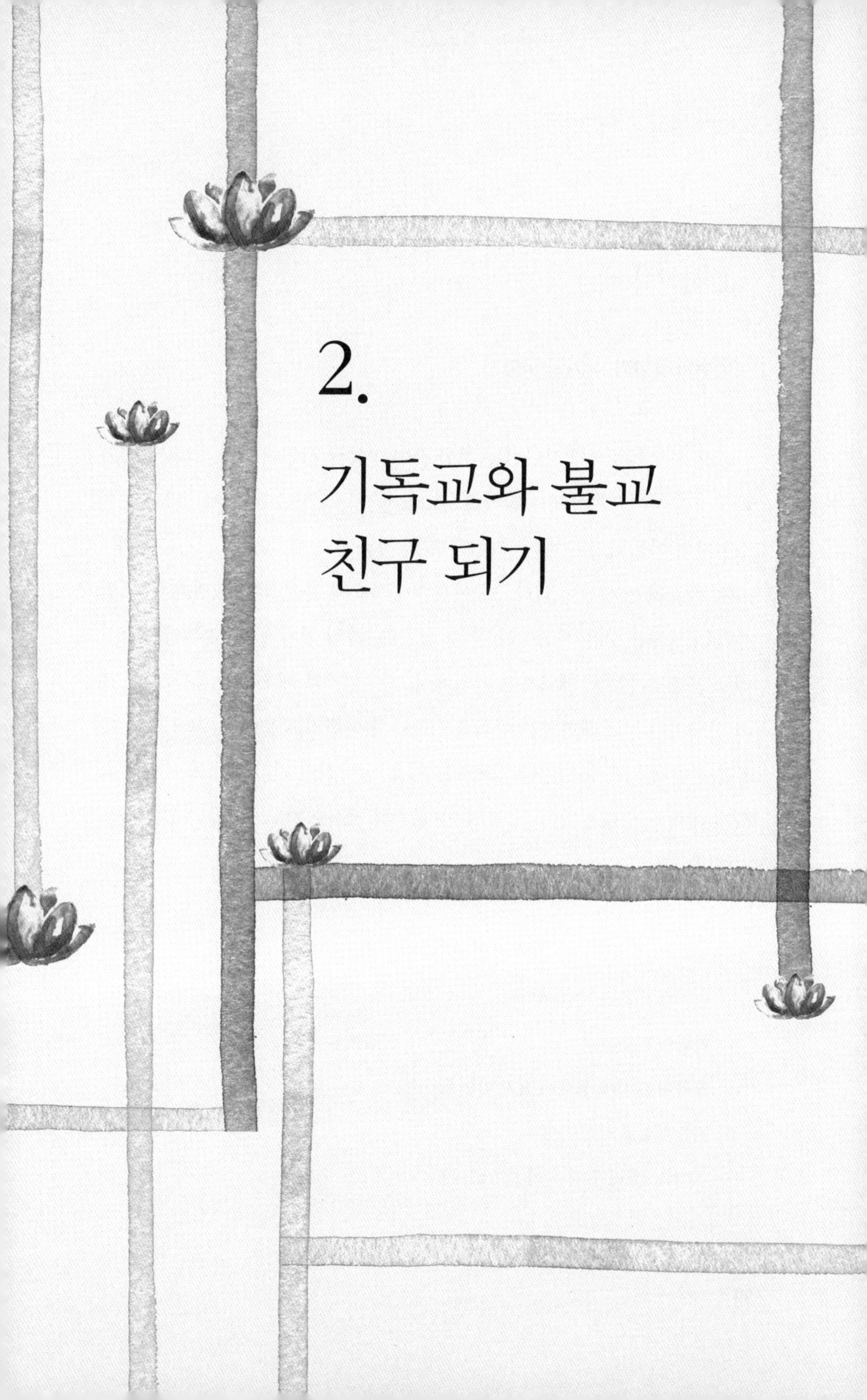

# 2.

# 기독교와 불교 친구 되기

## 1. 석가와 예수

### 예수의 꽃향기, 석가의 꽃향기

많은 한국인들에게 사랑받는 시인 중에 황동규 시인이 있다. 그는 우리가 학창시절 국어교과서에서 읽었던 「소나기」라는 단편소설의 저자인 황순원 소설가의 아들이기도 하다. 그런데 그의 작품집 중에 『꽃의 고요』(문학과지성사, 2006)라는 시집이 있다. 이 시집은 기독교와 불교의 바른 관계를 잘 암시하는 시들을 모은 시집이라 할 수 있는데, 특히 필자에게는 2부의 시들이 매우 인상적이었다. 왜냐하면 거기에서 그는 석가와 예수를 등장시켜, 두 분이 친구처럼 서로 대화하는 형식의 시들을 수록했기 때문이다. 그 시들은 대부분 선문답 같은 분위기를 내포하고 있고, 궁극적인 진리에 대해 서로 진솔하게 대화하는 내용들이다. 특히 아래는 책 제목이기도 한 '꽃의 고요'라는 시이다.

일고 지는 바람 따라 청매 꽃잎이
눈처럼 내리다 말다 했다.
바람이 바뀌면
돌들이 드러나 생각에 잠겨 있는
흙담으로 쏠리기도 했다.
'꽃 지는 소리가 왜 이리 고요하지?'

꽃잎을 어깨로 맞고 있던 불타의 말에 예수가 답했다.

'고요도 소리의 집합 가운데 하나가 아니겠는가?

꽃이 울며 지기를 바라시는가,

왁자지껄 웃으며 지길 바라시는가?'

'노래하며 질 수도……'

'그렇지 않아도 막 노래하고 있는 참인데.'

말없이 귀 기울이던 불타가 중얼거렸다.

'음, 후렴이 아닌데!'

필자가 이 시를 처음 접했을 때, 시심이 둔해서인지, 금방 이 시가 무엇을 말하고 있는지 잘 이해가 되지 않았다. 아마도 시어가 단순한 것 같으면서도 선문답같이 내게 생경하게 다가왔기 때문일 것이다. 그런데 몇 번 반복해서 읽자 묘하게도 이 시는 필자로 하여금 기독교와 불교에 대해 세 가지를 상상하도록 안내해 주었다.

첫째, 이 시는 '예수와 석가가 실제로 만난다면 어떤 모습일까?'라는 상상을 하도록 초대해 주었다. 우리가 알고 있듯이, 예수와 석가는 서로 다른 시대에 살았던 분들이다. 석가는 주전 563년경 지금의 네팔에서 태어났다. 그리고 예수는 주전 4년경에 유대 땅에서 태어났다. 이처럼 두 분은 시간과 공간적으로 서로 다른 때와 장소에서 태어나 활동했다. 그런데 그 두 분이 서로 만난다면, 과연 그들은 서로를 어떻게 대할까? 한번 상상해 보라. 두 분이 서로 만난다면, 서로를 적대하면서 싸울까, 아니면, 무덤덤할까? 이도 저도 아니면 반갑게 서로를 맞이할까? 필자의 상상으로는 두 분이 반갑게 인사하며 서로를 만나지 않을까 생각한다. 환한 미소를 머금고 서로의 손을 부여잡고 흔들면서, 또 포옹을 하지 않을까. 왜 그러냐 하면 두 분은 진실로 사람들에게 항상 사랑과 자비를 실천할 것을 가르쳤기 때문이다. 예수께서는 하나님의 나라를 이 땅에 세우기 위해 하나님을 사랑하고 또 우리 이웃을 내 몸처럼 사랑하라고 강조했다. 그리고 석가모니는 불국토를 이 땅에 이루기 위해 각자 자비의 마음을 가질 것을 가르쳤다. 이렇게 아름다운 이상사회를 꿈꾸었던 두 분이 서로 만난다면, 그 두 분은 분명 환한 미소로 서로를 반갑게 맞이할 것이라고 확신한다.

이처럼 필자는 황동규 시인의 시를 읽으면서 혼자 즐거운 상상을 해 보았다. 오래전에 나온 영화 중에, 〈해리가 샐리를 만났을때〉라는 영화가 있는데, 그 영화 제목처럼 그렇게 '석가와 예수가 만날 때'를 상상만 해도 즐거운 일이다.

둘째, 필자는 이 시를 읽으면서 기독교의 진리가 무엇일까를 다시 한번 생각하는 기회를 얻었다. 이 시에서는 불교를 한마디로 '고요의 종교'라고 말한다. '꽃 지는 소리가 왜 이리 고요하지?'라는 석가의 질문이 그것을 암시해준다. 그렇다. 한마디로 단언하기는 어렵지만, 불교는 침묵의 종교요, 참선의 종교요, 말없음을 중시하는 고요의 종교이다. 꽃 지는 소리가 고요함에 주목하면서, 우리로 하여금 그러한 존재의 고요함을 닮을 것을 권하는 것이다. 존재의 고요함을 터득한 이야말로 불국토에 합당한 사람이라고 암시하고 있다.

그렇다면, 기독교는 어떤 종교일까? 위의 시에서는 예수의 입을 통해, 기독교는 '소리의 종교'라고 말한다. '고요도 소리의 집합 가운데 하나가 아니겠는가? 꽃이 울며 지기를 바라시는가, 왁자지껄 웃으며 지길 바라시는가?, 노래하며 질 수도…… 그렇지 않아도 막 노래하고 있는 참인데.' 그렇다. 시인이 이해하는 기독교는 소리의 종교이다. 고요에 반대되는 소리의 종교. '고요도 소리의 집합 가운데 하나가 아니겠느냐'고 반문하면서, 예수는 다음

말을 잇는다. '지금 꽃이 떨어지면서, 노래하고 있지 않느냐'고. 즉, 기독교는 꽃이 노래하는 종교요, 삶을 노래하는 종교라고 말하고 있다. 이것이 기독교이다. 기독교는 고요마저도 삶의 한 노래로 이해하는 종교이다. 꽃이 떨어질 때, 소리 없이 떨어지는 그 고요마저도 하나의 소리로 파악하는 소리의 종교요, 삶을 찬양하는 노래의 종교이다.

시인은 이렇게 불교와 기독교를 예리하게 관찰한다. 꽃이 떨어지는 똑같은 현상을 다만 서로 다른 측면에서 인식하고 관찰했음을 귀띔하고 있다. 이러한 시인의 관찰이 절대적으로 옳을 수는 없겠지만, 우리에게 이웃종교를 이해하는 데 중요한 통찰을 제공하는 것만은 분명하다. 과연 우리는 내가 믿는 종교와 함께 또 우리 조상들과 우리 이웃들이 믿는 종교를 어떻게 생각하고 있는가?

셋째, 위의 시는 우리 각자에게 '나의 노래를 불러야 하지 않겠는가?'라고 반문하는 것 같다. 다 함께 부르는 후렴이 아니라, 나의 노래 말이다. 예수가 석가에게 '지금 모든 꽃이 떨어지면서, 노래하고 있지 않느냐?'고 답하자, 석가는 이렇게 대답한다. '음, 후렴이 아닌데!' 그렇다. 석가는 지금 예수의 그 대답을 수긍하면서 노래는 노래인데, 모두가 똑같이 불러야 할 후렴과 같은 노래가 아니라, 각자의 노래를 불러야 한다고 말하고 있다. 참으로 기가 막힌 대답이 아닌가 싶다. 우리가 추구하는 하나님의 나라는 더불어 사는 세상이지만, 그 출발은 철저하게 자기 존재의 꽃을 피우는 것으로부터 시작해야 한다는 것을 말하는 것처럼 내게 들린다. 우리 각자는 자기 존재의 꽃을 피워야 한다. 누군가 내 인생을 대신 살아 줄 수도 없고, 또 내 인생의 꽃을 대신 피워줄 수도 없다. 나의 꽃이 다르고, 또 너의 꽃이 다르다. 그래서 나는 내 꽃을 피워야 하고, 너는 네 꽃을 피워야 한다. 그리고 그렇게 각자의 꽃이 핀 뒤 한 데 모였을 때, 아름다운 화단, 아름다운 꽃밭이 되는 것이다. 그러자면, 예수의 제자들은 예수 향기가 나는 꽃을 피울 것이고, 석가의 제자들은 또 그들 나름으로 아름다운 석가 향기가 나는 꽃을 피울 것이다. 그리고 그렇게 각자 아름다운 꽃을 피울 때, 이 세계는 정말로 아름다운 꽃밭과 같은 세상이 되지 않을까?

## 산상수훈을 다시 읽는다

세계적인 종교 지평에서 봤을 때, 한국 사회는 비교적 평화롭게 여러 종교가 공존하는 사회이다. 하지만 최근 한국사회에 종교간 갈등이 불거지는 사례가 늘어나는 듯하여 좀 우려스러운 것도 사실이다. 특히 그 갈등의 주범이 필자가 신앙하는 종교인 개신교여서 마음이 많이 무겁다. 따라서 필자는 한 개신교인으로서, 기회가 될 때마다 한국사회의 종교평화를 위해 더욱 노력할 것을 다짐하곤 한다.

여러 종교가 함께 뒤엉켜 있는 한국사회에서 필자를 비롯한 그리스도인들은 예수의 제자로서 어떻게 각자 아름다운 존재의 꽃을 피우면서, 동시에 이웃종교와 바른 관계를 맺어야 할까? 필자는 그 문제의 해답을 '산상수훈'(마태복음 5-7장)으로 알려진 예수의 가르침에서 찾고자 한다. 주지하듯이, 산상수훈은 예수께서 제자들에게 하신 말씀인데, 우리가 불교를 비롯한 이웃종교에 어떤 태도를 가져야할지 잘 암시해주는 말씀인 것 같다. 따라서 필자는 산상수훈의 가르침을 통해 아래와 같은 세 가지를 실천하려고 노력하고 있다.

첫째는 "남을 비판하지 말라"(마7:1-6)는 예수의 가르침에 따라 이웃종교를 비판하지 않는 것이다. 필자는 가능하면 최대한으로 이웃종교를 비판하지 않으려고 노력한다. 물론 잘한 일은 칭찬한다. 하지만 비판이든 비난이든, 그것은 가급적 삼가는 것이 적절하다. 좀 이상하게 들릴지 모르지만, 우리는 다만 우리 자신의 앞마당을 열심히 쓰는 것으로 족하지 않을까 싶다. 남의 마당에 낙엽이 어지러이 널려 있든 지저분한 휴지가 떨어져 있든, 그것은 그들의 일이다. 그래도 굳이 비판을 해야 한다면, 먼저 우리 자신의 흐트러진 모습을 비판한 뒤, 조심스럽게 할 수 있을지는 모르겠다. 예수께서 말씀하셨다. "어찌하여 너는 남의 눈 속에 있는 티는 보면서, 네 눈 속에 있는 들보는 깨닫지 못하느냐?"(마7:4) 불상을 우상이라고 생각해서 부술 만큼의 용기와 믿음이 있다면, 먼저 그리스도인들은 우상화된 교회를 헐어버린 뒤 불교의 우상에 대해 말할 수 있을 것이다. 그리스도인들은 맘몬처럼 우상화된 교단과 교권을 우선 비판해야 한다. 나 자신을 먼저 날카로게 비판하지 않은 채 남을 비판한다면, 그것은 참으로 우스운 일이 아닐 수 없다. 따라서 불교든 유교든, 아니면 이슬람교든 이웃종교를 비판하기 전에, 먼저 우리 자신을 살펴보고 자성해야 한다.

둘째는 "구하고, 찾고, 문을 두드리라."(마7:7) 그리고 "남에게 대접을 받고자 하는 대로 너희도 남을 대접하여라."(마7:12)는 예수의 가르침에 따라 성령께 지혜를 구하며, 이웃종교에게 황금률을 실천하는 것이다. 사실 많은 그리스도인들은 "구하고, 찾고, 문을 두드리라."라는 말씀을 읽을 때, 그것을 물질적인 차원에서만 이해하는 경향이 있다. 아마도 먹고 살기 힘든 상황에서 이 말씀을 주로 읽기 때문이리라. 물론 그렇게 이해해도 크게 틀리지는 않다. 우리는 먹고 살기 힘들 때, 하나님께 도와달라고 기도하면서 '구하고, 찾고, 문을 두드려야' 한다. 그러나 이 말씀은 단순히 물질적인 내용만을 지칭하는 것이 아니다. 우리가 문을 두드리는 이유는 그것을 넘어서기 위해서이다. 무슨 말일까? 누가복음에 해답의 실마리가 있다. 누가복음에 따르면, 우리가 '구하고, 찾고, 문을 두드려야 할' 것은 '성령'이다.(눅11:13) 우리는 하나님께 성령을 보내 달라고, 구하고 찾고 문을 두드려야 하는 것이다.

그러면 왜 예수께서는 '구하고, 찾고, 문을 두드리듯' 그렇게 성령을 사모하라고 말씀하실까? 필자가 이해하기로는 성령은 지혜의 영이기 때문이다. 지혜의 영이신 성령께서 우리가 이웃종교인과 어떻게 지혜롭게 어울려 살아야 할지를 안내해 주신다. 따라서 우리는 성령을 구하고, 그분의 인도에 따라 지혜롭게 이웃종교인과 평화를 추구하면서 살아야 한다. 그런데 황금률에서 보듯이, 예수는 우리가 성령의 지혜를 따라 이웃종교인과 더불어 살아갈 때, 하나의 원칙을 갖고 이웃종교인과 만나라고 말씀하신다. "그러므로 너희는 무엇이든지, 남에게 대접을 받고자 하는 대로, 너희도 남을 대접하여라. 이것이 율법과 예언서의 본뜻이다."(마7:12) 그렇다. 우리 그리스도인들이 다른 이웃종교인으로부터 존경과 사랑을 받고자 한다면, 우리도 그들을 존경하고 먼저 사랑해야 한다. 우리가 그렇게 하지 않는다면, 우리는 이 사회에서 비난과 조롱거리가 되는 것은 당연한 귀결이다.

셋째는 "좁은 문으로 들어가라"(마7:13)는 예수의 가르침에 따라 그분의 말씀을 묵묵히 각자의 삶에서 실천하는 것이다. '좁은 문'이란 무엇인가? 그것은 '생명으로 이끄는 문'(마7:14)으로써, 사람들이 많이 찾지 않는 문이요, 그래서 인간적인 노력이 필요한 일이다. 말하자면, 그것은 주님의 가르침에 따라 묵묵히 실천하며 살아가는 수행의 삶이다. 특히 예수처럼 힘없고 고통당하는 자와 함께하면서 그들의 편이 되어 주고, 또 허위의식을 벗어 버리고 진리와 정의와 평화 그리고 원수까지 사랑하는 그 사랑을 실천하며 사는 것이다. 이것이 좁은 길이다. 이 길을 가는 것은 정말로 힘든 일이다. 세상 사람들은 모두 세상적인 쾌락이나 부귀영화를 추구해도, 적어도 나만큼은 그보다 더 가치 있는 삶, 곧 정의와 자유, 그리고 사랑과 평화를 추구하는 것이다. 이것이 좁은 길이다.

나는 기독교인으로서 석가의 가르침을 잘 모른다. 그리고 석가의 제자가 아니기에 그의 가르침을 따를 의무는 없다. 그러나 나는 기독교인이기에, 예수의 가르침을 알아야 하고 또 그의 가르침대로 살아야 할 의무가 있다. 왜냐면 나는 기독교인이기 때문이다. 이것은 좁은 길이다. 예수께서 수없이 비판했던 바리새인처럼 되는 길은 쉽고 넓은 길이다. 그러나 그 길은 멸망의 길이다. 예수께서 말씀하신 가르침대로 사는 길은 좁은 길이요, 십자가의 길이요, 사람들이 별로 찾지 않는 길이다. 그러나 그 길은 생명의 길이다. 우리는 이웃종교를, 특히 불교 교리와 역사를 알면 좋지만, 잘 몰라도 된다. 그러나 나를 몰라서는 안 된다. 왜냐하면 나는 기독교인이기 때문이다. 더욱이 기독교의 핵심 가르침을 실천하지 않는다면 그것은 더욱 곤란하다. 왜냐하면 그것은 바리새인 같은 신자가 되는 길이기 때문이다.

## 석가탄신일을 축하하는 기독교인이 되기를

앞서 언급했듯이, 한국 사회는 비교적 종교평화가 잘 실천되는 좋은 나라이다. 그 상징 같은 사실이, 성탄절과 석가탄신일이 모두 대한민국의 국경일이라는 점이다. 따라서 우리는 석가탄신일에는 예수를 믿는 신자로서 이웃종교인 불교의 신자들에게 진심으로 축하의 인사를 건네면 좋을 것 같다. 오늘따라 황동규 시인이 쓴 '고통일까 환희일까?'라는 제목의 시에서, 석가와 예수가 나눈 대화가 더욱 정겹게 느껴진다.

> '요즘 멜 깁슨이라는 자가 만든
> 그대의 수난 영화가 가히 엽기적이라던데.
> 지금껏 나는 그대가 고통보다는

환희의 존재라고 생각했지.'

불타가 입을 열자 예수가 말했다.

'이른 봄 복수초가 막 깨어나

눈 속에 첫 꽃잎 비벼 넣을 때

그건 고통일까 환희일까?'

'막 시리겠지.'

〈가톨릭평론〉 제15호(2018.5 · 6월호)

## 2. 부처님 오신 날을 축하함

### 불교와 나

부처님 오신 날은 부처님께서 인류가 고통으로부터 해방되는 길을 안내해 주시기 위해 오신 것을 기념하는 날이다. 이날은 부처님을 믿는 불자들뿐만 아니라 모든 사람들에게 큰 기쁨의 날이 아닐 수 없다. 왜냐면 불자들에게야 더 말할 필요도 없거니와 불자가 아니더라도 부처님은 우리에게 큰 삶의 가르침을 전해 주셨기 때문이다. 따라서 부처님 오신 날을 진심으로 축하하며, 온 인류에게 부처님의 자비가 넘치기를 빈다.

필자는 불교학을 제대로 공부해 본 적이 없다. 다만 신학을 공부하는 사람으로서 교양 수준에서 이웃종교로서 불교를 조금 공부한 것과 또 틈틈이 부처님 말씀을 자습하는 것이 전부이다.

하지만 불교는 내 할머니가 사랑하시던 종교이고, 또 우리 한민족과 거의 천오백 년 동안 함께 숨을 쉬어 온 종교이기에 내 생각과 삶에 음으로 양으로 많은 영향을 끼치고 있다. 그래서 나 역시 불교의 덕을 입고 산다고 해도 과언이 아니다. 따라서 진심으로 불교가 더욱 국민들로부터 사랑받는 종교가 되기를 빌며, 과거에 그랬듯이 앞으로도 한국인들에게뿐만 아니라 온 인류에게 밝은 등불이 되기를 간절히 빌어마지 않는다.

한국 사회는 다종교 사회이기 때문에, 여러 종교들이 서로 협력하고 존중하며 더불어 살아야 한다는 것은 자명한 이치이다. 물론 최근 한국 사회에서 종교 갈등이 과거 몇 년 전보다 좀 누그러지는 것 같아 매우 다행스럽게 생각한다.

### 종교간 대화 협력과 나

그러나 여전히 한국 사회에는 종교간 갈등이 전혀 없는 것은 아니다. 서로에 대한 배타성과 불신이 만들어 내는 모습이 아닌가 싶다. 예컨대, 1998년으로 기억된다. 당시 제주도에서 있었던 일로써, 한 광신적인 기독교인이 불교의 〈원명선원〉이란 사찰에 들어가서 불상은 우상이라며 수백 개의 불상들을 모두 훼손한 엄청난 사건이 벌어졌다. 그 사건으로 당시 한국 기독교는 불교 당국에 공식 사과를 하였고, 재발 방지를 위하여 목회자들이 노력할 것을 다짐했다. 그 사건이 벌어진 지 벌써 십수 년이 지났지만, 과연 얼마나 교회가 그때 약속한 것을 잘 지키면서 이웃종교에 대해 관용의 마음을 키우고 넓혀 왔는지, 그리고 이웃종교를 존중하도록 교인들을 잘 가르치고 있는지 깊이 반성하게 된다.

필자는 그 사건을 접하고 깊이 반성하면서 학술 활동과 강의에서 기독교와 불교 사이의 대화와 협력, 그리고 서로에 대한 존중을 강조해 왔다. 한두 가지 예를 든다면, 우선 필자는 여러 종교학자들이 모여서 종교이론 및 종교교육을 연구하는 한국종교학회와 한국종교교육회에 참여하고 있다. 특히 한국종교교육학회에서는 이사로 수년째 봉사하며 개신교분과장을 맡고 있다. 비록 작은 학술 단체 활동이지만 필자는 이런 활동을 통해서 한국사회가 좀더 종교간 대화와 협력 그리고 관용의 정신에 관심 갖기를 희망한다.

사실 이러한 활동은 보수적인 대학에 소속되어 연구 및 교육을 하는 필자로서는 쉬운 일은 아니다. 하지만 이 일이 기독교 발전과 한국 사회의 성숙한 시민의식 고양을 위해 매우 중요하다고 믿기에 꾸준히 노력하고 있다. 또 이것은 나를 낳고 키워준 한국 문화에 보답하는 길이라고 믿는다.

또한 필자는 기독교교육 관련 교재로, 『기독교교육의 재개념화』(대한기독교서회, 2002)라는 책을 저술했다. 그 책에서 필자는 기독교교육의 개념을 새롭게 재정의할 것을 주장하면서 그 새로운 방향으로 '이웃종교를 존중하는 관용의 교육'을 천명하였다. 그 길의 끝은 비록 아직도 멀지만, 결코 틀린 길은 아니리라 믿는다.

## 한국불교의 특징을 배우다

얼마 전 필자는 스승의 날을 맞아 동학들과 함께 은사인 유동식 교수님을 모시고 저녁식사를 하였다. 그때 선생님께서 대학에서 가르치는 교수 제자들에게 이렇게 말씀하셨다.

"앞으로 신학교에서 꼭 가르쳐야 할 것이 두 가지가 있다. 첫째는 현대 과학이고, 둘째는 이웃종교, 특히 불교이다. 지금까지 신학교에서 이것을 안 가르치다 보니, 목회자들이 현대의 과학기술문명을 제대로 이해하지 못하고, 또 종교적인 무지로 인해서 종교적 갈등을 일으키고 있다."

그러면서 선생님은 한국불교를 이렇게 정리해 주셨다.

"한국불교는 모든 것을 하나로 포괄하는 화엄불교이다. 비유하면 한 송이 아름다운 연꽃이라기보다는 오히려 들판에 널브러지게 피어 있는 잡꽃들이다. 하지만 그 꽃들은 하나의 꽃밭처럼 서로 어울리는 잡화경이다. 물고기로 말하면 '회'가 아니라 잡어 매운탕이다. 일본불교가 한 송이 연꽃 같은 법화경(法華經)을 소이경전(所以經典)으로 한다면, 한국불교는 잡꽃들이 멋지게 어우러진 것 같은 화엄경(華嚴經)을 소이경전으로 한다."

그러면서 그는 화엄의 깊은 세계야말로, 당신이 지금까지 생명처럼 여기며 공부한 요한복음의 말씀과 크게 다르지 않다고 힘주어 강조하셨다.

### 나는 '절'을 좋아한다

필자는 부처님 오신 날이 되면 가끔 불자 친구들에게 농담을 한다.

"나는 '절'을 참 좋아한다. 그래서 성탄절도 좋아하고, 부활절도 좋아하고, 추수감사절도 좋아한다. 오늘은 마침 부처님 오신 날이니 절에 가서 절밥이나 한 그릇 얻어먹으면 좋겠다."

그렇다. 어릴 때 할머니 손에 이끌려서 부처님 오신 날에 절에 가 절밥을 얻어먹었던 것처럼, 부처님 오신 날에는 교회 사람들도 축하하는 마음으로 절에 찾아가면 좋겠다. 그리고 절밥도 좀 얻어먹고 또 기회가 된다면 진리를 찾는 동반자로서 〈달마야 놀자〉라는 영화에 나오는 한 장면처럼 목사 팀과 스님 팀으로 나눠서 냉면 내기 축구도 한번 하면 좋지 않을까? 그렇게 어울려 놀다 보면, 아마도 서로에 대한 미움과 오해는 줄어들 것이고, 또 자연스럽게 형제애가 싹트리라 믿는다. 그런 날이 속히 오기를 빈다. 부처님 오신 날, 축하합니다!

손원영 페이스북(2015년 부처님 오신 날)

## 3. 개운사 훼불 사건과 불당회복을 위한 모금운동

### 진리를 향한 종교교육을

한국 종교교육에 한 책임을 맡고 있는 개신교의 선생으로서 나는 최근 김천 개운사에서 발생한 불상 훼손 사건에 대하여 참으로 비통한 심정으로 책임감을 통감한다. 그리고 개운사 주지스님을 비롯한 신도분들과 불교인 여러분에게 진심으로 사죄의 용서를 구한다. 널리 용서해 주시길 빈다.

이런 일이 우리나라에서 심심치 않게 발생하는 것은 전적으로 우리 신학대학의 교수들이 신학생들을 잘못 가르쳤기 때문이다. 다시는 이런 일들이 재발하지 않도록 주의 깊게 이웃종교를 가르칠 것을 다짐하는 바이다. 사실, 이웃종교에 대하여 대학 강의실에서 제대로 가르쳤다면 이런 일이 없었을 텐데, 정말로 유감스럽다. 이 일은 결코 성서의 정신이 아니고 우리가 스승으로 따르는 예수 그리스도의 정신은 더더욱 아니다. 주지하듯이, 예수 그리스도는 십자가를 지면서까지 사랑을 실천하신 분이었지, 자신과 신앙과 의견이 다르다고 그를 경멸하거나 파괴하는 분은 결코 아니었다. 그런데 왜 예수를 따른다는 분들이 이런 일을 저지르는지 정말로 답답할 뿐이다.

일전에 내가 쓴 '영성과 근본주의'라는 짧은 칼럼에서도 암시했듯이, 이번 사건은 '기독교 근본주의자'가 자행한 일임이 거의 분명하다. 그리고 유감스럽게도 지금 상태라면 이런 일들은 앞으로도 계속 하나님의 이름으로 혹은 성경의 이름으로 우리 주변에서 계속해서 일어날 것이다. 마치 내 안의 IS처

개운사 훼불 법당

럼 말이다. 왜냐하면 불확실성 시대에 이분법적 근본주의는 우리에게 아주 손쉬운 정답을 제시해 주기 때문이다. 그러나 이런 때일수록 우리는 근본주의에 속으면 안 된다. 대신에 우리는 뱀처럼 지혜로워야 하고, 비둘기처럼 온유해야 한다.

여기서 나는 두 가지를 제안한다. 첫째는 자연과학적 혹은 경제학적 진리에 관심이 많은 (우리) 현대인들이 다시 한번 궁극적인 진리에 대해 진지하게 질문하는 일이다. 즉, 진리는 쉽지만 결코 무례히 행하지 않으며, 진리는 보편적이지만 결코 뽐내거나 원한을 품지 않는다는 사실을, 그리고 진리는 바람처럼 자유롭지만 모든 것을 포용할 만큼 넉넉하며 모든 모순조차 견딜 수 있게 하는 힘이 있다는 사실을! 그러기에 진리는 하늘을 가리는 손바닥이 아니라 하늘의 넉넉함으로 우리 마음을 따뜻하게 덥혀 주는 햇빛과 같다는 사실을! 따라서 영성의 시대에 우리는 다시 진리가 무엇인지를 진지하게 물었으면 좋겠다. 그리고 정해진 답으로서의 쉬운 진리가 아니라 부싯돌의 번

쩍이는 불빛으로서의 아름다운 진리를 찾아 나서면 좋겠다!

둘째는 학교에서 종교교육을 강화하는 일이다. 엄밀히 말하면, 종립학교 이외에서 그동안 시도조차 안 한 종교교육을 모든 국공립학교에서 전면적으로 시행하는 것이다. 물론 여기서 종교교육이란 특정 종교 신자를 만들기 위한 신앙교육으로서의 종교교육이 아니라, 이 땅의 종교문화를 바르게 이해할 수 있도록 돕는 종교문화교육 내지 영성교육이다. 이것이 없는 한 앞으로 계속 한국 사회는 종교로 인한 갈등이 심화될 것이며, 개신교를 포함한 근본주의적 종교집단의 과격성은 점점 격화될 것이다. 이 문제를 결코 쉽게 넘겨서는 안 된다. 지혜로운 자는 소 잃고 외양간 고치기 전에 소를 잃지 않도록 미리미리 예방하고 준비하는 법이다. 그러므로 나는 이 일의 관련 당국자인 교육부와 문화체육관광부가 하루 속히 이 문제 해결을 위해 진지하게 협력하기를 진심으로 기대한다. (손원영 페이스북, 2016.1.18)

### '개운사 불당회복을 위한 모금 운동'에 나서며

최근 김천 개운사에 난입한 한 개신교인이 불당을 훼손한 사건을 보면서, 그와 같은 개신교 신자로서, 더욱이 목회자를 양성하는 신학대학의 교수로서 죄송한 마음과 함께 그냥 지켜만 볼 수가 없어서 '개운사 불당회복을 위한 모금 운동'을 시작하게 되었습니다. 그리고 제가 이런 입장을 밝히자 뜻을 같이 하는 몇몇 지인들이 동참 의사를 밝혀 와서, 함께 이 일을 시작하게 되었습니다.

그래서 이번의 모금은 제가 운영하는 〈예술목회연구원〉과 평화운동을 연구하는 학술단체인 〈레페스(종교평화)포럼〉(대표 이찬수), 그리고 인터넷신문인 〈가톨릭프레스〉(대표 김근수)가 공동으로 모금운동을 펼치게 되었습니다. 그리고 모금의 투명성을 위해서 운영위원회를 두기로 하였습니다. 위원은 손원영 원장, 이찬수 대표, 김근수 대표, 그리고 저와 같은 종교교육학 전문가인 박범석 박사(서울대)가 함께 맡기로 하였습니다. 참고 바랍니다. 뜻을 함께 한 분들에게 진심으로 감사드립니다.

제가 '개운사 불당회복을 위한 모금'을 시작한다고 하자, 주변에서 저를 아끼는 적지 않은 분들이 혹 겪을지도 모르는 불상사를 미리 걱정해 주었습니다. 특히 제가 자칫 논란이 되는 종교다원주의자로 오해받을 수도 있다는 위험성과 함께 과격한 개신교 근본주의자에 의해 개운사에서 벌어진 일과 비슷한 '테러'를 당할지도 모른다는 걱정이었습니다. 충분히 공감되는 부분으로, 이런 걱정을 해 주신 여러분들에게 마음으로부터 감사의 인사를 올립니다. 하지만, 그럼에도 불구하고, 저는 우리의 구원은 예수 그리스도를 통하여 이루어진다는 믿음 위에 굳게 서서 비록 작은 일이지만 이 모금 운동을 실행하기로 마음먹고 이렇게 실천하게 되었습니다. 왜냐하면 이 모금운동은 큰 상처를 받은 개운사 신도 여러분에게 대한민국의 동료 시민으로서 작은 위로를 전하는 사랑의 실천임과 동시에, 제가 속한 개신교가 절대로 이웃종교를 폄하하거나 심지어 테러(단체)를 용인하는 폭력적 종교가 아님을 분명히 알리기 위해서입니다. 이 점 널리 혜량해 주시길 바랍니다.

### 예수의 눈으로 약자의 편에 서고자

덧붙여, 아마도 누구에게나 어떤 일을 숙고하고 결정할 때, 그리고 더 나아가 실천할 때는 어떤 원칙이 있을 것입니다. 저 역시 그러한 것이 있는데, 이번 일을 결정하고 실천하는데 유념한 원칙을 참고로 페친들과 공유하고 싶습니다. 그 원칙은 세 가지입니다. 첫째는 '예수라면 어떻게 했을까?'하는 것입니다. 이것은 복음서에 기록된 기독교의 최고 스승인 예수 그리스도의 가르침을 판단의 기준으로 삼는 것입니다. 이 기준은 '성서는 무엇이라고 말하고 있나?'로 바꿀 수 있습니다.

그런데 후자는 많은 논란이 있을 수 있습니다. 왜냐하면 성서 안에는 개운사의 법당을 훼손한 자가 명분으로 내세운 언명, 곧 '우상을 없애라'라는 말씀도 있기 때문입니다. 하지만 여기서 우리가 간과하지 말아야 할 것은 성서의 모든 문자적 기록이 곧 하나님의 말씀은 아니기 때문에 문자적 의미를 넘어선 신학적 해석이 필요하다는 점, 그리고 똑같은 성경 안의 말씀이라 하더라도 더 중요한 말씀이 있을 수 있다는 점 등입니다. 그래서 저는 어떤 문제를 판단할 때 '예수라면 어떻게 했을까?'를 제1의 판단 기준으로 삼곤 합니다. 그렇다면, 이번 개운사 사건에 대해 예수는 어떻게 행동했을까요? 제 마음속에 떠오른 예수의 말씀과 행동은 분명히 개운사 신도들에게 용서를 빌고, 작은 것이라도 그들에게 위로의 마음을 담아 전달하는 것이었습니다.

둘째는 늘 약자와 연대하는 것입니다. 저는 오래전 박사과정 때 해방신학을 처음 제안한 구티에레즈(Gustavo Gutierrez, 1927~ ) 신부에게서 '해방신학'을 직접 배운 바 있습니다. 그분의 가르침의 핵심은 "가난한 자에 대한 편애적 선택(preferential option for the poor)은 성서가 증언하는 하나님의 보편적인 사랑과 모순되지 않는다."는 것입니다. 그리고 복음적 삶은 그런 이해 위에 차별적으로 선택된 "약자와 연대하는 것"(solidarity with the poor)입니다.

그렇습니다. 바로 지금 개운사를 둘러싼 상황에서 개운사를 돕기로 결정한 것은 제가 배운 이 해방신학의 원칙을 실천하는 것일 뿐입니다. 특히 여기서 언급하고 싶은 것은 가난한 자란 단지 경제학적인 의미로 돈이 없는 사람만을 뜻하는 것이 아니라 사회적 약자로도 이해할 수 있습니다. 말하자면 사회적인 편견과 구조적인 악의 문제로 인해 상처받고 고통당하는 사람들 모두를 의미합니다. 따라서 그리스도인이라면 종교의 유무나 교단 소속을 떠나 고통당하는 개운사 스님과 신도들의 편에서 그들과 연대하는 것은 지극히 당연한 일입니다.

셋째는 대한민국의 헌법정신을 구현하는 것입니다. 우리 모두는 대한민국의 국민이요 민주시민입니다. 대한민국 국민이라면 모두 지켜야 하는 의무가 있고 또 권리가 있습니다. 예컨대, 종교를 떠나 우리 모두는 국방과 납세의 의무가 있고, 동시에 행복을 추구할 권리가 있습니다. 이런 점에서 볼 때, 대한민국 국민이라면 누구든 종교의 문제로 차별받아서는 안 되고 동시에 각자의 종교적 신념은 존중받아야 마땅합니다.

이런 점에서 볼 때, 이번 개운사 사건은 헌법 가치의 심각한 훼손이라 말할 수 있습니다. 따라서 개신교인 중에 혹 종교(하나님)의 이름으로 이러한 폭력 행위를 지지하거나 동의하는 이가 있다면, 그는 분명 대한민국 국민임을 스스로 포기하는 사람이라고 할 것입니다. 이런 점에서 저는 헌법을 준수하는 대한민국의 한 시민으로서 개운사 주지스님과 신도들 그리고 모든 불자들에게 죄송한 마음을 전하고, 이웃으로서의 작은 우정을 표하고자 합니다.

하오니, 이상에서 밝힌 것처럼, 이번 모금 활동에 대하여 오해가 없기를 바랍니다. 그리고 저와 뜻을 같이 하는 많은 분들이 이 일에 동참하여 상처 입은 분들에게 용기를 북돋아 주고, 우리 대한민국이 여러 가지 갈등과 분쟁이 있지만 그럼에도 불구하고 살 만한 가치가 있는 좋은 사회라는 것을 느끼는 계기가 되었으면 좋겠습니다.

> "평화를 이루는 사람은 복이 있다. 하나님이 그들을 자기의 자녀라고 부르실 것이다."(마태복음 5:9)

손원영 페이스북(2016.1.21)

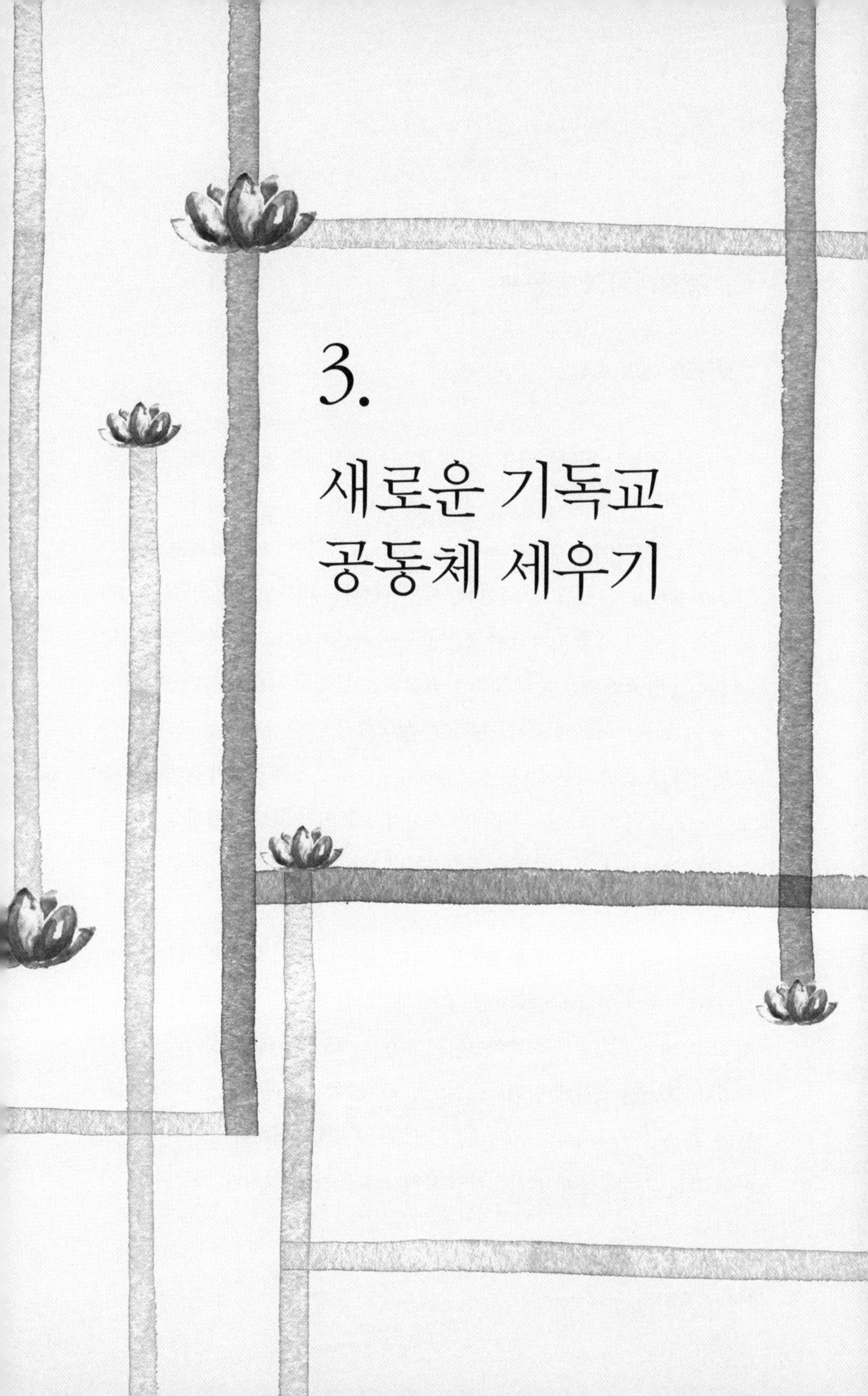

# 3.

# 새로운 기독교 공동체 세우기

## 1. 종교대화의 공동체

### 탈종교시대의 도래

2015년, 정부는 인구주택총조사의 종교인구 통계를 발표하였다. 그에 따르면 종교인구 상위 3개 종교는 불교 15.5%(7,619천 명), 개신교 19.7%(9,676천 명), 그리고 천주교 7.9%(3,890천 명)이었다. 그리고 '종교 없음'으로 답한 인구가 전체의 56.1%(27,499천 명)를 차지하였다는 내용도 발표되었다. 이러한 결과 중에서 가장 필자의 주목을 끄는 것은 두 가지인데, 하나는 기독교(개신교)가 한국의 최대 종교 교파로 집계되었고, 특히 가톨릭까지 포함할 경우 총 27.6%(13,566천 명)로서 기독교가 한국에서 매우 강력한 종교집단이라는 점이다. 그리고 다른 하나는, 그럼에도 불구하고 무종교인이 늘어나서 종교인구 조사 이래 최초로 무종교인 숫자가 종교인 숫자를 추월하였다는 사실이다. 말하자면, 한국사회가 종교로부터 벗어나는 '탈종교시대'로 접어들었다는 점이다.

그런데 이러한 두 가지 통계학적 사실은 필자에게 적지 않은 성찰거리로 다가왔다. 우선 한국의 종교인구 중에 개신교인 숫자가 가장 많다는 점, 특히 그 직전 조사보다 대폭 늘어났다는 결과는 매우 흥미로운 것이라고 생각되었다. 2005년 조사에서 기독교인(개신교) 숫자가 844만6천 명(18.2%)이었는데, 2015년 조사에서는 967만6천 명으로 약 123만 명이나 증가했다고 조사되었다. 그러나 통계상 기술적인 문제가 있을 수도 있지만, 아무튼 그 기간 동안 현실적으로 예배에 참석하는 개신교인 숫자는 늘지 않았거나 오히려 줄어들었기 때문이다. 이것은 매우 흥미로운 사실을 암시한다. 즉 종교인구 조사에서는 자기가 신앙하는 종교를 기독교(개신교)라고 응답하지만 실제로는 기독교인으로서의 종교 활동, 곧 교회에 교적을 두고 정기적으로 예배에 출석하는 등의 종교 활동을 하지 않고 있다는 점이다. 말하자면 교회에 안 나가는 소위 '가나안 신자'가 획기적으로 늘어났다고 볼 수 있다. 이것은 각 교단에서 최근 발표되는 교인수와 비교하면 곧 드러난다. 즉 정부의 종교인구조사와 같은 해인 2015년의 경우, 각 교단은 교인수가 급속히 줄었다고 발표했다. 대한예수교장로회(합동)은 전년대비 0.8% 감소하여 270만 명, 대한예수교회장로회(통합)은 전년대비 0.76% 감소하여 278만 9천 명, 그리고 기독교장로회(기장)는 0.14% 감소하여 26만 4천 명으로 발표되었다.(101차 총회) 그리고 감리교는 그 감소폭이 더 커서 2015년에는 전년대비 5.67% 감소한 137만 5천 명으로 파악되었다. 결국 종교인구 통계상 개신교인은 증가한 반면, 교회에 교적을 두고 정기적으로 교회에 출석하는 등 실제 신앙 활동을 하는 신자는 줄어드는 기현상을 보인 것이다. 말하자면, 신학계에서 종종 회자되는 '종교적이 아니라 영성적'(not religious but spiritual)이라는 말처럼, 많은 한국 개신교인들이 스스로를 제도적인 종교인으로 분류하지 않는다.

### 늘어나는 것은 오직 가나안신자뿐

이러한 현상은 실제로 최근 가나안신자에 대한 통계숫자에서도 확인된다. 양희송은 그의 책 『가나안성도, 교회 밖 신앙』(2014)에서 가나안신자를 약 100만 명 정도로 추산하였다. 이것은 2012년 한국기독교목회자협의회의 조사 결과에 따른 것이다. 그 조사에 따르면, 자신을 그리스도인이라고 밝힌 사람들 가운데 약 10.2% 정도가 교회에 출석하지 않고 있다고 답했는데, 이를 근거로 가나안 성도의 수를 대략 100만 명으로 추산한 것이다. 그런데 2017년 한국교회탐구센터(대표 송인규)가 종교개혁500주년에 즈음하여 일반 신자를 대상으로 설문조사한 결과에서는 2017년 현재 개신교인 중 19.2%가 교회에 출석하지 않는다고 응답하였다. 이것은 2012년 한국기독교목회자협의회가 조사 결과(10.2%)보다 8.7% 증가한 것이다. 신자 인구로 대비하여, 개신교 인구가 약 1천만 명이라고 할 때, 약 190만 명이 가나안신자라는 통계이다.(〈뉴스앤조이〉 2017.6.11) 가나안신자의 양적 규모와 함께, 그 팽창 속도 역시 매우 주목할 만하다. 결국 최근 한국 종교인구의 변동에서 드러난 중요한 특징은 급속한 비종교인의 확산 및 가나안신자로 표현되는 제도적 종교인의 이탈현상이라고 말할 수 있다.

### 한국 종교교육의 실상과 대안

교육학에서는 '교육과정'(curriculum)을 통상 세 가지로 분류한다. 명시적 교육과정, 잠재적 교육과정, 그리고 영 교육과정이 그것이다. 명시적 교육과정(explicit curriculum)은 가르치고 배우는 교육목적과 교육목표 그리고 교육내용, 교육평가 등이 구체적이고 명시적인 문서로 작성된 교육과정이다. 잠재적 교육과정(hidden curriculum 혹은 implicit curriculum)은 그러한 교육목적과 교육목표, 그리고 교육내용과 교육평가 등이 문서로 구체적으로 명시되어 있지 않지만, 학교의 분위기나 풍토 혹은 교사의 태도 등에 숨어 있으면서 오랫동안 큰 영향력을 행사하는 교육과정이다. 그리고 영 교육과정(null curriculum)은 가르치고 배워야 할 것이 있음에도 불구하고 학생들에게 실제로 가르쳐지지 않은 교육과정을 의미한다. 특히 정치적인 이유로 교육되지 못한 교육과정을 의미한다.

이러한 교육과정 분류에서 볼 때, 한국에서 종교교육은 일종의 영 교육과정이라고 말할 수 있다. 종교는 당연히 학교에서 가르치고 또 학습해야 함에도 불구하고, 현재 공립학교에서 종교는 거의 가르치지 않고 있고 또 학습자들은 종교를 배우지 못하고 있는 것이다. 오직 종립학교에서만 종교(학) 교과목을 선택과목으로 하여 부분적으로 교육하고 있을 뿐이다. 이것은 특정 종교인만의 문제가 아니라 인간 자체가 '종교적 인간'이라는 측면에서 볼 때 반인권적인 상황이라 말할 수 있다. 더욱이 '교육'을 국민의 권리이자 의무로써 명시한 헌법(제31조) 측면에서도 매우 심각한 헌법 훼손의 문제로 볼 수 있다.

그렇다면, 왜 국가는 종교교육을 하지 않을까? 아니 더 엄밀히 말하면, 국가는 헌법에서 중립적인 의미에서 종교교육의 가능성을 법적으로 열어놓았음에도 불구하고, 현장의 학교들은 왜 종교 관련 교과목을 개설하지 않을까? 아마도 가장 근본적인 이유는 헌법(제20조)에 명시된 '정교분리의 원칙' 때문일 것이다. 그러나 현실적으로 종교과목이 실제로(de facto) 국가 교육과정 속에 제대로 자리를 못 잡는 이유는, 앞에서 언급한 한국인의 종교인 현황과 무관하지 않은 듯하다. 즉 한국인의 절반 이상이 비종교인이라는 점, 더욱이 비종교인의 비율이 갈수록 더욱 확대되고 있다는 점이 중요한 요인이라고 볼 수 있다. 특히 기독교의 경우, 제도권 교회가 보여주는 문제들, 예컨대 목회자의 세습, 무리한 교회 성전 건축, 목회자의 윤리적 탈선, 교회의 자본주의화, 제국주의적인 선교 방식 등에 대한 실망감과 거부감이 커지면서 종교에 대한 강한 비호감과 반감이 확대되고 있기 때문인 듯하다. 이처럼 기성 종교(특히 개신교)에 대한 불신감의 결과로 학교 현장에서 종교교육을 터부시하게 되고, 결국 종교교육을 영 교육과정으로 고착화시키는 결과를 낳았다고 볼 수 있다. 따라서 한국사회에서 제도권 종교(특히 개신교)의 신뢰성 회복은 종교교육을 위해서뿐만 아니라 인간성 교육의 측면에서 시급히 개선되어야 할 사항으로 이해된다.

## 영성과 종교간의 대화를 위한 공간으로서의 가나안교회

앞에서 필자는 탈종교시대의 특징으로 종교인 감소와 함께 개신교의 경우 가나안신자의 확대 현상을 손꼽았다. 그렇다면, 이러한 탈종교시대에 요구되는 적절한 종교교육 방향은 무엇일까? 그에 대한 실천적인 대안으로, 필자는 종교교육학자로서 그리고 실천신학자로서 종교(개신교)의 신뢰성 회복을 도모하고 또 제도종교(교회)로부터 떠난 신자 곧 가나안신자를 돌보는 맥락에서 2017년 6월부터 비형식적 교회인 '가나안교회'를 시작하였다. 이 가나안교회는 탈종교시대에 적합한 교육 내용으로 영성 관련 프로그램과 기독교와 이웃종교(특히 불교) 간의 대화 프로그램을 교회 활동의 중심축으로 삼고 있다. 구체적으로, 가나안교회는 매번 장소를 달리하여 월 4회(일요일 예배 모임)의 정기모임을 갖는데, 첫째 주는 교외의 한 영성센터에서 성찬예배와 명상 및 예술 활동 중심으로, 둘째 주는 서울 시내의 한 카페에서 성찬예배와 신학강좌 중심으로, 셋째 주는 서울 시내의 한 사찰음식전문점 공간을 활용하여 성찬예배와 이웃종교간 대화아카데미로, 그리고 넷째 주는 시내의 한 상담센터에서 성찬예배와 영성훈련(명상)으로 운영한다.

특히 주목할 점은 셋째 주 모임이다. 필자는 2016년 1월 중순경 기독교인에 의해 벌어진 개운사 훼불 사건에 대하여 목회자를 양성하는 신학대학의 한 교수로서 책임을 통감하고, 불교 측에 대신 사과한 뒤 불당 재건을 위한 모금 활동을 전개한 바 있다. 그 사건으로 인하여 본인은 학교 측으로부터 해직처분(파면, 2017.2.20)을 받는 등 매우 고통스런 경험을 하게 되었지만, 또 한편으로는 이것이 한국 기독교의 현실을 비판적으로 성찰하고 또 그 방향을 새롭게 전환시키는 데 중요한 계기로 작동하고 있다고 생각한다. 그 한 예가 바로 나와 한 불교인이 함께 가나안교회를 시작한 것이다. 그 가나안교회는 그 불교인이 본인이 운영하는 사찰음식전문점에서 열 것을 제안하여 시작되었고, 교회의 주요 활동은 종교간 대화, 특히 기독교와 불교와의 대화를 중심으로 이루어진다. 물론 이러한 프로그램이 향후 어떻게 전개될지 아직은 모르지만, 그 귀추가 매우 주목된다. 그 자세한 진행 결과는 추후에 기회가 되는 대로 다시 발표하기로 한다.

### 내가 꿈꾸는 교회

필자는 탈종교시대를 맞이하여, 특히 루터 종교개혁 500주년에 즈음하여 제2의 종교개혁을 실천하는 심정으로 가나안교회를 시작하면서, 영성과 종교간의 대화 그리고 예술을 중심으로 한 공간을 창조하기 위해 '내가 꿈꾸는 교회'라는 이름으로 다음과 같은 100개 조항의 가나안교회 공동체상을 페이스북에 제시하였다. 그것은 아래와 같다.

1. 천지를 창조하신 하나님과 나사렛 예수 그리스도 그리고 내속에 모신 하나님이 결코 세 분이 아니라 한 분임을 깨달은 패리코레시스[相互通在]의 일치 공동체
2. 기존 교회에 부적응하여 교회를 떠난 가나안신자들이 어깨 펴고 신앙생활을 할 수 있도록 돕는 가나안공동체

3. 인생의 밑바닥을 경험한 사람들에게 예술로 힘 실어주는 예술공동체

4. '뽀대나게' '한 멋진' 삶을 추구하는 풍류공동체

5. 노래하고 춤추고 자전거 타는 놀이공동체

6. 여행하는 공동체

7. 목사가 바르게 세금 내는 경제정의공동체

8. 목사 임기제를 실천하는 공동체

9. 온 교우들이 자신의 적성에 따라 선방이나 피정 혹은 서원을 경험하는 공동체

10. 현대과학(우주, 생명, 정신)에 개방적인 공동체

11. 예술을 일상 속에서 생활화하는 생활예술공동체

12. 성만찬예배를 드리는 성례전공동체

13. 재가수도공동체를 지향하는 공동체

14. 음주가무를 향유하는 공동체

15. 가난하고 고통당하는 자의 편이 되어 주는 해방의 공동체

16. 성속을 분리하지 않고 하나로 통전시키는 불이(不二)의 공동체

17. 성차별이 없는 남녀조화의 공동체

18. 교회당 건물을 가지지 않는 무소유 공동체

19. 교인이 원하면 언제든 교회를 해산할 수 있는 종말론적 공동체

20. 십일조는 없으나 모든 것이 하나님의 축복이라고 믿고 감사하는 봉헌의 공동체

21. 예술목회(예술목회연구원)를 후원하는 공동체

22. 사이버공간도 하나님이 활동하는 공간으로 존중하는 사이버신앙공동체

23. 예수님처럼 먹고 마시기를 탐하는 삶의 유희를 즐기되 기꺼이 공익을 위해 십자가를 질 줄 아는 섬김의 공동체

24. 다른 교회에서 안 하는 것을 찾아 즐겁게 실천하는 삐딱한 공동체

25. 나그네를 환대하는 공동체
26. 게으름을 미워하지 않고 대신 창의적인 몰입을 칭찬하는 공동체
27. 목사에게 의존하지 않고 궁극적으로 깨달음을 추구하며 홀로서기를 연습하는 공동체
28. 교회 내외에서 1인 1봉사를 실천하는 공동체
29. 이웃종교를 존중하는 종교평화의 공동체
30. 교회 재정이 투명한 공동체
31. 교회의 삼권분립이 분명한 민주적인 공동체
32. 늘 경전과 영성을 공부하는 수행공동체
33. 유불선을 존중하되 예수의 영성을 최고로 추구하는 예수살기 공동체
34. 가톨릭-개신교-정교회 등의 모든 그리스도교의 일치를 추구하는 에큐메니컬 공동체
35. 남녀노소 모두를 존경하고 사랑하는 평등과 인격적 공동체
36. 자신의 '한 멋진' 삶을 통해 복음을 전하는 선교공동체
37. 평생 영적 도반을 갖는 친구 같은 공동체
38. 세상에 걱정 끼치지 않고 대신 세상의 착한 벗이 되는 공동체
39. 율법을 존중하되 율법적이지 않은 사랑의 공동체
40. 목회자와 연장자를 존경하되 혹 그들에게 문제가 있다면 언제든 항의할 수 있는 저항의 공동체
41. 검소한 삶을 강조하되 거룩한 낭비를 장려하는 베풂의 공동체
42. 절밥보다 맛있는 교회 밥의 식탁공동체
43. 일소일소(一笑一少)의 웃음으로 웃음을 전염시키는 명랑공동체
44. 하나님을 만나 그를 모시고 살면 그 어디든 하나님 나라로 믿고 사는 하늘나라공동체

45. 불교를 비롯한 우리나라의 이웃종교들과 대화하며 그들과 더불어 배우는 우정공동체
46. 역사적 예수를 나의 삶의 스승으로 믿고 배우는 예수랍비공동체
47. 사도신경을 존중하고 고백하되 그보다 먼저 자신의 신앙고백을 더 중시하는 고백공동체
48. 교리보다 성경을 더 강조하는 말씀 레마 공동체
49. 한국의 전통문화를 존중하는 무궁화공동체
50. 본질적인 것에는 일치를, 비본질적인 것에는 자유를, 모든 것은 사랑으로 행하는 그리스도인 공동체
51. 내가 하나님 앞에 죄인임을 고백하며 용서받는 은혜를 강조하되 쓸데없는 죄의식을 심어주지 않는 은혜공동체
52. 목사와 교인에게 안식월과 안식년을 주는 희년공동체
53. 가족들에게 특정 종교를 강요하지 않는 종교자유의 공동체
54. 출석교인 200명이 넘으면 분가하는 작은 공동체
55. 이웃종교의 상징물을 절대 훼손하거나 모욕하지 않는 종교적 관용의 공동체
56. 석굴암보다 더 멋진 기독교 예술작품을 만들 예술가를 키우는 예술교육공동체
57. 기독교 학교를 지원하는 배움의 공동체
58. 갤러리 갖기 운동을 실천하는 예술공동체
59. 리마예전과 떼제음악을 권장하는 예술영성의 공동체
60. 1년에 2회 이상 온가족이 함께 국내외 순례여행을 권하는 순례공동체
61. 평생과제로 자서전을 쓰는 자아성찰 공동체
62. 우리 가락 찬송으로 종종 예배드리는 아리랑공동체
63. 교회의 전통을 존중하되 전통을 절대화하지 않으며 새로운 전통 만들기를

더 좋아하는 갱신의 공동체

64. 이단을 미워하되 이단 되기를 두려워하지 않고 낯선 문화나 타자를 환대하는 용기의 공동체
65. 한반도의 평화통일을 찬성하고 지지하는 평화공동체
66. 건강한 성의식과 성생활을 권장하는 생명공동체
67. 잡초 요리를 기독교 음식으로 권하는 맛나 공동체
68. 몸과 영혼을 분리하지 않으며 몸과 영혼을 동등하게 소중히 여기는 그리스도의 몸 공동체
69. 부정부패를 거부하는 공의의 공동체
70. 건강하고 민주적인 정치 지도자를 공개 선정하고 공개적으로 지지하는 생활정치공동체
71. 주일성수를 강요하지 않지만 거룩한 안식으로서 참 쉼을 강조하는 쉼 공동체
72. 부모님에게 물질과 마음으로 효도하는 효도공동체
73. 재산상속을 가급적 하지 않고 대신 세상을 떠날 때 의미 있는 공익기관에 재산을 기부하는 분배공동체
74. 뇌사 판정 시 인공 연명을 하지 않고 대신 장기를 필요한 이에게 기증하고 기쁜 마음으로 하나님 품에 안기는 참 자유의 공동체
75. 인간의 생명뿐만 아니라 모든 죽어 가는 생명을 소중히 여기는 생명의 공동체
76. 요청이 있을 경우 성도심방뿐만 아니라 자연심방을 하는 돌봄의 공동체
77. 미세먼지와 공해를 줄이는 일에 적극 동참하는 생태공동체
78. 매사에 양심을 따라 살아가는 양심공동체
79. 전쟁을 거부하고 평화를 추구하는 평화공동체
80. 끊임없이 개혁을 추구하는 개혁공동체

81. 일보다 휴식과 놀이가 더 중요하다고 믿는 안식일공동체

82. 모든 노동과 직업은 신성하다고 믿는 소명공동체

83. 일상생활의 거룩함을 추구하는 생활영성공동체

84. 교인 1인 1계좌 비영리단체에 후원하는 자선의 공동체

85. 설교가 20분을 넘으면 마귀의 소리로 알아 15분을 넘지 않는 말씀의 공동체

86. 자녀와 늘 하브루타(Chavruta)를 실천하는 대화 공동체

87. 기독교의 일곱 가지 덕인 지혜 용기 절제 정의 믿음 소망 사랑을 하나님의 형상 곧 자신의 인간 됨됨이로 늘 형성하는 이마고데이(Imago Dei) 공동체

88. 성경을 하나님의 말씀으로 고백하되, 그럼에도 불구하고 기독교 토라(Torah)인 복음서를 가장 소중히 여기는 예수 토라 공동체

89. 성경을 가장 아끼고 사랑하되 외경(구약, 신약)과 고전(사서삼경, 불경, 꾸란, 천부경 등)을 경홀히 여기지 않는 성경의 공동체

90. 교회력을 존중하되 한국의 명절(설, 3.1절, 광복절, 추석 등)을 함께 소중히 여기는 달력공동체

91. 장수와 남북분단(평양)의 상징인 냉면을 함께 먹는 실향민(나그네) 배려의 공동체

92. 늘 세월호를 잊지 않은 기억공동체

93. 거짓은 진실을 이기지 못한다고 굳게 믿는 진실의 공동체

94. 우리 민족의 아픔을 함께 아파하고 슬퍼하는 공감의 공동체

95. 상해임시정부(1919.4.11)에게서 대한민국의 법통을 찾아 주보에 A.D.와 함께 연호를 '민국OO년'으로 표기하는 대한민국의 공동체

96. 일제 때 애국자(독립운동가, 중국조선족, 러시아 까레스끼야, 재일동포 등)였던 이들을 특별히 사랑하는 애국공동체

97. 4.19, 5.18, 6.10, 5.9를 대한민국 민주화의 날로 지키는 민주 공동체

98. 6.25를 기억하며 통일을 염원하는 통일공동체

99. 노동자와 희생자를 우선적으로 사랑하는 약자 편애의 공동체

100. 예수 그리스도를 나의 길과 진리와 생명으로 알아 그를 믿고 따르는 예수 제자공동체

제2회 레페스심포지엄 발제(2017.7.12)

## 2. 우정의 공동체

### 기독교와 불교와의 대화를 사유하다

저는 2017년 2월 20일 서울기독대학교로부터 파면을 당했습니다. 죄목은 소위 '우상숭배죄'입니다. 그 사건의 배경에는 2016년 1월 중순경 경북 김천에 있는 개운사에 한 개신교 신자가 난입하여 '불상은 우상'이라며 불상을 모두 훼손한 사건이 있습니다. 저는 그 사건을 접하고 목회자를 양성하는 한 신학대학 교수로서 큰 자책감과 함께 불자들에게 죄송한 마음이 들어 불교 측에 사과하고 훼손된 불상을 원래 상태로 복구하는 데 작은 도움이라도 될까 싶어 '불상회복운동'을 펼친 바 있습니다. 그것이 구실이 되어 어처구니없게도 파면된 것입니다. 그 사건이 있은 후, 저는 이제 운명처럼 불교와 깊은 인연의 세계로 접어들게 되었습니다.

프랑스의 철학자 들뢰즈(Gilles Deleuze, 1925~1995)는 인간의 '사유'에 대하여 설명한 적이 있습니다. 그에 따르면, 사유란 우리가 로댕의 '생각하는 사람'이나 혹은 '반가사유상'을 접할 때 연상되는 모습에서처럼 고요함 속에서 무엇인가 자연스럽게 머리에 떠오르는 상념들을 살피는 것이 아닙니다. 오히려 그것은 어떤 예기치 않은 사건을 갑자기 접했을 때 불가피하게 겪게 되는 일종의 내면과의 강제적, 폭력적 '마주침의 사건'입니다. 그런 점에서 보

* 손원영교수불법파면시민대책위원회, (사)한국영성예술협회, 마지아카데미 공동주최, 〈루터종교개혁 500년 & 원효탄생 1400년 기념 종교평화예술제〉 '축하의 인사말' (2017.10.9)

5대 종교모임(2017년 4월)

면 사유는 결코 평상시에 일어나는 것이 아니라 언제나 돌발적인 충격적 사건에 동반하는 것 같습니다. 말하자면 저에게는 개운사 훼불 사건과 불당회복운동 그리고 이어진 파면사건은 '예기치 않은, 강제된 마주침'으로서 그 사건들과 함께 저는 비로소 기독교와 불교와의 대화를 본격적으로 사유하게 된 셈입니다.

### 예수, 사마리아인을 피해서 가다

갈릴리에서 주로 활동했던 예수께서도 사마리아 사람들과 뜻하지 않게 당혹스런 마주침의 사건을 겪은 적이 있습니다. 예수께서는 어느 날 자신이 십자가를 져야 할 때가 가까이 옴을 아시고 제자들과 함께 지름길인 사마리아를 거쳐 예루살렘으로 향하게 되었습니다.(눅9:51-56)

그런데 사마리아 사람들은 예수 일행을 환영하지 않았던 것 같습니다. 아니 오히려 적대감을 드러냈습니다. 그것은 아마도 북왕국 이스라엘이 앗시리아에 의해 멸망당한 후(722B.C.) 앗시리아의 이주정책에 따라 북이스라엘에 혼혈이 생기면서 유대인들로부터 오랫동안 차별당한 것과 무관하지 않을 것입니다. 이런 차별은 거의 700년 정도 내려온 악습이었습니다. 따라서 사마리아 사람들은 관습적으로 독선적인 유대인들을 미워하였고, 또 유대인들도 사마리아인들을 신앙의 순수성을 잃어버린 이단 내지 타종교로 여기며 상호 배타적인 증오와 차별을 쌓아온 것입니다. 그리고 마침내 사마리아 사람들의 증오심은 예수의 일행에게도 전해진 것입니다.

그 일을 겪게 되자 예수의 제자인 야고보와 요한은 매우 화가 나서 예수께 간청하였습니다. "주님, 하늘에서 불이 내려와 그들을 태워 버리라고 우리가 명령하면 어떻겠습니까?"(눅9:54) 말하자면, "사마리아 사람들을 죽여 버릴까요?"라는 무서운 제안입니다.

그러자 예수께서는 "인자가 온 것은 사람의 생명을 멸하려 함이 아니라 구원하려 함이다."라고 말씀하시며 제자들을 꾸짖으시고, 사마리아 사람들과의 싸움을 피해 다른 길로 가셨습니다.

여기서 예수가 자신과 종교적 신념이 다른 사람들을 어떻게 대했는지 잘 살펴볼 수 있습니다. 그들을 불로 응징하는 대신에 철저히 '평화'를 추구하는 것입니다. 나와 생각과 신념이 다르다 하여 개운사에 난입한 한 개신교도처럼 이웃종교인들을 위협하는 것은 결코 예수의 뜻이 아닙니다.

### 종교평화를 평화적, 예술적으로 추구하다

제가 대학에서 파면되자 많은 언론이 그 사건을 비중 있게 보도하였습니다. 그리고 감사하게도 뜻을 같이 하는 여러 분들이 모여 '손원영교수불법파면시민대책위원회'를 조직하고 저를 응원해 주고 있습니다. 대책위가 조직되고 기자간담회가 열렸을 때의 일입니다. 한 기자가 다음과 같은 질문을 하였습니다. "그렇게 억울한 일을 당하면 보통 머리를 깎고 붉은 띠를 머리에 두르고 학교 앞에서 시위를 하거나 혹은 천막을 치고 단식을 하며 투쟁하는데, 왜 교수님은 그렇게 안 하십니까?" 저는 이 질문에 서슴지 않고 이렇게 답하였습니다. "저도 마음으로는 그렇게 하고 싶습니다. 하지만 종교평화를 위하다가 그 일로 어려움을 겪게 되었는데, 그 해결 방법도 가장 평화적인 방법으로 해야 하지 않을까 싶습니다. 특히 저는 요즈음 〈예술목회연구원〉을 조직하여 종교에서 '예술'의 중요성을 설파하고 있는 터라, 최대한 예술적 방법으로 저항할 생각입니다." 그 말을 들은 기자는 어깨를 으쓱이며 회의적인 태도를 보였지만, 저는 지금도 그 신념에 변함이 없습니다.

실제로 저는 최근 '교회에 안 나가는 신자'(가나안신자)를 위한 가나안교회 설립운동을 펼치면서, "불교를 비롯한 우리나라의 이웃종교들과 대화하며 그들과 더불어 배우는 우정의 공동체!"를 천명한 바 있습니다. 그리고 그 일환으로 이번 행사를 제안하여 몇몇 단체와 공동으로 불교와 기독교가 더 이상 원수가 아니라 오히려 우정의 공동체가 되기 위한 첫걸음으로 '종교예술평화제'를 개최하게 되었습니다. 비록 이번 행사는 종교평화를 위한 아주 작은 예술제이지만, 분명 기독교와 불교 간에 화해를 향한 큰 디딤돌이 되리라 확신합니다. 특히 올해는 루터 종교개혁 500주년이 되는 해이면서 또 한국불교의 큰 스승인 원효대사 탄생 1400주년이 되는 뜻깊은 해입니다. 두 분은 비록 시대와 종교를 달리하지만, 모두 자신이 속한 종교의 개혁을 통해 사랑과 평화라는 종교의 본질을 멋지게 추구한 공통점이 있습니다. 만약 두 분이 오늘 한국 땅에서 만난다면 무슨 대화를 나누며 어떤 일이 벌어질까, 사뭇 기대됩니다.

예기치 않은 마주침으로 시작된 종교 갈등의 사유를 통해 이제 기독교와 불교 사이의 불화를 끝내고, 오히려 더욱 끈끈한 우정의 공동체로 씩씩하게 앞으로 나가기를 간절히 빌어마지 않습니다.

끝으로 부족한 저를 위해 물심양면으로 응원해 주시는 시민대책위 여러분을 비롯한 모든 분들께 진심으로 머리 숙여 감사드립니다.

## 3. 해직교수의 길: 새로운 공동체를 향하여

### 해직교수-되기

1984년 가을, 당시 필자는 연세대학교 신학과 1학년생이었다. 그런데 바로 그때, 군사정부의 탄압으로 여러 해 동안 해직교수가 되어 고통을 겪고 있던 신학과의 김찬국 교수님(상지대총장 역임)과 사학과의 김동길 교수님이 복직하였다. 필자는 그 소식을 듣고 기쁜 마음에 두 분의 수업을 수강하였다. 김찬국 교수님은 복직 후 첫 수업시간에 복직 소회를 밝히면서 이런 말씀을 하셨던 기억이 어렴풋하지만 떠오른다. “나는 비록 해직교수가 되고 또 구속되어 감방 생활을 했지만, 그 일이 있기 전 실제로 내가 해직교수가 되고 또 죄인이 되어 감방에서 보낼 줄은 한 번도 상상해 보지 못했다. 왜냐하면 나는 사람들이랑 별로 싸움도 하지 않았고 언제나 조용히 착하게만 지냈으며, 그 과정에서 목사가 되고 또 대학교수가 되어 학생들과 평범하게 생활하고 있었기 때문이다. 실제로 경찰서에도 거의 가 본 적이 없다. 그런데 어느 날 갑자기 수업시간에 예언자 아모스의 사상 곧 ‘정의가 하수같이’(암 5:24) 흐를 것을 강조했다는 이유로 강제로 해직교수가 되었고, 외로운 감방에 갇혀 살아야 했다. 참으로 인생은 기묘하다. 하지만 그 과정에서 나는 외로움(loneliness) 속에서 고독(solitude)을 배우게 되었다.” 어느 날 갑자기 해직교수가 되고 차가운 감옥 안에서 생활하게 되었을 때 선생님의 마음을 헤아려보면, 참으로 기가 막혔을 듯싶다. 얼마나 황당하고 억울했겠는가? 그럼에도 불구하고 복직 이후 고독을 즐기면서 언제나 맑은 웃음으로 제자들을 격려하고 따뜻하게 돌봐주셨던 김찬국 교수님이 그렇게 존경스러울 수가 없다. 오늘따라 그분이 새삼 그립다.

필자가 김찬국 교수님의 복직담을 간단하게나마 언급하는 이유는 그분이 복직담에서 밝힌 그 황당함과 고독함을 필자도 요즈음 들어 조금이나마 실제로 헤아릴 수 있게 되었기 때문이다. 즉 필자는 지난 해 2월 해직교수가 되면서 약간의 몸과 마음의 불편을 겪고 있다. 솔직히, 김찬국 선생님의 해직과 구속 그리고 복직으로 이어진 일련의 사건과 비교할 때, 최근 필자가 겪는 고통은 호강이라고 할 정도로 미미한 일로서, 비교하기조차 부끄러운 일이다. 필자는 단지 해직되었을 뿐 여전히 자유롭고 행동하는 데에 큰 어려움이 없지만, 김찬국 교수님은 시국 관련 형사범으로 구속되었고 또 오랫동안 영어의 몸으로 지내셨으니 말이다. 그럼에도 불구하고, 필자가 '해직교수'라는 용어를 존경하는 선생님과 같이 공유할 수 있게 되었다는 사실은 내게는 그렇게 영광스러울 수가 없다. 따라서 요즈음 필자는 황당함 속에서도 고독을 즐기셨던 김찬국 교수님처럼 되기, 곧 '해직교수-되기'가 하나의 큰 과제이자 향유해야 할 꿈이 되었다.

### 개운사 훼불 사건과 해직교수-살기

필자는 작년(2017) 2월 20일 만 18년 동안 봉직했던 서울기독대학교로부터 여러 차례의 소위 '종교재판'을 받고 '우상숭배에 해당한 죄'를 지은 것으로 판정 받은 탓에, '성실성 의무 위반'의 혐의로 파면 처분되었다. 그 배경에는 주지하듯이, 2016년 1월 중순경 경북 김천 개운사의 불당 훼불 사건이 자리 잡고 있다. 한 개신교인이 늦은 밤에 법당에 난입하여 '불상은 우상'이라며 모든 불상을 훼손하여 많은 재산 피해를 입히고, 또 주지스님께 폭언을 함으로써 주지스님은 큰 충격을 받고 정신과 치료를 받는 사건이 벌어진 것이다. 그 일을 접하고 필자는 같은 개신교인이자 신학교수로서 심한 수치심과 죄책감을 느끼고 그 개신교인을 대신하여 도의적으로 불교 측에 사과하고 불당회복을 위한 모금운동을 벌였다. 그런데 그러한 행위를 빌미로, 필자가 봉직하는 대학은 필자를 '학교의 설립 이념을 훼손한 죄'로 단죄하여 파면처분을 내린 것이다. 필자의 스승인 김찬국 선생님처럼 나 역시 '착한 사람' 혹은 '좋은 교수'라는 말을 주변에서 심심치 않게 들어온 터라, 어느 날 갑자기 대역죄인과 같은 처지가 되고 보니 참으로 기분이 묘하기만 하다.

교수나 공직자에게 파면처분은 정말로 무서운 형벌이다. 교수에게 내려지는 일종의 사형선고라고나 할까? 퇴직금도 없고, 당장 향후 5년 동안 동종업계(대학)에 전임교수로 취업할 수 없는 취업 제한을 감수해야 한다. 재직기간 동안 노후를 위해 쌓아온 연금도 제대로 받지 못하는 등 재정적인 불이익도 상당하다. 게다가 더욱 고통스러운 것은 '파면교수'라는 사회적 낙인이다. 그래서 오랫동안 알고 지내던 친구들과도 자연스럽게 멀어지게 되고, 또 파면교수와 가까이 하면 당사자들도 불이익을 받거나 어떤 오해를 받는 것이 두려워서인지 초대하는 일도 거의 없다. 그 결과 당사자는 자격지심이 생기면서 자기 연민 내지 우울증으로 고통을 받곤 한다. 필자 역시도 그 비슷한 감정들을 모두 겪었는데, 정말로 '해직교수-살기'는 결코 추천할 일이 못된다.

어쨌든, 통상 비위(非違)에 따른 결과로 이뤄지는 여타의 해직사건과 달리, 필자의 해직 사건은 필자의 소신에 따라 자초한 고난의 성격이 강하다. 그러나 정작 해직교수가 되고 보니 해직교수로 살아간다는 것은, 비록 자원한 일이지만, 결코 만만한 일은 아닌 것 같다. 외롭고 고독한 싸움이기 때문이다. 새삼 대한민국의 민주화와 통일을 위해 옥고를 치르며 고통을 겪었던 김찬국 선생님을 비롯한 많은 애국자들이 그렇게 존경스러울 수가 없다. 특히 필자가 가장 고통스러울 때, 연세동문들은 필자 곁에서 든든한 버팀목이 되어 주었다. 해직교수-살기를 잘 할 수 있도록 필자를 지지하며 응원을 해준 동문들에게 이 지면을 빌어 마음 깊이 감사의 인사를 드린다.

### 대학과 거리두기 및 성찰하기

20년 가까이 섬겨온 대학공동체로부터 강제 추방된 후, 필자는 대학과 일정한 거리두기를 하면서 좀더 객관적으로 제3자의 시각에서 종립대학인 서울기독대학교와 한국 신학계의 흐름 그리고 한국교회의 모습 등에 대하여 많은 것을 느끼고 또 성찰하게 되었다. 특히, 비록 외국대학에서의 짧은 연구 경험이 있지만, 국내 대학에서 박사학위를 마친 소위 순수 국내 토종박사이자 교수로서 필자는 자연스럽게 '토종박사로서 학문함(신학함)'의 의미와 이 시대에 학자로서 산다는 것의 의미를 새롭게 반성하는 기회를 갖고 있다. 따라서 아래에서는 종립대학의 교권과 관련하여 세 가지의 주제를 학문의 동지들과 함께 나누고 싶다.

첫째, 필자는 요즈음 '자기정체성'(self-identity)에 대하여 많이 성찰하고 있다. 주전 6세기 말 유대 백성들이 나라를 잃고 많은 유대인 지도자들이 바벨론에 포로로 잡혀갔을 때, 그들은 스스로에게 질문하였다. "하나님 백성으로서 우리는 누구인가(who)?" "왜(why) 우리는 하나님의 백성이지만 나라를 잃고 포로생활을 해야만 하는가?" 등등. 사실 누구든지, 유대 백성들처럼 자신에게 닥친 큰 고통 앞에서 자연스럽게 '누구인가?'와 '왜?'를 질문하게 된다. 여기서 '누구'와 '왜'에 관한 의문은 말하자면 '자기정체성'에 대한 질문이다. 필자도 마찬가지였다. 어느 날 갑자기 파면을 당하면서, 필자는 심한 자기정체성의 혼란을 겪었다. 도대체 나는 누구인가? 열심히 공부하여 학위를 취득한 뒤 한 대학에 임용되어 그동안 배우고 연구한 것을 열심히 가르치고 더 심화시켜 연구해 왔는데, 그 가르침에 따라 행동한 내게 돌아온 것은 파면이라는 철저한 '배제'(exclusion)의 경험과 수치감이다. 그렇다면, 내가 배운 학문(신학)은 무엇인가? 박사학위를 준 대학(연세대)이 내게 연구를 잘못하도록 가르친 것인가? 나의 신학은 잘못된 신학인가? 아니면, 나를 파면한 서울기독대학교와 그 대학의 배경이 되는 교회와 신학이 잘못된 것인가? 왜 다수의 한국교회와 신학대학들은 나의 파면에 침묵함으로써 그 파면 결정을 정당화해 주는가? 도대체 교수로서 나는 누구인가? 참으로 고통스런 밤이 계속된다. 이 시점에서 필자는 고통스럽지만 학문함 혹은 신학함의 참 의미를 나 스스로에게 거듭하여 다시 질문하고 있다.

특히 내가 오랫동안 봉직했던 대학에 대해 다시 한번 다음과 같은 질문을 하게 된다. 교회 분열을 안타까워하면서 교회의 하나 됨(일치)을 위해 "초대교회로 돌아가자", "성서로 돌아가자"라는 '환원운동'(restoration movement)을 주요 이념으로 하여 출발한 '그리스도의 교회'와 '서울기독대학교'는 설립 이념인 환원운동을 정말로 철저히 실천하고 있는가? 오히려 반-환원운동주의자가 된 것이 아닌가? 그들은 말로만 환원운동을 주장하지, 실제로는 오히려 철저히 배제와 차별의 원리만 따르고 있는 것은 아닌가? 뿐만 아니라 서울기독대학교를 비롯하여 한국의 신학대학들은 왜 대부분 오직 자신들만의 높은 아성을 쌓은 채, 다른 신학적 사유나 전통을 배제하고 차별하며 이단시할까? 이런 상황에서 신학함과 신학대학의 참 의미는 무엇일까? 더 나아가 환원운동의 의미가 과거에는 개신교 내 여러 교파들 간의 대화와 협력이었다면, 이제는 개신교와 가톨릭교회 그리고 정교회 심지어 더 나아가 그리스도교의 영역을 넘어서 이웃종교와의 대화까지 포함하는 현실에서, 환원운동과 환원신학의 자기정체성은 과연 무엇인가? 필자는 여전히 이 질문을 고민하고 있다. 이런 점에서 종립대학을 포함하여 모든 대학의 교권 문제는 교수와 자신이 연구하는 학문에 대한 자기정체감의 문제와 깊이 연관된 문제로서, 시대의 변화 속에서 끊임없이 새롭게 질문해야 할 '고통스러운 주제'가 아닌가 싶다.

## 한국적 신학과 민족교회

둘째, 필자는 요즈음 한국적 신학과 민족교회란 무엇인지 다시 비판적으로 성찰하고 있다. 필자는 오래전 신학수업을 받을 때 '한국교회는 민족교회'라는 특징이 있다고 배웠다. 우리 민족이 일제에 나라를 빼앗겨 고난을 당할 때 교회는 이 민족과 함께 고난을 당했다. 그런데 지금은 어떤가? 과연 지금 한국교회는 민족교회로서의 전통을 계승하고 있는가? 안타깝게도 아닌 것 같다. 이것이 필자를 마음 아프게 한다. 구체적인 한 사례로, 필자가 신학수업을 받은 연세대학교의 신학전통을 살펴보자. 필자의 스승들은 한국교회가 민족교회의 전통을 갖고 있다고 강조했을 뿐만 아니라, 또 그분들 역시 그 전통을 잘 계승하려고 무척 애썼던 것을 기억한다. 특히 연세대학교는 비록 선교사들이 설립한 기독교계 종립대학이지만, 그 어느 대학보다 한국인의 민족의식을 강조하고, 또 고취하기 위해 노력하는 대학이었다. 예컨대, 설립자인 언더우드 선교사는 학교 설립 당시부터 한번 흐트러짐 없이 연세대학이 민족대학이 되기를 갈망하였다. 그래서 한국대학으로서는 처음으로 '국학연구원'을 설립하여 정인보, 백낙준, 최현배 등으로 하여금 한국의 역사와 한글을 연구하고 가르치도록 하였다. 그 같은 국학의 전통은 자연스럽게 필자가 공부하던 '연세신학'에도 이어져서 '민족교회론'을 잉태하는 데 충분한 토양이 되었고, 많은 스승들께서는 한국적 신학 형성에 남다른 애정을 갖고 분투하였다. 그래서 한국신학을 대표하는 토착화신학(한태동, 문상희, 유동식 교수), 민중신학(서남동 교수), 풍류신학(유동식 교수), 민주화를 위한 정치신학(김찬국 교수) 등이 모두 연세신학을 배경으로 하여 등장하였던 것이다. 필자가 그분들을 모두 스승으로 모시고 신학연구를 한 것을 지금도 매우 자랑스럽게 생각한다.

그런데 이 시점에서 필자는 모교인 연세대학교 및 다른 신학대학들에 대해 비판적으로 성찰하지 않을 수 없다. 즉 필자의 스승들이 모두 은퇴한 이후 그 후배 교수들은 과연 연세신학의 자랑스런 국학정신, 곧 연세신학이 낳은 한국적 신학의 형성과 민족교회론의 정신을 얼마나 잘 계승하면서 한국교회에 기여하고 있는가를 자문하게 된다. 필자의 대답은 유감스럽게도 매우 회의적이다. 특히 남북분단의 아픔을 뼈저리게 인식하면서 민족의 화해와 평화통일을 위해, 그리고 이웃종교와의 대화를 통해 한국적 신학을 심화 발전시키는 데에 우리 신학대학들이 얼마나 노력하고 있는지 자문할 때, 그 평가는 솔직히 부정적이다. 안타까운 일이다.

따라서 이 시점에서 필자는 해직교수로서 제도권 대학과 일정한 거리두기를 하면서, 스스로 냉정하게 자문을 거듭한다. 지금 한국의 신학대학들은 한국적 신학이 아니라 서구신학 특히 미국신학에 종속된 신학만을 추구하고 있는 것은 아닌가? 민족교회론을 주장했던 선학(先學)들의 흔적을 지우면서 미국교회와 교회성장이라는 왜곡된 허상을 섬기고 있는 것은 아닌가? 신학도 교회도 주체적이어야 함에도 불구하고, 한국의 신학교육과 교회는 미국신학과 미국교회와 미국문화에 여전히 종속된 식민주의적 상태는 아닌가? 만약 그렇다면, 한국의 신학대학에서 연구하는 신학은 미국신학의 아류로써 더 이상 한국적 신학이라고 감히 호명할 수 없고, 한국의 신학은 오직 교회 성장을 위한 하나의 '교회경영학'에 불과하다고 말할 수 있지 않은가.

이처럼 필자는 해직교수의 삶을 통해 신학공동체와 거리두기를 하면서, 필자의 스승들이신 문상희, 한태동, 유동식, 김찬국 교수님들과 그리고 필자가 직접 배우지는 못했지만 서남동 교수님 등이 보여주신 한국적 신학의 형성을 비판적으로 계승할 것을 다짐하면서, 민족교회의 아픔에 동참하기 위해 나 자신을 다시 살피고 있다.

## 기독교계 종립대학에서 교권이란

이런 점에서 볼 때, 기독교계 종립대학의 교권은 학문의 자유, 특히 주체적 신학 연구의 자유 문제와 밀접히 연관된다고 말할 수 있다. 즉 필자의 해직사건은 단순히 개인적인 교내 정치 문제나 종교적 신념에 따른 해직 사건이라기보다는 오히려 한국 종립대학들의 '학문 연구의 식민지성'의 반영이 아닌가 싶다. 주지하듯이 한국의 신학대학들은 미시적으로는 교회 성장에만 관심을 갖는 대형교회와 교단에 종속되고, 거시적으로는 미국신학과 미국교회에 여전히 의존하고 있다. 결국 종립대학의 교권은 신학교수들이 교단과 대형교회로부터 독립하여 자유롭게 학문 활동을 할 수 있는 '학문의 자유'가 그 어느 때보다 중요한 시점일 뿐만 아니라, 서양신학(특히 미국신학)에의 식민지성을 하루속히 극복하고 주체적인 신학을 할 수 있는 창의적인 학술연구의 생태계를 조성하는 일과 깊이 연결되어 있다.

셋째, 필자는 해직교수로서 대학과 거리두기를 하면서 신학자는 모름지기 상아탑에 안주하는 학자가 아니라 '실천'(praxis) 지향적인 학자가 되어야 함을 새삼 깊이 깨닫고 있다. 즉 한국의 신학자는 한국교회가 당면한 여러 문제들을 비판적으로 직시하고 한국교회와 사회의 개혁을 위해 자신의 목소리를 분명히 낼 필요가 있다. 주지하듯이, 작년은 루터의 종교개혁 500주년이 되는 해로서, 많은 교회와 신학계가 종교개혁의 의미를 새롭게 되새긴 바 있다. 필자도 예외가 아니었다. 나비의 작은 날갯짓이 태평양을 건너면 큰 폭풍이 된다는 말을 몸소 체험하는 한 해였다. 필자의 파면사건은 한 마리의 나비가 날갯짓을 하는 것처럼 보이는 아주 작은 한 개인의 사건이었다. 그런데 그 사건은 필자와 상관없이 이제 한 개인을 넘어서 한국교회의 사건이 되었고, 더 나아가 한국종교의 사건이 되었다.

더 구체적으로 설명하면, 앞서 언급한 것처럼 개운사 훼불 사건은 필자와 직접 상관이 없는 하나의 작은 일탈 사건이었지만, 필자의 사과와 모금운동으로 말미암아 사회적 파장을 일으키는, 더 큰 종교적 사건이 되기 시작하였다. 그리고 필자가 속한 대학과 그 소속 교단이 필자를 파면 처분하는 사건으로 확대되었다. 그런데 파면 사건으로 끝날 줄 알았는데, 그것은 시작에 불과하였다. 필자를 지지하는 수많은 사람들이 지지성명을 발표하였고, 언론에서도 상당히 주목하여 보도해 준 것이다. 그 과정에서 '손원영교수불법파면시민대책위원회'(상임대표 박경양 목사, 전 동덕여대 이사장)가 조직되었고, 필자가 모금한 돈은 개운사 측의 제안에 따라 종교평화를 위한 학술모임인 '레페스포럼'(대표 이찬수 교수, 서울대)에 기부되면서, 여러 차례의 종교평화를 위한 학술모임도 꾸려졌다.

레페스 심포지엄

특히 놀라운 것은 필자의 제안으로 2017년 10월 루터 종교개혁 500주년과 원효대사 탄생 1400주년을 기념하는 '종교평화예술제'가 열리면서, 개신교, 천주교, 그리고 불교학자들이 함께 모여 공동으로 이 시대 종교들이 공통적으로 요구받고 있는 종교개혁의 참 의미를 탐색하기에 이른 것이다. 그리고 그 결실로 지난 2017년 12월 말에는 불교, 개신교, 천주교 신자 2천여 명과 50여 개 종교단체가 공동으로 서명한 '공동 종교개혁선언문'(공동대표 박광서/불교, 이정배/개신교, 김유철/가톨릭)이 발표되었다. 나비의 작은 날갯짓 같은 필자의 종교평화를 위한 행동과 파면사건이 큰 폭풍으로 바뀌는 순간이었다. 특히 세 종교의 공동 종교개혁선언을 이끈 대표자들은 그 선언을 계승코자 〈3 · 1운동백주년종교개혁연대〉를 조직하여 2019년 3월 1일, 3 · 1절 100주년 기념일까지 대대적으로 한국종교 적폐청산운동을 벌인다고 결의하였다. 그 귀추가 자못 주목된다. 이제 개운사 불상 복구를 위한 모금 및 필자의 해직 사건은 더 이상 필자 한 사람의 일이 아니다. 그것은 놀랍게도 한국교회 전체의 사건이 되었다. 아니 더 나아가 한국종교 전체의 종교개혁 사건으로 발전하고 있다.

한국교회 타락의 임계점에 이른 현 시점에서, 한국 신학대학의 교수들은 더 이상 상아탑으로 불리는 '안전한 직장'에 안주하는 자폐적 신학자가 되어서는 안 된다. 오늘의 신학자는 비판적 신학자이자 종교개혁가였던 루터의 후예로서, 무명과 무지 그리고 거짓과 위선에 대하여 끊임없이 비판하는 소명을 수행하는 실천적 지식인이자 종교개혁자가 되어야 한다. 그래서 세습과 탐욕적 자본주의에 깊이 물든 한국교회, 약자에 대한 관심 대신 여전히 문화폭력적인 선교 방식을 고집하는 한국교회, 그리고 왜곡된 교회 권력에 중독된 한국교회를 깨우는 종교개혁의 실천적 선구자가 되어야 한다. 바로 여기서 필자는 신학대학 교수의 자아정체감과 아울러 또 다른 교권의 단서를 발견한다. 즉, 신학대학 교수의 교권은 교육법에 의해 주어지는 차원을 넘어, 불의에 저항하고 진리를 추구하며 자유를 실천(praxis)하는 가운데 진주알처럼 고통스럽게 형성되는 것이 아닌가 싶다.

연세대학교 신과대학 동창회보 〈연세코이노니아〉(2018.1)

제2부

# 개운사 법정 일지

# 1.

# 성실의무 위반과 교수직 파면

서울기독대학교 환원학원 이사회가 2016년 12월 19일 열렸다. 이 회의의 주요 안건 중 하나는 손원영 교수에 대한 파면 요구의 건을 처리하는 일이었다. 이때 총장은 손원영 교수 파면 요구의 정당성을 주장하는 발언을 통해, 손원영 교수가 '우상숭배에 해당하는 죄'를 지어 학생모집에 큰 지장을 초래하였으므로 파면해야 한다고 밝혔다. 그리고 총장의 요구에 따라 징계위원회가 소집되었고, 이사회는 2017년 2월 20일 자로 '성실의무 위반'의 이유를 들어 손원영 교수에 대한 파면처분을 결의하여 통보하였다.

아래에서는 학교당국이 제시하는 '교원징계의결요구 사유서'와 함께, 파면처분 과정에서 손원영 교수가 징계위원회에 참여하여 발언한 '교원징계위원회 답변서', 학교당국의 '징계의결서', 그리고 불법파면의 철회를 촉구하는 손원영 교수의 입장문을 제시한다. ('징계위원회답변서'는 학교 측 징계요구서에 명시된 징계 내용을 소명하기 위해 손원영 교수가 징계위원회(2017.2.5)에 출석하여 공식적으로 제출한 서면 답변서이다. 내용 중 논란이 될 수 있는 부분은 '후략'으로 생략하였다.)

## 1. 교원징계의결요구 사유서

징계의결 요구 사유 세부 내용

1. 관련법령 및 규정

- 사립학교법 제61조 제1항

- 사립학교법 제55조 제1항

- 서울기독대학교 교직원 복무규정 제6장 제29조

- 교육공무원 징계양정 등에 관한 규칙

2. 징계제청 대상자

신학전문대학원 부교수 손원영

3. 징계제청 사유

- 사립학교법 제61조에 의하면, 교원이 사립학교법 제61조 제1항(교직원 복무규정 제6장 제29조)에서 정한 징계사유에 해당하는 때에는 임면권자는 징계의결을 요구하여야 하고 징계의결의 결과에 따라 징계처분을 하여야 함.

- 교원인사위원회의 심의 결과 징계제청 대상자는 아래에 명시한 사립학교법 제61조 제1항 제1호 징계제청 사유에 해당되어 징계제청을 함. ① 이 법과 기타 교육관계법령에 위반하여 교원의 본분에 배치되는 행위를 한 때

## 4. 구체적인 징계제청 사유

징계제청 대상자는 성실의무를 위반함

(1) 그리스도의교회 신앙의 정체성 부합 여부

- 우리 대학은 1937년 미국 그리스도의교회 John Chase 선교사에 의해 설립된 대학으로 환원학원 정관 제1조에는 "그리스도의교회의 환원 정신에 입각한 교역자와 기독교 지도자 양성"을 목적으로 함을 명시하고 있음.

- 손원영 교수는 우리 대학과 그리스도의교회 정체성과 관련하여 2013년부터 논쟁의 대상이 되었는데, 2016년 최근에 '불당 훼손 개운사 돕기' 모금 활동이 언론에 보도된 후 4월 21일 그리스도의교회 협의회가 손 교수 신앙의 정체성과 관련하여 문제를 제기함에 따라 손 교수의 말과 행동이 그리스도의교회 신앙의 정체성과 부합하는지에 대한 검토가 이루어짐.

| 그리스도의교회 협의회 입장 |
|---|
| * 손 교수는 자신이 감리교 목사이며 자신의 신학적 바탕은 해방주의신학, 수정주의신학이라고 공공연하게 말해 왔는데, 스톤과 캠벨의 정신을 계승하여 세워진 서울기독대학교 신학과 교수 위치에서는 용답될 수 없는 언행임. |
| * 손 교수의 신학적 정체성인 해방주의신학이나 수정주의신학은 소위 자유주의신학으로서, 스톤-캠벨운동을 지향하는 서울기독대와는 신학적으로 충돌함. |
| * 손 교수는 스톤-캠벨운동과는 정반대의 신학을 가르치고 처신함. |

| 손원영 교수 | 신학과 의견 |
|---|---|
| * "성서의 모든 문자적 기록이 곧 하나님의 말씀은 아니기 때문에"(손 교수 페이스북) | * 그리스도의교회 신앙공동체 구성원의 정서와 정체성 및 신학과의 전체적인 입장과 다름 |
| * "불상이든 십자가상이든 혹은 마리아상이든 그것들은 각 종교의 진리 세례를 표현한 하나의 상징물이요 종교적인 예술작품일 뿐" (손 교수 답변서) | * 학교에서 배우는 학생들에게 자칫 신앙적 혼란을 초래할 수 있으며 선교적 활동에 부정적 영향을 미칠 수 있음 |
| * "한 기독교인의 테러로 고통을 받고 있는 한 여승의 얼굴에서 십자가에 달리신 예수 그리스도의 얼굴을 보았습니다." (손 교수 답변서) | * 해방신학 원칙에 입각한 것이라고 한다면 그리스도의교회와 공동체 구성원의 기존 방향성 및 정체성 약화에 적지 않은 영향력을 끼칠 수 있음 |

- 2016년 7월 20일 교원인사위원회 의결을 거쳐 신학과와 그리스도의교회 협의회에 손 교수의 말과 행동이 그리스도의교회 신앙의 정체성과 부합하는지에 대한 검토 의견을 요청함.

- 그리스도의교회 협의회와 신학과는 손 교수의 신학적 정체성이 그리스도의교회 정체성과는 부합하지 않는다는 의견을 피력함.

- 사람은 사회 공동생활의 일원으로서 서로 상대방의 신뢰를 헛되이 하지 않도록 성의 있게 행동하여야 한다는 신의성실의 원칙(헌재2015.7.30. 2013헌바120결정)이 존재함. 서울기독대학교에 소속된 신학과 교수라면 개인의 신앙적 정체성이 어떠하든 그리스도의교회에 뿌리를 둔 본교가 지향하는 신앙의 정체성을 훼손시키는 말과 행동을 하지 않을 것이라 기대하게 됨. 그러나 손 교수는 그러한 기대를 저버리는 말과 행동을 함으로써 손 교수에 대해 구성원들과 그리스도의교회 목회자 및 성도들이 갖고 있던 신뢰를 무너뜨림. 서울기독대학교에 소속된 구성원이라면 누구나 본교 뿌리인 그리스도의교회 신앙의 정체성을 성실히 지키려고 노력해야 함에도 불구하고 손 교수는 그러하지 않고 본교 신학과 교수로서의 본분에 배치되는 말과 행동을 하였으므로 성실의무를 위반한 것으로 사료됨.

(2) 생략

### 5. 결론

징계제청 대상자는 우리 대학과 그리스도의교회 정체성과 관련하여 2013년부터 논쟁의 대상이 되었는데 또 다시 그리스도의교회 정체성과 부합하지 않는 언행을 함으로써 그리스도의교회 신앙의 정체성에 대한 성실성이 훼손되었고, (중략) 성실히 이행하지 않았으므로 '교육공무원 징계양정 등에 관한 규칙'에 의거하여 성실의무 위반으로 징계를 제청함.

2017년 1월 10일

학교법인 환원학원 이사장

## 2. 교원징계위원회 답변서

### '손원영 교수의 징계제청 사유'에 대한 서면답변서

먼저 본인이 2017년 2월 5일, 징계위원회의 위원 중 상당한 이유를 근거로 기피를 신청한 임○○ 이사, 공○○ 이사, 김○○ 이사에 대한 기피를 신청하였음에도 불구하고 그것이 수용되지 않은 점에 심히 유감으로 생각합니다. 본인은 법인이 2017년 1월 10일자로 우편 송부한 교원징계의결 요구사유서를 접수하였으며, 그에 따라 본인에게 제기된 구체적인 징계제청 사유에 대하여(이하, '요구서') 아래와 같이 답하고자 합니다.

### 1. 그리스도의교회 신앙의 정체성 부합 여부에 대하여

요구서에 의하면, 학교당국은 본인의 신앙적 정체성과 신학적 정체성에 있어서 그리스도의교회와 부합하지 않는다는 의견을 피력하였으나, 이에 대하여 본인은 아래와 같이 그 주장에 대하여 동의할 수 없습니다.

1) 본인의 신앙적 정체성과 관련하여

첫째, 학교당국은 그리스도의교회 협의회가 주장하는 그리스도의교회의 신앙의 정체성이 무엇인지 구체적으로 밝히지 않은 채 본인의 신앙의 정체성을 문제 삼고 있는바, 이것은 명백한 독단적 판단이라고 사료됩니다. 즉,

협의회는 그리스도의교회의 신앙의 정체성으로서 '스톤-캠벨운동'*을 언급하고 있는데, 도대체 스톤-캠벨운동이란 무엇이며, 어떠한 의미인지 구체적으로 적시하지 않은 채, 본인의 신앙적 정체성이 스톤-캠벨운동과 다르다며 마치 이단-마녀사냥 식 재판으로 본인의 신앙을 문제시하고 있습니다. 참고로, 본인은 스톤-캠벨운동을 한 번도 부정한 적이 없으며, 오히려 매우 높이 평가하면서 스톤-캠벨운동의 세계적 확산에 노력하였습니다. 예컨대, 본인은 2008년 우리 대학 도서관장 재직 시, 스톤-캠벨운동의 국제적 확산을 위해 처음으로 우리 대학의 도서관 부설로 '환원운동정보센터'를 만들고 국내외의 각종 스톤-캠벨운동 관련 자료를 조사하였습니다. 이것이 뿌리가 되어 후에 본 대학 안에 '환원원'이 만들어졌습니다. 따라서 본 대학이 스톤-캠벨운동의 산실이 되기 위해 '환원운동정보센터'를 만들 정도로 환원운동에의 열정을 가진 본인이 스톤-캠벨운동과 부합하지 않는다는 징계위의 주장은 논리적인 자기모순입니다.

둘째, 본인은 매학기 〈기독교교육개론〉 수업마다 우리 대학 환원운동(스톤-캠벨운동)의 상징인 '교가'**를 모든 학생들이 외워서 부를 수 있도록 확인하

* 서울기독대학교의 설립이념인 '환원운동'(restoration movement)은 기독교의 본래 정신을 '회복'하는 운동이다. 특히 환원운동은 초대교회의 모습에서 참 교회의 모습을 찾자는 운동으로, 교리 대신에 성경을, 교파 대신에 교회일치를 강조한다. 그런데 환원운동은 19세기 초 미국에서 교파 분열이 심각하였을 때, 교회일치를 주장하던 바톤 스톤(Barton Stone)과 토마스 캠벨(Thomas Campbell & Alexander Campbell) 부자 등이 중심이 되어 시작되었기 때문에, 그들의 이름을 따서 '스톤-캠벨운동'(Stone-Campbell Movement)이라고 부른다. 현재 미국의 경우 그리스도의교회는 크게 세 교파로 나뉘어 있다. 보수적인 '무악기 그리스도의교회'(Church of Christ), 중도적인 '유악기 그리스도의교회'(Christian Church), 그리고 진보적인 '제자파 그리스도의교회'(Disciples of Christ)이다. 참고로, 한국에서는 유악기와 무악기 그리스도의교회만 있고, 제자파 그리스도의교회는 없다. 그리고 서울기독대학교는 중도적인 입장을 견지하는 유악기파 교회를 배경으로 한다. 그리고 본교 출신의 신학과 졸업생들이 미국에 가서는 상당수 제자파 그리스도의교회에서 활발하게 목회를 하고 있다.

** 서울기독대학교 교가는 설립자인 최윤권 목사(명예총장)가 작사하였고 윤종부 선생이 작곡하였다. 교가 가사에는 서울기독대학교가 추구하는 '환원운동'의 정신이 잘 반영되어 있다. 하지만 학교당국은 교가를 소홀히 여기는 경향이 있어, 필자는 수업시간에 학생들에게 애교심을 고취하려는 취지로 교가를 암송하도록 권장하였다. 가사는 다음과 같다. "1절. 한국의 심령을 고쳐보려고 주의 부르심을 심장에 꽂

고 독려하였습니다. 이것은 본인의 수업을 수강한 모든 신학과의 재학생 및 졸업생에게 확인할 수 있습니다. 만약 본인이 스톤-캠벨운동에 동의하지 않는 자라면, 어떻게 십수 년 동안 한결같이 학생들에게 교가를 가르치고 암송하고 또 그들과 함께 노래를 부를 수 있단 말입니까? 따라서 징계위가 본인의 신앙이 스톤-캠벨운동과 부합하지 않는다는 주장은 논리적으로 모순입니다.

셋째, 본인은 1999년 3월부터 2017년 2월 현재까지 특별한 일이 없는 한 단 한 주도 빠지지 않고 그리스도의교회 협의회 소속의 교회를 섬겨왔습니다.(출석, 봉사, 십일조를 비롯한 각종 헌금 등) 즉 본인은 '대학교회'(1999년 3월 설립, 문○○ 목사, 임○○ 목사 공동목사)를 개척하여 공동목사로서 섬겼으며(1999-2013), 현재는 '돈암교회'(황○○ 목사)에서 소속목사로 교회를 섬기고 있습니다.(2014-2017현재. 출석 및 설교 봉사 등) 스톤-캠벨운동을 신앙적 정체성으로 동의하지 않는 자가 어떻게 만18년을 한결같이 그리스도의교회를 섬길 수 있겠습니까? 따라서 협의회의 주장은 매우 편파적이고 독단적인 인민재판 식의 판단입니다.

넷째, 협의회는 본인이 그리스도의교회 목사가 아니라고 주장하나, 본인은 협의회 법(정관)상 명백한 그리스도의교회 목사라 할 수 있습니다. 즉 협의회가 본인을 그리스도의교회 목사가 아니라고 주장하는 것은 협의회 정관을 무시한 초법적 발상이라고 사료됩니다. 협의회 정관 제3장 제3조에 의하면, "본회의 회원은 본회의 목적에 찬동하고 각 지방회에 가입한 교회 및 기관으로 한다."고 명시되어 있습니다. 이 정관에 의하면, 협의회 회원은 소

고 사랑으로 모여든 젊은이가 있다. 서울기독대학교. 2절. 교파도 헌장도 내어 던지고 성경만으로만 살아보자고 믿음으로 모여든 젊은이가 있다. 서울기독대학교. (후렴) 명예도 권세도 그것 무어냐 우리의 자랑은 십자가 뿐 환원의 깃발을 높이 쳐들은 서울기독대학교."

속교회입니다. 따라서 회원교회(돈암교회, 중앙지방회)에 소속된 본인은 당연히 그리스도의교회 목사입니다. 따라서 징계위는 본인이 그리스도의교회 목사가 아니라는 협의회의 주장을 일방적으로 수용하여 본인에 대한 징계위를 구성하였는바, 협의회의 주장이 근거가 없으므로, 본인에 대한 징계위의 결정은 근거를 상실하였고 본인의 신앙적 정체성 운운은 결코 타당하지 않습니다.

2) 본인의 신학적 입장과 관련하여

첫째, 요구서에서 협의회는 본인의 신학적 입장으로써 '해방주의신학이나 수정주의신학' 곧 '자유주의신학'이라고 주장하며, 본인이 마치 스톤-캠벨 운동과는 정반대의 신학을 가르쳤다고 규정하였으나, 본인은 한 번도 스스로를 해방신학자, 특히 자유주의신학자로 주장한 적이 없습니다. 특히, 협의회가 본인의 신학적 입장을 문제시하여 판단하려면, 먼저 해방신학과 환원운동이 어떤 점에서 다른지를 먼저 밝힌 후 본인의 신학적 입장에 대하여 문제 삼아야할 것입니다. 하지만 협의회는 스톤-캠벨신학에 대해서뿐만 아니라, 자유주의신학이 무엇인지, 해방주의신학이나 수정주의신학이 무엇인지 밝히지도 않으면서 본인의 신학에 문제가 있다고 운운하는 것은 신학적 무지를 바탕으로 본인의 학문적 활동을 폄하하는 것입니다.

둘째, 본인이 알기로 환원운동(신학)은 "교회일치를 향한 최상의 목표를 지닌 신학"(2015.1.개최, 환원심포지엄, 게리 위드만 존슨대 총장)으로 보이기 때문에, 오히려 본인의 신학적 입장은 교회일치를 추구하는 위드만의 신학과 매우 유사합니다. 특히 본인은 여러 번 미국의 그리스도의교회를 방문하면서, 진보적인 제자파, 보수적인 무악기, 중도적인 유악기 등 환원운동의 세 그룹 사이의 일치와 화합의 노력에 깊이 감동되었으며, 그에 따라 세 그룹이

매 4년마다 연합하는 '세계대회'(World Convention)에 적극 동조하여 참여하고 있습니다.

셋째, 본인이 해방신학을 좋아하는 것은 틀리지 않지만, 그렇다고 하여 엄밀히 말해 해방신학자는 아닙니다.(국내에 어느 학자도 본인을 해방신학자로 분류하는 학자는 없음) 오히려 본인은 복음주의자로 분류되는 것이 적절합니다. 따라서 본인의 신학적 입장은 복음주의신학 안에서 해방신학을 검토하고 해방신학의 장점을 수용하려는 입장입니다.

넷째, (후략)

2. 신의성실의 원칙에 대하여

'신의성실의 원칙'은 소위 '민법'의 기본원칙으로서, 항상 쌍방 간의 신뢰를 전제로 합니다. 즉 어느 한쪽 편의 일방적인 신의성실의 요구는 민법의 기본취지에 부합하지 않습니다. 이런 점에서 볼 때, 징계위가 본인에게 신의성실의 원칙을 위반한 것으로 문제제기 하는 것은 징계위의 일방적인 주장으로서 부적절한 처사입니다. 왜냐하면 본인은 학교 측에 대하여 신의성실의 원칙을 위반한 적이 없을 뿐만 아니라 오히려 수많은 불이익에도 불구하고 학교당국에 대한 신의를 지키기 위해 노력해 왔기 때문입니다.

첫째, 본인은 18년 동안 교수생활을 하면서, 교수의 성실성을 평가하는 가장 중요한 척도인 교육-연구-봉사 등을 종합적으로 평가하는 '교수업적평가'에서 항상 최고위 등급을 유지하였습니다.

둘째, 매년 본인의 수업에 대한 학생들의 강의평가가 매우 높습니다.

셋째, 본인은 18년 동안 본교 재직시 최근 총장과의 갈등으로 빚어진 3년을 제외한 약 15년 동안 학교의 중요 보직을 맡아 왔습니다.(교무연구처장, 신학대학원장, 치유상담대학원장, 국제교류처장, 대학원교학부장 등) 만약 본인이 신의성실의 원칙에 위배된 인사라면, 어떻게 학교 당국은 15년 동안 본인에게 학교의 중요보직을 끊임없이 맡겼겠습니까? 논리적 모순입니다.

넷째, 본인은 신의성실의 원칙에 따라 교수로서 성실히 복무했음에도 불구하고, 학교당국은 오히려 각종 이유를 들어서 신의성실의 원칙을 위반하였습니다. 가장 대표적인 사례는 아래와 같이 두 가지로 설명할 수 있습니다. (후략)

3. 본인의 개운사 불당회복을 위한 모금운동에 대하여

2016년 1월 20일경부터 본인이 진행한 개운사 불당회복을 위한 모금운동은 다른 종교(불교)에 구원이 있다거나 혹은 총장이 말하는 것처럼 우상숭배하기 위한 목적에서가 아니라, 전적으로 기독교윤리적인 차원에서 고통당하는 이웃의 아픔에 동참하고자 한 그리스도의 사랑을 실천하려는 의도였습니다. 이러한 본인의 의도가 심히 왜곡된 것에 대하여 매우 유감으로 생각합니다. 특히 이 총장은 이사회에서 본인에 대한 징계의결을 요구할 때 (2016.12.19. 이사회 회의록), 본인이 "우상숭배에 해당하는 죄"를 범했다고 주장함으로써 목사요 학자인 본인의 명예를 상당히 훼손하였습니다. 총장이 이에 대하여 본인에게 사과하지 않을 시 법적 대응을 검토할 예정입니다.

4. (생략)

5. 선처를 바라는 다양한 사회의 목소리를 경청해 주시기 바람

본인에 대한 징계 소식을 접하고 서울기독대학교 관련 수많은 학생들과 동료 학자들, 그리고 그리스도의교회 목회자들이 탄원서를 보냈습니다. 선처를 바랍니다.

(1) 재학생 제자들의 탄원서 (김○ ○ 외 3인)

(2) 졸업생 제자들의 탄원서 (황○ ○ 외 79인)

(3) 한국문화신학회 박○ ○ 회장 외 회원 일동

(4) 한국종교교육학회 김○ ○ 회장 외 회원 일동

(5) 그리스도의교회 중앙지방회 강○ ○ 목사 외 지방회원 일동

(6) 전 서울기독대학교 총장 문○ ○ 목사의 탄원서

(7) 본인이 법인의 신○ ○ 이사장에게 보낸 탄원서 등

## 6. 결론

학교 당국은 본인의 신앙 및 신학의 정체성에 문제가 있고, (중략) '성실의무 위반'의 죄를 물어 본인을 중징계하려는 의도를 보이고 있으나, 이것은 전적으로 2015 학내 사태 시 총장을 반대했다는 이유로 총장이 본인에 대한 개인적인 감정을 투사한 무리한 보복성 징계라고 사료됩니다. 따라서 학교 당국은 본인에 대한 징계를 철회해야 할 것으로 판단됩니다. 하지만 이유 여하를 막론하고 본인의 행동이 학교 당국에 걱정을 끼치고 또 논란이 된 점은 심심한 유감으로 생각하며, 앞으로 교수로서 더욱 삼가 조심하면서 교육과 연구에 전념할 수 있도록 선처해 주시길 간곡히 희망합니다.

이상 끝.

2017. 2. 16.

손원영

## 3. 징계결정서

소속: 신학전문대학원

직급: 부교수

성명: 손원영

주문: 징계혐의자 손원영 교수를 파면에 처한다.

이유: 징계혐의자는 본 법인이 설치 경영하는 대학의 교수임에도 본 법인 정관 제1장에 법인의 설립 목적을 "그리스도의교회의 환원정신에 입각한 교역자와 기독교 지도자 양성"을 목적으로 함이라고 명시하였음에도 불구하고 본 대학과 법인의 정체성과 관련하여 2013년부터 논쟁의 대상이 된 바 있었는데, 또 다시 그리스도의교회의 정체성과 대학의 신학 정체성과 부합하지 않은 언행을 함으로써 정체성에 대한 성실성이 훼손되었고, (중략) 개전의 정을 찾을 수 없는 서면답변서를 제출함으로써 사립학교법 제61조, 동법 제55조 제1항 및 서울기독대학교 교직원 복무규정 제6장 제29조, 공무원 징계양정 등에 관한 규칙에 의거하여 성실의무 위반으로 "파면"을 결정하였다.

위와 같이 처분하였음을 통지합니다.

2017년 2월 20일

학교법인 환원학원 이사장

## 4. 불법파면 징계철회 요구 입장문

### 1. 인사

존경하는 기자님들, 안녕하십니까? 서울기독대학교 신학전문대학원의 손원영 교수입니다. 전 교무연구처장과 신학전문대학원장이었고, 교수협의회 초대회장을 역임하였습니다. 추운 날씨에도 이렇게 저의 문제에 큰 관심을 갖고 취재해 주셔서 마음 깊이 감사드립니다.

### 2. 신분상의 불이익

지난 주 2월 17일 서울기독대학교 이사회는 저에게 '성실의무 위반'이란 이유를 들어서 교수에게 있어서 사형에 해당되는 '파면' 처분을 하였습니다. 하지만 저는 그럼에도 불구하고 저를 파면시킨 서울기독대학교를 사랑합니다. 왜냐하면 저는 '성서로 돌아가자', '초대교회로 돌아가자' 곧 분열된 교회를 극복하고 교회가 하나가 되어야 한다는 소위 교회일치운동으로서의 '환원운동'이란 설립 이념이 너무나 좋고, 또 순수하고 사랑스런 학생들 때문에 저는 만 18년 동안 온갖 신분상 불이익과 비난에도 불구하고, 서울기독대학교 신학전문대학원 전임교수로 묵묵히 일해 왔습니다. 특히 저는 최근 몇 년 동안 집중적으로 소속교단이 다르다는 이유로, 기독교 교리(세례)에 있어서 약간 다른 견해를 갖고 있다는 이유로, 그리고 총장의 비리에 대하여 비판적

손원영 교수 길거리 기자회견(2017년 2월 20일, 돈암그리스도의교회앞)

인 견해를 피력했다는 이유로 적지 않은 신분상 불이익을 받아 왔습니다. 예컨대, 저는 지난 수년 동안 목사에게 주어지는 큰 징벌인 설교권 박탈, 교내 최고의 교수업적평가(특히 연구업적)에도 불구하고 세 번의 정교수 승진 탈락, 정직 2개월의 중징계, 그리고 결국에는 지난주에는, 개운사 불당회복을 위한 모금을 했다는 이유로 파면이라는 사형 언도를 받게 되었습니다. 하지만 오늘 제가 이 자리에 선 것은 단지 이러한 불이익에 따른 개인적 억울함을 여러분에게 토로하기 위해서가 아닙니다. 저와 같은 일들이 다시는 한국의 대학에 또 한국교회에 일어나지 않기를 바라는 마음으로 공적 책임을 방기한 학교를 고발하기 위해 이 자리에 선 것입니다.

### 3. 훌륭한 서울기독대학교의 설립 이념과 멋진 그리스도의교회

가수가 노래를 못하면 더 이상 가수가 아니듯이, 저는 교수이지만 이제 더 이상 학생들에게 강의와 논문지도를 할 수 없는 파면교수가 되었습니다. 하지만 그럼에도 불구하고 저는 서울기독대학교와 그리스도의교회를 사랑합니다. 왜 제가 저를 파면시킨 서울기독대학교와 그리스도의교회를 사랑하는지 그 이유를 좀더 말씀드리겠습니다. 우선 저희 대학은 80년의 역사를 가진 유서 깊은 대학입니다. 재학생이 모두 합해 1000명도 채 안되기 때문에 우리나라에서 제일 작은 소규모 종합대학으로 분류되지만, 학생들의 성품도 매우 착하고 열심히 공부도 잘하고 또 이웃의 아픔에 기꺼이 손발 걷어붙이고 잘 동참하는 정말로 좋은 기독교대학입니다.

뿐만 아니라 저희 대학과 연관된 그리스도의교회 역시 참으로 좋은 교단입니다. 수많은 교단으로 갈라져 싸우는 기독교의 분열상을 아파하면서, 어떻게 하면 주님의 몸 된 교회를 하나 되게 할까 고민하던 중, '성서로 돌아가자'라는 '환원운동'(restoration movement)의 모토로 시작된 교회가 바로 그리스도의교회입니다. 그래서 이름도 감리교니 장로교니 하지 않고 단지 성경의 이름을 따서 '그리스도의교회'(Christian church)라고 이름을 붙였던 것입니다. 교단의 규모가 워낙 미미한 것은 선교의 열정이 작거나 게을러서가 아니라, 초기 그리스도의교회 선교사들이 한국에 들어왔을 때, 복음전도란 교회가 없는 곳에 가서 복음을 전하는 것이 진짜 복음전도이다라고 해서 서울 같은 대도시가 아니라 전라도 해남이나 강원도 삼척 같은, 바닷가 땅끝마을이나 산골에 가서 복음을 전했기 때문에 그렇게 된 것입니다. 그만큼 복음의 순수성을 강조한 교회가 그리스도의교회입니다.

그래서 저희 대학이나 그리스도의교회에서는 늘 이렇게 외칩니다. "성서로 돌아가자," "가장 본질적인 것에는 일치(unity)를, 비본질적인 것에는 자유(liberty)를, 그리고 모든 것에는 사랑(charity)으로 하자!!" 이것이 환원운동의 모토이고 삶의 원칙입니다. 따라서 저는 이 원칙을 가진 저희 대학과 그리스도의교회를 사랑하는 것입니다. 그래서 저는 18년 동안 한마음으로 이 대학을 지켰고, 지금도 온갖 박해에도 불구하고 그 마음은 변하지 않고 있습니다.

제가 이렇게 장황하게 우리 대학과 그리스도의교회를 소개하는 데에는 이유가 있습니다. 그것은 혹 저의 문제로 인해서 제가 사랑하는 그리스도의 교회와 서울기독대학교가 상처받지 않기를 바라는 마음에서입니다. 즉 제가 오늘 비판하는 것은 그리스도의교회가 아니라 '그리스도의교회 협의회'라는 조직의 몇몇 지도자들이고, 환원운동의 정신으로 설립된 서울기독대학교가 아니라 지금 서울기독대학교를 잘못 이끌고 있는 몇몇 이사들과 총장이라는 점을 말씀드리고 싶습니다. 이 점을 꼭 전제로 저의 이야기를 들어주시면 감사하겠습니다.

### 4. 손원영 교수의 징계사유, "우상숭배 죄"

저는 지난 주 '성실의무 위반'이란 죄목으로 파면을 당했습니다. 총장이 징계를 제청하는 이사회에서 발언했듯이, 제가 기독교인으로서 지어서는 안 되는 소위 '우상숭배에 해당하는 죄'를 범했다는 것이 가장 큰 이유입니다. 자초지종은 대략 이렇습니다.

작년 1월 중순, 경상북도 김천의 개운사란 절에 복음을 잘못 이해한 60대의 한 남성 기독교 신자가 밤늦게 난입하여 '불상은 우상!'이라며 불상을 모두 다 훼손해 버린 사건이 벌어졌습니다. 재산 피해액이 대략 1억 원 정도 발생했고, 비구니이신 주지스님은 큰 정신적인 충격으로 정신과 치료까지 받게 되었습니다. 저는 이 소식을 언론을 통해 접하고 한 기독교인이자 목사로서, 더욱이 목사를 양성하는 신학대학의 교수로서 심한 수치심과 부끄러움에 잠을 이룰 수가 없었습니다. 어떻게 민주주의 국가에서 이런 일이 일어날 수 있는가? 게다가 사랑과 평화의 종교인 기독교가 어떻게 폭력과 증오의 종교로 변질될 수 있을까? 충격을 금할 길이 없었습니다. 그래서 평소 '실천'(praxis)을 강조하는 기독교교육학 교수로서 저는 조용히 앉아 있을 수만 없어 제 페이스북에 개운사 주지스님을 비롯한 관계자와 모든 불교인들에게 도의적으로 용서를 구하는 글을 게재하였습니다. 그리고 말로만 하는 사과는 진정한 사과로 보기 어렵기 때문에, 불당을 재건하는데 작은 도움이라도 되었으면 싶어서 '불당회복을 위한 모금운동'을 제 몇몇 지인들과 함께 펼치게 되었던 것입니다. 그 결과 많은 금액은 아니었지만 260여만 원이 모금되었고, 그것을 석탄일에 즈음하여 개운사에 전하려고 하였습니다. 그러나 개운사 측에서는 기독교와 불교의 상호이해와 종교평화를 위하는 데 사용해 달라며 완곡히 고사하였습니다. 그래서 저희는 토의 끝에 종교평화를 위한 대화모임인 '레페스포럼'에 전액 기부하였습니다. 그리고 그 결과로 지난 1월 중순 종교평화 관련 학술토론회가 개최되었습니다. 개인적으로 매우 보람 있는 순간이었습니다. 앞으로 이 모임이 계속 잘 이어져서 한국사회에 종교평화를 정착시키는 데 작은 도움이 되기를 간절히 빌어마지 않습니다.

그런데 저의 모금 활동에 대하여 여러 언론을 비롯하여 우리 사회의 많은 분들이 아낌없는 칭찬과 격려를 해 주었지만, 유감스럽게도 유독 우리 대학의 총장과 교단의 몇몇 지도자들만이 저의 이런 행동은 '우상숭배'에 해당하는 죄요, 또 저의 학문 활동이 우리 대학의 설립이념과 맞지 않는 소위 '해방신학에 해당하는 자유주의신학'이라고 주장하면서 저를 비난하였습니다. 그러면서 그들은 신분이 불안한 신학과의 계약직 교수들을 앞세워서 저의 신학에 무슨 큰 문제가 있는 양 강요하여 이간질시킨 뒤, 그것을 빌미 삼아 저를 징계위원회에 회부하였고, 결국 파면에 이르게 되었습니다. 이 소식을 접한 저의 지인들과 많은 일반인들이 분노하였고, 또 여러 기자님들도 이에 관심을 보여주셨습니다. 그래서 이런 자리를 만들어서 저의 입장을 소상히 밝히는 것도 좋을 듯하여 이렇게 모이게 된 것입니다.

### 5. 저의 호소

지금 저의 문제로 인해서 언론을 비롯하여 인터넷 등 다양한 공간에서 기독교를 욕하고, 특히 그리스도의교회와 서울기독대학교를 비난하는 글들이 엄청나게 많이 생산 및 유포되고 있습니다. 그래서 이런 상황에서 언론을 통해 저의 입장을 분명히 밝히는 것이 한국 기독교를 위해서뿐만 아니라 제가 몸담았던 서울기독대학교를 위해서도 좋겠다 싶어서 이 자리를 마련하였습니다. 저는 이 자리를 빌려 네 가지를 호소하고 싶습니다.

첫째, 제가 개운사를 도우려고 모금한 행동에 대하여 학교 당국이 상식에 어긋나는 우상숭배 운운하며 저를 파면한 행위는 학문의 전당이자 양심의 보고인 대학에서 결코 일어나서는 안 되는 일종의 변란이었습니다. 그리고 그것은 헌법이 보장하는 학문의 자유와 종교의 자유를 명백히 침해한 반 헌법적 사건이었습니다. 따라서 서울기독대학교가 대한민국의 헌법과 혹익인간이란 교육이념을 성실히 준수하는 진정한 대학이라면, 학교당국은 조속한 시일 내에 저에 대한 파면 결정을 철회할 것을 엄숙히 요구합니다. 이것만이 땅에 떨어진 서울기독대학교의 명예를 다시 되살리는 길이라고 확신합니다.

둘째, 저에 대한 파면으로 인하여 지금 인터넷상에서는 많은 시민들이 한국의 기독교가 몰상식한 '개독교'라며 심한 비난을 서슴지 않고 있습니다. 아마도 이런 상황에서 보자면 저의 파면은 일종의 한국 기독교에 대한 파면으로써, 한국교회 전체의 명예를 실추시킨 대사건이라 아니할 수 없습니다.

하지만 한국 기독교는 결코 '개독교'가 아니고, 동시에 한국교회는 결코 몰상식하거나 불관용한 테러(용인) 단체는 더더욱 아닙니다. 따라서 한국교회의 명예를 떨어뜨린 그리스도의교회 협의회는 더 늦기 전에 한국교회 앞에 진심으로 사죄해야 할 것입니다. 그리고 그 사죄의 의미로서 저의 파면에 원인이 되었던 저에 대한 '신앙조사요구'를 공식적으로 철회할 것을 정중히 요구합니다. 만약 그렇지 않을 경우, 그리스도의교회 협의회는 기독교 내의 다른 여러 교단들로부터, 아니 대한민국 국민들로부터 건강한 종교단체로 인정받지 못한 채 외면만 받게 될 것입니다.

셋째, 제가 이번 사건으로 제일 마음이 아픈 것은 저의 파면 결정으로 아물어 가던 상처에 소금을 뿌린 격이 되어 이중삼중으로 또 다시 고통을 겪게 된 개운사 주지스님과 신도 여러분들, 그리고 불교신자를 비롯한 불교를 사랑하는 국민들의 고통과 상처입니다. 누가 그들의 상처를 싸매어주고 또 누가 그들의 분노를 누그러뜨릴 수 있겠습니까? 정말로 죄송하고 정말로 송구합니다. 오직 용서를 빌 뿐입니다. 행여나 이번 일로 해서, 우리 한국사회에 기독교를 비롯한 제 종교에 대한 편견이 심화되거나 혹 종교간의 갈등이 더 커지지나 않을까 심히 염려됩니다. 바라기는 비 온 뒤에 땅이 더 굳어진다는 말처럼, 이번 일로 해서 여러 종교들이 서로를 더 존경하고 아끼는 참 이웃이 되기를 간절히 빕니다.

넷째, 끝으로 부탁드리고 싶은 것은 제가 우상숭배를 하였다고 주장하면서 저를 파면시키라고 고발한 그리스도의교회 협의회 임원들이나 또 그것을 실행한 서울기독대학교 총장이나 몇몇 이사는 사회 지도자로서의 자격을 의심받을 정도로 문제가 있지만, 그러나 그리스도의교회 협의회가 그리스도의교회 자체는 아니라는 것, 서울기독대학교 총장이나 몇몇 이사 역시 문제가 있지만 그들 자신이 곧 서울기독대학교는 아니라는 것을 꼭 말씀드

손원영교수불법파면시민대책위원회 공동대표회의(2017년 3월 31일)

리고 싶습니다. 대다수의 서울기독대학교 구성원과 그리스도의교회 성도님들은 다른 교파의 어느 신자들이나 교회들 못지않게 너무나 훌륭한 분들이고 또 아주 건전하고 사랑이 충만한 그리스도인들이라는 것을 꼭 말씀드리고 싶습니다. 따라서 그들에 대한 비난은 꼭 자제해 주시기를 간곡히 부탁드립니다.

## 6. 마무리

결론을 맺겠습니다. 20세기를 대표하는 신학자인 한스 큉이 이런 말을 했습니다. "종교평화 없이 세계 평화는 없다!" 그렇습니다. 제가 오늘 이 자리에 선 것은 저의 억울한 파면을 알리기 위해 선 것이 아닙니다. 오히려 제가 이 자리에 선 것은 제가 좀 희생되더라도 이번 기회에 우리 사회에 '종교평화'가 얼마나 중요한지 국민 여러분에게 알리고 싶고, 또 기독교는 결단코 테러나 폭력의 종교가 아니라, 사랑과 평화의 종교라는 점을 다시 널리 알리고 싶어서 이 자리에 선 것입니다. 모쪼록 저의 사건을 통해 건강한 종교가 우리 사회의 안녕과 평화에 얼마나 중요한지 모두가 꼭 배우고 실천하는 의미 있는 계기가 되기를 간절히 빌어마지 않습니다. 특히 교육현장에서 저의 파면 사건으로 혼란스러워할 수많은 학생들과 교사들에게 바람직한 종교교육의 한 사례가 되기를 간절히 빕니다. 끝으로 예수님의 말씀을 소개하면서 저의 기자회견을 마치겠습니다.

> "'네 이웃을 사랑하고 네 원수를 미워하여라'하고 말한 것을 너희는 들었다. 그러나 나는 너희에게 말한다. 너희 원수를 사랑하고, 너희를 박해하는 사람을 위하여 기도하여라. 그래야만 너희가 하늘에 계신 너희 아버지의 자녀가 될 것이다."(마태복음 5:43-45a)
>
> "그러므로 너희는 무엇이든지, 남에게 대접을 받고자 하는 대로, 너희도 남을 대접하여라. 이것이 율법과 예언서의 본 뜻이다."(마태복음 7:12)

감사합니다.

기자회견(2017.2.20, 돈암그리스도의교회)

# 2.

# 불법파면 철회 탄원서

손원영 교수가 서울기독대학교 징계위원회에 회부되어 파면에 이르기까지 그리고 대한민국 법원의 재판 과정을 거치는 동안 많은 분들이 탄원서를 보내주었다. 학교 당국에 파면을 철회할 것을 요청하는 탄원서에서부터 또 법원의 재판이 진행되는 과정에서 재판부에 선처를 요청하는 탄원서까지 다양한 형태의 탄원서들이 있었다. 그중에 여기게 수록한 탄원서는 대부분 '종교평화'를 주제로 한 탄원서들로 여러 단체에서 공개적으로 공식적 절차를 거쳐 제출한 것들이다. 따라서 개인들이 사적인 내용으로 선처를 요청하는 형식의 탄원서는 가급적 제외하였다.

## 1. 서울기독대학교 졸업생 탄원서

수신: 서울기독대학교 이사장님

참고: 징계위원회 위원장님

탄원인: 황지영 외 서울기독대학교 졸업생 63인

존경하는 이사장님, 서울기독대학교의 발전을 위해 불철주야 노력하시는 이사장님께 감사인사 드립니다.

- 탄원 취지 -

서울기독대학교 징계위원회에 회부되어 진행 중인 신학과 손원영 교수님 관련 징계와 관련하여 이의를 제기하고자 탄원서를 드리오니 부디 졸업생들의 마음을 헤아려 주시어 징계로부터 면하여 주시기를 부탁드립니다.

- 탄원 내용 -

본 졸업생 황지영 등은 2017년 1월 19일 있을 신학과 손원영 교수님 징계위원회 관련하여 선처를 부탁드리고자 탄원서를 제출하게 되었습니다.

1. 손원영 교수님은 저희 졸업생들의 재학시절이나 그 후로도 기독교 정신을 올바르게 가르쳐주셨습니다. 특히, 최근 있었던 개운사 불당회복 문제에 있어서 예수 그리스도의 사랑을 몸소 실천하심으로 그리스도인으로서의 모범을 보여주셨습니다.(첨부: 손원영 교수님 페이스북 내용 발췌)

한 기독교인의 행동으로 기독교 전체가 사회에서 폭력적인 종교로 폄하

될 수 있는 상황에서 용기 있는 행동을 보여주심으로 예수 그리스도의 사랑을 널리 전하는 계기가 되었다고 사료됩니다. 이러한 교수님의 행동은 많은 졸업생들에게 그리스도인으로서의 모범된 행실로 귀감이 되고 있는 바입니다.

2. 최근 학교 내에서는 현 총장님의 사퇴문제로 학생시위가 있었고 교직원 및 교수님들의 동참이 있었습니다.

"대한민국 헌법 제21조 ① 모든 국민은 언론·출판의 자유와 집회·결사의 자유를 가진다…."

대한민국 헌법 제21조에 의거하여 학교 내 집회 및 시위는 불법적 요소가 아닌 대한민국 국민의 기본 권리입니다. 따라서, 교수님들께서 자신의 소신에 따라 한 집회 및 시위에 부당한 징계가 내려지는 것은 결국, 헌법을 위반하는 행위라고 사료됩니다. 서울기독대학교의 건학이념은 "기독교 정신을 바탕으로 학문의 심오한 이론과 응용방법을 연구, 교수하여 대한민국 교육이 보편적으로 추구하는 국가사회와 세계각처에서 중추적인 역할을 감당할 지도적 인재육성"입니다. 따라서 이러한 건학이념을 가진 서울기독대학교는 대한민국 헌법을 지켜 그 누구도 집회에 따른 불이익을 당하지 않도록 하는 것이 맞습니다.

3. 손원영 교수님의 징계 사유 중 하나로 그리스도의교회 소속 목사가 아니라는 것이라 합니다. 서울기독대학교 학교규정 제3편 일반행정 3-3-01 교원인사규정에는 그리스도의교회 소속이여야만 교원에 채용될 수 있다는 조항이 어디에도 없습니다. 단, "신학계열 교원의 경우 그리스도의교회의 정신이 있는 자를 우대한다(2012.10.12.)"고 명시되어 있을 뿐입니다. 명시되어 있는 내용 또한 손원영 교수님께서 교원임용이 되신 이후에 규정이 변경된 사유이므로 징계사유에 해당되지 않습니다. 따라서, 손원영 교수님께서 그

리스도의교회 교단에 소속되지 않음으로 불이익이 생기는 것은 부당하다고 판단됩니다.

그리스도의교회 교단에 소속되지 않지만 교수님께서는 환원운동에 대해서 그리고 그리스도의교회가 추구하는 진리에 대해 학생들에게 늘 긍정적으로 말씀하셨고 환원운동 정신에 입각하여 세워진 서울기독대학교의 교수임을 긍지로 여기셨습니다. 그 점을 깊이 헤아려 주셔서 위의 사유로 징계를 받지 않도록 선처하여 주시기 바랍니다.

손원영 교수님께서는 늘 학생들과 함께하셨습니다. 학생과 마음을 합하였고 그들의 입장을 대변하시는 역할을 하는 데 주저하지 않으셨습니다. 그러한 교수님의 모습 속에서 사회적 약자와 늘 함께하시고, 하나님의 말씀을 가르치시는 예수 그리스도의 모습을 볼 수 있었다고 여겨집니다. 따라서 저희 졸업생들 역시 그분의 삶을 닮아가려고 노력할 것입니다.

또한, 손원영 교수님께서는 예수 그리스도의 모습처럼 학생들에게 참 진리를 가르치시려 노력하셨고 끊임없는 연구로 많은 학생들이 학문에 정진하는 데 있어서 많은 도움이 되어 주셨습니다. 저희 졸업생은 앞으로도 손원영 교수님께서 학교 강단에서 저희 후배들에게 올바른 교육을 하여 주시기를 소망하는 바입니다.

2017년 1월 15일

탄원인 대표 : 황지영 (인)

* 첨부자료 : 손원영 교수님의 페이스북 (생략)

## 2. 한국문화신학회 탄원서

존경하옵는 서울기독대학교 이○ ○ 총장님 귀하

먼저 주님의 이름으로 인사를 올립니다.

한국문화신학회에서 인사를 드립니다. 한국문화신학회는 한국문화와 소통하는 기독교 신학의 형성을 통해 궁극적으로는 기독교의 선교에 공헌하기 위한 목적을 가진 신학자들이 모인 한국의 대표적인 신학회입니다. 천 명 이상의 신학자들이 참가하고 있는 한국기독교학회의 주요 지학회이기도 합니다.

다름이 아니오라, 저희 학회에서는 최근에 뜻밖의 소식을 들었습니다. 저희 학회원이기도 한 손원영 교수가 '우상숭배 행위'를 했다는 이유 등으로 귀 대학교 징계위원회에 회부되었다는 소식이었습니다. 이 소식을 듣고 저희 문화신학회 구성원들은 충격에 가까운 안타까움을 금할 길이 없었습니다.

손원영 교수는 2016년 1월 한 기독교인에 의한 개운사(김천 소재) 훼손 사건에 대해 누구보다 마음 아파하면서, 같은 기독교인에 의해 물질적, 정신적 피해를 심각하게 입은 개운사 구성원들에게, 나아가 이 사건으로 인해 기독교를 폭력적인 종교로 인식하고 있는 불교도 및 비종교인들에게, 기독교는 폭력이 아니라 사랑의 종교라는 사실과 예수님의 구원의 가르침을 알리기 위한 실천에 앞장섰던 분임을 잘 알고 있었기 때문입니다. 저희 문화신학회 회원 신학자들도 손원영 교수의 행동에 대해 칭송을 하며, 그런 행위가 기독교의 한국 선교에 큰 도움이 되리라고 생각해 왔습니다.

그런데 신앙적이고 인간적인 손원영 교수의 행동이 칭찬이 아니라, 우상숭배 행위에 해당한다는 이유로 학교에서 징계의 근거로 작용하고 있다는 소식을 들은 저희 학회원들은 참으로 안타까움을 금할 수 없었습니다. 타종교인은 물론 비종교인에게 예수의 사랑과 구원의 가르침을 전하는 것을 궁극적 목적으로 삼아 온 저희 한국문화신학회에 소속된 많은 신학자들의 존립 근거를 위협하는 사례로도 여겨졌기 때문입니다.

손원영 교수가 인터넷에서 개운사를 위로하기 위한 모금운동을 제안해, 실제로 많은 기독교인을 비롯한 여러 사람들이 모금에 동참한 일은, 정신적, 물질적 피해를 심각하게 입었던 개운사 구성원은 물론 불교계 사람들로 하여금 기독교의 정신을 긍정적으로 되돌아보게 해주는 따뜻한 계기가 되었습니다. 이러한 때 만일 손원영 교수의 모금 운동이 무거운 징계의 사유가 되었다는 소식이 불교계를 비롯한 일반 사회에 알려진다면, 그것이야말로 기독교의 선교에 장애가 되는 일이 아닐까 문화신학회 구성원들은 염려하고 있습니다.

주지하다시피 손원영 교수는 기독교교육학 분야의 탁월한 학자이며, 한국종교교육학회에서도 기독교 교육의 정신을 알리는 데 선도적인 역할을 해 온 분입니다. 한국문화신학회에 오랫동안 참여하면서 기독교적 진리를 한국 문화에 전파하는 데 음으로 양으로 공헌한 바가 큰 분입니다. 너무 귀한 학자이자 진실한 신앙인이 이번 일로 아픔을 겪기보다는 도리어 학교의 발전에 기여할 수 있는 전환점이 될 수 있게 되기만을 한국문화신학회 회원 모두가 진심으로 바라고 있습니다.

존경하옵는 총장님,

저희 학회 구성원들은 손원영 교수에 대한 징계 회부 절차가 철회되어야 한다고 믿습니다. 교내 피치 못할 사정들이 있을 수도 있다고 생각되지만,

그럼에도 불구하고 기독교 신앙에 근거하여 사회적 선교를 위한 공의로운 일이 우상숭배라는 모함이 되는 것은 정의로운 일이 아니라 생각합니다. 이 일을 바로잡는 것을 계기로 도리어 서울기독대학교가 하나님의 공의와 예수 그리스도의 사랑과 성령의 함께하심을 대한민국 사회에 드러내는 기회이자 본을 세우는 계기가 되기를 바랍니다.

저희 한국문화신학회 임원 및 회원들이 학문적 양심과 기독교 신앙의 충정으로 권면을 드리오니, 부디 현명한 판단을 내려주시기를 부탁드립니다. 긴 글 읽어주셔서 감사드립니다.

2017년 1월 16일

한국문화신학회 모든 회원을 대표하여

한국문화신학회 회장 협성대학교 교수 박숭인

한국문화신학회 부회장 서울대학교 HK연구교수 이찬수

한국문화신학회 총무 감신대학교 연구교수 박일준

## 3. 한국종교교육학회 탄원서

수신: 환원학원 이사장 및 서울기독대학교 총장

발신: 한국종교교육학회 회장 김세곤 교수(동국대)

제목: 손원영 교수의 징계 건에 대한 탄원서

1. 학교법인 환원학원 서울기독대학교의 무궁한 발전을 기원합니다.

2. 저희 한국종교교육학회는 1996년 설립되어 31년의 역사를 지닌 한국 종교교육학 관련 국내의 대표적인 학회입니다. 본 학회는 불교와 기독교, 그리고 가톨릭 등 한국의 주요 종교들이 설립한 종립학교(종교기관이 설립한 학교. 예; 기독교계학교, 불교계학교 등)에서뿐만 아니라 공립학교에서 이루어지는 학교 종교교육의 문제를 비판적으로 탐구하는 학회로서, 현재 ○○○개의 대학에 소속된 ○○○명의 학회원이 참여하는 한국의 학계에 큰 영향력을 갖고 있는 학회입니다. 특히 저희 학회는 대한민국의 헌법 정신인 '종교의 자유'를 기반으로 하여 개발되어 사용되고 있는 '종교학' 교육과정에 깊은 관심을 갖고 연구를 진행하고 있으며, 한국연구재단에서 1등급지로 평가된 학술지 『종교교육학연구』를 발행하고 있습니다.

3. 금번 귀 대학의 이사회에 징계요구 대상자로 회부된 손원영 교수는 본 학회의 이사(감사)이자 개신교 측 대표로서 오랫동안 본 학회 활동에 적극 참여하신 분입니다. 2016년 1월 중순경 저희들은 경북 김천의 개운사에 한 몰상식한 개신교인이 늦은 밤에 불법적으로 난입하여 개운사 본전에 모셔

진 불상을 우상이라 하여 모두 훼손하고 주지스님에게 정신적으로 큰 고통을 끼친 소식을 접하였습니다. 종교교육을 통해 사회적 통합과 평화를 지향하기를 염원하는 저희로서는 엄청난 충격이었고, 안타까움을 금할 길 없었습니다. 그러던 차에, 본 학회의 이사이신 손 교수께서 종교화합과 더불어 대한민국의 헌법정신의 구현을 위해 용기 있게 불교 측에 사과문을 발표하고 또 개운사 불당회복을 위한 모금을 한다는 소식을 듣고 같은 학회원으로서 매우 자랑스럽게 생각하였습니다.

4. 그런데 최근 그의 모금활동이 귀 대학당국으로부터 선행으로 칭송되기는커녕 오히려 징계(파면 등의 중징계) 사유로 거론되고 있다는 소식을 접하고, 매우 유감스럽게 생각합니다. 이것은 종교의 자유를 강조하는 대한민국의 헌법 정신을 정면으로 위반하는 반 헌법적이고 비교육적 처사일 뿐만 아니라, 더 나아가 이웃사랑을 몸소 실천하신 예수 그리스도의 근본정신과도 거리가 먼 반 기독교적 행위라 아니할 수 없습니다. 따라서 이 문제와 관련하여 손원영 교수의 징계를 재고하여 주실 것을 정중히 요청하오니 선처해 주시길 바랍니다.

5. 귀 대학의 무궁한 발전을 빕니다. 감사합니다.

2017. 2. 8.

한국종교교육학회 회장 김세곤 외 학회원 일동

## 4. 연세신학 동문 성명서

서울기독대학교 이사회의 손원영 교수 파면은 신앙의 양심과 학문의 자유를 침해한 것으로, 즉각 철회되어야 한다. 우리는 2017년 2월 17일 서울기독대학교 이사회가 손원영 교수를 우상숭배의 혐의와 교단의 정체성 등의 이유로 파면하기로 결정한 것은 신앙의 양심과 학문의 자유를 심각하게 침해한 처사라고 판단하며, 이의 철회를 요구한다.

서울기독대학 이사회는, 손 교수가 한 기독교인에 의한 개운사 불당 훼손 사건을 접한 후 기독교의 목사이자 교수로서 이에 대해 사과의 글을 발표하고 훼손된 불당 복구를 위한 모금 활동을 한 것을 두고 우상숭배 행위에 해당하며 그 여파로 신입생 모집에 상당한 타격을 받았다는 이유로 파면을 결정하였다.

우리는 기독교인의 불상 훼손에 대한 손 교수의 사과와 모금 활동이 배타적인 기독교에 대한 자성의 표현이자 동시에 신앙 양심의 발로이지 결코 우상숭배 행위와는 상관없다고 믿는다. 기독교인에 의한 이웃의 피해를 원상회복시키려 한 손 교수의 행위는 오히려 타종교를 존중하고 성숙한 신앙을 지향하는 기독교인의 존재를 알림으로써 그 배타성으로 인한 세간의 기독교에 대한 부정적 인식을 바꾸는 데 기여한 행위로서 오히려 칭찬받을 만한 것이다.

모금 행위에 대한 해석의 차이가 이사회와 손 교수 사이에 존재할 수 있다는 것을 우리는 부정하지 않는다. 하지만 종교적 이유에서 모금 행위가 처벌

연세대학교 신과대학 및 연합신학대학원 동문회 성명서(2017년 2월, 연세대학교 연신원강당)

의 사유가 된다면 앞으로 어떤 개인도 이러한 사회적 선행을 할 수 없을 것이라 우리는 우려한다.

또한 서울기독대학 이사회는 모금운동 이외에 교단의 신학적 정체성과 건학이념을 지키지 않아 손 교수가 성실의무 위반을 하였다고 파면의 정당성을 주장한다. 우리는 서울기독대학교 건학이념이 "성경으로 돌아가자"인 것으로 알고 있으며, 성경에 나오듯 곤경에 처한 이웃을 위해 선한 사마리아인이 되고자 한 손 교수의 행동은 이러한 건학이념을 적극적이고 성실하게 실현시킨 것이라 판단한다.

손 교수의 신학적 성향이 개방적이고 포괄적이어서 중도보수적인 신학을 추구하는 서울기독대학과 맞지 않는다는 지적은 파면사유가 될 수 없는 자의적 평가일 뿐 아니라, 교수의 학문적 자율권을 심각하게 침해하는 견해이다. 학문의 자유, 종교의 자유, 표현의 자유 등의 헌법적 가치는 국민의 존엄한 기본권이다.

학문적 표현은 옳은 것뿐만 아니라 설혹 틀린 것도 보호해야 한다고 우리나라 법원은 판시한 바 있다. 더구나 만약 손 교수의 학문적 태도가 서울기독대학교의 정체성과 그토록 맞지 않는다면, 그가 지난 23년간 교수직을 수행하며 교무연구처장, 신학전문대학원장, 교수협의회 회장 등의 보직을 맡은 이유가 무엇인지 우리는 묻지 않을 수 없다.

이에 우리는 이사회의 손 교수 파면결정은 헌법상 보장된 학문의 자유와 침해되어서는 안 되는 신앙의 양심에 반하는 교권 유린으로, 즉시 철회할 것을 간곡히 요청한다. 우리는 당사자 모두가 상식적 판단을 존중하고 선한 사마리아인이 되라는 성서의 준엄한 명령을 들을 것을 호소한다.

> "누가 강도 만난 자의 이웃이 되겠느냐. 가로되 자비를 베푼 자니이다. 예수께서 이르시되 가서 너도 이와 같이 하라 하시니라."(누가복음 10:36-37)

2017년 2월 24일
손원영 교수를 지지하는 연세대학교 신과대학/연합신학대학원 동문들
원진희 동창회장 외 220명 일동

## 5. 목회자 및 신학자 성명서

우리는 하나님의 말씀인 성서와 그에 근거한 신학에 의거하여 손원영 교수의 신학과 실천을 지지하며, 서울기독대학교의 이사회가 손 교수의 파면 결정을 철회해 줄 것을 간곡히 요청드린다.

### 성서와 복음에 근거한 신학자

손 교수 파면의 근거로 그가 해방주의 신학과 수정주의 신학과 자유주의 신학을 추종하고 있다는 주장이 있다. 또한 그 신학들은 서울기독대학교의 신학과 충돌한다고 한다. 이에 손 교수는 자신이 위에서 열거한 신학의 맹목적 추종자가 아니라고 밝혔다. 목회자이자 신학자인 우리는 그의 책과 논문을 토대로 그의 해명이 신학적으로 적절하다고 판단한다. 그는 성서가 가르치는 대로 고통 받는 약자에 대한 사랑을 가르치고, 복음을 변화된 상황에 맞게 적실하게 해석하고, 경직된 신학적 언어에 생기를 불어넣는 뛰어난 신학자, 특출한 기독교교육학자다. 이러한 그의 신학이 스톤 · 캠벨 운동을 지향하는 신학과 충돌할 이유가 없다. 도리어 그의 신학은 성서로 돌아가고, 초대교회로 돌아가자는 환원 운동의 전통에 입각한 신학이다.

### 신뢰받는 기독교 선교를 실천한 신학자

비 기독교인들은 기독교와 그간의 선교가 독선적이고 배타적이며 공격적이라고 비판했다. 일부 기독교인들의 근본주의적이고 폭력적인 선교는 사회적 지탄을 받아 왔고, 이 때문에 점차 기독교에 대한 사회적 신망이 무너져 온 것이 사실이다. 파면을 촉발시킨 것으로 알려진 개운사 불당 모금은 우상숭배 행위가 아니라 도리어 기독교의 사회적 신망을 높인 선교 행위다. 많은 비 기독교인들은 손 교수의 모금 활동을 통해 기독교에 대한 호감을 가지게 되었다고 말한다. 그들이 호감을 보인 이유는 명확하다. 기독교인들이 자신이 저지른 행위가 아닌 것에 대해서도 연대 의식을 갖고 책임 있게 행동하려고 한 것이다. 이를 통해 비 기독교인들은 다른 이들의 죄를 위하여 자신을 희생하셨던 예수 그리스도의 복음을 감지할 수 있었다.

### 헌법 정신과 시민 상식

기독교는 오늘 우리 사회에서 가장 많은 신도를 가진 종교가 되었지만, 우리나라의 국교는 기독교가 아니며 도리어 우리의 긴 역사를 돌아볼 때 기독교는 근래에 이 땅에 온 외래 종교다. 우리는 겸손을 잃지 않고 우리 사회에서 이웃을 섬겨야 한다. 또한 이 땅의 헌법 정신과 시민 상식을 존중할 필요가 있다. 손 교수의 성실의무 불이행을 지적하면서 열거한 항목에는 위의 정신과 상식을 볼 때 부적절하다고 지적할 만한 것이 있다. 성실 의무는 헌법과 시민 상식에 준할 때만 유의미하다.

예수 그리스도께서는 "우리가 우리에게 잘못한 사람을 용서하여 준 것같이" 우리 죄를 용서해 달라고 하늘에 계신 아버지에게 기도하라고 가르치셨다. 우리 목회자와 신학자들은 서울기독대학교 측 및 손원영 교수와 함께 이 기도를 드리기를 원한다. 지난 약 20년 동안 손원영 교수는 여러 보직을 통해 성심성의껏 서울기독대학교를 섬겼다. 이번 일이 서울기독대학교와 손 교수가 모두 복음 안에서 하나 되는 계기가 되기를 기도한다.

손원영 교수를 지지하는 목회자와 신학자 일동(김학철 교수 외 224명)

김학철, "손원영 교수를 지지한다"/페이스북, 2017.2.24

## 6. 한국종교인평화회의 종교간대화위원회 호소문

우리 사회는 여러 종교가 공존하고 있는 다종교 사회입니다. 하지만 다른 나라에서처럼 종교를 둘러싼 유혈 충돌의 비극은 일어나지 않았습니다. 이는 우리 사회의 여러 종교들이 이웃 종교를 존중하며 공동의 선을 이루기 위해 함께 노력해 온 결과입니다. 한국종교인평화회의가 존재하는 이유도 바로 여기에 있습니다. 그런데 최근 몇 년간 이웃종교를 무시하고, 나아가 위해를 가하는 사건들이 지속적으로 발생해 온 것 역시 사실입니다. 또한 이른바 '훼불', '땅밟기' 등의 형태로 발생한 일련의 사태들은 대부분 일부 개신교인들에 의해 저질러졌다는 사실 역시 부인하기 힘듭니다. 하지만 이런 사태들로 인해 종교간의 갈등이 더 확산되거나 이웃종교에 대한 반목으로 이어지지는 않았습니다. 피해를 입은 불교계가 갈등보다는 평화와 공존의 길을 택했기 때문입니다. 그리고 뜻 있는 개신교인들이 이런 사태에 깊은 우려와 사과의 뜻을 직접 표명해 주었기 때문이기도 할 것입니다.

지난해 1월 김천 개운사에서 몇몇 개신교인에 의한 훼불 사태가 일어났을 때 서울기독대학교의 손원영 교수가 보여준 태도 역시 뜻있는 개신교인들의 행동과 맥을 같이 합니다. 손 교수는 개신교 성직자이자 신학자로서 이 사태에 대한 사과의 뜻을 SNS에 표명하고, 불상 원상회복을 위한 모금에 나섰습니다. 그리고 피해 당사자인 개운사 측도 손 교수의 이런 진심어린 태도를 따뜻하게 받아들였습니다. 그런데 손 교수가 재직하고 있던 서울기독대학교는 손 교수의 이런 행동이 '우상숭배'에 해당된다는 이유로 손 교수를 파면했습니다. 하지만 이는 정당하지 않은 결정입니다. 따라서 학교 측은 하루속히 이 결정을 취소해야 마땅합니다. 그 이유는 이렇습니다.

첫째, 손 교수에 대한 파면은 그동안 개신교뿐 아니라 이 땅의 많은 종교들이 기울여 온 평화로운 공존과 협력을 위한 노력을 송두리째 부정하는 일입니다. 여기에 더해 손 교수의 행동은 그동안 보여 준 개신교 일각의 배타적인 행동에 대한 자성의 표현이자 신앙적 양심을 행동으로 표현한 것이라고 믿습니다. 따라서 손 교수의 행동은 종교간 평화에 기여한 공로로 상을 받아 마땅한 일이지, 처벌을 받을 일이 아닙니다. 둘째, 학교 측은 손 교수의 행동이 '우상숭배'에 해당한다고 밝힘으로써, 그동안 한국의 역사와 문화, 그리고 사회 발전에 함께해 온 이웃종교들을 '우상숭배'로 폄훼하고 있습니다. 이는 그동안 개신교인들이 저질렀던 '훼불'과 '땅밟기' 같은 이웃 종교에 대한 오만한 생각을 답습하는 행위이며, 손 교수의 파면은 이웃 종교에 대한 선전포고일 것입니다. 이러한 행위는 다종교 사회인 한국에서는 결코 용인될 수 없는 폭력적 발상입니다. 이번 사태는 이 땅에서 종교간 대화와 평화적 공존이 얼마나 중요하면서도 힘든 일인지를 보여준 전형적인 사례입니다. 따라서 이번 사태를 계기로 개신교를 비롯한 한국의 모든 종교들이 보다 넓은 마음으로 대화와 협력에 나설 수 있기를 기대합니다.

손 교수에 대한 파면 철회는 종교간 평화를 위한 새로운 출발점이 될 수 있을 것입니다. 다시 한번 호소하고 요청합니다. 서울기독대학교는 손원영 교수의 파면을 취소하고 학교로 복귀시켜야 합니다. 종교간 평화의 뜻을 함께하는 이 땅의 모든 종교인들께서 손 교수의 파면이 취소되고 종교간 평화가 지속적으로 발전할 수 있도록 마음을 모아주시기를 호소합니다.

2017.3.1. 한국종교인평화회의 종교간대화위원회 위원장 박태식

(《종교와 평화》제114호, 2017년 4월 30일자)

## 7. 서울기독대 손원영 교수의 파면에 대한 불교시민사회의 입장

불교시민사회는 지난해 1월 김천 개운사에 몰래 들어가 법당을 훼손한 한 개신교인을 대신해 불교인들에게 사과하고 배상을 위한 모금활동을 벌인 서울기독대 손원영 교수가 학교 측으로부터 일방적으로 파면당한 현 상황에 대해 깊은 우려를 표명합니다. 또한 목회자를 양성하는 학문의 상아탑에 걸맞게 편협한 사고에서 벗어나 손원영 교수의 파면을 철회할 것을 학교 측에 촉구하는 바입니다.

손원영 교수는 사건 당시 개신교인으로서의 수치심과 학자로서의 양심에 근거해 사과를 하고 모금 활동을 벌였습니다. 또한 손 교수는 사랑과 평화의 종교인 개신교가 어떻게 폭력과 증오의 종교로 변질될 수 있는가를 지속적으로 고민해 온 학자이기도 합니다. 그러나 학교 측은 이런 손 교수의 행동을 문제 삼아 지난 23년간 근속한 양심적 학자를 파면하는 비합리적인 결정을 내렸습니다.

다종교사회인 우리 사회에서 이웃종교에 대한 존중은 종교를 지닌 사회 구성원 모두가 지녀야 할 가장 기본적인 가치입니다. 각 종교가 지닌 교리는 달라도 사회적 약자 보호와 인간에 대한 자비/사랑이란 근본적인 가치는 모두 동일합니다. 그러나 일부 비이성적인 개신교인들의 이웃종교에 대한 적대적 행동은 지속적으로 자행되어 왔습니다. 지난 2010년 봉은사 땅 밟기, 2000년 동국대 부처님 상 훼손 등이 바로 일부 개신교인들의 비뚤어진 종교

관에 근거해 발생한 대표적인 사건들입니다. 이 사건으로 인해 불교인들은 가슴속에 씻기 힘든 상처를 입었습니다.

종교간의 극한 대립은 결국엔 파국으로 귀결됩니다. 중동지역의 혼란과 소요 사태, IS와 같은 이슬람 근본주의자들의 무분별한 테러 등은 바로 타종교에 대한 무관용과 몰이해에서 비롯된 것입니다. 우리 사회 일부 종교인들의 이웃종교에 대한 차별과 무분별한 적개심을 방지하고자 그동안 불교계는 차별금지법의 입안을 지속적으로 주장해 왔습니다. 종교간의 평화적 관계를 조성하기 위한 제도적 장치를 마련하자는 취지입니다. 그러나 법적 테두리를 조성하는 것과 병행해 우리 사회 종교를 가진 구성원들의 성숙한 의식이 반드시 전제되어야만 제도가 정착될 수 있습니다. 손원영 교수의 행동은 바로 개신교인 스스로의 내부 성찰과 반성을 통해 종교평화를 정착시키려는 노력의 일환이었습니다.

불교시민사회는 손원영 교수의 파면 사태를 계기로 종교간 관용과 존중의 정신을 진지하게 고민하는 우리 사회의 분위기가 조성되길 촉구합니다. 행여 이번 일로 인해, 우리 사회의 개신교에 대한 편견이 심화되거나 혹은 종교간의 갈등이 더 커지지 않길 희망합니다. 또한 손원영 교수의 의미 있는 행동에 대한 개신교계의 재평가와 함께 서울기독대 측의 파면 결정이 철회되길 촉구하는 바입니다.

불기2561(2017)년 2월 22일

불교시민네트워크

## 8. 전국 대학교수 및 연구자 탄원서

수신: 서울고등법원 제15민사부 이○ ○ 부장판사님

송신: 이도흠 교수 외 전국 대학교 교수 및 연구자 일동

제목: 손원영 교수 선처 호소의 건(사건번호: 2018나2053697)

존경하는 이○ ○ 재판장님께

대한민국의 사법정의를 구현하는 일에 수고가 많습니다.

저희들은 서울기독대학교의 손원영 교수(이하, 손 교수)를 아끼는 여러 대학(혹은 연구원)에 소속된 교수 및 연구자들입니다. 손 교수는 2019년 3월 현재 "파면처분무효확인등건"으로 귀 재판부에서 항소 재판을 받고 있는 것으로 알고 있습니다. 다름이 아니라, 저희들이 이렇게 존경하는 재판장님께 탄원서를 올리는 이유는 저희 입장에서는 손 교수가 종교와 양심, 학문의 자유를 명시한 헌법을 준수하였음에도 거꾸로 처벌을 받는 부당한 사태를 맞아 존경하는 재판장님께서 법에 따라 공정하게 판결하시되, 아래의 이유들을 감안하여 선처해 주시기를 간곡한 마음으로 요청합니다.

1. 손 교수 사건(개신교인에 의한 개운사 훼불 사건에 따른 불당회복을 위한 모금 활동 & 성실성 의무 위반 혐의에 따른 서울기독대학교 파면 사건)은 이미 언론을 통해 널리 알려졌듯이, 단순히 손 교수 개인의 잘못된 비위에 따른 파면 사건이 아니라, 한국사회의 종교적 갈등을 안타까워하는 마음으로 종교간의 평화를 도모하다가 발생한 공익적 사건입니다. 당시 종교간의 갈등이 첨

예하게 전개되어 불상 훼손이 빈번히 일어나던 상황에서 손 교수의 실천은 한 종교인으로서는 이웃종교에까지 예수님의 사랑을 실천한 것이며, 한 지식인으로서는 타자의 입장에서 성찰하는 자세를 보여준 것이며, 한 국민으로서는 반 헌법적 훼불 사건에 맞서서 종교와 양심의 자유를 명시한 헌법을 수호한 것으로서 오히려 칭찬과 상훈을 받아야 마땅하다고 생각합니다. 하지만, 서울기독대학교는 손 교수에게 교수로서 겪을 수 있는 최악의 가혹한 징계인 파면처분을 내려 본인의 신앙과 학문 행위에 사형선고를 내렸을 뿐만 아니라 헌법의 정신을 따르던 국민들에게 큰 충격과 당혹감을 안겨주었습니다. 이에 존경하는 재판장님께서 어느 것이 더 종교와 양심의 자유, 학문의 자유를 명시한 헌법 정신과 가치를 수호하는 것인지에 대해 공정하고 현명한 판단을 해 주시기를 요청을 드립니다.

2. 손 교수는 파면처분 당시 신분상 서울기독대학교 신학전문대학원 소속의 교수였습니다. 비록 그가 목사안수(감리교)를 받은 성직자이지만, 대한민국 교육관계 법령에 따라 신분이 보장되는 '교육기관'인 서울기독대학교에 '교수'(교원)로 초빙되어 20년 가까이 성실히 학문탐구 및 제자양성에 전념해 왔습니다. 따라서 비록 그가 속한 신학전문대학원이 성직자 양성에 목적을 둔 기관이라 하더라도, 학교는 학교일 뿐 결코 교회와 같은 종교기관이 될 수는 없는 일입니다. 더욱이 그의 교수초빙(1999) 당시 문제 삼지 않던 교단 문제를 20년이 지난 지금에 와서 '성실성'의 문제로 소급하여 문제를 삼는 것은 매우 불합리한 일이 아닐 수 없습니다. 따라서 서울기독대학교가 종교적인 신념을 이유로 그를 징계한 것은 징계권 남용에 해당됩니다. 만약 불가피하게 그에게 징계가 필요하다면, 교회법이 아니라 교육법에 근거해서만 이뤄져야 할 것입니다.

3. 손 교수는 2015년 가을 서울기독대학교의 비리(이○○ 총장의 교비 50억

원 불법 지출 건) 및 그에 따른 교육부의 재정지원제한대학 선정으로 그 대학 학생들이 총장 퇴진을 위한 자퇴투쟁(교직원 및 재학생 70% 동참)을 벌이는 상황에서, 애교심의 공익적 차원에서 학생들을 지지했고, 이로 인하여 총장 및 대학 측으로부터 눈총을 받게 되었기에 파면조치에는 이런 보복성의 징계가 깔려 있었던 것으로 보이니, 저간의 사정을 깊이 헤아려 주시기를 바랍니다. 덧붙여, 이○○ 총장은 거의 20년 가까이 서울기독대학교 총장으로 재직하면서 수많은 문제를 일으켜 온 바, 종교계와 교육계에 이미 널리 알려진 소위 적폐 총장입니다. 특히 그는 최근 2018년 8월 교육부 감사에서 비위(횡령, 입시부정 등)가 적발되어 지난 2019년 2월 초 교육부에 의해 이사회에 '파면요구서'가 전달된 상태이고, 검찰에도 고발조치 되어 수사 중인 것으로 알려져 있습니다. 따라서 손 교수와 같은 양심적인 학자들이 대학 본부 측의 '갑질'에 의해 더 이상 희생되지 않고, 오직 학문의 발전과 이를 통한 국가의 발전에 전념할 수 있도록 선처해 주시길 간곡히 부탁드립니다.

4. 손 교수는 대형교회와 종교 권력층의 부패와 비리에 맞서서 카페나 식당에서 한국교회의 부패에 실망하여 교회에 안 가며 진정으로 예수님의 진리를 추구하는 신앙인을 모아 예배를 보는 '가나안교회'를 운영하고 있습니다. 손 교수의 사건을 계기로 기독교(김인규, 김근수, 이찬수, 정경일, 손원영, 이관표), 불교(이용표, 이도흠, 김승철, 명법, 류제동, 박연주), 원불교(원영상, 이성전) 등의 학자 및 성직자/수행자들이 모여 종교 사이의 대화를 하며 종교와 사회의 평화를 도모하는 레페스포럼(religion peace forum의 약자)을 1년에 두 차례 열고 있고, 그 성과를 책으로 펴내고 있기도 합니다.(1차분, 레페스포럼 지음, 『종교 안에서 종교를 넘어』, 모시는사람들, 2017). 지난 1월 19일에는 일본 조오치(上智)대학에서 일본과 인도 등의 해외 학자와 모임을 갖고, 아시아 국가 사이의 평화와 사회의 평화, 종교 사이의 평화를 도모하는 아시아종교평

화학회로 발전시키기로 하였습니다. 이 모든 것의 중심에 손원영 교수가 있었습니다. 세간의 주변 사람들의 평을 모으면, 손 교수는 신앙심이 깊으면서도 이웃종교에 대해 관용의 태도를 가진, 예수님처럼 온화한 기독교도이자 열린 마음으로 기독교와 이웃종교의 교리와 학문에 대해 연구하는 의로운 학자입니다. 이에 존경하는 재판장님께서 공정하고 현명한 판단을 하여 주실 것을 간곡히 요청을 드립니다. 감사합니다.

2019년 4월 15일

손원영 교수의 선처를 바라는 이도흠 교수 외 2,501명 일동

## 9. 손원영교수불법파면대책위원회 복직청원서

수신 : 학교법인 환원학원 이사장 및 서울기독대학교 총장

제목 : 손원영교수불법파면대책위 방문 및 손원영 교수 복직요청의 건

서울기독대학교의 발전을 기원합니다.

2017년 2월 중순 귀 대학이 행한 손원영 교수의 파면은 학문의 전당인 대학에서 발생한 일이라고는 상상조차 하기 어려운 불합리한 일로 기독교계뿐만 아니라 한국사회에 큰 충격을 던져 주었습니다. 따라서 한국종교인평화회의(KCRP)가 "손 교수에 대한 파면이 그동안 개신교뿐 아니라 많은 종교들이 기울여 온 평화로운 공존과 협력을 위한 노력을 송두리째 부정하는 일"로 규정하는 등 한국사회의 평화를 희망하는 종교계, 학계, 시민사회계 등은 귀 대학의 손원영 교수 파면이 가져올 종교 및 사회적 갈등에 대하여 깊은 우려를 표명하였습니다.

〈손원영교수불법파면시민대책위원회〉는 귀 대학의 손원영 교수 파면이 불합리한 것은 물론 한국 사회에서 종교 갈등을 심화시킬 우려가 있다고 판단하여 이의 해결을 위한 목적으로 2017년 3월 31일 종교계, 학계, 시민사회의 전문가와 저명인사들로 조직되었습니다. 본 대책위원회는 손원영 교수의 파면이 종교 갈등은 물론 심각한 사회적 갈등 소지를 담고 있다는 점에서 개별 대학이나 개인 나아가 서울기독대학교와 손원영 교수 간의 다툼이라고 보지 않습니다. 그럼에도 불구하고 본 대책위원회는 이 문제가 종교 및

사회적 갈등으로 확산되는 것을 우려하여 그동안 이에 대한 강력한 대응을 자제한 채 법원의 판결을 기다리며 손원영 교수 파면이 가져 올 종교 및 사회적 갈등요소 등에 대하여 전문가들을 중심으로 분석하고 토론하며, 지속적으로 손원영 교수의 조속한 복직을 촉구해 왔습니다.

지난 2018년 8월 30일 서울북부지방법원은 귀 대학의 손원영 교수에 대한 파면이 불법임을 확인하고 귀 대학에 대하여 손원영 교수에 대한 "파면을 취소하고 파면 시점부터 복직할 때까지의 임금을 지급하라"고 판결하였습니다. 〈손원영교수불법파면시민대책위원회〉는 이번 법원의 판결로 귀 대학의 손원영 교수에 대한 파면이 법을 위반한 채 행해진 것임이 확인되었고, 그간의 판례 등을 감안하면 이후 상급 법원에 항소한다 할지라도 이 판결은 변함이 없을 것이라고 확신합니다. 따라서 본 대책위는 귀 대학이 이번 법원의 판결을 수용하여 손원영 교수에 대한 파면을 취소하고 복직을 허용하는 것이 옳다고 판단하며 이를 이행할 것을 강력히 촉구하는 바입니다.

본 대책위원회는 법원이 손원영 교수에 대한 파면이 불법임을 확인한 이상 귀 대학이 손원영 교수의 복직을 허용할 것이라는 점을 믿어 의심치 않습니다. 그러나 이번 법원의 판결에도 불구하고 귀 대학이 손원영 교수의 파면 철회와 복직을 이행하지 않을 경우 본 대책위원회는 학교법인 환원학원과 서울기독대학교의 운영 전반에 관한 감독관청의 강력한 감사를 요구하고 이를 관철하는 것은 물론 귀 법인과 대학의 불법에 대한 엄중한 책임을 묻기 위한 강력한 행동에 돌입하지 않을 수 없다는 점을 분명히 밝혀 둡니다. 다시 한번 귀 대학의 발전을 빌며 손원영 교수에 대한 파면 철회와 조속한 복직을 촉구하는 바입니다.

2018년 9월 5일

손원영교수불법파면시민대책위원회 상임대표 박경양

공동대표: 원용철(기독교, 전 전국노숙인시설협회 회장, 목사)

이도흠(불교, 정의평화불교연대 상임대표, 한양대학교, 교수)

조광호(천주교, 전 인천가톨릭대학교 교수, 신부)

홍성학(전국교수노동조합 위원장, 충북보건과학대교, 교수)

총　　무: 오범석(기독교, 사회적기업 살기좋은마을 대표, 목사)

## 10. 항소심 재판 탄원서

허호익_ 전 대전신학대학교 교수

저는 2017년 2월 대전신학대학교 교수직을 퇴임한 허호익입니다. 한국조직신학회 회장과 대한예수교장로회(통합) 이단사이비대책위원회 전문 위원(2005.11.1.-2011.9)으로 일한 적이 있습니다. 그리고 『이단은 이단인가』, 『한국의 이단기독교』(세종도서 선정)를 저술한 바 있습니다.

손원영 교수(이하 손 교수)의 항소심 재판(사건번호:2018나2053697)에서 '예수 보살과 육바라밀'(이하 '예수 보살')이란 주제의 설교로 인해 이단 시비를 받고 있는 것에 대하여, 오랫동안 이단을 연구해 온 신학자로서 저의 신학적 견해를 제출하오니 선처하여 주시길 바랍니다.

1. '예수 보살' 설교는 최고의 복음적이고 선교적인 설교라는 평가를 받았습니다.

손 교수의 사찰에서 행한 설교가 이단으로 정죄되었다는 소식을 듣고 그 내용을 살펴보았습니다. 기독교적 입장에서 불교에서 가르치는 6가지 보살행 누구보다도 철저히 시행한 분이 예수라는 것을 비교종교학적 방법으로 불교도들에게 전한 호교론적(護教論的) 설교라고 확인했습니다.

UCLA의 한국학 석좌 교수인 옥성득 박사는 손 교수의 이 설교가, 그 해에 한국교회에서 행해진 설교 중에 최고의 복음적이고 선교적인 설교라고, 그의 페이스북에 손 교수의 설교 전문과 함께 극찬하는 글을 올린 것을 보았습니다.

칼 바르트라는 유명한 신학자는 "나를 비판하려거든 나의 책을 읽고 그 내용을 비판하라"고 한 적이 있습니다. 손 교수에 대해 이단 시비하는 이들이 명심했으면 좋겠습니다.

2. 예수는 유대교 회당에서, 바울은 이방 신전에서 복음을 선포했습니다.

설교 내용에 이단적인 내용이 없다면, 불당에서 불교도에게 설교한 것 자체를 이단이라 할 수 있을까요. 절대 그럴 수 없습니다. 기독교를 창시한 예수도 3년 동안 유대교 회당에서 가르쳤습니다. 이방 선교에 앞장선 바울은 아테네를 방문하여 "아레오바고에 서서"(사도행전 17:22) 이방인들에게 복음을 전했습니다. 아레오바고는 전쟁과 재난의 신이기 때문에 그곳이 이방신의 제단이 있는 언덕이나 회랑이었을 것으로 추정합니다.

2000년 기독교사를 통틀어 바울이 이방신의 신전이나 회랑에서 복음을 전한 것을 이단적 행위라고 비난한 사람은 없습니다. 기독교인은 누구나 타 종교의 시설에서, 그들이 허용한다면, 얼마든지 복음을 전할 수 있습니다. 그것은 권장할 일이지 이단으로 정죄할 일을 결코 아닙니다.

3. 예수와 보살을 동일하게 본 것이 결코 아닙니다. 보불론(報佛論)이라는 신학적 배경에서 보아야 합니다.

개화 초기의 종교신학자 최병헌 목사는 『성산명경』과 『만종일련』이라는 유명한 저서에서 만종(萬宗)의 성취자가 예수라고 했습니다. 유불선과 기독교를 상징하는 4명의 구도자를 등장시켜, 3대 종교의 가르침을 모두 성취하신 분이 예수라고 주장한 것입니다. 유교나 불교의 부족한 부분은 기독교가 보완(補完)하여 성취한다는 신학적 입장을 보유론(補儒論) 또는 보불론(補佛論)이라 합니다.

최병헌 목사의 신학에 영향을 받은 손 교수는, 보불론적 입장에서 불교에서 6가지 보살행을 가르치지만, 이 6가지 보살행을 '완전히 성취하신 분이 예수'라는 논지로 '예수 보살'을 설교한 것입니다. 따라서 예수와 보살을 동일 입장에 놓은 것이 결코 아닙니다.

윤성범 박사도 『효』라는 책에서 효를 강조하는 유교인들에게 보유론적 입장에서 "예수는 모름지기 효자"라는 효자 기독론을 제시했으나 아무도 문제 삼지 않았습니다.

이단 시비는 법률적으로 판단하기에 쉽지 않은 주제라고 여겨집니다. 그리고 한국기독교총연합회의 이단 결의나 이단 해제가 여러 차례 물의를 일으킨 사례가 있었다는 것을 참고하셔서, 손원영 교수의 이단 시비를 바르게 판단하여 주기길 탄원합니다.

2019.7.16.

탄원인 허호익 인

## 11. 한국기독교교회협의회 신학위원회 탄원서

수신: 서울고등법원 민사15부 재판장 귀하

제목: 손원영 교수의 이단 시비에 대한 의견의 건

사건번호: 2018나2053697

대한민국의 헌법 수호와 인권의 실현을 위한 노고에 경의를 표합니다.

한국기독교교회협의회(NCCK) 신학위원회는 최근 본위원회 위원이신 손원영 교수(이하 손 교수)의 항소심 재판에서 발생한 이단 시비에 대하여 유감의 뜻을 표합니다.

문제가 제기된 부분은 두 가지였습니다. 첫째는 손 교수가 열린선원(2018.12.9)에서 성탄절 설교를 한 것과, 둘째는 손 교수가 이끄는 가나안교회가 '리마예전'의 예배 형식을 따르고 있다는 것입니다.(가나안교회주보 2017.10.15) 하지만 본위원회에서 손 교수의 설교문(자료1)과 가나안교회주보(자료2)를 신중히 검토한 결과, 손 교수의 그 같은 행위로 그를 이단으로 판단한 것은 부적절한 판단으로 사료됩니다. 왜냐하면 열린선원에서 설교를 한 것은 손 교수 본인이 설교문에서 고백하고 있듯이 기독교신앙(복음)을 전하기 위한 행위인 동시에 종교간 평화를 위한 행동이었기 때문입니다. 사찰에 가서 복음을 전하는 것은 사도 바울이 이방 지역인 로마에 가서 복음을 전한 것과 크게 다르지 않을뿐더러, 그가 '예수를 보살'로 비유한 것 역시 사도 바울이 아테네에 복음을 전하기 위해 그 지역의 철학과 언어를 차용하여 설명했던 역사(사도행전 17장 16~31절)와 맥을 같이 하고 있기 때문입니다. 또한 리마예전(Lima Liturgy)은 1982년 페루의 수도 리마에서 열린 WCC(세계교회협의회)의 '신앙과직제위원회' 총회에서 채택한 "세례, 성만찬, 사역"(Baptism, Eucharist, Ministry)의 '리마문서' 중 예전 부분으로, 당시 세계의 대부분 교회들(개신교, 가톨릭교회, 정교회 등)이 참여하여 결정한 예배 형식입니다. 따라서 손 교수의 신학사상에 대한 무분별한 이단 규정은 성급하고 부적절한 행위로 사료되며, '종교간 대화의 방식'이라는 손 교수의 선교신학적 방법론에 관해서는 충분하고 건강한 토의가 진행되어야 한다는 판단입니다.

끝으로 개신교인에 의한 개운사의 불당 훼손 사건과 그러한 불미스러운 일로 상처받은 분들을 위한 손 교수의 모금 활동, 그리고 손 교수에 대한 서울기독대학교의 파면 사건 등은 이미 언론을 통해 많이 알려진 사건으로서, 기독교인을 포함한 종교평화를 바라는 많은 국민들이 걱정하는 마음으로 본 재판의 결과를 지켜보고 있습니다. 그러므로 헌법의 정신에 따라 대한민국의 종교평화를 위해 합리적으로 판결해 주시기를 간곡히 부탁드립니다. 감사합니다.

2019. 5. 7.

한국기독교교회협의회 신학위원회 위원장 박찬웅

자료1. 손원영교수 열린선원 설교원문(2018.12.9)

자료2. 가나안교회 주보(2017.10.15)

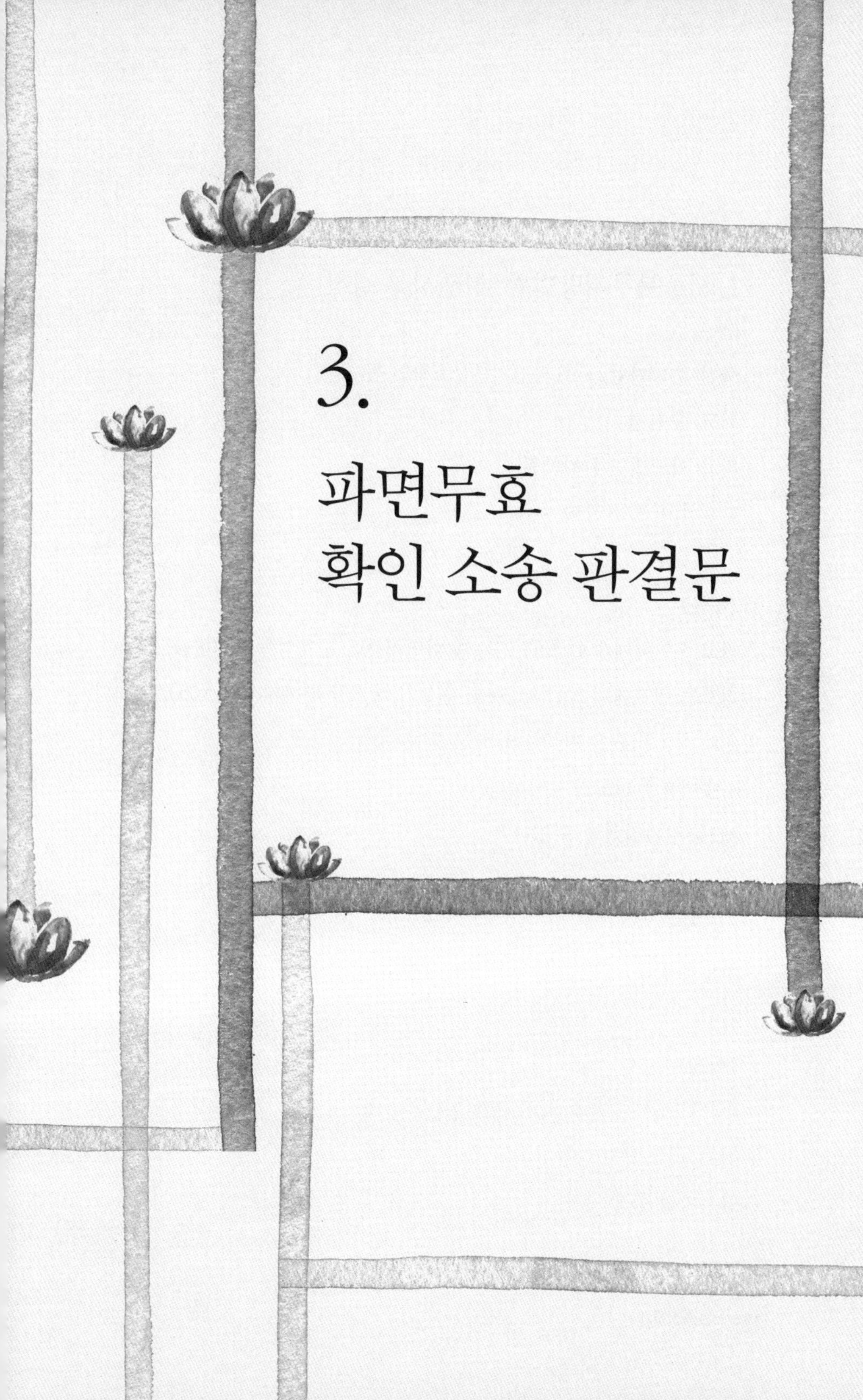

# 3.

# 파면무효 확인 소송 판결문

## 1. 서울북부지방법원 제1민사부 결정

사건: 2017가합23688 파면처분무효확인 등

원고: 손원영

피고: 학교법인 환원학원

판결선고: 2018.8.30.

〈주문〉

피고가 원고에게 한 2017.2.20.자 파면처분은 무효임을 확인한다.

피고는 원고에게 2017.3.1.부터 원고가 복직할 때까지 매월0,000,000원의 비율로 계산한 돈을 지급하라.

소송비용은 피고가 부담한다.

제2항은 가집행할 수 있다.

〈청구취지〉

주문과 같다.

〈이유〉

기초사실 (생략)

당사자의 주장 (생략)

## 본안 전 항변에 관한 판단

가. 관련 법리

1) 종교 활동은 헌법상 종교의 자유와 정교분리의 원칙에 의하여 국가의 간섭으로부터 그 자유가 보장되어 있다. 따라서 국가기관인 법원으로서도 종교단체 내부 관계에 관한 사항에 대해서는 그것이 일반 국민으로서의 권리의무나 법률관계를 규율하는 것이 아닌 이상 원칙적으로 실체적인 심리 · 판단을 하지 아니함으로써 당해 종교단체의 자율권을 최대한 보장하여야 한다.(대법원 2011.10.27. 선고2009다32386 판결 등 참조)

2) 그러나 교인으로서 비위가 있는 자에게 종교적인 방법으로 징계 · 제재하는 종교단체 내부의 규제(권징재판 등)가 아닌 한, 종교단체 내에서 개인이 누리는 지위에 영향을 미치는 단체법상의 행위라 하여 반드시 사법심사 대상에서 제외할 것은 아니고, 한편 징계결의와 같이 종교단체 내부의 규제라고 할지라도 효력의 유무와 관련하여 구체적인 권리 또는 법률관계를 둘러싼 분쟁이 존재하고 또한 그 청구의 당부를 판단하기에 앞서 징계의 당부를 판단할 필요가 있는 경우에는 판단의 내용이 종교 교리의 해석에 미치지 아니하는 한 법원으로서는 징계의 당부를 판단하여야 한다.(대법원 2011.5.13.선고 2010다84956 판결)

나. 이 사건의 경우

기초 사실 및 앞서 든 증거에 의하여 인정되는 다음과 같은 사정을 종합하면, 이 사건 소는 사법심사의 대상이 된다고 봄이 타당하다.

1) 피고 대학교는 비록 그리스도의교회 협의회와 관련되어 있으며, 환원정신 등 특정 종교적 이념이 정관상 명시되어 있기는 하나, 종교단체가 아니

라 학교법인이며 피고 대학교도 사립학교법에 근거를 두고 설립된 사립 종합대학이다. 피고 대학교는 신학과 외에도 사회복지학과, 국제경영정보학과, 무용학과, 공연음악학과, 기초교양교육학과 등의 일반 학과를 두고 있으며 그리스도의교회 소속 학생이나 교직원들로만 구성되어 있지도 않다.

2) 특정한 종교적 가치를 건학이념으로 설립된 다른 대학교들과 마찬가지로 피고 대학교는 사립학교법 등 관련 법령에 의한 각종 보조금 등 재정적 지원의 대상이 되며, 관할 교육청의 관리 · 감독도 받는다. 피고 대학교 소속 교직원은 사립학교법 등 관련 법령에 따라 그 신분이 보장되며, 징계의 사유, 방법 정도에 있어서도 종교단체 내부의 교단헌법, 징계사유, 권징절차 등이 아닌 사립학교법과 관련 법령이 정하는 바에 따라야 한다.

3) 원고에 대한 파면처분은 원고 개인이 종교단체 내부에서 신도나 목사로서 누리는 지위에 영향을 미치는 단체법상의 행위가 아니라, 사립학교법에 따라 설립된 종교대학의 교수 지위와 그에 따른 권한과 권리를 일거에 박탈하는 것이다. 이와 같이 원고의 구체적이며 법적인 권리 또는 법률관계를 둘러싼 분쟁이 존재하는 이상, 원고의 재판청구권을 부정하거나 그에 대한 사법심사를 거절할 수는 없다. 피고의 본안 전 항변은 받아들이지 않는다.

4. 징계재량권의 일탈, 남용 여부에 관한 판단

가. 관련 법리

1) 교직원인 피징계자에게 사립학교법상의 징계사유가 있어 징계처분을 하는 경우, 어떠한 처분을 할 것인가는 징계권자의 재량에 맡겨진 것이고 다만, 징계권자가 재량권의 행사로서 한 징계처분이 사회통념상 현저하게 타당성을 잃어 징계권자에게 맡겨진 재량권을 남용한 것이라고 인정되는 경우

에 한하여 그 처분을 위법하다고 할 수 있다. 교직원에 대한 징계처분이 사회통념상 현저하게 타당성을 잃었다고 하려면 구체적인 사례에 따라 징계의 원인이 된 비위 사실의 내용과 성질, 징계에 의하여 달성하려고 하는 목적, 징계 양정의 기준 등 여러 요소를 종합하여 판단할 때에 그 징계 내용이 객관적으로 명백히 부당하다고 인정할 수 있는 경우라야 한다. 징계권의 행사가 임용권자의 재량에 맡겨진 것이라고 하여도 공익적 목적을 위하여 징계권을 행사하여 할 공익의 원칙에 반하거나 일반적으로 징계 사유로 삼은 비행의 정도에 비하여 균형을 잃은 과중한 징계 처분을 선택함으로써 비례의 원칙에 위반하거나 또는 합리적인 사유 없이 같은 정도의 비행에 대하여 일반적으로 적용하는 온 기준과 어긋나게 공평을 잃은 징계처분을 선택함으로써 평등의 원칙에 위반한 경우에 이러한 징계처분은 재량권의 한계를 벗어난 처분으로서 위법하다.(대법원 2004.6.25.선고 2002다51555 판결 등 참조)

2) 한편, 사립학교 교원에 대한 징계처분의 당부를 판단함에 있어서는 징계위원회에서 징계사유로 삼은 사실을 기초로 판단해야 하며 소송과정에서 들고 나온 사유까지 이에 포함시켜 판단할 것이 아니다.(대법원 1976.6.22. 선고 75다482 판결 등 참조)

나. 이 사건의 경우

관련 법리에 따라, 이하에서는 원고에 대한 파면처분 당시 징계사유로 삼은 사실을 기초로 피고의 징계 재량권 행사가 적법한 것인지 살피기로 한다.

1) 원고 모금 활동, 언행 등으로 나타난 신앙적 정체성 부분

기초사실 및 앞서 든 증거에 의하여 인정되는 다음과 같은 사정을 종합하면, 이 부분은 징계사유가 없거나, 가사 일부 인정된다 하더라도 징계양정이

사회통념상 현저하게 타당성을 잃어 징계권자가 그 재량권을 일탈, 남용한 것으로서 위법하여 무효라고 봄이 타당하다.

가) 피고는 '성실의무 위반'을 전체적인 징계사유로 내세우고 있는바, 피고 대학교의 교직원 징계양정 기준은 성실의무 위반의 항목으로 '직무태만 또는 회계질서 문란, 시험문제를 유출하거나 학생 성적을 조작하는 등 학생 성적과 관련한 비위'를 들고 있다. 또 사립학교법 제55조에서는 사립학교 교원의 복무에 관하여는 국·공립학교의 교원에 관한 규정을 준용하고 있고, 교육공무원 징계령의 위임을 받은 '징계양정' 등에 관한 규칙 별표에는 성실의무 위반의 항목으로 '공금횡령, 유용, 업무상 배임, 직권남용으로 인한 다른 사람의 권리 침해, 시험문제를 유출하거나 학생의 성적을 조작하는 등 학생 성적과 관련한 비위 및 학교생활기록부 허위사실 기재 또는 부당정정과 관련한 비위, 신규채용, 특별채용, 승진, 전직, 전보 등 인사와 관련한 비위' 등의 항목을 열거하고 있는 바, 원고의 활동은 이러한 한정적 열거 조항에 해당하지 않는다. 오히려 원고는 피고 대학교의 교수로 재직하면서 교수업적평가에서 상위권에 속해 온 것으로 보이고, 피고로부터 교무연구처장, 신학전문대학원장, 치유상담대학원장, 학술정보관장, 대학원 교학부장, 국제교류처장 등 주요 보직을 두루 부여받아 이를 수행하였는바, 재임 기간 중에 교원으로서 '성실성'이 부족했다거나 교수로서의 직무, 곧 연구 활동, 교육 활동을 소홀히 했다고 보이지 않는다.

나) 피고는 모든 교직원이 교직원 복무규정 제3조(성실의 의무)에 따라 정관 및 제 규정을 준수할 의미가 있는데, 원고가 피고의 정관 제1조에 규정된 '그리스도의교회 환원 정신'에 충실하지 않았고, 모금 활동 등은 이에 반하므로 일반 항목인 '기타 성실의무 위반'에 해당한다고 주장한다. 그러나 '기타 성실의무 위반'이라는 항목은 앞서 열거한 한정적 징계사유들에 준하는 것으

로 해석되어야 하는데, 원고의 행위가 그에 준한다고 보이지 않는다. 뿐만 아니라, 정관 제1조의 목적 규정은 법인의 설립이념을 일반적으로 밝힌 것으로 그 자체를 징계와 같은 중대한 신분상 불이익 처분의 근거 규정으로 삼기에는 지나치게 포괄적이다. 변론에 현출된 증거를 통해 알 수 있는 피고의 '환원정신'은 여러 갈래의 교단, 교파의 분열은 바람직하지 않으므로, 교회의 일치를 위해서 초대 교회의 정신을 회복하고, 그 단순성으로 돌아가야 한다는 이념으로 보이는데, 원고는 일관되게 그 정당성과 필요성에 찬동하고 있다.

이에 대해 피고는 환원정신의 지향이 '성서에 기반을 둔' 초대교회의 모습이고 인위적으로 형성된 교리나 신조를 거부하는 등 일치의 근거는 '오직 성경'이며, 그중에서도 성경의 문언을 기본으로 해야 하는데 원고의 구체적 언행은 이에 위반된다는 의미로 이해되기도 한다. 그러나 ① "성경으로 돌아가"는 구호는 종교개혁가 마르틴 루터 이후 많은 개신교단이 외치는 공동 구호이고, 여러 상이한 개신교의 교단과 분파들은 스스로가 성경을 기반으로 한 정통성, 본래성을 가진다고 주장하는 과정에서 발생한 점, ② 이렇듯 성서의 문언 자체도 여러 해석이 가능하기에 신학적 연구를 통해 그 본질적, 중추적 의미내용을 밝힐 필요성이 있는 점, ③ 피고 대학교는 순수한 종교단체가 아니라 기독교 이념으로 보편적 진리를 탐구하는 사립학교법상 종합대학으로서 신학과를 통해 위와 같은 연구 기능을 수행하고 있는 점, ④ 그러한 진리 탐구 과정에서 주류의 신학적 견해와 일부 다른 견해를 가진다 하더라도 대한민국 헌법 제22조는 그와 같은 학문의 자유를 기본권으로 보장하고 있는 점 등을 고려하면, 피고가 근거로 든 정관 제1조는 개별적인 상황에서 어떤 행위가 요구되고, 어떤 행위가 금지되는지 쉽게 예측할 수 없을 뿐만 아니라, 신분상 중대한 불이익인 징계처분의 근거가 되는 처벌규범으로서 구체적 표지들을 충분히 갖추었다고 보기 어렵다.

다) 한편, 피고 대학교 신학과의 각 의견서, 피고 대학교의 신학과 교수인 증인 백○○의 증언 등 변론에 현출된 증거를 종합하면, 원고의 모금 활동이나 SNS 게시글, 답변서에서 나타난 '해방신학의 원칙', '불상이든 십자가상이든 종교적 상징물에 불과하다', '한 기독교인의 테러로 고통 받고 있는 한 여승의 얼굴에서 십자가에 달리신 예수 그리스도의 얼굴을 보았다.'는 표현 등은 그리스도의교회 협의회, 피고 대학교 신학과 구성원의 정서에 반하는 면이 있다. 여기에다가 ① 피고 대학교가 기독교 사립학교라는 특수성이 있고, 학교법인인 피고의 사립대학 운영상 자율권이 인정되는 점, ② 신학과 교수는 연구뿐만 아니라 학생에 대한 강의, 지도활동을 통해 특정한 견해나 교리를 전달하기도 하는데 학문의 자유라는 명목으로 사립학교가 추구하고자 하는 일정 이념과 맞지 않는 활동을 무제한 보장하는 것은 사립학교 운영의 자율성, 이를 통한 교육의 다양성을 침해할 위험이 있는 점을 고려하면, 신학적 정체성과 관련된 피고의 주장도 일응 수긍할 여지가 있다.

그러나 ㉠ 사립학교법이 징계사유를 제한하여 법정하고, 그 절차를 엄격히 규정하여 임면권자로부터 교원의 지위를 보장한 제도적 취지, ㉡ 일부 징계사유가 인정된다고 하더라도 교원에 대한 징계권은 공익적 목적을 위해 행사되어야 하고, 징계처분은 비행의 정도에 비하여 균형을 잃어서는 안 된다는 비례성의 법리, ㉢ 증인 백○○는 이 법정에서 원고의 견해를 존중하나 피고 대학교가 아닌 다른 곳에서 활동하길 바란다는 취지를 밝혔는데, '파면'이라는 징계처분은 교원 신분을 전면 박탈하는 점에는 해임과 같으나 그보다 더 중한 징계처분으로서 관련 법령상 원고가 피고 대학교가 아닌 다른 대학교, 공공기관 등에서 활동할 수 있는 자격도 제한할 수 있는 점, ㉣ 파면이라는 최후 수단 외에도 피고는 다른 일부 대학과 같이 신학과 교수의 일정한 신앙적 정체성, 자격 증명, 협의회 내지 교단 소속 등을 요구하는 정관, 복무규정을 마련하고, 교직원으로서 복무기간 중의 의무사항, 금지규정을 보다 구체적으로 정비하여 사립대학 운영의 자율권을 행사하거나, 커리큘럼과 연구센터 개설 등으로 연구 활동의 주제와 방향을 설정할 수 있는 여러 수단이 존재하는 점(피고의 정관이나 교직원 복무 규정상 신앙적 정체성과 관련된 교원 임용자격 제한 규정은 그 동안 존재하지 않았던 것으로 보이고, 피고도 당초 원고가 감리교 소속임을 알면서 교수로 임용하여 신학전문대학원장, 대학원 교학부장 등의 임무를 맡겨 왔다. 피고는 원고가 이 사건으로 교원인사위원회에 회부된 후인 2016.9.26. 비로소 피고의 교원인사규정 제19를 통해 신학전문대학원 교수의 자격을 원칙적으로 그리스도의교회 협의회 소속으로 제한한 것으로 보인다.), ㉤ 원고의 모금 활동 결과 조성된 성금은 결국 불상을 만드는 데 사용되지 않고, 종교간 평화를 위한 모임에 기부된 점, ㉥ 원고의 행위는 종교간 상호존중과 평화라는 공익적 측면이 있는 점 등을 고려하면 가사 일부 징계 사유가 인정된다 하더라도 파면처분은 사회통념상 징계 재량권을 현저히 일탈・남용한 것으로 위법하여 무효라고 봄이 타당하다.

2) 원고의 호소문 위반 부분(생략)

5. 미지급 급여 청구 부분에 관한 판단

가. 임금지급의무의 발생

1) 관련 법리

사용자의 근로자에 대한 파면처분이 무효인 경우에는 그동안 근로계약 관계가 유효하게 계속되고 있었는데도 불구하고 근로자가 사용자의 귀책사유로 말미암아 근로를 제공하지 못한 것이므로 근로자는 민법 제538조 제1

항에 의하여 계속 근로하였을 경우에 받을 수 있는 임금 전부의 지급을 청구할 수 있다.(대법원 1995.11.21.선고94다45753, 45760 판결 참조)

2) 판단

사립 학교법인과 교원과의 임용관계는 원칙적으로 사법적 근로계약관계에 해당한다. 앞서 본 바와 같이 이 사건 파면처분이 무효인 이상 원고가 교수로서 실제로 근로를 제공하지 못하였다고 하더라도 이는 피고의 귀책사유로 말미암은 것이므로, 피고는 원고에게 원고가 계속 근로하였을 경우에 받을 수 있었던 임금 상당액을 지급할 의무가 있다.

나. 임금지급의무의 범위

원고가 파면처분을 받을 당시 월 평균0,000,000원의 급여를 받았던 사실은 당사자 사이에 다툼이 없다. 원고가 교수로 계속 근로하였을 경우 적어도 위 금액 상당액은 받을 수 있었을 것이므로, 피고는 원고에게 파면처분일 이후로서 원고가 구하는 2017.3.1.부터 원고가 복직할 때까지 월0,000,000원 비율로 계산한 돈을 지급할 의무가 있다.

6. 결론

그렇다면 원고의 각 청구는 모두 이유 있으므로 이를 인용하기로 하여 주문과 같이 판결한다.

재판장 판사 김양호

판사 강지성

판사 박예지

## 2. 서울북부지방법원 제1민사부 가처분재판 판결문

사건: 2018카합20158 파면처분효력정지가처분

채권자: 손원영

채무자: 학교법인 환원학원

〈주문〉

이 법원 2017가합23688호 '파면처분 무효확인 등' 청구사건의 본안판결 확정시까지, 채무자가 채권자에게 한 2017.2.20.자 파면처분의 효력을 정지한다.

신청비용은 채무자가 부담한다.

〈신청취지〉

주문과 같다.

〈이유〉

기초사실 (생략)

관련 법률 규정 및 채무자의 정관 등 규정 (생략)

〈판단〉

가. 이 사건 징계처분이 사법심사의 대상이 되는지 여부

채무자는, 이 사건 징계처분은 종교단계의 징계행위에 해당하여 사법심사의 대상이 되지 않으므로, 본안 사건은 소 제기가 부적법하여 각하되어야 하며, 따라서 이 사건 가처분 신청의 피보전권리는 인정될 수 없다고 주장한다.

그러나, 이 사건 징계처분은 종교단체 내부에서 교인으로서의 지위나 권리의무에 관하여 내려진 것이 아니라, 사립학교법에 의하여 보장된 교원의 지위를 박탈하는 것이어서, 사법심사의 대상이 되지 않는다고 할 수 없다. 채무자의 위 주장은 이유 없다.

나. 이 사건 징계처분의 효력

채무자가 이 사건 징계처분의 이유로 삼은 사유는 '채권자의 모금 활동, 언행 등에 나타난 신앙적 정체성' 및 '호소문에서 약속한 사항의 불이행'이라고 요약할 수 있다.

그러나 이러한 징계사유는 그 어느 것도 사립학교법 제61조 제1항에 정한 '징계양정 등에 관한 규칙 별표'에 정한 비위행위에 해당한다고 볼 수 없고, 채무자의 설립목적(정관 제1조)에 표방된 '그리스도의교회 협의회의 환원정신'이라는 종교적 사유에 관련되어 있을 뿐이다.(채무자 스스로 이 사건 징계처분이 종교단체 내부의 징계로서 사법심사의 대상이 될 수 없다고 주장하고 있음은 위 가.항에서 본 바와 같다.)

또한 징계사유 중 일부가 사립학교법 등 위 법령 규정이나 채무자 정관의 규정, 서울기독대학교 복무규정 제29조 제2,3호에 정하여진 징계사유에 해

당한다고 가정하더라도, 채권자의 각 행위의 내용과 동기, 채권자가 호소문에서 약속했던 사항의 내용과 그 약속을 이행하지 못한 경위 등 기록과 심문 전체의 취지에 나타난 제반 사정을 종합하여 볼 때, 사립학교법에 의하여 보장되는 교원의 지위를 박탈하는 이 사건 징계처분은 지나치게 무거워 재량권을 일탈 · 남용한 것으로서 무효라고 볼 여지가 있다.

다. 피보전권리 및 보전의 필요성

따라서 채권자에게 이 사건 징계처분의 효력정지를 구할 피보전권리가 있음이 소명되고, 나아가 기록 및 심문 전체의 취지에 나타난 제반 사정을 종합하여 보면, 가처분으로써 이 사건 징계처분의 효력을 본안판결 확정시까지 정지할 필요성도 있다고 보인다.

〈결론〉

그렇다면 이 사건 신청은 이유 있어 이를 인용하기로 하여, 주문과 같이 결정한다.

2018.9.3.

재판장 판사 김현룡

판사 최상수

판사 김시원

## 3. 서울고등법원 제15민사부(항소심) 판결

사건: 2018나2053697 파면처분무효확인 등

원고, 피항소인: 손원영

피고, 항소인: 학교법인 환원학원

판결선고: 2019.10.11.

〈주문〉

1. 원고의 부대항소를 포함하여 제1심 판결을 아래와 같이 변경한다.

가. 피고가 원고에게 한 2017.2.20.자 파면처분은 무효임을 확인한다.

나. 피고는 원고에게 (생략) 계산한 돈을 지급하라.

2. 소송총비용은 피고가 부담한다.

3. 제1의 나.항은 가집행할 수 있다.

〈청구취지, 항소취지 및 부대항소취지〉(생략)

〈이유〉

제1심 판결의 인용

이 법원이 이 사건에 관하여 실시할 이유는, 제1심 판결 제12쪽 아래에서 네 번째 항의 '이에 대해 피고는'을 '피고의 주장은'으로, 제13쪽 제13행과 제14쪽 제6행의 각 '증인'을 각 '제1심 증인'으로, 제14쪽 제7행의 '이 법정'을 '제

1심 법정'으로, 제17쪽 제3행의 '증제20호'를 '을 제20호증'으로 각 고치고, 제19쪽 제12행의 '의무가 있다.' 다음에 '나아가 이를 바탕으로 원고가 당심에서 제기한 부대항소에 대하여는 당심 판결 제2의 나.항에서 판단한다.'를 추가하며, 아래와 같은 당심에서의 판단을 덧붙이는 외에는 제1심 판결과 같으므로 민사소송법 제420조 본문에 의하여 이를 그대로 인용한다.

2. 덧붙이는 판단

가. 피고의 항소이유에 관한 판단

위 인용 부분에서 살펴본 것처럼 피고가 파면처분의 이유로 들고 있는 원고의 모금 활동, 언행 등으로 나타난 신앙적 정체성이나 원고의 호소문 위반 관련 징계사유는 존재하지 않거나 일부 존재한다고 하더라도 그 징계양정이 사회통념상 현저하게 타당성을 잃어 징계재량권을 남용한 경우에 해당한다고 봄이 타당하고, 피고가 당심에서 지적하거나 추가로 제출하는 을 제15, 20, 30, 36호증이나 을 제38 내지 57호증의 각 기재와 당심 증인 최○○, 엄○○의 각 증언만으로는 이 부분 관련 위 인용 부분에서의 사실관계 인정이나 판단을 뒤집기에 부족하므로, 이에 반하는 취지의 항소이유에 관한 피고 주장은 모두 받아들이지 않는다.

나. 원고의 부대항소에 관한 판단(생략)

3. 결론

따라서 원고의 부대항소를 포함하여 제1심 판결을 위와 같이 변경하기로 하여 주문과 같이 판결한다.

재판장 판사 이동근

판사 송석봉

판사 서삼희

제3부

# 종교와 폭력

—손원영 교수 불법파면 시민토론회

# 1. 자기 편만 사랑하라! : 종교라는 이름의 폭력과 신학교육

이찬수_ 서울대 연구교수, 통일평화연구원

손원영 교수가 대학 당국의 종교적인 입장과 다르다는 이유로 20여년 재직하던 대학에서 파면이라는 중징계를 당한 지 3개월여 지났다. 지난 20여 년은 어떻게 같은 구성원으로 지냈다는 말인가. 손 교수의 파면은 신앙을 빙자한 폭력적 행위이며, 개인으로나 교계로나 사회로나 안타깝기 그지없는 일이다. 이 글에서는 왜 종교의 이름으로 폭력적 행위가 벌어지는지 비판적으로 성찰하고, 종교적 이념을 설립 목적으로 하는 대학에서 종교교육은 무엇이어야 하는지 살펴보고자 한다.

## 1. 피히테와 니어링

그런데 인류의 스승들 중에 자기가 속한 집단에서 쫓겨난 사례는 적지 않다. 멀리는 예수가 그런 분이었고, 가깝게는 변선환 교수가 그런 분이었다. 그리고 독일의 탁월한 철학자 피히테도 종교적 이념으로 인한 '박해'를 받은 적이 있었다고 한다. 그가 1794년 '학자의 사명에 대하여'라는 제목으로 독일 예나대학교 여름학기 강의를 불가피하게 일요일에 진행한 적이 있는데--물론 교회의 예배 시간을 피해 강의를 진행했다고 한다--이를 두고 예나의 종교재판소 및 그 상위 기관인 바이마르 주재판소가 피히테의 일요 공개강의가 공적인 예배를 의도적으로 침해하고, 안식일 조항을 위반했다는 보고서를 제출하면서 문제를 제기했다. 훗날 피히테가 무신론자로 여겨져 나중에 예나대학교를 그만두게 되었던 것도 바로 이와 관련이 있다고 한다.*

지금 보면 웃음도 안 나올 것 같은 일이지만, 220여 년 전 독일은 사실상 기독교 국가나 다름없던 나라였고, 게다가 전반적으로 합리적 계몽이 덜 된 상황이었다는 사실을 떠올리면 이해가 전혀 안 되는 것도 아니다. 그런데 그로부터 220년도 더 지난 21세기의 한국, 그것도 기독교 국가도 아닌 나라에서도 여전히 기독교의 이름으로 그런 일이 여전히 벌어지고 있다는 사실이 한국사회, 특히 개신교계의 후진성을 잘 보여준다.

또 한 사람, 한평생 재물을 멀리하고 겸손한 생태적 협동 사회를 이루며 살다 간 스콧 니어링도 펜실베이니아 대학 워튼 스쿨 교수직에서 '짤린' 적이 있다고 한다. 다음은 그가 통보받은 재임용 불가 통지서이다:

> "친애하는 니어링 씨. 당신의 경제학과 조교수 임용 기한(1914-1915년)이 만료됨에 따라, 펜실베니아 대학 이사회로부터 재임용 불가 소식을 전하라는 지시를 받고 이렇게 연락드리는 바입니다. 행운을 빌며, 에드거 F. 스미스 드림."**

뜻밖에 이런 재임용 불가 통지서를 받은 니어링은 이런 소회가 들었다고 한다.

* 서정혁, 「자유와 실천의 철학자, 피히테」, 요한 G. 피히테, 『학자의 사명에 관한 몇 차례의 강의』, 책세상, 2002, 121쪽.

** 스콧 니어링 지음, 김라합 옮김, 『스콧 니어링 자서전』, 실천문학사, 2006, 180쪽.

> 나는 사전 예고는 물론 문책 사유도, 심사도, 재심청구권도 없이 9년 동안 일해 온 직장에서 해고당한 것이었다. … 대학 당국은 학위수여식이 끝나 교수진과 학생들이 방학을 해 흩어지기를 … 기다렸다가 해임을 알리는 짤막한 통지를 보내온 것이다. 해임 사유는 물론 유감의 말 한마디, 통상적인 인사치레 한마디 없이 말이다. 펜실베이니아 대학 당국의 이런 처사는 당하는 교수 입장에서 보면 부당하기 짝이 없고, 조직사회의 구성원 입장에서 보면 비열하고 악의에 찬 행위였다.*

사실 니어링이 대학에서 해임된 것은 그의 사회주의적, 반전 평화주의적 성향 때문이었다. 특히 일차대전에 참전하기로 한 미국 상황에서 그가 벌인 반전운동이 주요 원인이었다. 전쟁을 도모하는 국가 상황에 반대하는 사람에 대한 무언의 압력이 니어링의 학교로 전달되었고, 학교는 '알아서' 그러한 분위기와 타협하고 그에 호응했던 것이다.

명백한 이유도 없이 니어링이 약식 해임 처리되었다는 소식은 신문들을 통해 전국으로 알려졌고, 대학에 대한 비난도 곳곳에서 일어났다. 하지만 대학은 변명은커녕 내내 침묵으로 일관했다. 그로 인해 니어링이 받은 마음의 상처는 적지 않았던 것으로 보인다. 자서전에서 이 사건을 약 35쪽(우리말 번역서 기준)에 걸쳐 다루고 있으니 말이다.

### 2. 손원영

손원영 교수 사건도 대동소이했다. 손 교수는 지난 2017년 2월 20일 자로

* 스콧 니어링, 위의 책, 같은 쪽.

20여 년 재직하던 대학에서 파면을 당했다. 파면의 직접적인 이유는 주지하다시피 2016년 1월 개운사를 심하게 훼손한 개신교인의 난동에 마음 아파하면서 손 교수가 SNS를 통해 '개운사 불당회복을 위한 모금'을 진행한 일이 비기독교적이라는 학교 측의 판단 때문이었다. 그런데 손 교수의 행동은 정말 비기독교적인 행동일까. 손 교수는 훼불 사건 소식을 접한 후 ① '예수라면 어떻게 했을까'를 생각하다가, ② '하나님은 억압받는 이를 더 사랑하시는 분이니 피해자와 연대해 고통을 나누어야겠다'고 판단했고, ③ '종교 차별은 헌법 정신에 비추어 보더라도 일어나서는 안 된다는 시민 사회적 의무가 떠올랐다'고 한다. 그래서 SNS상에서 개운사 회복을 위한 모금 운동을 전개했다. 기독교인다운 행동일뿐더러 박수받을 일로 여겨진다.

그렇지만 손 교수가 속한 대학과 교단 내 '그리스도의교회 협의회'는 손 교수의 행동이 학교와 교단의 정체성에 어울리지 않는다는 이유로 도리어 징계 절차에 착수했다. 손 교수는 해방신학자 및 자유주의신학자로서 학교의 설립이념과 맞지 않는다는 것이었다. 특히 손 교수가 성서의 문자주의적 흐름을 경계하면서 "불상이나 십자가상이나 성모상은 각 종교의 진리세계를 표현한 하나의 상징물이요 종교적인 예술작품"이라고 했고, "한 기독교인의 테러로 고통을 받고 있는 한 여승의 얼굴에서 십자가에 달리신 예수 그리스도의 얼굴을 보았다"는 발언을 한 바 있는데, 이런 것들이 교단(그리스도의교회)의 정서 및 정체성에 어긋난다는 것이었다. 이런 언행이 교단의 전통과 정서로 볼 때는 우상숭배에 준하는 행동이라는 것이다.

고통스러워하는 누군가의 얼굴에서 예수의 십자가 고통을 보고, 그 고통을 줄이는 일에 동참하는 일이 어째서 잘못이라는 말일까. 아마도 교단 측 징계위원들도 정작 교회에서는 이웃의 고통과 함께해야 한다고 설교했던 적이 많이 있을 것이다. 다만 폭력적인 훼불 사건을 안 직후 손 교수에게 떠오른 얼굴이 고통스러워하는 '스님'이었다는 사실이 불교가 무엇인지 한 번도 생각해본 적이 없는 교단 측 인사들에게는 그저 불편하게 다가왔을 것이다. 손 교수가 도와주고자 했던 곳이 교단 측 인사들로서는 한 번도 염두에 둔 적 없는 불교 사찰이라는 사실이 그저 어색했을 것이다. 그런 심리적 정서 내지 문화적 어색함을 학교와 교단 측 인사들이 쉽사리 종교적 죄로 둔갑시킨 것이 아닐까 싶다.

하지만 사람의 아픔에 동참하는 행위를 우상숭배에 준하는 행동처럼 여긴 처사야말로, 예수의 삶을 기준으로 보면, 도리어 범죄 행위로 보인다. 종교 언어를 떠나 일반 시민사회의 눈으로 보면, 학교와 교단 측의 처사는 편협함을 넘어서 사회적 범죄처럼 느껴질 만한 행동으로 보인다. 나아가 고통당하는 이들 두 번 죽이는 일이기도 하다. 교단 측 징계위원들은 도대체 예수를 어떤 분으로 생각하기에 예수의 이름을 팔아 사람을 몰아내는 것일까.

## 3. 예수와 기독교인

예수는 누구인가? 사람의 눈에는 하느님과 거리가 먼 죄인들처럼 보일지 모르지만 실상 하느님은 도리어 죄인들을 더 사랑하신다는 사실을 온몸으로 선포하고 보여준 분이다. '하느님이 자비하시니 여러분도 자비롭게 되어야 한다'며 자비를 실천한 분이다. '자비'의 '자'(慈)는 기쁨을 더해주고 '비'(悲)는 슬픔을 덜어주는 행위로서, 본래는 불교 용어이다. '사랑'과 이음동의어인 것이다. 사랑과 자비의 예수는 우리에게 잘못한 이웃의 행동에 대해 '일흔 번씩 일곱 번이라도' 용서해주어야 한다고 가르치다가 죽어갔다. 당시 종교적 기준으로 보면 상종해서는 안 될 죄인들과의 '거리'를 스스로 없애는 삶을 산 것이다.

이러한 예수를 따른다는 것은, 신학적인 용어를 구사하자면, 하느님은 한 분이라는 사실과 그 보이지 않는 하느님을 결정적으로 드러내 보여준 이가 예수라고 고백하면서 그 삶을 따라 살기로 작정하는 것이다. 하느님이 한 분이라는 것은 하느님이 모든 곳에 계신다는 뜻이다. 하느님이 계시지 않는 곳이 어디 있던가? 불교 안에는 하느님이 없단 말인가? 하느님이 없는 곳이 있다면 그 하느님은 무한자가 아니라, 제한된 유한자일 것이다.

물론 이것은 기독교의 해석적 언어다. 문제는 교단 측 징계위원들은 하느님을 자신의 판단 안에 가두고 자신의 결정을 정당화시켜 주는 제한적 유한자 정도로 생각하고도 아무렇지도 않아 한다는 것이다. 그리고 그런 생각을 가진 이들이 사실상 교회의 주류를 형성하고 있다는 것이다. 더 큰 문제는 교회 안에서도 벌어져서는 안 되는 일을 사실상 공적 영역이 강한 대학 안에서 버젓이 행하고 있다는 사실이다. 정말 잃은 양 한 마리를 찾아 헤매는 예수 같은 마음이 조금이라도 있었다면 도무지 하지 못했을 일을 대사회적인 선전포고를 하듯이 언론과 인터뷰까지 버젓이 한다는 것이다. '외형'만 목사일 뿐, 조직 내에서 자리를 보전하는 데 익숙한 이들이 아니고서야, 어찌 이웃의 고통을 나누자는 사람을 예수의 이름으로 내몰 수 있다는 말인가.

### 4. 우상을 숭배한다는 것

손 교수가 우상숭배에 준하는 행동을 했다는 말도 무지한 판단이기는 마찬가지다. 우상을 숭배한다는 것을 오늘날의 언어로 풀면 어떤 것이든 하나님보다 더 높인다는 뜻이다. 그래서 신약성서에서 우상숭배라는 말은 '음행', '탐욕' 등 '세상적인 일에 마음을 쓰는 행동'을 가리키는 비유적 표현 정도로만 쓰인다. 오늘날의 우상숭배란 하나님을 인간적인 욕심 안에 가두는 행위를 말한다. 보통 때는 하늘에 모셔 두고 무관심해하다가 아쉬울 때 자기 이익을 위해 '하느님, 예수님' 하며 찾는 그런 수준이라면 하느님을 자신의 욕심 안에 가두는 행위이니, 그것이야말로 우상숭배가 된다는 것이다. 어느 누가 흙이나 청동으로 만든 형상물 자체를 신이라 생각하고 그것에서 복을 구하겠는가? 또 그런 이가 있다 한들 얼마나 되겠는가? 형상에 절을 한다는 것은 형상 너머의 진리에 대한 경외의 표시다. 창을 통해 밖의 경치를 보듯이, 형상 너머의 진리를 형상을 통해 보고자 하는 행위인 것이다. 진리를 보여주기에 소중하기도 한 것이다. 만일 자신의 종교적 입장에서 볼 때 어색하거나 이해가 되지 않는다면, 그들은 왜 그런 행위를 하는지 일단 이해는 해 보려고 해야 할 일이다.

그런데 그 형상을 숭배한 것도 아닐뿐더러, 같은 기독교인의 이름으로 벌인 훼불 때문에 괴로워하는 불자에게 미안함을 표현하고 아픔에 함께 하는 행위에 우상숭배 운운하는 딱지를 붙여 놓다니, 참으로 무지한 폭력이 아닐 수 없다. 자신의 신념에 맞지 않으면 쉽사리 단죄하는 이런 행위야말로 그렇게 단죄되어서 죽은 예수를 오늘 다시 죽이는 행위가 아닐 수 없다. 이른바 기독교인은 죄인처럼 죽은 예수가 도리어 의인이라고 믿는 이들이지만, 현실에서 기독교인 상당수는 이런 식으로 여전히 예수를 단죄하는 자리에 선다. 율법의 이름으로, 신앙의 이름으로 사람을 '죽이는' 사례가 여전히 한국 사회에서 횡행하고 있는 것이다.

하느님이 계시지 않은 곳이 어디 있는가. 하느님은 무소부재하다고 하지 않는가: "그분은 만물 위에 계시고 만물을 꿰뚫어 계시며 만물 안에 계신다." (에베소서 4,6) 당연히 세상천지는 하느님의 일터이다. 깊은 진리를 발견하고 그것을 통해 인생의 전환을 경험해 온 다른 종교인들을 무시하거나 배타하기보다는 그곳에서 일하시는 하느님의 모습을 볼 수 있어야 한다. '속되고 더러운 것을 먹은 적도 없고 먹을 수도 없다'며 자신하던 베드로에게 들려온 하늘의 음성을 오늘날 기독교인은 늘 되새겨야 하는 것이다: "하느님께서 깨끗하게 하신 것을 네가 속되다고 하지 말라."(사도행전 10,15) 정말 속된 것은 속되지 않은 것을 속되다고 쉽사리 판단하는 무지일 것이다.

## 5. 악의 평범성

이런 일은 왜 벌어지는 것일까. 이즈음 가장 실감나는 표현은 한나 아렌트가 쓴 재판 보고서, 『예루살렘의 아이히만』에 달린 부제이다: '악의 평범성에 대한 보고서.' 유대인 철학자 아렌트는 나치 치하 유대인 대학살의 주범이라 할 수 있을 아이히만에 대한 재판을 참관하면서 그런 끔찍한 일을 주도했던 이가 어떻게 그토록 죄의식 없는 평범한 모습을 하고 있는지 놀랐다고 한다. 그러면서 그 이유를 이렇게 규정했다: "그는 단지 자기가 무엇을 하고 있는지 전혀 깨닫지 못한 것이다."* 개인적으로 보면 자기 일에 각별히 근면하고 아주 평범한 사람이었지만, 수백 만 명을 죽음으로 내몰 수 있었던 이유는 '자기가 무슨 일을 하는지 깨닫지 못했기 때문'이라는 것이다. 아렌트는 이것을 전체주의적 분위기에 휩쓸리던 데서 벗어나 새로운 일을 시작할 수 있는 능력이 결여된 탓이라고 풀기도 한다.

물론 아이히만과 같이 무지한 불감증으로 인한 죽임의 현장도 문제이지만, 무관심하게 고통의 현장을 방치하는 무지도 그에 못지않은 문제가 아닐 수 없다. 남을 죽이고도 정당해하는 무지와 고통의 현장을 무관심으로 방조함으로써 그 고통의 현장을 강화시키는 무지는 크게 다르지 않은 것이다. 무

* 한나 아렌트 지음, 김선욱 옮김, 『예루살렘의 아이히만-악의 평범성에 대한 보고서』, 한길사, 2006, 391쪽.

지한 참여가 악을 만들고, 무관심이 개인의 착각으로 끝나고 말 악을 사회적 세력으로 확장시켜 놓는 것이다. 손 교수의 징계에 침묵하거나 동조한 대학과 교단의 구성원들도 직접 징계한 이들과 과히 다르지 않아 보인다. 초기에 한두 마디씩만 거들어도 벌어지지 않을 수 있을 일인데, 주변에서 침묵하면 무지한 폭력이 당연한 정의인 양 정당화된다.

## 6. 종교라는 이름의 욕망과 교육

손 교수를 몰아내기 위해 애쓴 이들도 다른 시각에서 보면 맡은 일 열심히 하는 사회의 한 구성원일 수 있다. 그들도 이런저런 사람들과 관계 맺으며 평범하게 살아가는 한 시민일 수 있다. 그런데 그런 사람들 사이에 균열은 왜 생기는 것일까? 그 원인 중 하나가 남을 이기고 싶은, 자기보다 나아 보이는 어떤 것을 수용하지 못하는 질투 때문일 수도 있다. 질투는 자기가 최고이고 싶으나 최고일 수 없다는 현실에서 오는 '콤플렉스'의 다른 이름이자, 이기적 욕망의 이면인 것이다.

욕망, 질투 자체는 생물학적 본성의 작용 내지 결과라는 점에서 그 자체를 탓할 수는 없다. 그러나 그것이 타자의 자유와 권리를 억압하는 형태로 나타나는 현상은 탓해야 한다. 그리고 실제로 그런 일이 일어나지 않도록 해야 한다. 타자를 억압하지 않는 것이 인간된 도리임을 가르치는 것이 소극적 차원에서의 교육의 역할이자 사명이라면, 적극적으로 이웃과 함께 할 수 있는 행위는 종교윤리의 근간이다.

"내가 서고자 하면 남도 세워주고 내가 도달하고자 하면 남도 도달하게 하는 것이 인"(夫仁者 己欲立而立人 己欲達而達人, 『논어』「옹야」)이라는 공자의 사상은 나를 내세우고 싶을 때 도리어 스스로를 제한해 남도 같이 서게 하는 교육 원리는 물론 자기부정을 통한 자기긍정이라는 종교 원리도 적절히 함축하고 있다. 그리고 자신의 자유를 제한해 이웃의 자유를 보증함으로써 우리 모두의 자유를 이루어 간다는, 인간 자유의 두 가지 차원과도 상통한다.

어찌 보면 당연하지만 '자유'에는 어떤 속박이라는 의존성으로부터 벗어난 상태, 즉 '~으로부터의 자유'(freedom from)와 그 속박으로부터 벗어났음에도 불구하고 이웃과의 관계 안에 스스로를 구속시킬 줄 아는 '~으로의 자유'(freedom to), 두 차원이 있다. 전자가 소극적 자유라면, 후자는 적극적 자유이다. 이들은 별개의 어떤 것이 아니라, 연속적 혹은 단계적이다. 인간이 어떤 것으로부터 자유로운 한, 도리어 그 어떤 것과 관계를 맺고 그 관계 안에 자신을 구속시킬 수 있는 것이다. 그렇게 보면 후자가 진정한 의미의 자유이며, 종교교육의 주된 목표가 된다.

교육이 인간을 인간 되게 해주는 근거, 즉 인간성을 회복하고 증진시키는 방식으로 미숙한 인간에서 성숙한 인간으로 나아가게 하는 과정이라면, 참으로 자기를 떠나 이웃과의 긍정적 관계에 자신을 내어줄 줄 아는 적극적 자유는 교육의 근간이 아닐 수 없다. 더 나아가 자기 안에서 진정한 자신을 발견하게 하는 것은 교육이되, '종교적' 교육이고 진짜 '신앙적' 교육기도 하다. 그런 의미의 종교교육은 소극적 자유를 전제하면서도, 더 나아가 이웃과의 관계를 적절히 맺고 세계를 풍요롭게 하기 위해 스스로의 자유를 제한할 줄 아는 적극적 자유의 능력을 배양하는 데 목적이 있다고 할 수 있다. 이 마당에 소극적 자유마저 억압하는 것은 수직적 신분사회에서라면 혹시 가능할 수 있었겠으나, 수평적으로 분화되어 자유야말로 인간의 기본 권리에 속한다는 것을 사회 전체가 증언해 주는 현대 사회에서는 결코 있어서는 안 되는 일이다. 그것이 아무리 교단에서 설립한 신학교라 하더라도, 사회와 호흡하고 사회의 건강한 지성을 수용하며 이루어져야 한다. 손 교수가 속한 대학은 신학과 진리, 교단의 정체성을 내세우며 자신의 행위를 정당화했지만, 이미 사회에서는 학교 측의 행위를 배타적 자기중심주의로 가득 찬 비 진리의 전형으로 여기는 중이다.

## 7. 종교교육의 범주적 오류

그럼에도 불구하고 타인의 자유를 무시하면서도 정당화하는 모습을 우리는 종종 만나는데, 주로 제도화된 종교가 범하는 오류이다. 흔히 종교인들은 구체적 경험 너머의 세계마저 일상 언어로 구성된 '개념'(concepts) 안에 다 담긴다고 착각한다. 하지만 저 너머의 세계는 '이념'(ideas)의 차원, 즉 현실적 개념들을 근거 짓고 규제하는 원리적 측면으로서, 경험 세계와 구분된다. 비트겐슈타인도 일상 언어는 실제로 관찰할 수 있는 사실에 대해서만 유의미한 명제가 될 수 있으며, 세계의 근원과 같은 것에 관한 것은 언어의 한계 '밖'에 존재하는 것으로 보았다. 간추려 말하자면, 이른바 초월과 절대의 세계는 일상 언어로 규제하고 강요할 수 없다는 것이다. 그런데 이들을 혼동하다 보니, 공교육에서조차 '창학 정신'을 구현한다는 명목 하에 '이념적' 혹은 초월적 차원의 특정 신앙을 강요하는 일이 비일비재하게 이루어지는 것이다.

물론 신앙적 실천을 강요하는 형태의 종교교육이 불가능한 것은 아니지만, 어디까지나 그것은 동일한 신념을 따르거나 따르기를 원하는 사람들 안에서 가능한 일이다. 하지만 애당초 다양한 신념이나 이념이 뒤섞여 있는 집단, 예를 들어 공적이어야 할 교육기관의 경우에는 불가능하다. 아무리 신학교라 하더라도–엄밀히 말하면 신학교이기에 더욱이나 공적 영역을 존중해야 하지만–"종교의 자유"를 보장하는 최상위 법인 헌법의 원리에 비추어보면, 타자를 무시하는 교육은 정말 곤란하다. 오늘날의 종교교육은 인간 개인의 자유를 전제하는 가운데 이웃의 자유, 이웃과의 관계, 세계의 풍요를 위해 스스로의 자유를 제한할 수 있는 능력을 키워주는 데 목표를 두어야 한다. 그런데 정말 그와 같은 교육이 이루어지고 그 효과가 구체화된다면, 그렇게 이웃을 존중하는 행위만큼 '종교적인' 교육이 또 어디 있겠는가.

더욱이 다양한 세계관을 가진 이들이 모여 사는 사회라면, 설명 체계와 방식도 다양할수록 설득력도 높아진다. 당연히 종교적 다양성을 인정하고 전제하는 가운데 절대적 세계를 찾고자 하는 인간의 모습을 다양한 각도에서 제시하는 것이 훌륭한 종교교육이 된다. 인간에게는 물질 너머 혹은 물질 이전의 세계를 추구하고, 이타적 실천 속에서도 기쁨을 찾을 수 있는 능력이 있음을 알려주는, 그런 의미의 종교교육이어야 하는 것이다. 그것이 종교의 자유를 보장하는 헌법의 정신을 살리면서 저마다의 실천적 선교 현장도 보호하는 공평한 자리가 될 것이다. 그런 점에서 불자의 아픔에 대한 손 교수의 공감적 실천은 그 자체로 대단히 교육적이고 신앙적인 행동이 아닐 수 없다.

## 8. 종교적 다양성과 종교다원주의

오늘날 주류 기독교계에서 이해하지도 않고 이해해 보려고 하지도 않은 채 '알레르기' 반응을 보이는 언어 중 하나가 종교다원주의라는 말이다. 이해해 본 적이 없기 때문에 다른 종교에 우호적인 사람만 보면 종교다원주의자라는 이상한 딱지를 붙이곤 한다. 이런 행동 자체가 기독교가 우리 사회의 주류 지성에서 도리어 밀려나고 있다는 증거다. 현 사회는 종교적 다양성을 존중해야 하는 다원적 사회일 수밖에 없다. 굳이 종교다원주의라는 말을 해설한다면, 그것은 다양한 종교현상들에 대한 긍정적 이해 속에서 자신의 정체성을 새롭게 유지하려는-무너뜨리는 것이 아닌-입장이자, 현 시대의 기초

담론인 것이다. 종교다원주의는 18세기 이후 진행되어 온 계몽주의, 역사주의, 과학주의를 통해 급격하게 세속화해 온 사회 분위기 속에서 종교의 언어를 진지하게 살려내려는 일련의 표현인 것이다.

칸트 이래 주지의 사실이 되었지만, 현상세계 내 존재인 인간은 초월의 세계를 '알 수 없다.' 다만 우리의 이념(ideas)을 통해 '생각하고 요청할 수 있을 뿐'이다. 이러한 사고방식이 대세가 되어 가면서 초월적 세계에 대한 표현이 다양할 수밖에 없다는 것이 오늘날 지성계의 기본이 되어 오지 않았던가. 앞에서도 보았던 비트겐슈타인 역시 인간의 언어는 하나의 관점에서 부분적으로만 실재를 표현할 수밖에 없는 까닭에, 진술된 진리는 언제나 제한적이고 비절대적이라는 사실을 강하게 보여주었다. 여기다가 가다머(Gadamer, 1900-2002), 리쾨르(Ricoeur, 1913-2005) 같은 철학자들이 발전시킨 해석학적 통찰에 따르면, 인간의 지식이라는 것은 늘 해석된 지식으로서, 우리는 어떤 사물을 파악할 때 자기 나름의 인식의 틀을 통해서 해석하기 때문에 인식하는 사람과 인식된 것은 불가분의 관계라는 사실을 구체적으로 보여주었다. 완전한 절대주의, 순수한 객관주의라는 것은 더 이상 받아들여지지 않는 세상이 된 것이다. 진리는 '대화적'이고 '관계적'인 것일 수밖에 없다는 사실을 대다수 사람들이 받아들이는 세상으로 급격하게 전환하고 있고 이미 그렇게 전환해 있는 것이다.

절대주의가 사라지면서 필연적으로 등장한 입장은 타자에 대한 긍정, 개성의 존중, 자유의 인정이다. 이런 것을 인정하지 않는 듯한 종교현상은 비합리적이고 무의미한 어떤 현상으로 평가절하 되었고, 종교는 이러한 현상과 함께 호흡함으로써만 비로소 종교일 수 있게 된다고 믿는 사회 안에 우리는 살고 있다. 자신의 입장을 남에게 강제로 주입시키는 시대가 더 이상 아니라는 말이다. 정치, 경제적으로 미국이 제국주의나 다름없는 위력을 여전

손원영교수불법파면시민대책위원회주관시민대토론회 종합토론(2017년 5월 26일)

히 행사하고 있지만, 사람들의 사고방식은 더 이상 그런 것이 통용되지 않고 또 통용되어서는 안 된다는 것으로 모아진다. 남의 자유를 억압하는 제국주의적 행태가 근본적으로 지탄받는 세상에 우리는 살고 있다. 이것이 현대사회 교육 현장에서 가르쳐지고 길러져야 하는[教育] 핵심이다. 이런 정신을 소화하고 교육하고 실천해 온 손 교수는 자유주의 신학자, 해방신학자이기에--사실 멋진 칭송이어야 할 표현 아닌가--자신들의 정체성과 맞지 않는다는 딱지를 붙이는 대학과 교단의 수준이 안타깝기 그지없게 느껴진다.

### 9. 종교간 대화와 학문적 자유

남을 인정하지 않는 종교적 가르침은 더 이상 종교적 가르침으로 살아남지 못한다. 나의 입장을 전하고자 한다면 남의 입장을 존중해야 한다. 선교도 일방통행 식 선교가 아니라 내가 말하고자 할 때 남에게서 들을 자세를 전제하는 양방 통행 식이어야 한다. 한마디로 '상호 선교'인 것이다. 상대방의 자유를 인정하지 않고서 나의 자유를 주장할 수 없기도 마찬가지인 까닭에, 나의 개성, 인권을 존중받으려면, 남의 개성과 인권을 존중할 수 있어야 한다. 종교는 어떤 제도나 교리의 차원으로만 이해되어서는 곤란하며, 참으로 자신을 비워 이웃을 담아내는, 이웃 존중, 생명 회복의 행위 자체이다. 이런 입장에 충실할 때 인간이 참으로 인간의 자리에 서게 되고, 종교적 진리가 종교적 진리로 선포될 수 있는 것이다.

그럼에도 불구하고 우리 사회에, 특히 이러한 가르침이 실행되어야 할 대학 안에서조차 이러한 종교교육 원리와 반대되는 일이 여전히 벌어지는 현실적인 이유를 꼽자면, 학문의 자유, 건전한 지성을 침해하는 세력에 대한 견제장치가 결여된 까닭이기도 할 것이다. 물론 견제장치는 단순히 제도의 유무 문제가 아니다. 제도도 사람이 운영하는 이상, 운영하는 사람의 관심 속에서만 효력을 지니는 것이기 때문이다. 제도가 있어도 적절히 운영하지 않거나 방조하면 없느니만 못하다. 특히 대학에서의 학문과 사상의 자유와 관련하여 제도의 유무보다 더 큰 문제는 학자들의 몰양심과 이웃에 대한 무관심이다. 앞에서도 말했지만, 이웃에서 벌어진 사건을 외면하다가 자기도 모르는 사이에 그 사건을 정당화시켜 주는 반학문적 모순을 스스로 범하는 것이다. 종교적 배타주의 자체도 큰 문제이지만, 이웃에 대한 무관심, 동료의식의 실종, 소극적 개인주의 의식의 확대 등도 적극적 학문의 자유를 억압하고 있는 것이다. 피히테가 학자의 본분을 "자신이 살고 있는 시대에서 도덕적으로 가장 선한 사람이어야 하며" 그 학자의 사명은 "보편적으로 인류의 현실적 진보에 최대한 주의를 기울이고 이러한 진보를 항구적으로 촉진하는 것"이라고 규정했는데,* 지극히 평범한 규정이야말로 대학에서 가르치

* 요한 G. 피히테, 앞의 책, 84쪽, 92쪽.

는 이들이 견지해야 할 기초가 아닐 수 없다.

대학은 말 그대로 '큰 배움' 혹은 '큰 학문'이다. 그런데도 말 그대로 큰 학문이어야 할 대학에서 학문이 초라해지는 이유는 학자 자신의 학문에 대한 부정직함 때문이다. 그 부정직함은 학문을 학문의 논리가 아닌, 시장의 논리에 따라 움직이는 사회적 흐름에 휩쓸리게 만든다. 금력과 권력에 타협하는 것이다. 이것은 거꾸로 금력과 권력으로부터 자유로울 때, 그리고 그런 이들이 모인 대학일 때 학문의 진정한 자유가 이루어질 수 있음을 뜻한다. 그런 점에서 학문은 '종교' 내지 '신앙'과 통한다. 금력이나 권력에 타협하지 않는 학자의 불꽃같은 눈이 학문을 자유롭게 하고 학교를 정화하는 견제장치가 되는 것이다.

## 10. 한 사람이 백 명보다 훌륭하다

신앙을 제도 안에 가두고, 제도를 욕망 충족의 수단으로 삼는 이들, 그리고 그 옆에서 기생하는 이들이 종교의 이름으로 사람을 죽인다. 다원적 종교 세상에서 횡행하는 종교적 배타성은 그 배타성을 수단으로 해서 자신의 생존을 도모하려는 이기성의 발로이다. 당연히 어떻게든지 내면의 소리에 대해 정직하고 이웃을 배려할 수 있을 때, 학문이 서고 학교도 산다. 종교적이고 교육적인, 그런 의미의 대학이 될 수 있도록 하기 위한 노력이 어느 때보다 절실하다. 그런데 손 교수를 파면한 대학은 그 반대의 길을 가려 하는 것 같다. 어디까지 나아갈 수 있을지는 더 두고 보아야 할 것 같다. 분명한 것은 지금으로서는 손 교수 한 사람이 손 교수를 파면한 대학과 교단 전체보다 더 옳아 보인다는 것이다.

# 2. 종교 폭력의 원인과 대안

이도흠_ 한양대학교 교수, 국문과

## 1. 머리말

한 기독교인이 개운사의 불상을 훼손한 것도 폭력이고, 서울기독대학교가 모금운동으로 종교 사이의 화해와 평화를 도모한 손원영 교수를 파면한 것도 폭력이다. 모든 종교가 화해와 평화, 자비, 관용을 주창하고 지향한다. 그럼에도 왜 종교전쟁, 인종청소, 희생제의, 이웃종교/신자에 대한 응징과 정복 등 종교 폭력이 끊이지 않는가. 그 원인은 무엇인가. 이에 갈퉁(Galtung, 1930- )의 논의를 비판적으로 수용하고 보완하여 폭력을 직접적 폭력, 구조적 폭력, 문화적 폭력, 생태적 폭력으로 나누고 각 유형별로 원인과 대안을 모색하고자 한다.

## 2. 폭력의 유형

모이어(K. Moyer, 1919- ), 나르덴(T. Nardin, 1942- ) 등 갈퉁 이전의 폭력에 대한 정의는 "제도화한 행위 유형에서 일탈하여 타인에게 물리적 피해를 가하는 공격적 행위"라는 데서 크게 벗어나지 않았다. 이런 정의는 배제나 소외, 왕따와 같은 정신적이고 심리적인 폭력을 다루지 못하며, 국가나 지배 권력의 폭력을 정당한 것으로 간주하며, 폭력을 낳은 근인인 사회적 제도나 불평등 문제 등 구조적 요인은 성찰하지 못한다.

요한 갈퉁(Johan Galtung)은 직접적이고 물리적인 폭력과 함께 구조적 폭력(structural violence)과 문화적 폭력(cultural violence) 개념을 설정한다. '구조적 폭력'이란 '(인간이) 지금 처해 있는 상태와 지금과 다른 상태로 될 수 있는 것, 잠재적인 것과 실제적인 것 사이의 차이를 형성하는 요인'*이다. 위암 때문에 병원에서 수술을 받다가 실패하여 죽는 것은 자연사에 가깝지만, 제때 수술하면 살릴 수 있는데 수술비가 없다는 이유로 치료를 받지 못하여 죽는다면 이것은 구조적 폭력에 희생된 죽음이다. 인간답게 존엄하게 살려고 하고 모든 구속으로부터 자유롭고자 하는 인간에게 '피할 수도 있는 모독'을 가하는 것이다. 자원을 불평등하게 분배하고 착취하는 것, 민중의 자율성이나 자치권 확보를 저지하는 것, 여성과 장애인, 성소수자, 이주노동자를 차별하고 탄압하는 것, 피지배계층을 서로 분열시키고 갈등하게 하는 것, 노동자를 사회에서 일탈시키고 소외시키는 것, 더 넓게는 강대국이 약소국을 종속 관계로 놓고 수탈하는 것 모두 구조적 폭력의 양상이다.

문화적 폭력이란 "종교와 이데올로기, 언어와 예술, 경험과학과 형식과학 등 직접적 폭력이나 구조적 폭력을 정당화하거나 합법화하는 데 사용될 수 있는 우리 존재의 상징적 영역이자 문화적 양상"**이다. "가난은 게으름 때문이다", "경제 위기는 노동자 파업 때문이다", "성소수자는 비정상이다" 식의 담론, 십자가, 국기와 국가, 사열식, 지도자의 선동적인 연설과 포스터 등이

* Johan Galtung, "Violence, Peace, and Peace Research," *Journal of Peace Research*, Vol.6, No.3, 1969, p. 168.

** Johan Galtung, "Cultural Violence," *Journal of Peace Research*, Vol.27, No.3, 1990, pp. 291-295.

이에 속한다.

소극적 평화가 전쟁과 직접적 폭력이 없는 상태를 말한다면 적극적 평화는 경제적 복지와 평등, 정의, 자연과 조화 등이 달성되어 인간의 기본적 욕구가 충족되는 상태를 의미한다. 이는 거꾸로 이들이 주어지지 않는다면 평화는 요원함을 뜻한다. 그러니 진정한 평화란 구조적 폭력이 제거된 상태이다.

갈퉁은 제1세계 및 지배 권력의 폭력, 직접적이고 물리적인 폭력만이 아니라 간접적이고 제도적인 폭력, 지배 권력의 폭력을 정당화하는 문화적 맥락, 구조적 요인도 분석하고 비판할 수 있는 길을 열었으며, 평화도 전쟁과 직접적 폭력이 없는 상태라는 소극적 평화가 아니라 구조적 폭력을 제거한 상태라는 적극적 평화의 개념을 제시했다.

하지만 갈퉁의 이론 또한 한계가 있다. 무엇보다도 그의 이론은 대다수 서양 이론처럼 실체론을 넘어서지 못하며, 이분법에 얽매여 있다. 폭력은 강자(top dog)가 약자(under dog)에게 일방적으로, 정적(靜的)으로 행하는 것이 아니다. 폭력은 사람과 사람, 집단과 집단, 국가와 국가 '사이에서' 발생한다. 처음 만난 사람끼리 나이나 학번을 물어본 후 연장자가 말을 놓고, 접촉사고가 난 후에 상대방 운전자가 여성이면 남성 운전자의 목소리가 커진다. 이처럼 사람과 사람 사이에 나이, 지식, 사회적 지위, 자본 능력, 젠더 등이 권력을 형성하여 양자를 갑과 을의 관계에 놓이게 한다. 때로는 남성 운전자에게 면박을 받던 여성 운전자가 남성 운전자에 대해 '나이도 어린 놈이…' 운운하며 삿대질을 하는 데서 보듯, 사람들은 자신의 불리한 권력 관계는 숨기고 유리한 권력 관계를 내세우며 갑의 입장에 서려 한다. 이렇듯 일상에 미시적 권력 관계가 스며들어 있다.

폭력은 또 일방적인 것이 아니라, 역동적이고 생성적이다. 나무젓가락도

약하게 힘을 주면 부러지지 않는다. 누르는 힘(압력)에 버티는 힘(저항력)이 맞서기 때문이다. 이처럼 힘은 누르는 힘과 버티는 힘, 억압과 저항의 역학 관계에서 발생한다. 말 그대로 지렁이도 밟으면 꿈틀한다. 아무리 약자라도 강자에 맞서 저항하면 강자는 움찔하기 마련이다. 갑과 을은 상대에 따라, 행위자 사이의 역학관계에 따라 요동친다. 권력이 있는 곳에 저항이 있기 마련이어서 갑과 을이 전복되기도 하지만, 임계점 이하의 저항이 외려 권력을 강화하기도 한다. 개인과 개인 사이든, 지배층과 피지배층의 사이든, 국가와 시민의 사이든, 국가와 국가의 사이든, 누르는 힘과 버티는 힘 사이의 균형이 유지되는 임계점 이상의 저항을 해야만 권력 관계가 해체된다.

이에 폭력을 불교의 연기론에 따라 역동적이고 생성적인 관점에서 재정립할 필요가 있다. "폭력이란 사람이나 집단 사이에서 누르는 힘과 버티는 힘의 역학 관계에서 생성되는 것으로 한 개인이나 집단이 다른 개인이나 집단을 자신과 구분하고서 그를 타자로 배제한 채 동일성을 강화하거나 정신적이든 물질적이든 특정의 이익을 취하기 위하여 강제적으로 행하는 일탈행위이자 인간이 지금과 다른 상태로 될 수 있는 잠재적인 것과 실제적인 것 사이의 차이를 형성하는 요인이자 이를 정당화하는 문화적 양상"이다. 평화란 이 모든 폭력 및 폭력 관계가 제거된 상태를 뜻한다. 종교 폭력이란 "한 종교에서 신앙하는 신격 존재와 진리, 가치를 지향하면서 다른 종교나 신자를 구분하고서 그를 이교도로 배제한 채 동일성을 강화하거나 강제적으로 행하는 일탈행위이자 다른 종교의 신자가 지금과 다른 상태로 될 수 있는 잠재적인 것과 실제적인 것 사이의 차이를 형성하는 요인이자 이를 정당화하는 문화적 양상"이다.

## 3. 직접적 폭력과 눈부처-차이론

직접적인 폭력에는 물리적 폭력, 언어적 폭력, 정신적 폭력이 있다. 이는 개인 사이에서, 집단 사이에서, 국가나 종교 사이에서 벌어진다. 개인 사이에서 벌어지는 폭력이라면, 그 원인이 개인 또는 인간의 원초적 폭력성에 기인하는 것이기에 그 대안은 인욕(忍辱)하는 것, 폭력이 원인인 분노의 뿌리, 과거와 무의식까지 여여(如如)한 실상을 성찰하는 것, 분노는 요구와 욕구와 욕망의 좌절에서 비롯되기에 무엇보다 헛된 욕망에서 떠나 참된 존재를 회복하는 것, 모든 개인적 분노는 '나'에서 빚어지는 것이니 대대(待對)의 참구(參究)를 통하여 아만(我慢)을 제거하고 절실하게 무아(無我)를 깨닫는 것, 분노는 분노를 낳을 뿐이고 어떤 악업도 없애지 못하니 자비희사(慈悲喜捨)의 사무량심(四無量心)에 바탕을 둔 명상과 수행을 통하여 사랑과 자비의 마음을 내는 것이다.

전쟁의 대안은 "자기정복, 방어전만을 제한적으로 인정하는 것, 외교나 무력의 과시를 통하여 전쟁을 피하는 것, 그래도 전쟁을 피할 수 없으면 자비심의 자세로 전쟁에 참여하는 것"*, 국제 차원의 갈등조정기구를 만드는 것, UN을 넘어서는 헤게모니를 갖는 국제적 협의체, 더 나아가 화쟁의 세계공화국을 건설하는 것이다.

집단과 국가, 특히 다른 종교/집단 사이에서 인간이 행하는 폭력 가운데 가장 사악한 것이 집단학살이다. 이는 문명사회에서도 끊임없이 자행되고 있다. 나치와 일본 군국주의자들의 야만적인 학살과 그에 대한 성찰 이후에도 집단학살이 끊이지 않고 있다. "2차 세계대전 이후로 집단학살은 거의 50

* 이병욱, 『불교사회사상의 이해』, 서울: 운주사, 2016, 114~130쪽 요약.

여 차례 일어났고 대략 1천2백만 명에서 2천2백만 명의 시민들이 죽었으며, 이는 1945년 이후로 발생한 국지전이나 국제전의 희생자들보다 더 많은 수다."* 21세기에도 코소보, 체첸, 아체, 미얀마, 아프가니스탄, 이라크, 나이지리아, 수단, 시리아 등 세계 곳곳에서 집단학살이 자행되고 있다. 덜하기는 하지만 불교도도 예외는 아니다. 왜 교양과 상식, 이성을 가장 잘 갖춘 20세기가 되레 집단학살을 자행하는 '극단의 세기'가 되었는가.

"이기적 유전자의 목적은 유전자 풀 속에 그 수를 늘리는 것이다."** 리처드 도킨스(Richard Dawkins, 1941- )의 지적대로, 인간 또한 유전자 보존과 복제를 위해 프로그램된 생존기계이며 유전자는 철저히 자신의 유전자를 복제하는 목적을 수행한다. 인간은 다른 인간과 싸워서 더 많은 양식, 양식을 키울 수 있는 땅, 생존을 보장하는 자원과 자본, 이를 확보하는 힘으로서 권력을 얻어 자신의 유전자를 늘리고자 하였다. 여기에 전쟁에 대한 공포와 스트레스도 학살을 부추겼을 것이다. 하지만, 평상시에도 집단학살이 벌어지기에 이것으로는 설명이 부족하다.

한나 아렌트(Hannah Arendt ,1906-1975)는 더 심층적인 연구를 진행하였다. 아렌트는 600만 명을 학살한 주범인 아이히만(Adolf Otto Eichmann, 1906-1962)을 재판하는 예루살렘 법정으로 달려가 재판을 참관하고서 "피고는 전쟁 기간 동안 유대인에게 저지른 범죄가 기록된 역사에 있어서 가장 큰 범죄라는 것을 인정했고, 또 피고가 거기서 한 역할을 인정했습니다. 그런데 피고는 자신이 결코 사악한 동기에서 행동한 것이 아니고, 누구를 죽일 어떠한 의도도 결코 갖지 않았으며, 결코 유대인을 증오하지 않았지만, 그러나 그와는 다르게 행동할 수는 없었으며, 또한 죄책감을 느끼지 않는다고 말했습

* 폴 애얼릭 · 로버트 온스타인 지음, 고기탁 옮김, 『공감의 진화』, 서울: 에이도스, 2012, 85쪽.

** 리처드 도킨스, 『이기적 유전자』, 홍영남 · 이상임 옮김(서울: 을유문화사, 2010), 166쪽.

니다."[*]라고 결론을 내렸다. 한마디로 아이히만은 그저 별다른 생각 없이 조직의 명령을 성실하게 수행했다. 이를 통해 아렌트는 착한 사람들도 '순전한 생각 없음'(sheer thoughtlessness)의 상태에서 아무런 의식이 없이 모든 것을 안일하게 수용하면서 주체적으로 생각하고 판단하지 않으면 누구나 아이히만이 될 수 있다고 주장한다. 이름하여 '악의 평범성'(banality of evil)이다. 악을 범할 수 있는 상황에서 주체적으로 생각하고 판단하고 이에 대해 소신 있게 말하고 행동하지 않으면 인간은 누구든 '아이히만'이 될 수 있다.

아렌트의 연구로 의문의 실타래 가운데 하나는 풀렸다. 하지만 집단과 개인 사이, 특히 권력과 상황이 개인의 행동에 작동하는 방식에 대한 의문은 풀리지 않는다. 이를 설명하는 것이 스탠리 밀그램 실험(Stanley Milgram experiment)과 이를 계승한 스탠퍼드 감옥 실험(Stanford prison experiment)이다. '징벌에 의한 학습 효과'를 측정하는 실험에 참여할 사람들을 4달러를 주고 모집하여, 피험자들을 교사와 학생으로 나누었다. 학생 역할을 맡은 피험자를 의자에 묶고 양쪽에 전기 충격 장치를 연결한 후, 교사 역할을 맡은 피험자가 학생에게 문제를 내서 틀리면 전기 충격을 가하게 했다. 밀그램(1933-1984)은 교사에게 학생이 문제를 틀릴 때마다 15볼트에서 시작하여 450볼트까지 한 번에 15볼트씩 높여 가며 전기 충격을 가하라고 지시했다. 참여자들은 450볼트까지 올리면 사람이 죽을 것이라고 생각하고 있었다.[**] 하지만, "피험자 40명 가운데 26명은 실험자의 명령에 끝까지 복종했다. 즉 그들은 전기 충격기가 낼 수 있는 최고 전압에 도달할 때까지 희생자들을 처벌했다."[***] 피험자가 4달러를 받은 데 대한 의무감과 약속에 대한 부담을 포함

* 한나 아렌트, 『예루살렘의 아이히만』, 김선욱 옮김(서울: 한길사, 2006), 380쪽.
** 스탠리 밀그램 지음, 정태연 옮김, 『권위에 대한 복종』, 에코리브르, 2009, 62쪽.
*** 같은 책, 64쪽.

하여 당시에 실험 받는 상황의 지배를 받았고 밀그램 교수의 권위에 복종한 것이 주요 요인이었다.

스탠퍼드 대학교 심리학과의 필립 짐바르도(Philip Zimbardo, 1933- ) 교수도 1971년에 유사한 실험을 했다. 그는 "하루에 15달러를 받고 수감자의 심리를 연구하는 2주간의 실험에 참가할 대학생을 찾는다는 신문광고를 내고, 70명의 지원자 중 24명을 선발하여 대학 심리학과 건물 지하에 있는, 가로 세로 각각 3미터, 3.5미터 정도인 사무실을 개조한 가짜 감옥에서 죄수와 교도관 역을 맡도록 했다. … 교도관들은 점점 폭력적으로 변모했다. 이들로부터 주먹으로 폭행을 당하고 거칠게 끌려가서 '구멍(독방)'에 감금되는 등 굴욕적인 대우와 가학적인 대우를 받은 죄수 역의 사람들은 고통스러워했고 엄청난 스트레스를 받았으며 이틀 만에 반란을 일으켰고 탈출을 시도했다."* 이후 만들어진 용어가 루시퍼효과(The Lucifer Effect)다. 천사장이었다가 타락천사가 되어 악행을 일삼는 루시퍼처럼, 선량한 인간도 특정 상황 속에서 상황의 지배를 받아 권위에 저항하지 못하거나 권력의 압력을 물리치지 못하고 복종하면 언제든 악행을 저지를 수 있다. 이는 이라크의 아부그라이브 수용소에서 차이는 있지만 유사하게 반복되었다. 전쟁 상황에서 강력한 명령 체계 속에 있는 군인들이 상관의 명령과 카리스마, 조국, 애국심, 군대 등이 어울려 형성한 권위에 눌려 민간인 학살을 자행하는 것은 흔히 있는 일이다.

한나 아렌트나 스탠리 밀그램, 짐바르도의 연구에 힘입어 인류가 집단학살을 자행하는 원인에 대해 많은 의문이 풀렸다. 하지만 이들의 책이나 보고서를 읽고도 풀리지 않는 의문이 있다. 아무런 생각이 없이 그저 조직에 충

* 필립 짐바르도 지음, 이충호 · 임지원 옮김, 『루시퍼 이펙트: 무엇이 선량한 사람을 악하게 만드는가』, 서울: 웅진씽크빅, 2010, 63-292쪽.

실한 아이히만에게 히틀러가 독일 우파 시민을 학살하라고 명령을 내렸어도 유태인에게 하듯이 별 거리낌 없이 이를 수행했을까. 일본 군인이 아무리 수직적 칼의 문화에 익숙하고 상관의 권위에 대한 복종심이 투철했다 하더라도 일본 우파 시민에 대해서도 별다른 죄책감 없이 이들을 처참하게 난징의 중국인처럼 살육하는 야만을 저지를 수 있었을까.

이를 푸는 실마리는 증오언어(hate speech)다. 학살이 있기 전에 반드시 특정 집단의 사람들을 자신들과 구분하고 그들을 배제하고 악마화하는 증오언어가 동원된다. 서양 제국의 남미 정복 시대에 백인들은 유색인을 '하느님을 믿지 않는 짐승이나 악마'로, 히틀러는 유태인을 '절멸시켜야 할 빨갱이 반기독교도'로, 르완다의 후투족은 투치족을 '바퀴벌레'로, 관동대지진 때 일본인은 조선인을 '우물에 독을 탄 폭도'로 매도하는 증오언어가 소문이나 미디어를 타고 번졌고, 학살은 그 후에 진행되었다. 이처럼, 동일성이 강화할수록, 다시 말해, 지도자나 조직이 다른 인종에 대한 편견이나 증오가 클수록, 이를 증오언어로 표출시키고 언론이 이를 부추길수록, 시민들이 동일성의 감옥으로 들어가는 것 외에 다른 대안을 찾을 수 없을수록, 학살은 증대한다. 학교폭력도 대부분이 또래끼리 동일성을 형성하여 한 학생을 '왕따'시키면서 시작된다.

'생각 없음'보다, 권위에 대한 복종보다 대량학살이나 집단적인 폭력을 야기하는 근본 요인은 동일성에서 비롯된 타자에 대한 배제와 폭력이다. 인류는 유전자의 번식 본능, 농경생활, 문명과 비문명의 구분, 전염병, 언어와 문자, 종교와 이데올로기 등의 영향으로 동일성과 타자에 대한 배타적 태도를 형성하게 되었다. 특히, 종교는 동일성을 가장 강력하게 강화하는 이데올로기의 기능을 수행하였다. 아이히만은 독일인으로서, 게르만족으로서, 독일군 장교로서 자부심을 가지고서 충직하게 명령을 수행했다. 아이히만에게 진정으로 부족했던 것은 '생각 없음'이 아니라 타자인 유태인의 입장에서 생각하고 그들과 대화를 하지 않은 것이다. 그가 무지한 자라 하더라도, 유태인의 입장에서 잠시만이라도 고통을 느껴 보았다면 그리 서슴없이 학살을 주도하지는 못했을 것이다.

실험에서도 이를 뒷받침하는 결과가 나왔다. "마틴 루터 킹 목사가 암살된 바로 다음 날 초등학교 교사였던 제인 엘리엇(Jane Elliot)은 반 학생들을 파란색 눈동자 집단과 갈색 눈동자 집단으로 나누어 실험을 했다. 파란색 눈동자를 가진 학생들을 금방 알아볼 수 있도록 목에 두르는 천 조각으로 표시하고 이들의 기본적인 권리를 제한했다. 반대로 갈색 눈동자 학생들에게는 특혜를 제공했다. 그 후 파란색 눈동자를 가진 학생 중 똑똑하고 쾌활하던 학생들이 겁에 질리고 소심해지고 갈팡질팡하는 어린 바보가 되었으며, 파란색 눈동자 집단은 시험에서도 낮은 점수를 기록했고 열정을 보이지도 않았으며 학급 활동에도 많은 적개심을 보였다. 반대로 행해도 결과는 마찬가지였다."*

이처럼 동일성이 형성되는 순간 세계는 동일성의 영토로 들어온 것과 그렇지 못한 것으로 나뉜다. 동일성은 '차이'를 포섭하여 이를 없애거나 없는 것처럼 꾸민다. 동일성은 인종, 종교, 이데올로기, 입장이 다르다는 이유로 이를 동일성에서 분리하여 타자로 규정하고 자신과 구분시키면서 편견으로 바라보며, 이들을 '배제'하고 이에 '폭력'을 행사하면서 동일성을 유지하거나 강화한다. 반대로 주류의 동일성에 의해 타자화한 개인이나 집단은 삶의 활력을 잃고 자기실현을 하지 못하며 주눅이 든다.

종교의 경우 자신이 믿는 신만이 유일신이고, 자신의 경전에 있는 것만이

* 폴 애얼릭 · 로버트 온스타인 지음, 고기탁 옮김, 『공감의 진화』, 에이도스, 2012, 88~89쪽.

진리이자 신의 말씀이라는 가치를 지향할 경우 동일성이 형성된다. 여기에 국가, 민족, 종족의 동일성이 겹쳐지면 다른 종교와 그 종교를 믿는 나라, 민족, 종족에 대한 폭력이 증대한다.

같은 종교 안에서도 교리와 신념의 차이가 동일성을 형성하면 다른 종파에 대한 폭력이 야기된다. 기독교의 가톨릭과 개신교, 이슬람교의 시아파와 수니파, 자이나교의 백의(白衣)파와 공의(空衣)파 사이에 각각 벌어진 전쟁과 갈등이 한 예다.

이에 대한 대안은 동일성에서 차이의 사유로 전환하는 것이다.

> "같다는 것은 다름에서 같음을 분별한 것이요, 다르다는 것은 같음에서 다름을 밝힌 것이다. 같음에서 다름을 밝힌다 하지만 그것은 같음을 나누어 다름을 만드는 것이 아니요, 다름에서 같음을 분별한다 하지만 그것은 다름을 녹여 없애고 같음을 만드는 것이 아니다. 이로 말미암아 같음은 다름을 없애 버린 것이 아니기 때문에 바로 같음이라고 말할 수도 없고, 다름은 같음을 나눈 것이 아니기에 이를 다른 것이라고 말할 수 없다. 단지 다르다고만 말할 수가 없기 때문에 이것들이 같다고 말할 수 있고 같다고만 말할 수가 없기 때문에 이것들이 다르다고 말할 수 있을 뿐이다. 말하는 것과 말하지 않는 것에는 둘도 없고 별(別)도 없는 것이다."*

동일성이란 타자성에서 동일성을 갖는 것을 분별한 것이요, 타자성이란 것은 동일성에서 다름을 밝힌 것이다. 동일성은 타자를 파괴하고 자신을 세

* 元曉, 「金剛三昧經論」, 『韓國佛敎全書』, 제1책, 626-상: "同者辨同於異 異者明異於同 明異於同者 非分同爲異也 辨同於異者 非銷異爲同也 良由同非銷異故 不可說是同 異非分同故 不可說是異 但以不可說異故 可得說是同 不可說同故 可得說是異耳 說與不說 無二無別矣."

우는 것이 아니기 때문에 바로 동일성이라고 말할 수도 없고, 타자성은 동일성을 해체하여 이룬 것이 아니기에 이를 타자라고 말할 수 없다. 주와 객, 현상과 본질은 세계의 다른 두 측면이 아니라 본래 하나이며 차이와 관계를 통해 드러난다. 주와 객, 주체와 타자가 서로 비춰주면서 상대방을 드러내므로, 스스로 본질이라 할 것은 없지만 상대방을 통하여 자신을 드러낸다.

이를 재해석하여 필자는 '눈부처의 차이론'을 펼친다. 눈부처는 상대방의 눈동자에 비친 내 모습을 뜻하는 것으로 국어사전에도 나오는 낱말이다. 원래 있는 낱말에 철학적 의미를 부여하여 개념어로 만든 것이다. 아주 가까이 다가가서 상대방의 눈동자를 똑바로 보면 거기에 비친 내 모습이 보인다. 상대방의 눈동자라는 기관은 타인의 몸의 영역이지만, 거기에 비친 내 모습은 분명히 거울에 비친 나라는 자아이다. 그 거울을 보며 내 안에서 타인을 해치거나 손해를 끼쳐 내 욕심을 채우려는 마음의 종자를 없애고 나를 희생하더라도 타인과 공존하고 더 나아가 그를 구제하려는 마음의 종자들, 곧 불성(佛性)들이 싹을 틔워 그 형상으로 꽃을 피운 것이다. 그걸 바라보는 순간 타인은 나를 담고 있는 자로 변한다. 나와 타자, 주와 객이 뒤섞이고 타자 속의 나, 내 안의 타자가 서로 오고가면서 하나가 되는 경지다. 극단적인 비유이지만, 누굴 죽이러 갔는데, 그 사람 눈부처를 보면 그 순간만큼은 죽일 수 없다. 정신분석학적으로 분석할 때, 햄릿이 클로어디스를 죽이지 못하고 갈등을 한 이유가 무엇인가? 의식의 장에서는 클로어디스는 자신의 아버지를 독살한 원수이지만, 무의식의 장에서는 아버지를 살해하고 어머니와 결합하려는 욕망을 대변한 자신이었기 때문이다. 그처럼 눈부처는 주와 객의 이분법을 깨는 지점이며, 동일성의 폭력을 해체하는 '차이 그 자체'다.*

* 이해하기 쉽게 허구적인 소설로 풀어 설명하면, 대학교 때 누이가 독일로 간호사로 가서 보내주는 돈으로 대학을 다녔는데, 어느 날 독일의사한테 성폭행을 당해서 자살했다고 설정하면, 당사자는 독일 의

이처럼 눈부처의 차이는 내 안의 타자, 타자 안의 내가 대화와 소통, 교감을 하여 공감을 매개로 하나로 대대적(待對的)으로 어우러지는 것이다. 이는 두 사람이 서로 감성에 의해 차이를 긍정하고 몸으로 상대방을 수용하고 섞이면서 생성되기에, 개념을 넘어서서 자비와 공감을 바탕으로 한 것이기에 동일성으로 환원되지 않는다. 들뢰즈의 '차이 그 자체'와 유사하다.* 차이를 전적으로 받아들이는 자는 다른 것을 만나서 그것을 통해 자신을 변화시킨다. 나와 타자 사이의 진정한 차이와 내 안의 타자를 찾아내고서 자신의 동일성을 버리고 타자 안에서 눈부처를 발견하고서 내가 타자가 되는 것이 눈부처의 차이다. 이 사유로 바라보면, 이것과 저것의 분별이 무너지며 그 사이에 내재하는 권력과 갈등, 타자에 대한 배제와 폭력은 서서히 힘을 상실한다. 그 타자가 자신의 원수든, 이민족이든, 이교도든 그를 부처로 만들어 내가 부처가 되는 사유다.

인류학적으로 볼 때는 유전자 번식 본능과 먹이에 대한 갈등으로 빚어지는 타자화의 싹을 없애야 한다. 전자의 대안은 "공동 육아와 공개적인 식생

사를 원수처럼 생각할 것이다. 그 사람이 대학을 중퇴하고 입지전적 인물이 되어서 중소기업을 운영하는 사장에 올라, 고유명사 '독일의사'뿐만 아니라 보통명사 독일의사도 되지 않기 위해서 고용인 백 명 가운데 오십 명을 이주노동자로 쓰고, 그들과 저녁도 같이 자주 먹고, 축구도 같이 하는 등 가족처럼 대해 주었다. 그런데 어느 날 아들이 와서 아빠야말로 독일의사라고 말하고는 집을 나가 버렸다. 아들이 회사 노동자 가운데 흑인 여성 이주 노동자를 데려와 결혼한다고 하자 유학자의 자손으로서 검은 피부를 가진 손자가 조상님의 제사를 지내는 것까지는 받아들이기 어렵다고 말했기 때문이다. 아들이 집을 나간 후 그는 밤새워 성찰하며, '내 안의 독일인 의사'를 발견하고 다음 날 아침 전화를 해서 아들과 그 흑인 여성 이주노동자와 소풍을 가서 자기, 자기 안의 독일인 의사, 그리고 여성 이주노동자, 이주 노동자 안에 있는 누이, 이 네 자아가 하나가 되는 경지가 '눈부처 차이'다.

* 들뢰즈는 어떤 방식으로도 동일성으로 귀환하지 않는 '차이 그 자체'에 주목한다. "차이 자체는 절대적이고 궁극적인 차이로 감성과 초월적 경험에 의해서만 도달할 수 있다. 사실 반성적 개념 안에서 매개하고 매개되는 차이는 지극히 당연하게 개념의 동일성, 술어들의 대립, 판단의 유비, 지각의 유사성에 복종한다. 차이는 파국을 언명하는 상태로까지 진전되어야만 반성적이기를 멈출 수 있으며 효과적으로 실제의 개념을 되찾는다."(Gille Deleuze, Difference and Repetition, tr. Paul Patton(New York: Columbia University Press, 1994), 34~35.)라고 말한다.

활과 함께 먹기다."* 아울러 공감을 확대하고 인간 사이의 협력을 증진하는 공감 · 협력 교육과 지혜의 공유, 음악과 예술을 통한 감정의 공유 등도 필요하다.**

## 4. 문화적 폭력과 대안

직접적 폭력이나 구조적 폭력을 정당화하고 합법화하는 문화적 폭력은 종교, 이데올로기, 언어와 예술, 과학을 포함하여 기호와 상징으로 이루어진 문화 전반에 만연해 있다. 이웃종교와 대립하는 한 종교 자체가 문화적 폭력을 내재하고 있다. 타 종교에 대한 기독교의 태도를 배타주의, 포괄주의, 다원주의로 나눌 때,*** 배타주의를 유지하는 기독교는 이웃종교에 대해 폭력적이다. 한국의 개신교의 주류는 배타주의를 견지하고 있다. 국내에서는 불교 등 이웃종교에 폭력을 행하고 해외에서는 정복적 선교 정책을 펴며 다른 종교를 무시하거나 배척한다. 하나님이 말씀을 문자 그대로 믿고 받아들이는 '성경축자무오설'과 상대 종교에 대한 편견, 무지, 오해가 이를 뒷받침하고 있다.****

이에 대한 대안은 첫째, 한국 개신교가 배타주의를 버리고 포괄주의와 다원주의를 지향해야 한다. 둘째, 개신교는 정복적 선교 정책을 포기해야 한

* 야마기와 주이치 지음, 한승동 옮김, 『폭력은 어디서 왔나 — 인간성의 기원을 탐구하다』, 서울: 곰, 2015, 305쪽 참고함.

** 지금까지 이 장의 논의는 졸저, 『인류의 위기에 대한 원효와 마르크스의 대화』(서울: 자음과 모음, 2015)의 2장 '타자의 배제와 폭력, 학살'을 많이 참고하였다.

*** Alan Race, *Christians and Religious Pluralism: Patterns in the Christian Theology of Religions*(New York: Orbis Book, 1983). 김경재, 「종교간의 갈등과 종교 폭력의 해소방안」, 『한국여성신학』 50, 한국여성신학자협의회, 2002, 33쪽 재인용.

**** 김경재, 위의 글, 33-34쪽 참고함.

다. 이는 제3세계의 종교를 비문명적 종교 내지 미신으로 간주하던 제국주의의 산물이다. 문명과 문화에 우열은 없다. 더구나, 불교나 유교 등 한국 내의 이웃종교는 기독교 못지않은 진리를 담고 있으며 전통과 역사도 유구하다 '성경축자무오설'을 지양하고 성경 텍스트를 상징으로 해석해야 한다. "각 종교들은 '해석학적 눈뜸과 회심 경험'을 해야 한다. … (이는) 종교적 진리체험과 지식에 관한 것을 포함하여 모든 인간의 진리들은 '문화적, 사회정치적, 언어적, 역사 경험적 제약을 받고 있는 상대적 진리'임을 인정하는 용기를 말한다."*

불교는 포교 과정에서 폭력이 거의 발생하지 않았다. 이에는 역사적이고 교리적인 배경이 있다. 우선 종교전쟁을 겪은 아쇼카 왕이 종교 사이의 평화를 추구하였다. 아쇼카 왕은 "사람은 자기 자신의 교파에만 경의를 표하거나 남의 교파를 이유 없이 얕봐서는 안 된다. 이런저런 근거로 다른 사람들의 교파도 모두 존중받을 가치가 있기 때문에, 특별한 이유가 있어야만 비방할 수 있다."**라고 칙령을 내렸다. 자기 종교만을 맹목적으로 숭배하거나 다른 종교를 배제하고 경멸하는 것을 부정하였고 모든 종교와 교파를 동등하게 존중할 것을 주장하였다. 아울러, 불교 사상과 교리는 실체적이 아니라 연기적이기에 동일성 자체를 형성할 틈을 잘 만들지 않으며, 신라에서 고유 신앙과 불교가 융합한 것처럼 배타적이 아니라 포용적이며, 살불살조(殺佛殺祖)를 말할 정도로 절대적이 아니라 해체적이다. 이를 바탕으로 할 때 프란치스코 교황과 달라이 라마를 비롯하여 각 종교에서 수장이나 지도자들이 모여 현대판 아쇼카 선언을 하고, 초월적 절대자로서 하나님을 '관계성의 원천과 힘'(폴 틸리히)으로 정의하고 기독교의 연기적인 면을 부각시키며, 각

* 같은 글, 37-38쪽.

** Vincent A. Smith, Asoka, (Delhi: S. Chand, 1964), p.170.

종교의 절대적 해석들을 해체할 필요가 있다.

종교가 이데올로기로 전락할 경우 그에 대한 대안은 이데올로기의 허위성을 분석하고 비판할 수 있는 교육과 학습을 행하고, 모든 망상과 집착을 깨는 명상과 수행을 하며, 문화적 폭력을 구성하는 지배이데올로기(ruling-ideology)를 전복하는 저항이데올로기(counter-ideology)를 형성하며, 이데올로기가 담론을 통해 전파되므로 기존의 담론을 전복하고 새로운 프레임을 창조하는 대항담론으로 다시 쓰기를 하는 것이다.

우리는 조선조에서 신분상 차별을 정당화하는 성리학 이데올로기에 맞서서 인간이 다 같이 존엄하고 평등하다는 휴머니즘이 이를 해체하는 저항이데올로기의 구실을 하였다. 이런 맥락에서 히잡, 할례처럼 인권, 남녀평등, 소수자의 존엄성 등 현대사회의 보편적 가치에 반하는 것을 교리 안에서 비판하고 부정하는 저항이데올로기를 펼쳐야 한다.

아울러 대항담론을 형성해야 한다. 예를 들어, 「토끼와 거북이」 우화가 알게 모르게 경쟁의 논리, 더 나아가 이에 기반한 자본주의 체제를 정당화하는 이데올로기를 품고 있다고 보아 거북이가 토끼를 깨우고 토끼는 이에 감동을 하여 같이 어깨동무를 하고 들어가는 것으로 다시 쓰기를 하면, 아이들은 경쟁보다 연대의 가치를 품게 된다. 이처럼 한 국가나 집단에서 특정 종교가 우위를 점하고 소수 종교/신자에 대해 폭력을 행할 경우, 우월한 종교의 담론들을 부정하거나 해체하는 담론들을 창조하고 전파하는 작업을 해야 한다.

불교와 공감의 뿌리 교육을 결합한 것이 공감과 협력 교육이다. 캐나다의 교육자 메리 고든(Mary Gordon, 1949- )은 1996년부터 '공감의 뿌리'(roots of empathy) 교육 프로그램을 진행하였다. 학교에 갓난아기를 데려와 초등학생들이 지켜보게 하였다. 이들이 갓난아기의 고통과 성취에 공감하는 체험을 한 이후 집단 괴롭힘이나 따돌림 현상이 90%나 줄어들었다. 공감의 뿌리 교육 프로그램을 실시한 집단에서는 적극적 공격성을 보이던 아동의 88%가 사후검사에서 적극적 공격성이 줄어든 반면, 비교집단에서는 9%만 줄어들었다. 공감과 협력 교육은 여기에 불교의 연기론과 자비론을 결합한다. 공감과 협력 교육은 학생들이 이 세계를 올바로 해석하고 타자와 만나 서로 의지하고 생성하는 자임을 인식하여 욕망을 자발적으로 절제하고 타자의 고통에 공감하고 협력하면서, 인류가 온축한 지식과 지혜를 바탕으로 세계의 모순과 부조리에 대응하고, 타인과 부단한 상호작용 속에서 서로 깨닫고 이를 끊임없이 향상시키면서 완성에 이르고자 한다.

이 교육의 목표는 학생들을 눈부처-주체로 기르는 것이다. 눈부처-주체는 소극적 자유, 적극적 자유, 대자적 자유를 종합한다. 소극적 자유(freedom from)는 모든 구속과 억압, 무명(無明), 탐욕에서 벗어나 외부로부터의 장애나 제약을 받지 않은 채 생명으로서 생의 환희를 몸과 마음이 가는 대로 누리면서 자신의 목적을 구현하고 인간으로서 실존하는 것을 의미한다. 적극적 자유(freedom to)는 자기 앞의 세계를 올바로 인식하고 판단하고 해석하면서 모든 장애와 소외를 극복하고 세계를 자신의 의지와 목적대로 개조하면서 진정한 자기를 실현하는 것을 뜻한다. 노동과 실천을 통해 세계를 변화시키거나 수행을 통해 자기완성을 이룰 때 도달하는 희열감의 상태가 이 경지다. 대자적 자유(freedom for)는 자신이 타자와 사회관계 속에서 밀접하게 관련이 있음을 깨닫고 타자의 아픔에 공감하고 연대하여 타자를 더 자유롭게 하여 내 자신이 자유로워지는 것을 의미한다.

이처럼 눈부처-주체는 나의 삶이 타자 및 다른 생명과 긴밀하게 연관되어 있음을 깨닫고 그를 위하여 나의 욕망을 자발적으로 절제하고 노동과 수행, 실천을 통한 세계의 변화와 자기 변화를 구체적으로 종합하는 속에서 실존의 의미를 찾고 타인을 더 자유롭게 하여 내 자신이 자유로워질 때 환희심을 느끼는 존재다.*

## 5. 구조적 폭력과 화쟁의 자비론

종교 폭력은 교리와 사상적 차이만이 원인이 아니다. 권력과 자본이 스며들면서 이해관계가 근본원인이고 종교는 이를 포장하기 위한 명분에 지나지 않을 경우도 많다. 종교 폭력은 한 나라 안에서는 특정 종교가 다른 종교보다 우월한 권력과 자본을 가졌을 경우 이를 독점하고 증대하기 위하여 소수 종교/신자를 종교의 이름을 빌려 탄압하면서 발생한다. 한 종교 안에서는 특정 종파가 다른 종파에 대하여 권력과 자본을 독점하려는 데서 발생한다. 한 집단 안에서는 한 세력이 다른 세력에 대하여 권력과 자본을 독점하려는 데서 발생한다.

종교에서 구조적 폭력은 "국가와 집단 안에서 권력과 자본, 신자수가 우월한 종교와 열등한 종교 사이의 불균형에서 비롯된 것으로, 이 구조 속에서 열등한 종교의 신자들이 지금 처해 있는 상태와 지금과 다른 상태로 될 수 있는 것, 잠재적인 것과 실제적인 것 사이의 차이를 형성하는 요인"이다. 소수 종교/종파의 신자라고 해서 차별을 받는 것, 전향, 전직, 이주 등의 압력을 받는 것이 구조적 폭력이다.

이에 대한 대안은 개인적인 차원에서는 소유욕을 없애는 명상을 하며 수행하고 이웃종교에 대한 대화를 하고 공감하는 것이며, 사회적인 차원에서는 권력과 자본을 공정하게 분배하고 공유하는 제도와 시스템의 개혁을 하

* 상세한 내용은 졸고, 「공감하고 연대하는 시민을 어떻게 키워낼 수 있을까」, 시민행성/전국국어교사모임, 『교사 인문학』, 서울: 세종서적, 2017, 108~153쪽을 참고하기 바람.

는 것이다.

이에 대한 근본적인 대안을 모색하려면, 먼저 인간은 이기와 이타, 선과 악이 공존하는 이중적 존재이자, 본성은 결정된 것이 아니라 연기적이라는 것을 인식해야 한다. 인간은 이기적 유전자를 담은 생존기계이지만, 사회적 협력을 하며, "혈연 이타성(kin altruism), 호혜적 이타성(reciprocal altruism), 집단 이타성(group altruism)을 추구하기 시작하였고,"* "고도의 이성을 바탕으로 맹목적 진화에 도전하여 공평무사한 관점을 증진시키며 윤리적 이타성 또한 추구하였다."** 협력을 잘하는 자가 진화에도 유리한 탓에 몸도 변해, 인간의 두뇌신경세포에 타인을 모방하거나 타인의 고통에 공감하는 거울신경체제(mirror neuron system)가 형성되는 것으로 진화하였다. "거울신경체계는 언어 학습과 소통에 관여하고 도움을 주면서 인간이 다른 동물과 현격하게 다르게 사회적 상호작용을 하는 데 관여한다."*** 2013년에 페라리 등은 거울신경체제가 타인에게 자신의 표현을 더 쉽고 안정적으로 전달하려는 것을 선호하는 데서 기인한 자연선택의 결과라고 밝혔다.**** 결론적으로 인간은 선과 악, 이기와 이타가 공존하는 유전적 키메라(genetic chimera)다.

본성은 인간 안에 있는 것이 아니라 세계와 나의 해석, 나와 너의 '사이에' 있다. 선과 악은 세계의 해석과 타자와 관계 속에서 나타나며, 제도와 타인의 관계에 따라 서로 악을 조장하기도 하고, 반대로 서로 선을 더욱 증장시키기도 한다. 이에 필자가 지금까지 공부한 것을 종합하여 추론하면, 본성은

* 피터 싱어 지음, 김성한 옮김, 『사회생물학과 윤리』, 연암서가, 2014, 22~49쪽 참고함.

** 위의 책, 280쪽.

*** Glacomo Rizzolatti, Leonardo Fogassi, & Vittorio Gallese, "The Mirror Neuron System: A motor-Based Mechanism for Action and Intention Understanding", in Michael S. Gazzaniga (eds.), *The Cognitive Neurosciences*, Cambridge, Mass.: MIT press, 2009, pp.625~640.

**** P.F. Ferrari,A. Tramacere, A. Simpson & E.A. Iriki, "Mirror neurons development through the lens of epigenetics", *Trends Cognitive Science*, 17/9(2013), pp.450~457.

개인과 타자, 자연, 사회 사이의 역동적인 관계에서 구성되거나 발현되며 사회개인의 차원이든 집단의 차원이든, 선과 악의 비율을 결정하는 요인은 크게 ① 노동과 생산의 분배를 관장하는 체제, ② 타자에 대한 공감, ③ 의미의 창조와 공유, ④ 사회 시스템과 제도, ⑤ 종교와 이데올로기, ⑥ 의례와 문화, ⑦ 집단학습, ⑧ 타자의 시선 및 행위, ⑨ 수행, ⑩ 법과 규정, ⑪ 지도자 등 대략 열한 가지다.*

구조적 폭력을 제거하는 일은 쉽지 않다. 근본적인 대안으로는 세계 차원에서는 세계 종교 사이의 평화협의체를 건설해야 하고, 국가 차원에서는 소수 종교에게 '편애하는' 정책과 제도, 법을 만들어야 하며, 집단 차원에서는 종교 사이의 대화를 활발히 하는 공공영역을 개설하고 공동의 육아, 공동의 식사, 공동의 예술창작 등을 빈번히 행해야 한다.

이를 위한 패러다임 내지 가치관으로 제기될 수 있는 것이 화쟁이다. 화쟁은 "개시개비(皆是皆非), 혹은 평화로운 다툼"**을 거쳐야 하지만, 거기에 머물면 양비론이나 양시론으로 기울며 실제로 권력이 비대칭인 장에서는 강자의 편을 들게 된다. 신병에 대한 자비심은 있었지만 신병과 '고참' 사이의 연기관계, 그 사이에 스민 권력을 미처 헤아리지 못한 소대장은 추워서 차마 씻지 못하고 있는 신병에게 식당에 가서 온수를 달라고 하라고 하여 오히려 신병이 '고참'에게 혼나게 만들었지만, 이를 잘 헤아린 인사계는 자기가 씻을 온수를 떠오라고 하고선 신병에게 그 물로 세수하라고 하였다. 8세기의 화쟁은 21세기의 사회적 맥락, 특히 권력관계에 대한 연기적 성찰이 따르지 않으면 공허한 수사나 당위론적 주장으로 그치고 만다.

* 졸저, 613쪽에서는 8가지를 제시했으나, 이 논문에서는 이를 보완하여 11가지로 체계화하였다.

** 조성택, 「경계와 차이를 넘어 함께 사는 지혜」, 고은 외, 『어떻게 살 것인가 — 세상이 묻고 인문학이 답하다』, 21세기북스, 2015, 85-87쪽.

화쟁의 목적은 일심(一心)으로 돌아가는 것이다. 중용에서 '중(中)'이 산술적 균형이 아니라 올바름이듯, 화쟁은 양자에게 상대방 입장에서 생각해보라는 것만을 뜻하지 않는다. 정권이나 종단이 수많은 진실을 은폐하고 왜곡하는 상황에서, 아무리 동기가 선하더라도 시민 진영의 사람들에게 개시개비의 화쟁의 논리를 펴면서 진영의 감옥에서 벗어나 정부의 입장에서 보라는 것은 진실의 은폐와 왜곡을 수용하라는 결과로 귀결된다. 더구나, 진여실제를 제외하면, 진리건 정의건, '옳음'이란 늘 조건과 맥락의 연기 속에 있다. 그러기에 개시개비에 앞서서 수행되어야 하는 것은 파사현정(破邪顯正)이다.

원래 화쟁은 정적인 수평의 논리이고 불교의 쟁론을 아우르자는 것이었다. 하지만, 이를 모든 장에서 권력이 작동하는 현대사회 문제에 적용하려면 역동적인 수직의 논리로 전환하여야 하며, 이럴 때 대립물 사이의 연기적 관계에서 가장 중요하게 따져보아야 하는 것이 권력이다. 진리에는 권력이 작용한다. 거꾸로 권력이 곧 진리이기도 하다. 권력이 비대칭인 곳에서는 서로 상대방의 입장에서 생각한다 하더라도 개시개비의 화쟁은 불가능하다. 대립물 사이에서 권력이 작용하기에 이것을 평등하게 만들지 않는 한, 공정하거나 객관적인 화쟁은 거의 불가능하다. 특히 자본주의 체제에서는 권력이 자본과 결합하고 모든 제도와 시스템 자체가 권력자에게 지극히 유리하게 작동되고, 권력의 행위나 담론을 정당화하는 이데올로기나 논리가 월등하기에 권력에 대한 고려나 대책 없이 가해자와 피해자, 자본가와 노동자의 사이에서 개시개비 식의 평화로운 대화는 불가능하다. 이는 관념에서나 가능할 뿐이다. 자본가가 노동자, 특히 비정규직 노동자에 대해 압도적으로 우월한 권력을 갖고 실정법까지 어겨 가며 정리해고를 하고 노동자들은 하루하루를 견뎌내기 힘들어 자살하는 상황에서 개시개비의 화쟁을 하라는 것은 선한 의도와 관계없이 실제로는 자본가의 폭력을 연장시켜주는 것으로 귀결된다.

그러기에 대립과 갈등의 현장에 가서 무작정 양자가 서로 상대방의 입장에서 생각하고 평화로운 대화를 하라고 해서는 안 된다. 모든 삿된 것을 혁파하고 무엇이 진실인가 가려야 하고 권력을 대칭으로 만들어야 한다. 사건을 투명하고 명징하게 바라보아 조작과 거짓과 망상을 걷어내고, 개인적인 관계에서는 아랫사람끼리 연대하여 권력에 저항하는 것과 윗사람이 아랫사람과 연기적 관계임을 깨닫고 권력을 자발적으로 절제하는 것이 함께 이루어져야 한다. 조직 속에서는 제도의 개선, 규칙의 공정한 제정, 대의민주제와 참여민주제, 숙의민주제, 몫 없는 자를 위한 민주제가 모두 이루어져야 한다. 비화쟁적인 제도와 시스템을 해체하고 관계자 모두가 권력의 대칭을 유지한 채 철저히 민주적인 방식으로 토론을 하고 서로 눈부처를 바라보며 합의에 이를 수 있는 조건과 분위기를 조성해야 한다. 그런 후에 개시개비의 화쟁을 하라고 해야 한다.

이처럼 화쟁은 "서로 대립했을 때 대립물 사이의 조건과 인과, 특히 그 사이에서 작용하고 있는 힘과 고통에 대해 연기적 관계를 깨우치고 일심을 지향하여 파사현정을 한 후에 상대방의 조건과 맥락 속으로 들어가서 중도의 자세로 소통을 하여 고통을 없애고 서로 하나를 이루는 것"이다. 그러기에 화쟁으로 종교상의 구조적 폭력을 없애려면 각 종교 사이의 교리와 계급, 권력의 문제를 연기적 관계 속으로 밀어 넣어야 하며, 7세기 동아시아 불교계의 맥락과 조건을 자본주의적 모순, 제국주의적 모순 등의 맥락과 조건으로 대치해야 한다.

현대사회의 맥락과 조건으로 대치할 때, 제국, 자본, 국가가 폭력을 독점하고 부당하게 사용하며 국민을 살상하는 상황에서 평화를 이루는 길에 대한 논리와 방편이 필요하다. "분노가 분노에 의해 사라지지 않으며 오로지 자비에 의해서만 사라진다는 것이 영원한 진리"라는 『법구경』의 가르침은 원칙적으로 타당하며 지켜져야 한다. "불교는 권력을 위한 파괴적인 투쟁을 단념한 사회, 평안과 평화가 정복과 패배를 극복한 사회, 무고한 자에 대한 박해가 맹렬하게 비난받는 사회, 홀로 자기 정복을 한 자가 군사적·경제적 힘으로 수백만 명을 정복한 사람보다 더욱 존경받는 사회, 친절이 증오를, 선이 악을 정복하는 사회, 원한, 질투, 악의와 탐욕이 사람의 마음을 물들이지 않는 사회, 자비가 행동의 추진력이 되는 사회, 가장 작은 생명을 포함해서 모든 생명을 공정과 배려와 사랑으로 대하는 사회, 물질적으로 만족한 세계에 있으면서도 평화와 조화로운 삶이 가장 높고 고결한 목표인 궁극적인 진리, 니르바나의 깨달음으로 나아가는 사회를 창조하는 것을 목적으로 한다."* 월폴라 라훌라(1907-1997, 스리랑카)의 이 말은 현대 사회에서도 금강석과 같은 가르침이다.

그럼에도 21세기 오늘 평화를 위협하는 세력, 이데올로기, 망상들은 집요하고 야만적이다. 촛불혁명이 없었다면 우리는 세월호에서 304명이 죽고 그 여섯 배에 달하는 비정규직 노동자들이 매년 산업재해로 사망하는 것을 아픈 가슴을 부여잡고 지켜보기만 할 수밖에 없었을 것이다. 이병욱이 경전을 통하여 잘 고증하였듯, 불교는 "높은 수행의 경지의 사람이 자비의 마음으로 인해서 폭력을 사용하는 것, 바른 가르침을 말하는 비구를 보호하는 경우에 폭력을 용인한다."** 『대방편경』에서는 500명의 선원 중의 한 사람이 나머지

* Walpola Rahula, *What the Buddha taught: with a foreword by Paul Demieville and a collection of illustrative texts*. Revised Edition(New York: Grove Press, 1974), pp.88-89.

** 이병욱, 앞의 책, 177쪽. 이병욱에 따르면, 『대열반경』에서는 "칼과 화살과 창을 가지고서 계를 지키는 청정 비구를 수호해야 한다."(『대열반경』/『대정장』 12권, 383中: "應持刀劍弓箭鉾槊, 守護持戒淸淨比丘"라며 계를 지키는 청정비구를 수호하기 위한 방편으로서 폭력을 용인하고, "오계를 받지 않았지만 바른 법을 수호한다면 이를 대승이라고 부를 것이다. 바른 법을 수호하는 자는 칼과 무기, 의장(儀仗)을 들고 설법자를 호위해야 한다."(『대열반경』/『대정장』 12권, 384上: "不受五戒, 爲護正法, 乃名大乘, 護正

499명을 죽이고 그들이 가진 것을 빼앗으려고 음모를 꾸미고 있다는 것을 알게 되자 선장이 세 차례나 그러지 말라고 그 선원을 설득했지만 실패하자 선장은 499명을 살리기 위하여 무기를 들고 그 선원을 죽인다, 그 선장이 바로 전생의 부처다.*

지혜 없는 자비가 맹목이라면 자비 없는 지혜는 공허하다. 수행을 통하여 고통과 분노가 일어나는 원인, 모든 것의 연기성과 공성(空性)에 대하여 통찰하고 중생의 고통에 자비심을 가져 이를 해결할 다양한 방편을 모색하고 실천하여 그를 구제하는 것이 모든 중생을 행복하게 하는 길이다. 물론, '정의로운 분노'는 이를 행사하는 개인이나 집단의 이데올로기의 소산일 수 있어 경우와 맥락에 따라 다르다. 종교 폭력 가운데 상당수는 자기 종교의 교리로 그 폭력을 정당화하거나, 더 나아가 정의의 이름으로 다른 종교/신자를 응징하는 양상을 띠기에 정의로운 분노는 위험하다.

하지만, "뇌나 심장, 배꼽이 아니라 아픈 곳이 우리 몸의 중심이다."라며 죽어 가는 생명, 억압받고 수탈당하는 중생에 대한 자비심의 연장으로 발생하는 분노, 생명을 살리고 구성원의 분노를 줄이기 위하여 구조적 폭력이나 잘못된 국가와 세계 체제에 대한 분노는 정당하다. 단, 그 분노의 표출은 설득과 협상 등 평화적 방법이 무망한 상황에서 증오와 폭력이 없이 자비심을 잃지 않는 범위에 한정하여 행해야 한다.** 상황에 따라 방편과 전략, 전술을 활용하여 폭력을 최소화하는 것과 인간 구원과 평화 달성의 목적을 달성하

法者 應當執持刀劍器仗 侍說法)라고 말하면서 정법을 보호하기 위하여 폭력을 사용하는 것이 대승이라고 밝히고 있다.

* 달라이 라마 · 스테판 에셀, 임희근 옮김, 『정신의 진보를 위하여』, 서울: 돌베개, 2012, 51-52쪽.

** 이는 평화적 협상을 먼저 시도하고 그것이 불가능할 경우에 분노하라는 것이 아니다. 종종 권력자들은 협상에 응하되 시간을 끌며 자기네 목적을 달성한다. 권력이 심하게 비대칭적이고 상대자가 절대 악으로 평화적 협상을 이용 대상으로만 삼으려는 의도가 명확할 경우 평화적 협상이 무망하다고 판단하는 것 또한 지혜다.

는 것 사이에서 어떻게 균형을 유지할 것인가를 숙고하고 또 숙고하여야 하며,* 시간이 허락할 경우 갈마(羯磨, karma)와 같은 민주적 방식으로 집단지성을 도출해야 할 것이다.

## 6. 생태적 폭력과 대안

2017년 지금 지구상에 존재하는 모든 생명은 위기에 있다. "1초 동안 0.6헥타르의 열대우림이 파괴되고",** "하루에만 100여 종의 생물이 지구상에서 영원히 사라진다."*** 국제자연보존연맹은 전 세계 과학자 1,700명이 참가하여 조사한 끝에 "44,838종의 대상 동식물 가운데 1.94%인 869종이 멸종되었으며, 38%인 16,928종이 멸종위기에 놓였다고 발표했다."**** 상당수 학자들은 오르도비스기-실루리아기 5차 대멸종에 이어서 6차 대멸종이 진행되고 있다고 경고한다.

전 지구 차원의 환경위기를 낳은 요인 가운데 하나는 근대 유럽이 이 세계를 기계론과 인간중심주의의 세계관으로 해석하고 이에 바탕을 두고 정책을 집행하고 실천하였기 때문이다. 베이컨, 뉴턴, 데카르트 등이 기존의 유기체적 세계관에 맞서서 새롭게 세계를 인식하고 탐구하는 패러다임을 펼쳤다. 이들은 이 세계를 관찰자와 관찰대상으로 구분하였다. 차이가 있지

* 예를 들어 테러리스트가 어린이를 납치하여 죽이려고 할 경우, 먼저 협상과 설득을 하고 그래도 안 될 경우라 할지라도 어린이를 구하는 목적을 달성하는 전제에서 테러리스트에 대한 폭력을 최소화할 수 있는 방안을 고민해야 한다.

** 앨 고어 지음, 이창주 옮김, 『위기의 지구』, 삶과꿈, 1994, 128쪽.

*** 위의 책, 40쪽.

**** Jean-Christophe Vié, Crig Hilton-Taylor & Simon N. Stusart (eds.), *Wildlife in a Changing World, an analysis of the 2008 IUCN Red List of Threatened Species,* Gland, Switzerland: The International Union for Conservation of Nature, 2008, p.16.

만, 그들은 이 세계가 기계적인 인과법칙에 의하여 움직이기에 객관적 지식에 근거하여 이 법칙을 이해하면 자연현상에서 의료에 이르기까지 이 세계를 지배할 수 있다고 간주하였다. 기계론적 세계관은 인간중심주의와 결합하여 자연을 객관적 지식으로 개발하고 착취하여 인간의 목적을 구현하는 것을 정당화한다. 이는 인간이 '주술의 정원'에서 해방되어 근대로 나아가게 한 '계몽의 빛'이었지만, 이 세계관에서는 생명을 기계처럼 인과법칙에 따라 운동하는 것으로 다루며, 객관적인 지식을 가진 인간이 세계의 중심에 서서 자기 목적대로 자연과 생명을 마음대로 개발하여 착취하는 것을 당연한 것으로 여긴다. 이런 기계론적 세계관을 과학 자체로부터 비판한 것은 불확정성의 원리와 상대성이론, 엔트로피이론이며, 인간중심주의를 부정하고 나선 것은 생태론, 특히 심층생태론(deep ecology)이다.

이에 대한 대안은 각 종교에 내재한 연기론적이고 생태론적 해석을 풍부하게 하는 것이다. 지구상의 온 생명은 서로 깊은 연관 관계를 맺고 서로 조건과 인과로 작용하고 의지한다. 모든 생명체는 서로 의존하고 작용하며 서로를 만들어주는 상호의존성과 상호생성성의 관계의 다발 속에 있다. 이런 연기론을 원효는 불일불이(不一不二)의 논리로 다듬는다.

밥이 똥이 되고 똥은 식물의 자양분이 되고 이 식물을 먹고 다시 똥을 누듯 자연과 모든 생명과 인간은 원래 상호작용을 하며 둥글게 순환한다. 그렇듯 모든 생명과 자연은 하나도 아니고 둘도 아니다. 씨는 스스로는 무엇이라 말할 수 없으나 열매와의 '차이'를 통해 의미를 갖는다. 씨는 씨이고, 열매는 열매이다. 씨는 씨로서 자질을 가지고 있고 씨로 작용하고, 열매 또한 열매로서 자질을 가지고 있고 열매로 작용하니 씨와 열매는 하나가 아니다(不一). 씨로 말미암아 열매가 열리고, 열매가 맺히면 씨를 낸다. 씨가 씨로서 작용하면 싹이 나고 꽃이 펴서 열매를 맺고, 열매가 열매로 작용하면 씨를 만든다. 국광 씨에서는 국광사과를 맺고 홍옥 씨에서는 홍옥사과가 나오듯, 씨의 유전자가 열매의 거의 모든 성질을 결정하고 열매는 또 자신의 유전자를 씨에 남긴다. 그러니, 양자가 둘도 아니다(不二). 씨는 열매 없이 존재하지 못하므로 공(空)하고 열매 또한 씨 없이 존재하지 못하므로 이 또한 공하다. 그러나 씨가 죽어 싹이 돋고 줄기가 나고 가지가 자라 꽃이 피면 열매를 맺고, 열매는 스스로 존재하지 못하지만 땅에 떨어져 썩으면 씨를 낸다. 씨가 자신의 존재를 유지하고자 하면 씨는 썩어 없어지지만 씨가 자신을 공하다고 하여 자신을 흙에 던지면 그것은 싹과 잎과 열매로 변한다. 세계는 홀로는 존재한다고 할 수 없지만 자신을 공하다고 하여 타자를 존재하게 하는 것이다. 공(空)이 생멸변화(生滅變化)의 전제가 되는 것이다.*

연기는 단순히 이것과 저것의 관계성이나 상호의존성, 인과성만을 뜻하는 것이 아니라 역동적 생성성을 의미한다. 원인이 결과가 되고 결과가 다시 원인이 되며, 홀로는 존재하지 않지만 서로 작용하여 동시에 서로 생성하게 하는 역동적인 생성성이다. 땅과 물과 빛과 대기와 미생물, 작은 벌레에서 인간에 이르기까지 지구상의 모든 생명과 자연은 깊은 관계를 맺고 서로 의존하고 있을 뿐만 아니라 서로 동시에 서로를 생성하게 한다. 모든 생명체[正報]와 자연[依報]은 서로 상즉상입(相卽相入)한다. 지구상의 모든 생명체는 자연 및 다른 생물과 상호작용을 하며 자연선택과 성 선택을 하면서 38억 년의 기나긴 시간 동안 진화를 해 왔고, 또 생명체는 자연에서 나고 자라 다시 자연으로 돌아가며 자연을 변화시켰다. 손가락 한 뼘도 안 되는 흙에 10억

* 이는 元曉,『金剛三昧經論』,『한국불교전서』, 제1책, 동국대출판부, 1979, 625-중-하: "菓種不一 其相不同故 而亦不異 離種無菓故 又種菓不斷 菓續種生故 而亦不常 菓生種滅故 種不入菓 菓時無種故 菓不出種 種時無菓故 不入不出故不生 不常不斷故不滅 不滅故不可說無 不生故不可說有 遠離二邊故 不可說爲亦有亦無 不當一中故 不可說非有非無"를 필자가 해석한 것이다.

마리 이상의 미생물이 살고 있으니, 지금 이 순간의 호흡으로도 대기의 미생물이 달라지고, 그에 따라 그 미생물들이 땅속의 미생물을 변화시키고, 그 미생물들이 생산하는 유기물질을 먹고 풀과 나무가 자라고, 그 숲에 따라 무수한 생명체가 나고 자라고 사라지며, 숲과 생명체들이 대지와 하늘을 변화시키고 이는 다시 나를 변화시킨다. 지구상의 모든 존재는 상호생성자(inter-becoming)이다.

홍수를 방지하는 방안은 크게 두 가지다. 서양의 이항대립의 철학, 어느 한쪽에 우월권을 설정하는 폭력적 서열제도의 근대성의 사유는 인간과 자연으로 세계를 나누고 인간에게 우월권을 준다. 이 패러다임에서는 당연히 댐을 쌓아 홍수를 막는 대안을 행한다. 하지만, 이 대안은 물이 흐르면서 자연정화를 하지 못하게 하여 빈틈을 만들지 못하기에 강을 오염시키고 생명을 죽인다. 반면에 화쟁의 불일불이론은 씨와 열매처럼, 물은 자신을 소멸시켜 나무의 양분이 되고, 나무는 흙 속에 구멍을 뚫어 물을 품는 원리다. 화쟁의 패러다임에 따라 최치원은 홍수를 막기 위하여 둑을 쌓는 대신 상림을 조성하고 실개천을 여러 개 만들었다. 그렇게 하여 1천여 년 동안 홍수를 막으면서도 물이 더욱 맑게 흐르게 했다. 인간과 자연이 씨와 열매처럼 자신을 소멸시켜 상대방을 이루려 한다면, 또 그 원리에 따라 사회를 재편하고 사회와 정치 시스템을 바꾸고 가치관을 혁신한다면, 인간은 함양의 상림처럼 자연의 원리를 거스르지 않으면서 자연과 인간이 공존하는 문명을 건설할 수 있을 것이다. 만약 이런 패러다임과 방식으로 산업화나 근대화가 이루어졌다면, 환경 파괴가 없는, '지속가능한 발전', '자연의 순환이 가능한 발전'이 가능했을 것이다. 실제로 서양, 특히 독일, 호주, 캐나다 등은 댐으로 홍수를 막던 방식이 물도 오염시키고 홍수도 잘 막아내지 못함을 깨닫고, 댐이나 둑을 해체하고 도리어 강의 유역을 넓혀주고 숲을 조성하는 것으로, 그 사이에 실개천과 습지를 만들어 흐름을 분산시키는 것으로 전환하고 있다.

이처럼 각 종교별로 기계론과 인간중심주의를 해체하고 자연과 인간이 서로 상생하고 조화를 이루는 생태론적 세계관의 해석을 해야 한다. 객관적인 지식을 통해 자연현상을 지배하려는 기계론적 세계관에 맞서서 자연과 인간, 우주 삼라만상을 그물코로 연결된 하나로 바라보는 유기체적이고 전일적인 세계관을 제안해야 한다. 프란치스코 교황이 말한 '회칙적이고 환경론적인 정의'(encyclical and environmental Justice)를 각자 자리에서 시작하여 제도와 시스템의 개혁에 이르기까지 구현해야 한다.*

## 7. 맺음말

나라든 지구촌이든 작은 집단이든 종교평화 없이 평화는 없다. 근대는 기독교도, 백인, 유럽 등 '갑'의 위상에 있는 민족과 종교, 지역에 의한 이교도, 유색인, 제3세계 등 '을'의 위상에 있는 자들의 착취와 학살로 점철되었으며, 이는 지금도 지속되고 있다. 이제 대대의 논리로, 동일성을 근본적으로 해체하는 눈부처의 차이로 서로 대화하고 공감하며 서로를 품어야 한다. 부처 안에서 예수를 발견하고 예수 안에서 부처를 발견하며 우리는 더 좋으신 부처와 예수를 만날 수 있으며, 우리 자신 또한 더 나은 존재로 고양될 수 있다. 싯다르타의 고행상을 보며 십자가에서 피를 흘리는 예수님의 목소리를 듣고, 마티아스 그뤼네발트(1480(70?)-1528, 독일)의 〈이젠하임의 제단화〉를 보며 남김 없는 열반에 들지 않고 다시 중생의 고통 속으로 뛰어든 부처를 본다.

지금 지구상의 생명체 가운데 절반에 가까운 생명들이 멸종 위기 상태

* http://www.sierraclub.org/compass/2015/06/pope-franciss-encyclical-and-environmental-justice

에 놓여 있다. 갑부 8명이 소유한 부(富)가 하위 36억 명의 재산과 같으며, 나라마다 약간의 차이는 있지만 대략 상위 10%가 절반이 넘는 소득을 차지하고 있다. 생명이 집단적으로 죽어 가고 불평등이 극심해진 현 상황에서는 '가난한 자를 위한 편애적 선택'(the preferential option for the poor)(Catholic social teaching)에 더하여 '가난한 생명을 위한 편애적 해석과 자비적 실천'(the preferential interpretation and compassionate practice for the poor lives)이 필요하다. 다시, "뇌나 심장이나 배꼽이 아니라 아픈 곳이 우리 몸의 중심이다."* 손가락을 살짝 베어도 우리 몸의 신경물질과 영양분과 백혈구와 대식세포가 그곳으로 집중하여 그곳을 치유하고 우리 몸을 건강하게 수호한다. 그렇듯, 난민과 굶주리는 어린이와 노인과 여성, 비정규직 노동자, 이주노동자, 멸종위기의 생명이 있는 곳이 이 지구의 중심이다. 가장 먼저 그들의 아픔에 공감하고 연대하는 그 자리에 부처와 예수가 자리한다.

* 필자가 이 말을 칼럼, 집회 발언에서 자주 인용을 하고 이를 김소연 대통령 후보, 도법 스님 등이 활용하기도 했는데, 실제 이 말을 가장 먼저 한 사람은 엘리 위젤(Elie Wiesel, 1928-2016, 미국)이다. 그는 유태인 포로수용소에서 부모와 동생을 모두 잃고 홀로 살아남았으며 그 끔찍한 기억을 『나이트』란 책으로 펴냈다. 그는 인종차별 철폐와 인권 신장을 위해 노력한 공로로 1986년 노벨평화상을 수상하며 그 연설에서 "인간이 인종과 종교, 정치적 견해로 인해 박해 받는다면 그곳은 어디든지, 그 순간에 세계의 중심이 되어야 합니다."라고 말했다. 이시우 사진작가가 2007년 6월 20일에 쓴 옥중편지에서 이를 패러디하여 "아픈 곳이 몸의 중심이자 세계의 중심"이라고 말한 이래 한국에서도 자주 인용되고 있다.

# 3. 개신교 승리주의의 패배

양희송_ 청어람ARMC 대표

## 1. 파면

지난 2017년 2월 17일 서울기독대학교 이사회는 이 대학에 18년간 재직한 신학과 손원영 교수를 파면했다. 이유는 "그리스도의교회 신앙 정체성에 부합하지 않는 언행을 일삼고, 과거 약속한 것들을 성실히 이행하지 않는 등 교원 성실의무를 위반했기 때문"이라고 밝혔다. 이 파면 조치에 주요한 빌미가 된 사건이 2016년 1월 한 기독교인이 경북 김천 개운사 대웅전에서 불상과 집기를 파손한 훼불 사건이다. 손원영 교수는 훼손된 불상을 복구하는 모금운동을 제안하고 이를 온라인에서 진행한 바 있는데, 교단과 학교 측은 이를 문제시하였다. 학교 측은 교원 파면 처분의 사유로 종교적 문제를 거론하는 것이 불리하다고 여긴 때문인지 공식적으로 파면 이유는 교원 성실의무 등을 들고 있으나, 사태 초기부터 이 훼불 사건 모금운동을 공공연히 시비 거리로 삼았다.

## 2. 개신교 승리주의

나는 졸저 『다시 프로테스탄트』(2012)에서 한국교회가 지난 30-40년간의 고도성장기를 지나면서 견지한 세 가지 패러다임으로 성직주의, 성장주의, 승리주의를 꼽았다. 이 가운데 '승리주의'(triumphalism)를 논하면서, 그리스도인들이 세상을 대할 때 주로 '선교나 전도'란 관점에서만 파악하기 때문에 공적 영역에서 다양한 갈등을 유발해 왔다는 점을 지적했다. 전국 주요 도시에 조직되어 있는 '성시화운동' 같은 경우, 사실상 그 내용은 해당 지역의 기독인 기관장들이 같이 모여 성경공부나 기도모임 정도를 하는 소박한 수준인 경우가 많다. 하지만 그런 자리에서 종종 기도제목이란 명분으로 지역의 현안에 대한 의견 개진이나 교계 사업의 공유, 협조 의뢰 등이 이루어지기도 한다. 이런 경우 외부에서는 공적 절차를 거치지 않고 어떤 사안에 대한 논의가 이루어져서 되느냐거나, 그에 따라 편법적 특혜가 발생하는 것 아니냐는 우려를 하게 마련이다. '장로 대통령'인 MB가 서울시장 시절 "서울시를 봉헌하겠다"고 했던 것도 응당 기독인들이 모인 자리에서는 어렵지 않게 들을 수 있을 발언이었다.

공공 영역에서 기독인이 고위직에 진출하는 경우, 이는 곧 '전도와 선교'의 기회를 허락하기 위한 하나님의 뜻으로 해석하는 것 외에는 다른 의미 부여를 하지 않았던 관행이 교계에는 지배적이다. 에스더에게 "네가 왕후의 자리를 얻은 것이 이때를 위함이 아닌지 누가 알겠느냐"(에스더4:14)고 했던 말은 모든 사회적 명예와 권력을 얻은 이들에게 그 주변 기독인들이 거는 기대를 압축적으로 보여준다. 그러하기에 높은 공직에 올랐다면 당연히 동료 기독인들을 등용하여 믿지 않는 자들은 이해하지 못하는 하나님의 뜻을 가속화해야겠다는 생각을 하게 된다. 밖에서는 '진영논리'요, '종교연고주의'에 해당할 행위가 기독교 승리주의의 입장에서는 마땅히 수행해야 할 과제요 책임이 된다. MB정부 초기 언론은 '고소영 인사'라며 공직자를 주로 발탁하는 통로가 '고려대, 소망교회, 영남'이었다고 비판했다. 나는 거기에 '소망교회'가 끼게 되는 근저에 이 승리주의적 열망이 강하게 개신교 대중들을 지배하고 있지 않았나 의구심을 갖는다.

### 3. 종교적 관용

개신교 종교개혁을 거치면서 서구는 근대사회로 넘어오게 된다. 우리에게 익숙하고, 당연시되는 근대적 사회질서와 그것이 근거하는 사회적 약속은 종교개혁과 그 이후 시대에 좌충우돌의 시행착오 속에서 정립되었다. '승리주의'는 종교개혁 시기 오랜 기간의 종교전쟁을 추동한 정념이다. 상대를 이단이나 사탄의 세력으로 규정하고 멸절의 대상으로 삼는 태도가 여기에 있었다. 서구는 그렇게 오랜 전쟁을 거치면서 신교와 구교, 그리고 아나뱁티스트(재세례파)들로 나뉘어 전쟁을 했고, 더 많은 정치적 내전을 겪어 왔다. '30년 전쟁'은 이런 역사의 극단적 양상을 보여준다. 돈을 주고 산 용병들은 인간과 짐승 등 살아 있는 모든 것을 잔혹하게 살육했고, 우물에 독을 풀거나 가옥은 불태워 버리는 식의 궤멸적 전쟁을 한 세대 내내 지속했다. 지역에 따라 인구의 25% 혹은 50%가 사라진 곳이 허다했다. 누구든 이런 식으로 전쟁이 지속된다면 모두 공멸할 것이 뻔한 상황에서도 전쟁은 멈출 수 없었다. '신의 이름'으로 정당화되는 전쟁이었기 때문이다. 그 전쟁은 개인의 적의에 기반한 것이 아니라, 신적 분노로 추동되는 것이었기 때문에 개인이 중지할 수 있는 것이 아니었다. '종교적 관용(religious tolerance)'의 정신은 바로 이런 막다른 공멸의 위기 속에서 등장한다. 관용은 단순히 '서로 다른 소신을 넉넉히 받아들이는 인격의 너그러움'을 뜻하는 용어가 아니다. 어떤 법학자의 표현을 빌리자면 '이를 악물고 상대를 죽이지 않기로 결단하는 것'이라고 새길 수 있다. 이를 악물어야 하는 이유는 이 관용이 '자신의 신과 불화할 용기'를 요구하기 때문이다. 비진리를 처벌하지 않고, 이단을 죽이지 않기로 결단하는 것은 자신의 신에 대한 헌신을 스스로 허무는 행위이기 때문에 그러하다. '관용'이란 상대의 소신을 인정하고 받아들인다는 의미가 아니고 이런 자기모순적 행위를 스스로 결단하는 것을 뜻한다. '나는 저것을 비진리로 간주한다, 그러나 이것 때문에 상대를 죽이거나 불이익을 주지는 않겠다'는 태도이다.

근대는 이런 종교적 관용에서 출발해서, 대부분의 '자유권'을 헌법적 가치로 수용하는 사회를 시작하였다. 종교의 자유, 양심의 자유, 표현의 자유 등 근대 헌법에 공통으로 들어가 있는 자유권의 확립에 개신교는 이론적이자 실천적 근거를 제공해 주었다. 개신교 스스로가 그 역사적 과정을 통과하면서 사회적 합의를 이루어내는 데 한 축이 된 것이다. 개신교는 다양한 종교가 사회적으로 받아들여질 때에라야 자신들도 그 사회에서 안전하게 존립 근거를 마련할 수 있었기에 이런 사회적 다원성의 중요한 옹호자 역할을 마다하지 않았다. 서구사회가 '사적 영역'과 '공적 영역'을 구분하면서 종교는 사적 영역에 속한 것으로 간주하는 관행은 지금은 새롭게 재검토할 측면이 있다 하더라도, 적어도 역사적으로는 서구 사회가 공공의 영역을 합리성이 지배하는 영역으로 설정하고, 이에 근거해서 고대나 중세의 여러 연고주의(인종, 종교, 지역 등)에 휘둘리지 않는 근대사회를 만들어가는 데 기여한 바 크다. 종교적 소신의 차이에도 불구하고, 그 종교의 차이로 인해 공적 영역에서 사회적으로 부당한 대우를 받지 않도록 하는 사회가 근대사회일 것이다. 그리고 나는 개신교 신앙은 그런 근대를 열어오는데 매우 크게 기여했고, 그 흐름에 동반자였다고 생각한다.

### 4. 손원영 교수 파면의 철회를 요구함

한국사회는 헌법에 따라 자유권이 보장되는 근대사회이지만, 여러 영역에서 아직 전근대적이고 불합리한 관행들이 충분히 청산되지는 않았다. 종종 문제가 되는 불교 사찰에 대한 직간접적 위협이나 기물파손 등은 자신의 종교적 신념과는 상관없이 우리 사회에서 각 종교가 마땅히 누릴 헌법적 가치를 훼손하는 일이다. 이런 일이 주로 개신교인들에 의해 자행된다는 것은 매우 부끄러운 일인데, 이것은 타종교를 공격하는 이의 종교적 신념도 존중해야 하지 않느냐는 문제가 아니다. 사적인 종교가 무엇이냐와 상관없이 이런 행위는 공적으로 부적절하다는 판단이다. 간단히 역지사지해서 불교신자가 교회당에 들어와서 곳곳에 부적을 붙여놓거나 십자가를 훼손했다면 어떤 느낌이었겠는가? 허허 웃고 말 수 있을까?

이런 해묵은 사건이 반복되는 와중에 2016년 김천 개운사에서 벌어진 훼불 사건에 대해 개신교인이 나서서 모금운동을 벌이고 사과의 심정을 사회적으로 표현했다는 것은 뒤늦은 감이 있지만 꼭 필요한 움직임이었다고 볼 수 있다. 근대적 관용의 정신에서 본다면, 그것은 '불교의 가르침을 용납했단 말인가'라는 질문과는 전혀 상관없이 가능한 일이다. 심지어 불교에 적대적 신념을 가진 이라도 이런 사건에 유감을 표명하고 복구를 돕는 것은 가능한 일이며, 사회적으로 본다면 바람직한 일일 수 있다. 기독교와 불교가 사회적으로는 서로 경쟁하는 종교로 인식될 수 있다. 만약에 그러하다면, 그런 경쟁은 이쪽의 최선의 사례와 상대의 최악의 사례를 비교하는 식이어서는 곤란하다. 양쪽이 최선이자 최고의 것으로 경쟁하고 그 결과로 사회적 공공

선을 누가 더 증진시키느냐로 공적 평가를 받는 것이 마땅하다. 손원영 교수 파면 사건에서 대학 측이 내보인 태도는 사회적으로 매우 부적절했다고 판단된다. 그리고 이 사안에 관련된 종교적 층위를 제대로 해석하고 개신교 종교개혁의 전통에 굳게 서서 말하자면, 손원영 교수는 상을 받을 일을 한 것이지 처벌 받을 일을 한 것이 아니다. 이 문제에 관한 대학 측의 처사는 개신교인들에게 말할 수 없는 부끄러움을 안겨주었다. 신속한 시정을 요구한다.

# 4. 손원영 교수 징계처분 사건의 쟁점

홍성학_ 충북보건과학대 교수, 전국교수노조 위원장

## 1. 머리말

서울기독대학교를 운영하는 학교법인 환원학원은 2017년 2월 20일 손원영 교수를 파면처분하였다. 손원영 교수가 그리스도의교회 정체성과 부합하지 않는 언행을 함으로써 그리스도의교회 신앙의 정체성을 훼손하였다는 점, 그리고 손원영 교수가 2013년 '호소문'에서 약속한 사항들을 성실히 이행하지 않은 점 등 성실의무를 위반하였다는 것이다. 이 글에서는 '종교적 이슈'를 중심으로 하여 이러한 손원영 교수의 말과 행동이 징계사유가 될 수 있는 것인지 살펴보고자 한다.

## 2. 징계 처분의 내용

손원영 교수를 파면처분한 징계결정서에 따르면 첫째, 손원영 교수는 학교법인 환원학원이 설치 경영하는 서울기독대학교의 교수로서, 학교법인 환원학원 정관 제1장에 설립 목적을 "그리스도의교회의 환원정신에 입각한 교역자와 기독교 지도자 양성"이라고 명시하였음에도 불구하고 서울기독대학교와 해당 학교법인의 정체성과 관련하여 2013년부터 논쟁의 대상이 된 바 있었는데, 또 다시 그리스도의교회의 정체성과 대학의 신학 정체성과 부합하지 않은 언행을 함으로써 정체성에 대한 성실성이 훼손되었다고 하였다. 둘째, 2014년 징계의결에서 징계수위에 영향을 준 '호소문'에서 약속한 사항들을 손원영 교수가 성실히 이행하지 않았음에도 여전히 진실을 호도하고 개전의 정을 찾을 수 없는 서면답변서를 제출하였다는 것이다.

결국 학교법인 환원학원은 사립학교법 제61조, 동법 제55조 제1항 및 서울기독대학 교직원 복무규정 제6장 제29조, 공무원 징계양정 등에 관한 규칙에 의거하여 성실의무 위반으로 '파면'을 결정하였다.

### 3. 그리스도의교회 신앙의 정체성 부합 여부

#### 1) 학교법인의 징계의결 요구 사유

학교법인 환원학원의 2017년 1월 10일 징계의결요구서에는 손원영 교수가 그리스도교회 신앙의 정체성을 지키지 않고 서울기독대학교 교수로서의 본분에 배치되는 말과 행동을 하여 성실의 의무를 위반한 것으로 보는 구체적인 내용이 적혀 있다.

징계의결요구서에 따르면 손원영 교수는 서울기독대학교와 그리스도의교회 정체성과 관련하여 2013년부터 논쟁의 대상이 되었는데, 2016년 '불당훼손 개운사 돕기' 모금 활동이 언론에 보도된 후 2016년 4월 21일 그리스도의교회 협의회가 손 교수 신앙의 정체성과 관련하여 문제를 제기하였고, 이에 따라 손 교수의 말과 행동이 그리스도의교회 신앙의 정체성과 부합하는지에 대한 검토가 이루어졌다. 즉, 2016년 7월 20일 교원인사위원회 의결을 거쳐 신학과와 그리스도의교회 협의회에 손 교수의 말과 행동이 그리스도의교회 신앙의 정체성과 부합하는지에 대한 검토 의견을 요청하였다.

이에 그리스도의교회 협의회와 신학과는 손 교수의 신학적 정체성이 그리스도의교회 정체성과는 부합하지 않는다는 의견을 피력하였다.

| 그리스도의교회 협의회 입장 |
|---|
| 손 교수는 자신이 감리교 목사이며 자신의 신학적 바탕은 해방주의 신학, 수정주의 신학이라고 공공연히 말해왔는데 스톤과 캠벨의 정신을 계승하여 세워진 서울기독대학교 신학과 교수 위치에서는 용납될 수 없는 언행임 |
| 손 교수의 신학적 정체성인 해방주의 신학이나 수정주의 신학은 소위 자유주의 신학으로서, 스톤·캠벨 운동을 지향하는 서울기독대와는 신학적으로 충돌함 |
| 손 교수는 스톤·캠벨 운동과는 정반대의 신학을 가르치고 처신함 |

〈표 1. 그리스도의교회 협의회 입장〉

| 손원영 교수 | 신학과 의견 |
|---|---|
| "성경의 모든 문자적 기록이 곧 하나님의 말씀은 아니기 때문에…"(손 교수 페이스북) | 그리스도의교회 신앙공동체 구성원의 정서와 정체성 및 신학과의 전체적인 입장과 다름 |
| "불상이든 십자가상이든 혹은 마리아상이든 그것들은 각 종교의 진리세계를 표현한 하나의 상징물이요 종교적인 예술작품일 뿐(손 교수 답변서) | 학교에서 배우는 학생들에게 자칫 신앙적 혼란을 초래할 수 있으며 선교적 활동에 부정적 영향을 미칠 수 있음 |
| "한 기독교인의 테러로 고통을 받고 있는 한 여승의 얼굴에서 십자가에 달리신 예수 그리스도의 얼굴을 보았습니다."(손 교수 답변서) | 해방신학 원칙에 입각한 것이라고 한다면 그리스도의교회와 공동체 구성원의 기존 방향성 및 정체성 약화에 적지 않은 영향력을 끼칠 수 있음 |

〈표 2. 신학과 의견〉

이러한 그리도교회협의회의 입장과 신학과의 의견을 근거로 학교법인 환원학원은 손원영 교수의 말과 행동이 그리스도의 교회 신앙의 정체성과 부합하지 않다고 하였다. 손 교수가 서울기독대학교 신학과 교수로서의 본분에 배치되는 말과 행동을 하여 성실의 의무를 위반하였다고 보았다.

### 2) 징계의결요구의 부당성

#### (1) 징계의결요구 관련 사건의 발단

징계의결요구가 타당한지를 알아보기 위해서는 관련 사건의 발단을 먼저 살펴볼 필요가 있다.

2016년 1월 17일 60대 남성 기독교 신자가 경북 김천의 개운사에 난입하여 불상과 관음상 등을 바닥으로 밀치고 향로와 목탁 등을 내동댕이치면서 1억 5000만원 상당의 피해를 입히면서 이를 제지하는 비구니 스님을 향해 '마귀'라고 부르면서 불교는 우상을 숭배하는 집단이라고 주장한 사건이 발생하였다.

위 사건을 접한 후 개신교 신자이면서 목회자를 양성하는 신학대학의 교수로서 죄송한 마음과 함께 그냥 지켜볼 수 없어 개운사 불당회복을 위한 모금 운동을 펼치게 되었다. 그 과정에서 페이스북에 '개운사 불당회복을 위한 모금을 시작하며'라는 제목으로 글을 올렸다. 글에는 모금 운동을 하기로 결정하고 실천하게 된 3가지 원칙(① 예수라면 어떻게 했을까를 생각하였음, ② 가난하고 억압받고 있는 이를 하나님이 더 사랑한다는 편애적 사랑은 보편적 사랑과 모순되지 않기 때문에 개운사의 경우 당시 피해자이기 때문에 약자로서 연대해야 한다고 판단하였음, ③ 민주주의 국가에서 헌법을 준수하는 것은 기독교인의 당연한 의무임)을 설명하였다.

> 이번 일을 결정하고 실천하는 데 크게 작용한 원칙들을 참고로 페친들과 나누고 싶습니다. 그 원칙은 세 가지입니다. 첫째는 "예수라면 어떻게 했을까?"하는 것입니다. 이것은 복음서에 기록된 기독교의 최고 스승인 예수 그리스도의 가르침을 판단의 기준으로 삼는 것입니다. 물론 이 기준은 "성서는 무엇이라고 말

하고 있나?"로 바꿀 수 있습니다. 그런데 후자는 많은 논란이 있을 수 있습니다. 왜냐하면 성서 안에는 개운사의 법당을 훼손한 자의 명분 곧 "우상을 없애라"라는 말씀도 있는 것이 사실이기 때문입니다.

하지만 여기서 우리가 간과할 수 없는 것은 성서의 모든 문자적 기록이 곧 하나님의 말씀은 아니기 때문에 문자적 의미를 넘어선 신중한 신학적 해석이 필요하다는 점, 그리고 똑같은 성경 안의 말씀이라 하더라도 더 중요한 말씀이 있을 수 있다는 점 등입니다. 그래서 저는 어떤 문제를 판단할 때 "예수라면 어떠한 행동을 했을까"로 판단 기준을 삼곤 합니다. 그렇다면, 금번 개운사 사건에 대해 예수라면 어떠한 행동했을까요? 제 마음 속에 떠오른 예수의 말씀과 행동은 분명히 개운사 신도 분들에게 용서를 빌고 작은 것이라도 그들에게 위로의 마음을 담아 전달하는 것이었습니다.

둘째는 약자와 늘 연대하는 것입니다. 저는 오래 전 박사과정 때 해방신학을 처음 제안한 구티에레즈 신부님에게서 〈해방신학〉을 직접 배운 바 있습니다. 그 분의 핵심적인 가르침은 "가난한 자에 대한 편애적 선택은 성서가 증언하는 하나님의 보편적인 사랑과 모순되지 않는다."라는 것입니다. 그리고 복음적 삶은 그런 이해 위에 차별적으로 선택된 "약자와 연대하는 것"입니다.

그렇습니다. 바로 지금 개운사의 상황에서 개운사를 돕기로 결정한 것은 제가 배운 이 해방신학의 원칙을 실천하는 것뿐입니다. 특히 여기서 언급하고 싶은 것은 가난한 자란 단지 경제학적인 의미로 돈이 없는 사람만을 뜻하는 것이 아니라 사회적 약자로 이해할 수 있습니다. 말하자면 사회적인 편견과 구조적인 악의 문제로 인해 상처받고 고통당하는 사람들 모두를 의미합니다. 따라서 그리스도인이라면 종교의 유무나 종교적 소속을 떠나 고통당하는 개운사 분들의 편을 들고 그들과 연대하는 것은 지극히 당연한 일입니다.

셋째는 대한민국의 헌법정신을 구현하는 것입니다. 우리 모두는 대한민국의 국민이요 민주시민입니다. 대한민국 국민이라면 모두 지켜야 하는 의무가 있고 또 권리가 있습니다. 예컨대, 종교를 떠나 우리 모두는 국방과 납세의 의무가 있고 동시에 행복을 추구할 권리가 있습니다. 이런 점에서 볼 때, 대한민국 국민이라면 누구든 종교의 문제로 차별받아서는 안되고 동시에 자신의 종교적 신념은 존중받아야 마땅합니다.

이런 점에서 볼 때, 금번 개운사 사건은 심각한 헌법가치의 훼손이라 말할 수 있습니다. 따라서 개신교인 중에 종교(하나님)의 이름으로 혹 이러한 폭력행위에 대하여 지지하거나 동의하는 자가 있다면, 그는 분명 대한민국 국민임을 스스로 포기하는 일이 될 것입니다. 이런 점에서 저는 헌법을 준수해야 하는 대한민국의 한 시민으로서 개운사 주지스님과 신도 분들 그리고 모든 불자 분들에게 죄송한 마음을 전함과 동시에 이웃의 작은 우정을 표하고자 합니다.

(2) 그리스도교회의 신앙의 정체성과 부합

앞의 개운사 사건과 관련하여 보여준 손원영 교수의 말과 행동은 학교법인 환원학원의 징계의결요구서와 달리 그리스도교회의 신앙의 정체성과 부합한다고 할 수 있다.

환원운동은 교리보다는 성서로, 교회의 분파나 분열보다는 성서적 초대교회로, 그리고 정형화된 교단으로부터 교회일치를 향한 운동성을 강조하는 참 기독교 정신의 회복운동이다.* 즉, 환원운동은 초대교회의 순수한 성서적 신앙을 회복하는 운동(restoration movement), 예수그리스도에게로 돌아가는 기독교 신앙의 각성운동이다. 환원운동은 모든 일에 있어 성서적 신앙의 양심에 따라 '예수그리스도라면 어떻게 할 것인가?'를 스스로 판단하여 이를

* 황한호, 『교회일치와 환원운동』, 태광출판사, 2013, 제6장 참조.

실천하며 살 것을 강조하는 신앙운동으로서 손원영 교수의 말과 행동은 오히려 환원정신에 부합하였다고 할 수 있다.

손원영 교수는 개운사 사건으로 고통 받고 있는 여승의 얼굴을 보면서 "한 기독교인의 테러로 고통을 받고 있는 한 여승의 얼굴에서 십자가에 달리신 예수 그리스도의 얼굴을 보았습니다."라고 표현하였다. 저명한 유대교 철학자인 레비나스는 "고통 받고 있는 낯선 타자의 얼굴에서 선의 모습을 발견하는 것이야말로 최고의 종교성이다."고 하였는바, 이런 의미에서 손원영 교수는 환원운동과 부합한다고 할 수 있다.

또한 손원영 교수가 언급하는 해방신학 역시 학교법인의 정체성에 반하지 않는다. 해방신학이라 함은 신학이론을 주창하는 하나의 새로운 학파가 아니라 사회적, 정치적 관심을 신학에 연결시키려고 시도하는 일종의 운동이며, 가난하고 소외된 자들이 받는 고통에 동참하고 그들의 운명을 함께 나누는 것에 기초를 두고 있다. 손원영 교수는 해방신학에서 언급하는 사회적인 편견과 구조적인 악의 문제로 인해 상처받고 고통당하는 사람들을 도와주려는 차원에서 개운사 모금활동을 실천하게 된 것으로서 학교법인의 정체성에 반한다고 볼 수 없다.

(3) 손원영 교수의 말과 행동은 우상숭배와 무관

학교법인은 손원영 교수의 개운사 불당회복을 위한 모금과 관련된 말과 행동이 우상숭배에 해당한다고 판단하였다. 이는 손원영 교수의 순수하고 거룩한 뜻을 오도한 것이다. 손원영 교수의 말과 행동은 우상숭배와 무관하다.

손원영 교수가 개운사 불당회복을 위한 모금을 시작한 것은 앞의 글에서도 나타나 있듯이 우상숭배 때문이 아니다. 기독교 신자가 타 종교의 재물에 손상을 입힌 것이 죄송한 마음에 모금을 시작한 것이다.

학교법인에서 주장하는 식으로 개운사 불당회복을 위한 모금이 우상숭배에 해당한다고 한다면 타 종교의 재물을 손상시킨 행위가 정당하다는 것이다. 형법 제366조에 손괴죄(損壞罪)가 명시되어 있는데, '사랑'을 제1의 가치로 하는 기독교가 형법에 따른 범죄 행위를 정당화하는 것이다. 그리고 우상숭배에 해당하는 타 종교의 재물을 파괴시키지 않고 그대로 보고 있는 기독교인들은 모두 우상숭배자인 셈이고, 손원영 교수를 우상숭배자라고 했던 학교법인의 구성원들도 우상숭배자인 셈이라고 할 수 있다.

우상숭배를 하지 않기 위해 각자가 생각하는 우상을 없애려고 한다면 파괴적인 방법이 아니라 우상숭배를 하지 않겠다는 마음을 갖는, 즉 자신의 마음속에서 우상을 없애는 방법을 갖도록 해야 한다. 그리고 타 종교인들을 설득하고 이해시키는 방법을 택해야 한다.

(4) 손원영 교수의 말과 행동은 헌법과 법률 준수에 근거

헌법 제20조 제1항은 "모든 국민은 종교의 자유를 가진다."는 것이다. 그리고 헌법 제23조 제1항은 "모든 국민의 재산권은 보장된다. 그 내용과 한계는 법률로 정한다."고 명시하였다. 그리고 형법 제366조에는 손괴죄가 규정되어 있다.

손원영 교수는 기독교인으로서 자신의 신앙과 다르다고 하여 불당에 난입하여 피해를 입히는 행위는 결코 법적으로 정당화될 수 없다고 생각하였다. 같은 기독교인이자 신학 교수로서 책임감을 깊이 통감했다.

헌법 제31조 제6항은 "학교교육 및 평생교육을 포함한 교육제도와 그 운영, 교육재정 및 교원의 지위에 관한 기본적인 사항은 법률로 정한다."라고 명시하고, 고등교육법 제28조(목적)에는 "대학은 인격을 도야하고, 국가와 인류사회의 발전에 필요한 심오한 학술이론과 그 응용방법을 가르치고 연

구하며, 국가와 인류 사회에 이바지함을 목적으로 한다."고 하였다. 그리고 교육기본법 제2조(교육이념)는 "교육은 홍익인간(弘益人間)의 이념 아래 모든 국민으로 하여금 인격을 도야(陶冶)하고 자주적 생활능력과 민주시민으로서 필요한 자질을 갖추게 함으로써 인간다운 삶을 영위하게 하고 민주국가의 발전과 인류공영(人類共榮)의 이상을 실현하는 데에 이바지하게 함을 목적으로 한다."고 규정하였다.

우리나라에서는 이러한 헌법과 고등교육법, 교육기본법에 따라서 교육을 시행하도록 하는 바, 서울기독대학교와 같이 그리스도교회의 정체성을 표방한다 하더라도 헌법과 법률에 따라 민주시민을 양성하고, 가치중립적인 입장에서 다양한 가치를 인정하며 탐구하는 학문적 자세를 실천하는 것에 반해서는 안 된다.

손원영 교수는 신학생들에게 민주사회에서의 이웃종교에 대한 올바른 태도를 교육할 필요가 있어 불교 측에 유감 표명을 하고 피해의 원상회복을 위한 모금운동을 전개했다. 교육기본법에서 명시한 민주시민의 양성은 서로 다른 가치를 지향하는 태도를 인정하는 것, 그리고 서로의 다름을 파괴적이고 강압적인 방식이 아니라 평화적으로 설득하고 이해시켜 가는 방식을 터득하는 데서 이루어질 수 있다.

(5) 손원영 교수의 말과 행동은 징계 대상이 아니라 모범의 대상

앞의 여러 가지 내용들로 봐서 손원영 교수의 말과 행동은 징계 대상이 아니라 사회 상식을 실천한 모범의 대상으로 서울기독대학교의 명예를 드높인 것이었다고 할 수 있다. 오히려 학교법인이 폐쇄적 사고에서 벗어나 그리스도교회의 정체성을 열린 사고 속에서 재정립해야 할 것이다.

학교법인의 주장대로 손원영 교수의 말과 행동이 학교법인의 정체성과

손원영교수불법파면시민대책위원회 구성(2017년 3월 31일)

부합하지 않는다고 보더라도 정체성과 다르다는 이유만으로 사립학교법상 징계 사유에 해당한다고 할 수 없다. 학교법인의 징계의결요구서에는 손원영 교수가 사립학교법 제61조 제1항 제1조 제1호 징계제청 사유에 해당된다고 하였다. 사립학교법 제61조(징계의 사유 및 종류) 제1항 제1호는 "이 법과 기타 교육관계법령에 위반하여 교원의 본분에 배치되는 행위를 한 때"에 해당하는 때에 징계처분을 하도록 규정하였다. 손원영 교수의 말과 행동은 사립학교법 기타 교육관계법령에 위반하였다고 보기 어려울 뿐 아니라 학문연구, 학생교육, 학생지도활동과 같이 대학 교원으로서의 직무상 의무를 위반하거나 태만하였다고도 보기 어렵고, 교원으로서 품위를 손상하는 행위를 하였다고도 보기 어렵다. 손원영 교수의 말과 행동은 오히려 앞에서 언급했듯이 헌법과 법률을 준수하였고, 내용상으로 사회의 상식에 해당하고 모범이 되는 것이다.

### 4. 성실의무 위반 여부

2017년 2월 20일 학교법인 환원학원의 손원영 교수에 대한 징계결정서에 따르면 사립학교법 제61조, 동법 제55조 제1항 및 서울기독대학교 교직원 복무규정 제6장 제29조, 교육공무원 징계양정 등에 관한 규칙에 의거하여 성실의무위반으로 '파면'을 결정한다고 하였다.

사립학교법 제61조에서 징계사유로는 ① 이 법과 기타 교육관계법령에 위반하여 교원의 본분에 배치되는 행위를 한 때, ② 직무상의 의무에 위반하거나 직무를 태만히 한 때, ③ 직무의 내외를 불문하고 교원으로서의 품위를 손상하는 행위를 한 때라고 규정하였는데, 손원영 교수의 말과 행동이 이러한 징계사유에 해당한다고 볼 수 없다.

사립학교법 제55조 제1항에서 "사립학교의 교원의 복무에 관하여는 국·공립학교의 교원에 관한 규정을 준용한다."고 규정하였고, 교육공무원 징계양정 등에 관한 규칙 제2조 제1항에서 동 규칙의 별표 〈징계기준〉에 따라 징계를 의결하도록 명시하고 있다. 교육공무원 징계양정 등에 관한 규칙 별표 〈징계기준〉에서 규정하는 성실의무 위반의 내용은 "가. 공금횡령·유용, 업무상 배임, 나. 직권남용으로 다른 사람의 권리 침해, 다. 직무태만 또는 회계질서 문란, 라. 시험문제를 유출하거나 학생의 성적을 조작하는 등 학생 성적과 관련한 비위 및 학교생활기록부 허위사실 기재 또는 부당 정정과 관련한 비위, 마. 신규채용, 특별채용, 승진, 전직, 전보 등 인사와 관련한 비위, 바. 「학교폭력예방 및 대책에 관한 법률」에 따른 학교폭력을 고의적으로 은폐하거나 대응하지 아니한 경우, 사. 연구부정행위, 아. 연구비의 부당 수령 및 부정 사용 등 연구비의 수령 및 사용과 관련한 비위, 자. 성희롱 등 소속 기관 내의 성(性) 관련 비위를 고의로 은폐하거나 대응하지 아니한 경우, 차.

손원영교수불법파면대책위시민대토론회 후 발표자들과 함께(2017년 5월 26일)

직무관련 주요 부패행위의 신고 · 고발 의무 불이행, 카. 부정청탁에 따른 직무수행, 타. 부정청탁, 파. 성과상여금을 거짓이나 부정한 방법으로 지급받은 경우, 하. 그 밖의 성실의무 위반" 등으로 손원영 교수와는 관련성이 없다 할 것이다.

## 5. 맺음말

서울기독대학교를 운영하는 학교법인 환원학원이 2017년 2월 20일 손원영 교수를 파면처분한 것은 부당하다. 환원학원은 손원영 교수가 그리스도의교회 정체성과 부합하지 않는 언행을 함으로써 그리스도의교회 신앙의 정체성을 훼손하였다는 점, 그리고 손원영 교수가 2013년 '석고대죄의 심정으로 드리는 호소문'에서 약속한 사항들을 성실히 이행하지 않은 점 등 성실의무를 위반하였다는 사유로 손원영 교수를 파면처분하였다.

그러나 개운사 불당회복 모금 운동에서 보여 준 손원영 교수의 말과 행동은 징계 대상이 아니라 서울기독대학교의 명예를 드높인 모범의 대상이다. 그리고 손원영 교수는 '석고대죄의 심정으로 드리는 호소문'에서 약속한 사항을 지키기 위해 최선을 다해 노력하였다. 서울기독대학교는 성실의무 위반을 들어 파면하였지만 사립학교법 제61조 징계사유와 교육공무원 징계양정 등에 관한 규칙에서 규정하는 성실의무 위반에 해당한다고 볼 수 없다.

서울기독대학교가 손원영 교수에게 한 징계처분, 더욱이 대학 교원으로서 사형 선고에 해당하는 파면처분을 한 것은 명백히 징계재량권을 일탈·남용한 것이라 할 수 있다.

〈참고자료〉

1. 징계의결 요구서, 2017.1.10.
2. 징계처분 통보서, 2017.2.20.
3. 손영원 교수 관련 신문기사
4. (가칭)손원영교수불법파면시민대책위원회 제1차 회의자료, 2017.3.31.
4. 헌법 및 관련 법률(형법, 교육기본법, 고등교육법, 사립학교법)
5. 교육공무원 징계양정 등에 관한 규칙

제4부

# 종교와 평화

—종교평화를 위한 담론들

# 1.

# 손원영 교수 인터뷰

## 1. 중세시대였다면 저는 화형 당했을 겁니다

권종술_《민중의소리》 기자

지난(2017) 2월 17일 서울기독대학교 이사회는 신학과 손원영 교수를 '성실의무 위반'으로 파면시켰다. 그런데 이사회가 손원영 교수를 파면하게 된 실제 계기가 알려지면서 논란이 커졌다. 손 교수가, 법당에 난입해 불상을 훼손한 개신교인을 대신해 사과하고 불상 재건립 비용을 모금한 것이 기독교 교리가 금지하는 '우상숭배'를 범했다며 파면했기 때문이다.

지난해 1월 경상북도 김천 개운사에 자신을 개신교 신자라고 밝힌 한 남성이 난입해 "불상은 미신이고 우상이다. 그래서 없애고 불질러야 한다"며 불당에 봉안돼 있던 불상 등을 몽둥이로 부순 사건이 일어났다. 당시 이 사실을 보도를 통해 알게 된 손 교수는 사건에 대해 대신 사과하고, 자신의 페이스북을 통해 사과의 의미를 담아 불당 복구비용을 모금했다. 개신교인과 천주교인 등 많은 이들이 손 교수의 제안에 동참했고, 260여만 원이 모금됐다. 손 교수는 이 돈을 개운사에 전달하려 했지만 개운사에선 기독교와 불교의 상호이해와 종교평화를 위하는 데 사용해 달라며 고사했고, 결국 종교평화를 위한 대화모임인 '레페스포럼'에 전액 기부하게 됐다.

손 교수의 모금운동은 종교간 화합을 상징하는 미담 사례로 소개되며 잔잔한 감동을 불러왔지만, 서울기독대가 속한 교파인 그리스도의교회 협의회와 서울기독대 총동문회 등에선 손 교수의 모금운동이 '우상숭배'라며 문제 삼았다. 이들은 지난해 4월 서울기독대 측에 공문을 보내 이번 사건과 관련한 조사를 촉구했다. 결국 지난해 12월 서울기독대 이사회는 우상숭배와 모금 활동으로 인한 학생 모집 타격 등을 이유로 징계를 제청했고 이번에 파면 결정이 내려지게 됐다. '우상숭배'로 몰린 손 교수는 결국 강사 5년, 전임교수 18년 등 23년 동안 일해 왔던 학교에서 쫓겨나게 됐다.

종교간 화합을 위한 노력이 '우상숭배'라는 어처구니없는 빌미가 돼 교수직에서 파면된 이번 사건은 마치 중세시대의 종교재판을 연상시킨다. '우상숭배'로 몰려 파면당한 손원영 서울기독대 교수를 만나 징계 결정의 문제점과 배경 등에 대해 이야기를 들었다.

손 교수는 불상 파괴를 대신 사과하고 모금 운동까지 펼치게 된 계기를 '목사로서 기독교 교육자로서 부끄러웠기 때문'이라고 설명했다. "저는 이 소식을 언론을 통해 접하고 기독교인이자 목사로서, 더욱이 목사를 양성하는 신학대학의 교수로서 심한 수치심과 부끄러움에 잠을 이룰 수가 없었습니다. 어떻게 민주주의 국가에서 이런 일이 일어날 수 있는가? 게다가 사랑과 평화의 종교인 기독교가 어떻게 폭력과 증오의 종교로 변질될 수 있을까? 충격을 금할 길이 없었습니다. 그래서 평소 '실천(praxis)'을 강조하는 기독교 교육학 교수로서 저는 조용히 앉아 있을 수만은 없어 제 페이스북에 개운사 주지스님을 비롯한 관계자와 모든 불교인들에게 도의적으로 용서를 구하는 글을 게재하였습니다. 그리고 말로만 하는 사과는 진정한 사과로 보기 어렵기 때문에, 불당을 재건하는데 작은 도움이라도 되었으면 싶어서 '불당회복을 위한 모금운동'을 제 몇몇 지인들과 함께 펼치게 되었던 것입니다."

개신교인으로서 반성의 마음을 담아서 진행한 사과가 어떻게 '우상숭배'가 될 수 있는 것일까? 손 교수는 자신이 모금 운동은 "'교리적인 문제'가 아니라 '윤리적인 문제'"라며 "기독교의 핵심교리인 '우상숭배거부'의 교리를 결코 훼손하지 않았습니다"라고 강조했다. "오히려 저는 기독교교육학자로서, 한국교회가 갖고 있는의 잘못된 우상관을 교육하는 차원에서, 특히 기독교인이 이웃종교의 시설물을 불법적으로 크게 훼손한 것에 대해은 민주사회에서는 있을 수 없는 비윤리성을적인 것임을 지적하면서, 그에 상응하는 손해배상의 차원에서 사과표명과 함께 모금운동을 전개한 것입니다."

하지만 이런 손 교수의 주장에도 불구하고 그리스도의교회 협의회와 서울기독대 총동문회 등은 손 교수의 모금 행위가 '우상숭배'에 해당하는 죄이고, 손 교수의 학문 활동이 서울기독대학의 설립이념과 맞지 않는 소위 '해방신학에 해당하는 자유주의신학'이라고 주장하면서 징계를 추진하게 되었다. 하지만 징계 논의 과정에서 손 교수의 신학 가운데 어떤 부분이 어떤 문제가 있다는 것인지 신학적, 학술적 토론은 전혀 없었다. 손 교수는 "어떤 신학적 문제가 발생하면 당연히 먼저 허심탄회한 신학적 토론을 해야 할 것 아닙니까? 그런데 이번 사건은 그런 절차가 빠진 것이죠. 어떻게 그 문제에 대하여 토론도 제대로 한번 하지 않고 파면시킬 수 있는지 모르겠습니다"라고 꼬집었다.

손 교수는 토론 없이 일방적으로 자신을 매도하는 대학의 태도를 비판했다. "학교당국은 저에게 '해방신학이니 자유주의신학이니' 하면서 저를 마치 그런 신학자로인 양 매도를 하였습니다. 정말 그들은 무엇이 해방신학이고 또 무엇이 자유주의신학인지 알고나 그런 비난을 하는지 잘 모르겠습니다. 모르고 했다면 지식인으로서 자격이 없는 것이고, 알고 했었다면 저를 결코 해방신학이나 자유주의신학자로 비난할 수 없었을 것입니다. 왜냐하면 저는 그들이 말하는 해방신학자도 아니고 자유주의신학자는 더더욱 아니기 때문입니다. 아무튼 신학대학 안에 건전한 신학적 토론이 없다는 것, 오직 오직 자신들의 생각과 믿음만이 일방적으로 옳다는 독선이 가득한 신학대학의 현실이 정말로 개탄스러울 뿐입니다." 대학은 마치 수구세력이 '빨갱이', '종북'이라고 낙인을 찍듯이 아무런 논증 없이 손 교수의 입장을 '해방신학'과 '자유주의 신학'이라고 낙인을 찍었다.

합리적인 토론이 배제된 채 손 교수에 대한 징계는 일사천리로 이뤄졌다. 형식적으로 소명의 기회가 주어지긴 했지만 징계를 막지는 못했다. 손 교수는 "어떻게 사랑을 실천한 것이 죄가 됩니까? 그런데 학교당국은 저의 이런 행위에 대하여 먼저 사람들에게 묻거나 혹은 충분한 신학적 토론을 하지 않은 채, 곧장 종교재판처럼 저를 소환한 뒤 파면처분을 한 것"이라며 "자유로운 토론을 강조하는 민주주의 국가나 혹은 적어도 대학에서 있을 수 없는 일이고, 명백히 절차상 하자가 있는 사건"이라고 꼬집었다. 손 교수는 이어 "저는 새삼 제가 중세시대에 태어나지 않은 것을 감사하게 생각하고 있습니다. 만약 중세시대에 태어났더라면 저는 분명히 이번에 화형을 당했을 겁니다"라고 농담을 던졌다. 화형은 사라졌지만 중세시대의 종교재판과 별반 다르지 않은 현실은 손 교수의 농담이 농담으로만 들리지 않게 했다.

이렇게 무리한 징계를 추진하게 된 데는 학내 문제도 영향을 미쳤다. 지난 2015년 서울기독대는 학내 분규를 겪어야 했다. 정부의 대학구조개혁 평가에서 소위 '퇴출대학'으로 불리는 E등급으로 떨어졌기 때문이다. 당시 70%가 넘는 재학생들이 자퇴서를 작성한 채 총장퇴진운동을 펼쳤다. 교수, 학생, 동문, 직원 등 학교의 구성원들이 비상대책위원회를 만들어 공동투쟁에 나섰다. 이런 학교정상화 투쟁에 손 교수도 함께했다. 그런데 소요가 진정되고 난 뒤 비상대책위에 참여했던 교수들과 교직원 등이 재임용 거부와 징계 절차 등을 거쳐 해직되고 말았다. 손 교수는 자신의 이번 징계 결정도 그런 연장선상에 있다고 말했다. "E등급의 책임을 지고 그만두어야 할 분은 끝까지 그만두지 않고, 오히려 학교를 위해 열심히 일하는 분들만 강제로 학교를 떠나게 되어서 정말로 마음이 아픕니다. 다른 분들도 지금 법적 절차를 밟고 있는데 가능하면 빨리 그분들의 억울함이 풀리고 또 학교로 속히 돌아오기를 바랍니다."

손 교수는 서울기독대 이사회의 파면 결정에 맞서 싸우면서도 '그리스도의교회'와 학교를 향한 애정이 컸다. 그리스도의교회는 개신교 내에선 교세가 작지만 초대교회로 돌아가자는 신앙운동을 통해 건강한 교단과 신학으로 인정받아왔기 때문에 이번 사태는 상당한 충격으로 다가왔다. 손 교수는 "그리스도의교회와 저희 서울기독대학교를 사랑합니다. 왜냐하면 '환원운동'(restoration movement)으로 불리는 신앙운동이 너무나 좋기 때문입니다. 즉 환원운동은 분열된 교회를 하나 되게 하기 위해 '초대교회로 돌아가자', 혹은 '성서로 돌아가자'고 그렇게 외치고 있거든요. 얼마나 멋집니까? 특히 그것은 사분오열된 한국교회에게 정말로 필요한 외침이 아닌가 싶습니다. 그래서 환원운동에서는 교회가 하나 되기 위해 교리보다는 성경으로, 제도로서의 교파나 교단보다는 초대교회의 따듯한 사랑의 모습으로 돌아가자 그렇게 외치고 있는 것입니다. 그런데 문제는 이렇게 주장하던 그리스도의교회가 '그리스도의교회 협의회'라는 이름의 교단으로 집단화되면서 그 환원운동의 정신을 잃어버리게 된 것입니다"라고 꼬집었다. 손 교수는 "처음에 환원운동을 보다 잘 실천하기 위해 모였던 협의회는 이제는 이익집단이 되어서 성서 대신 다시 교리를 강조하고, 초대교회 공동체의 따뜻한 사랑 대신에 그리스도의교회만이 제일 옳다는 독선과 오만에 빠지게 된 것입니다. 그런 점에서 보면, 저의 주장은 왜곡된 환원운동을 비판하면서 본래의 환원운동의 의미를 되살리자는 외침이라고 말할 수 있습니다"라고 덧붙였다.

아울러 손 교수는 이번 파면 결정으로 촉발된 사회적 관심이 개신교가 사회적 지탄이 아닌 신뢰를 받을 수 있는 계기가 되었으면 하는 바람도 함께 밝혔다. 손 교수는 개신교가 사회적 신뢰를 잃어버린 이유에 대해 "한국 기독교가 복음의 본래 정신을 잃어버렸기 때문이 아닌가, 그래서 소위 '무례한 개독교'가 되었기 때문이 아닌가 싶습니다. 그 결과가 사회적 신뢰의 상실"이라고 말했다. 그러면서 손 교수는 "사회적 신뢰를 회복하기 위해선 기독교의 본래 모습으로 돌아가야 한다. 그래서 무례하고 폭력적인 개독교가 아니라 경천애인으로 불리는 '예의 있는 기독교'가 되어야 합니다"라고 말했다.

특히 손 교수는 개신교와 이웃 종교와의 관계에 대해를 강조했다. "이웃 종교에 대하여 관용하고, 또 예수 그리스도의 보편적인 사랑을 실천해야 하지 않을까 생각합니다. 예컨대, 기독교인 의사는 기독교인만 치료하면 안 되지 않습니까? 누구나 치료해야 합니다. 마찬가지로 우리 그리스도인들은 그리스도인만 사랑해선 안 됩니다. 누구나 다 사랑해야 하는 것이죠. 이처럼 우리가 복음을 제대로 회복하는 환원운동에 더욱 매진한다면, 한국교회는 분명 사회적 신뢰를 회복할 수 있으리라 봅니다."

파면 결정에 맞선 손 교수의 사연이 알려지면서 많은 이들이 그를 응원하며 지지를 보내고 있다. 손 교수를 지지하는 동료 목회자들과 신학자들은 연서명을 통해 "우리는 하나님의 말씀인 성서와 그에 근거한 신학에 의거하여 손원영 교수의 신학과 실천을 지지하며, 서울기독대학교 이사회가 손 교수의 파면 결정을 철회해 줄 것을 간곡히 요청드린다"며 지지 성명을 준비하고 있다. 24일 현재 220명이 넘는 목회자들과 신학자들이 서명에 동참했고, 그 숫자는 갈수록 늘어나고 있다. 아울러 손 교수가 수학한 연세대 신학과 및 연합신학대학원 동문회는 24일 간담회를 열고 "서울기독대학교 이사회가 손원영 교수를 우상숭배의 혐의와 교단의 정체성 등의 이유로 파면하기로 한 것은 학문의 자율권과 신앙의 양심을 심각하게 침해한 처사"라고 비판했다. 불교계 시민사회단체 연대기구인 불교시민사회네트워크도 22일 성명을 내고 "손 교수의 행동은 내부 성찰과 반성을 통해 종교평화를 지키려는 노력의 일환"이라며 파면 결정 철회를 촉구했다.

학교에서 징계를 철회하지 않으면 손 교수는 교원소청이나 민사소송 등 법적인 절차에 돌입할 예정이다. "학교당국은 서울기독대학교와 그리스도의교회의 명예를 회복하기 위해서라도 기회를 놓치지 말고 저에 대한 징계를 반드시 철회해야 합니다. 많은 신학자와 양심적인 일반인들이 저의 징계가 부당하다며 징계철회를 요구하고 있습니다. 학교당국은 그들의 목소리를 겸손하게 경청해야 합니다."

(《민중의소리》 인터뷰, 2017.2.25)

## 2. 손원영 서울기독대 해직 교수의 부활절

조호진_《오마이뉴스》 기자

2006년이었다. 부산 벡스코에서 열린 개신교 집회 참석자들이 범어사를 포함한 '부산지역 사찰이 무너지도록 해 달라'고 기도하는 동영상이 인터넷에 유포됐다. 동영상 앞부분에는 소망교회 이명박 장로가 기독청년들을 격려하는 축하 메시지가 실려 있었다. 이 장로는 서울시장이던 2004년 '청년·학생 연합기도회'에 참석해 '서울을 하나님께 드리는 봉헌서'를 직접 낭독했다. 봉헌이란 교회 신자들이 전례 등과 관련해 자발적으로 바치는 일종의 예물이다.

2010년이었다. 한 기독교 단체에 소속된 청년들이 서울 삼성동 봉은사 법당 곳곳에서 '땅밟기'를 하며 기도했다. 이 기독 청년들은 '우상은 무너지고 주의 나라가 되게 하소서'라고 소원을 빌었다. '땅밟기'란 타종교 시설에 가서 '이 땅은 우리의 것'이라고 선포하면서 종교 건축물을 향해 저주하는 일부 개신교 광신도들이 행하는 주술 행위로, 전통 무속 행위인 '지신밟기'의 영향을 받았다는 해석이 있다.

2011년이었다. 목사라고 신분을 밝힌 70대 노인을 비롯한 80~90대 노인 3명이 종로구 견지동 조계사 경내에서 "예수를 믿으라", "예수를 안 믿으면 공산당"이라고 소리치며 소란을 피웠다. 당시 조계사에서는 정월 '조상천도제'

를 지내고 있었다. 2012년 5월 석가탄신일을 10여 일 앞둔 날이었다. '예수를 믿으세요'라는 문구가 새겨진 조끼를 입은 60대 기독교인 2명이 디지털 카메라로 조계사 경내를 촬영하다 조계사 종무원 관계자들과 실랑이를 벌였다.

2016년 1월 17일이었다. 60대 남성 기독교 신자가 경북 김천의 개운사에 난입해 불상과 관음상 등을 바닥으로 밀치고 향로와 목탁 등을 내동댕이치면서 파손하여 1억5000만 원 상당의 피해를 입혔다. 비구니 스님이 제지하자 이 남성은 스님을 '마귀'라고 부르면서 "불교는 우상을 숭배하는 집단"이라고 주장했다. 비구니인 주지 스님은 당시 입은 정신적 충격으로 정신과 치료를 받았다. 하지만 이 남성은 경찰 조사에서 정신감정을 한 결과 정상 판정을 받았다.

2016년 1월 18일이었다. 불상 훼손 사건 소식을 접한 서울기독대 신학과 손원영 교수는 자신의 페이스북에 "이런 일들이 발생하는 것은 신학대 교수들이 신학생들을 잘못 가르쳤기 때문"이라며 불교인들에게 용서를 구했다. 그러면서 "이런 유사한 일들이 앞으로도 계속 하나님의 이름으로 혹은 성경의 이름으로 지속적으로 일어날 것"이라면서 그 배경은 "광신도를 양산시킨 기독교 근본주의가 (이웃종교를 공격하는 것을) 신에 대한 충성과 영광으로 오인하게 만들기 때문"이라고 지적했다.

사흘 뒤에 개운사 법당 회복을 위한 모금운동을 시작한 손 교수는 "한 개신교인이 불당을 훼손한 사건을 보면서 같은 개신교 신자로서, 더욱이 목회자를 양성하는 신학대 교수로서 지켜만 볼 수가 없다."면서 자신이 속한 '종교평화포럼' 등의 단체와 함께 모금운동을 전개했다. 이 모금운동에는 손 교수를 비롯해 이찬수 서울대 교수, 박범석 서울대 교수 등이 동참했다.

모금을 시작하자 주변 사람들이 걱정했다. 그가 재직 중인 서울기독대를 비롯한 개신교계로부터 종교 다원주의자로 오해를 받을 수 있고, 특히 개신교 근본주의자에게 테러를 당할지도 모른다며 만류했지만, 실행에 옮겼다. 그는 "이 모금운동은 큰 상처를 받은 개운사 신도에게 전하는 작은 위로와 사랑의 실천임과 동시에 개신교가 이웃종교를 폄훼하거나 테러를 용인하는 폭력적 종교가 아님을 알리기 위해" 모금운동을 전개한다는 입장을 밝혔다.

모금운동이 진행되던 지난해 4월이었다. 손 교수가 재직 중인 서울기독대학교 교단인 '그리스도의교회 협의회'와 '서울기독대학교 총동문회'가 대학 측에 공문을 보내 손 교수에 대한 신앙조사를 요구했다. 이○○ 서울기독대 총장은 지난해 12월 19일 이사회에서 "(손 교수가) 기독교에서 금기시하는 우상숭배 행위에 해당하는 불상 재건을 위한 모금을 했고, 이 일로 학생모집에 상당한 타격을 입었다."며 징계를 요청했고 이사회는 지난 2월 16일 손 교수를 파면시켰했다.

이에 대해 손 교수는 "서울기독대에서 18년간 재직하면서 교무연구처장과 신학전문대학원장 그리고 초대 교수협의회 회장을 역임했다."고 밝히면서 "이○○ 총장을 비판했다는 이유로 교내 최고의 교수업적평가에도 불구하고 세 번의 정교수 승진 탈락과 정직 2개월의 중징계를 받았고 이번엔 파면을 당했다."며 대학 측의 보복이 배경이라고 주장했다.

서울기독대는 공시지가 8억 원대의 서울 은평 뉴타운 부지 1만5000평을 교비 50억 원에 매입했다가 교육부 감사를 통해 환수조치를 받으면서 2015년 교육부 평가에서 최하등급인 E등급을 받았다. 학생과 교직원들이 이에 대한 책임을 물으며 이○○ 총장 사퇴를 요구한 바 있다. 이 총장은 1999년 3대 총장, 2002년 4대 총장, 2006년 5대 총장, 2013년 7대 총장 등 모두 4차례 총장을 지냈으며 현재 '예수○○교회' 목사다.

한편, 지난 3월 31일 종교계 · 학계 · 시민단체 대표 등이 참석해 '손원영 교수불법파면시민대책위원회'(상임대표 박경양 전 동덕여대 이사장)를 만들었다. 시민대책위는 "손 교수를 파면시킨 사건은 한 대학에서 발생한 하나의 사건이 아니라 헌법이 보장하는 학문의 자유와 종교의 자유를 심각하게 침해한 사건"이라고 규탄하면서 파면 철회를 촉구했다.

유교 집안에서 태어난 그의 꿈은 국사 교사였다. 그가 처음으로 교회에 간 것은 중학교 3학년 때였다. 그가 국사 교사의 꿈을 꾸면서 교회를 다니게 된 동기는 존경하는 국사 선생님 때문이었다. 국사 교사는 기독교인이었다. 그는 고등학교 2학년 때 참석한 부흥회에서 충격적인 말을 들었다. 그 부흥사가 "예수를 믿지 않은 조상들은 지옥에 갔다"면서 "불신 가족들을 부흥회에 데려오라"고 겁을 준 것이다. 부흥사의 말에 놀란 그는 지옥과 천국에 대해 고민하는 한편, 부흥사의 말에 의문을 가졌다.

'조상들이 살던 조선 시대에는 교회가 없었다. 따라서 예수를 알 수도, 믿을 수도 없었다. 그런데도 예수를 믿지 않았다는 이유로 모두 지옥에 갔다고? 위대한 인물인 이순신 장군도, 세종대왕도, 원효대사도 모두 지옥에 갔다고?'

부흥사가 겁을 주며 강요한 '예수천국 불신지옥'을 맹신할 수 없었다. 하지만 두려웠다. 한참 고민하던 그는 교사의 꿈을 포기하고 연세대 신과대학에 진학했다. 목사가 되기 위해서가 아니라 부흥사의 말이 진실인지 확인하기 위해서였다. '예수천국 불신지옥'에 의심을 잔뜩 품었던 그가 신학대 교수이자 목사가 된 것은 연세대에서 만난 세 명의 스승 때문이었다.

첫 번째 스승은 박대선 전 연세대 총장이자 목사다. 1964년부터 1975년까지 연세대 총장을 지낸 박 총장은 유신독재에 맞서서 해직된 교수와 운동권 학생들을 돕다가 박정희 정권에 의해 쫓겨났다. 박 총장의 조부 박영화 목사는 경북에서 3·1만세운동을 주도하다 옥고를 치렀고, 그의 부친 박상동 목사는 대구계성고보 2학년 재학 중에 3.1운동에 참가하면서 옥고를 치른 독립운동가였다. 박 총장은 지난 2010년 4월 29일 향년 94세로 영면했다.

그리고 박대선 총장의 제자로 박 총장 밑에서 연세대 교목실장을 지낸 이계준(85 · 신반포감리교회 원로목사) 연세대 명예교수 역시 박정희 정권에 미움을 사면서 쫓겨났다. 두 스승의 영향으로 목회자가 되기로 마음을 먹은 그는 두 스승이 설립한 신반포감리교회에서 전도사 생활을 했다. 그는 두 스승에게 목사 안수를 받으면서 예수의 길을 따르기로 결심했다.

또 한 명의 스승은 한국 신학계의 대표적인 문화신학자인 유동식(96) 연세대 신학과 명예교수다. 유 교수는 한국의 주체적인 신학인 '풍류신학'이라는 신학을 정립한 신학자다. 그의 풍류신학은 『삼국사기』에서 최치원이 말했던 "우리나라에는 깊고 오묘한 도가 있으니 이를 풍류라 한다."는 구절에서 출발한다. 그는 또한 우리 민족 고유의 영성을 살려서 '예술신학'을 개척했는데, 손 교수는 스승의 가르침을 바탕으로 '예술목회연구원'을 만들었다. 스승 유 교수는 지난 2월 해직된 제자에게 냉면을 사주면서 힘내라고 격려했다.

손 교수는 세 명의 스승을 통해 "공의를 실천하는 삶을 배웠고 기독교 정신인 사랑과 정의를 깨달았다."고 말했다. 특히 유 교수가 가르친 "하나님은 선교사 등에 업혀서 수입된 분이 아니다. 하나님은 조선 시대에도 계셨고, 지금도 계시고, 앞으로도 계실 것이다. 하나님이 계신 곳에는 구원과 해방의 역사가 일어날 수밖에 없다."는 가르침을 통해 부흥사의 불신지옥이 잘못임을 깨우쳤다.

세 명의 스승은 모두 꼿꼿했다. 박대선 총장은 퇴임 후에 거처할 집이 없었던 딸깍발이 신학자이자 3대 목사였다. 그의 제자인 이계준 목사는 해직된 이후 한동안 어려움을 겪었으며, 아흔을 넘어 백 세를 바라보는 유동식 교수는 여전히 검은 두루마리를 입고 다니며 주체 신학인 풍류신학을 가르친다. 그는 "세 스승이 걸어온 길에 비하면 저의 길을 부끄러울 뿐"이라고 말한다.

그는 세 스승에게 불의에 굴복하지 않는 신앙인의 삶을 배웠다. 종교라는 이름의 폭력에 맞서는 공의의 길을 따르고 있다. 그래서 종교 폭력에 무릎 꿇지 못한다. 그가 믿는 기독교는 폭력의 종교가 아니라 사랑과 평화의 종교이다. 스승이 정의와 공의의 길을 걷다가 고초를 겪었으니 제자인 자신 또한 마땅히 그 길을 따라야 한다고 말한다. 종교 갈등을 부추기는 세력에 맞서 종교평화를 위한 작은 십자가를 지겠다고 다짐했다.

"나의 박사 논문 주제는 '실천'(praxis)이다. 그래서 신학생들에게 믿음과 삶이 일치되어야 한다고 가르쳤다. 강의실은 진리를 피해 숨는 곳이 아니라 실천하는 곳이기에 예수의 제자로서 마땅히 개운사 불당을 훼손한 것을 사과하고 모금운동을 한 것이다. 대학은 양심의 보루인데 서울기독대를 잘못 이끌고 있는 몇몇 이사들과 총장은 종교평화를 위한 실천에 대해 우상숭배라는 죄를 덮어씌우면서 불법 파면을 시켰다. 그나마 다행스러운 것은 민주주의 시대였기에 화형은 면했다는 것이다. 만일 중세시대였다면 종교권력자에 의해 화형 당했을 것이다."

손 교수의 표정은 밝았다. 의를 구하다 핍박을 받았기 때문이다. 그의 말대로 중세였으면 그는 화형에 처해졌을 가능성이 크다. 예수의 열두 제자들은 모두 스승의 길을 따르다 끔찍하게 처형당했다. 예수교는 고난의 종교다. 복점을 파는 점쟁이가 아니다. 이번 주는 사순절 고난주간이고 곧 부활절(16일)이다. 예수가 부활하면 개운사와 손 교수 파면 사태에 대해 어떤 입장을 취할까. 우상은 파괴해야 마땅하고 이에 사과하며 모금운동을 한 손 교수는 우상숭배의 죄를 지었으니 파면은 마땅하다고 할까. 이에 대해 질문하자 손 교수는 웃음을 지으면서 이렇게 말했다.

"예수였다면 개운사에 찾아가서 진심으로 사과하고 위로하면서 피해에 대해 보상했을 것이다. 그리고는 이웃 종교를 공격한 이들에게 '너희들의 행위는 믿음이 아니라 폭력행위'라고 꾸짖었을 것이다. 예수는 폭력배가 아니라 평화의 사도다. 예수와 부처가 만난다면 해괴한 교리를 내세우면서 싸울까. 절대 그렇지 않을 것이다. 부처는 불자뿐 아니라 이웃종교에게도 큰 가르침을 준 인류의 스승이자 진리의 도반이기에 서로 존중했을 것이다. 예수보다 부처가 먼저 태어났으니 예수가 부처를 형님 혹은 선생님이라고 부르지 않을까?"

예수는 현재 한국 개신교를 어떻게 평가할까. 이에 대해 묻자 그는 "예수는 십자가 처형을 당하기 직전에 종교권력자들에 의해 훼파된 예루살렘을 보면서 통곡했다. 그렇듯이 진리와 공의를 외면한 채 거짓과 탐욕에 찌든 한국 개신교계와 신학대의 현실에 가슴 아파하며 심히 우셨을 것"이라면서 "물신(物神)과 권력이란 우상숭배에 도취한 교회와 대학에는 '독사의 자식들'이라고 크게 꾸짖었을 것이고 거짓 목사와 교수들에게 협박당하는 교인과 학생들은 측은히 여기면서 안아주실 것"이라고 단언했다.

"평화를 이루는 사람은 복이 있다."(마태복음 5장9절)

성경을 달달 외우는 신학자, 목사, 장로, 권사, 집사들은 왜 평화를 이루라는 하나님의 가르침을 외면할까. 때와 장소를 가리지 않고 통성기도(通聲祈禱)를 하는 그들은 왜 화해의 손을 내미는 이웃종교를 굴복의 대상으로 삼으려는 걸까. 그들은 왜 지상을 평화와 화해의 세상으로 만들라는 예수의 가르침에 거역하면서 이웃 종교를 정복하려고 할까. 그들은 왜 "남에게 대접받고자 하는 대로 남을 대접하라"(마태복음 7장12절)는 가르침을 무시하고 자기들끼리만 축복하고 대접하려는 걸까.

손 교수의 고민은 이것이다. 자신의 파면으로 인해 개운사 사건이 다시 거론되고 이로 인해 주지 스님과 신도들이 또다시 고통을 겪게 될까봐 걱정이다. 그래서 "죄송하고 송구스럽다"며 재차 용서를 구했다. 특히, 자신의 파면으로 인해 기독교와 불교 간의 편견과 갈등이 더 커질까 봐 염려한다. 그는 "저의 파면 사건을 통해 종교평화의 중요함을 깨닫고, 배우고, 실천하는 계기가 되면 좋겠다"면서 "이번 사건을 일으킨 것은 서울기독대 총장과 몇몇 이사이지 한국 기독교는 아니다. 그러므로 종교간의 비난을 자제해 달라"고 간곡하게 호소했다.

그는 20세기를 대표하는 신학자 한스 큉의 "종교평화 없이 세계평화는 없다"는 말을 강조했다. 그러면서 "일부 기독교 광신도에 의해 불교가 폄훼되고 공격당함에도 종교간의 갈등이 첨예화되지 되지 않는 것은 불교의 관용정신 덕분"이라면서 기독교인들에게 "우리를 반대하지 않는 사람은 우리를 지지하는 사람"(마가복음 9장40절)이라는 예수의 가르침을 명심할 것을 부탁했다. 한국기독교교회협의회는 부활절을 앞두고 기독교인의 자기성찰을 촉구하는 메시지를 발표했다.

"그리스도의 부활은 그리스도인에게 철저한 자기성찰을 의미합니다. 세월호가 침몰하던 그때 국가는 무엇을 했냐는 의문은 '하나님은 무엇을 하셨는지?' '우리는 아무런 잘못이 없었는지?'라는 질문으로 이어져야 합니다. 이것은 누군가를 변호하기 위한 질문이 아닙니다. 더욱 혹독히 정의와 사랑, 평화를 기준으로 잘잘못을 따져서 어그러진 것을 바로 잡아야 한다는 각성이자 각오입니다."

(《오마이뉴스》, 2017.4.17)

# 3. 경계를 허무는 사람들

김성호_《서울신문》 기자

서울 신촌 연세대 교정 언더우드 동상 앞에서 만난 손원영 서울기독대 신학전문대학원 교수, 정확히 말하자면 전 서울기독대 교수. "파장이 생각보다 커서 마음이 무겁다"며 기자에게 내미는 손이 차갑다. 지난해 1월 경북 김천 개운사 법당 훼손 사건으로 최근 서울기독대 이사회로부터 파면 조치 당한 손 교수. 한 개신교 신자가 법당에 난입해 불상이며 법구들을 심하게 훼손한 사건을 보고 자신의 페이스북에 대신 사과의 글을 올리고 법당 복구 모금운동에 나섰다가 학교 측으로부터 결국 파면 이라는 극단의 조치를 받았다. 이후 연세대 신학과 동문을 비롯한 신학자와 목회자들의 파면 철회 서명운동이 일고 있는 가운데, 불교계에서도 동조의 움직임이 번지는 등 종교계에 파문이 확산되는 추세다. 그 동향을 지켜보자니 "너무 안타깝다"면서도 "이제는 내 종교가 아니라는 이유로 남의 종교를 공격하는 행위가 끝났으면 좋겠다"는 손 교수의 표정이 무거워 보인다.

지난해 1월 한 개신교 신자의 경북 김천 개운사 법당 훼손 사건을 대신 사과하고 법당 복원을 위해 모금운동을 벌였다가 파면된 서울기독대 손원영 교수. 손 교수는 기독교가 한국의 종교로 뿌리내리기 위해선 한국의 사상과 정서를 담은 신학의 토착화와 그에 바탕을 둔 목회가 이뤄져야 한다며 그를 위해 신앙의 경계를 허무는 예술신학이 꼭 필요하다고 말한다.

### '아름다운 하나님'의 예술 가치도 중요

연세대 앞 독수리다방으로 자리를 옮겨 찻잔 옆에 내려놓는 명함의 타이틀이 독특하다. '예술목회연구원 원장.' 단체의 성격을 묻자 "실은 제가 치중하는 분야"라는 말과 함께 지난 일을 털어놓는다. 연세대 신학과와 대학원에서 석·박사 학위를 받고 미국 보스턴칼리지 대학원과 캘리포니아주 버클리의 GTU(연합신학대학원)에서 신학을 공부한 신학자. 1996년 감리교회에서 목사 안수를 받고 서울기독대 안에 대학교회를 개척해 학생과 지역주민을 대상으로 목회 활동을 폈던 목회자이기도 하다. 한국기독교교육정보학회 회장을 맡아 일하다가 2013년 예술목회연구원을 창립해 지금까지 원장으로 이 단체를 이끌어 오고 있다.

자신의 이력을 소개한 끝에 느닷없이 '예술신학'으로 말을 옮긴다. 예술신학이라니 생소하다. "예술체험과 종교체험은 멀지 않습니다. 종교와 예술은 인류 역사상 늘 같이 해 왔지요. 그런데 종교개혁 이후로 기독교계에선 음악을 빼놓곤 예술 분야를 도외시한 경향이 짙습니다." 진선미(眞善美)의 근원이 되신 하나님에 대한 이해 측면에서 아름다운 하나님을 소홀히 하고 있다는 설명이다. 그래서 요즘 신학계에선 진선미의 가치를 역전시켜 잃어버렸던 균형을 추구하자는 차원에서 아름다움을 강조한 '미선진'의 신학을 다시 보자는 신학적 움직임이 확산되고 있다고 한다.

손 교수는 그 예술신학을 토착화로 이어 가자고 말한다. 기독교가 진정 한국인의 종교가 되려면 한국적 신학이 서야 하고 그 신학에 바탕을 둔 기독교 예술과 예술인을 만들어야 한단다. "불교가 신라에 들어온 지 100년 만에 원효와 의상 같은 인물들에 의해 불교철학이 구축됐고 그 이후 100년이 지난 뒤 석굴암이라는 걸출한 예술작품이 만들어졌지 않습니까." 한국의 기독교 신학은 미국의 신학이 그대로 들어와 크고 작은 갈등과 모순이 팽배해 있다는 손 교수. 미국의 신학이 품은 가치도 중요하지만 한국적 사상과 정서를 담아내는 신학이 바로 서고 목회로 이어질 때 기독교가 한국의 종교로 자리 잡을 수 있을 것이라고 거듭 강조했다.

그 말마따나 손 교수가 벌여 온 작업의 두께가 녹록치 않아 보인다. 매 학기 신학자들을 초청해 불교와 기독교 간 대화며 문화신학, 예술신학 등으로 꾸며진 '한국신학아카데미'를 진행하고 있고 기독교에 관심 있는 예술인들이 주도하는 '예술목회특강'도 매월 한 차례씩 끊임없이 주선하고 있다. 현재 예술목회연구원에는 대학교수 50명과 예술인 50명이 소속되어 있으며 함께 활동 중인 사이버 회원도 1,240명에 달한다. 이들을 중심으로 매년 4~6월 경기 양평 열두광주리영성센터에서 '예술영성 하루피정'을 열고 있고 매월 한 차례씩 경기 부천 실존치료연구소에서는 성공회 주교가 이끄는 '영성수련'을 개최해 오고 있다. '예술영성 하루피정'이나 '영성수련'에는 개신교, 천주교 등 기독교와 비신자를 가리지 않는 참가자가 늘고 있다고 한다. 이달 말쯤 예술목회연구원 소속 교수들이 함께 쓴 책 『예술신학 톺아보기』(신앙과지성사)도 펴낼 예정이다.

그 말끝에 개운사 사건으로 화제를 옮긴다. "기독교의 정신은 자유의 정신입니다. 억압으로부터의 자유와 함께 사랑을 실천하려는 자유라 할 수 있지요. 하지만 한국 개신교는 이 중요한 두 가지의 자유를 회피하고 있어 문제가 되고 있습니다." 종교는 늘 자기를 돌아보는 성찰과 자기 부정의 속성을 갖기 마련이다. 하지만 자기를 부정하는 십자가의 신학을 포기한 채 영광의 신학만 추구하다 보니 종교의 부패로 이어진다는 것이다. 그래서 개신교 신자의 법당 훼손 사건에 적극 나서 불교계에 사과했고 지인인 교수들을 대상으로 법당 복구를 위한 모금운동을 벌여 267만원을 모았다. 개운사 측에 모금액을 전달하려 했으나 "대신 종교평화에 써 달라"는 사찰 측의 간곡한 부탁으로 종교평화를 위한 대화모임 '레페스포럼'에 전액 기부했다.

### "무례한 선교 대신 사랑의 실천을"

"예수님은 이교도보다 더 천한 취급을 받던 혼혈 사마리아인을 먼저 사랑했습니다. 기독교는 사랑과 평화의 종교 아닙니까. 개운사 법당을 훼손한 그분은 기독교를 잘못 이해했던 것 같아요. 교회는 어렵고 상처받고 힘든 사람의 편에 서야 하는데…." 특히 학교 측은 자신의 파면과 관련해 서울기독대 측이 속한 교단 그리스도의교회 협의회와 신학적 관점이 다르다는 이유를 든다지만 우상숭배의 관점이 주효했다고 지적한다. 그 부분에서 손 교수는 딱 잘라 말한다. "예수님의 사랑 실천을 강조하는 기독교에서 폭력 행사를 어떻게 용인할 수 있을까요." 특히 기독교 안에서 적용하는 '상을 만들지 말라'는 우상숭배 거부의 잣대를 다른 종교에까지 강요하는 입장은 모순이라고 말한다. "불교 신자나 스님들이 불상을 부처로 여깁니까. 하나의 상징물일 뿐이지요. 그보다는 돈과 권력을 떠받치는 신앙 행태야말로 우상의 숭배 아닐까요."

"나는 환원주의자"라고 명쾌하게 밝힌 손 교수는 학교와 그리스도의교회 협의회 측의 입장을 선뜻 받아들이기 어렵다고 말한다. '환원주의'(Restoration)는 교회의 부패상에 맞서 미국에서 일었던 교회개혁운동을 말한다. 초대교회의 공동체성을 강조하며 교리보다는 성경에 치중해 예수에게로 돌아가자는 기독교 본래성 회복을 강조하는 운동. 교파의 분열을 지양해

교단을 만들지 않는다는 입장에 충실했지만 2000년쯤 환원주의를 강조하던 그리스도의교회 협의회가 '교단'으로 발전하면서 문제들이 불거졌다는 설명이다.

"기독교에서 선교는 구원을 위해 반드시 필요한 대원칙입니다. 하지만 선교는 사랑으로 복음을 전하는 성경적 방법을 써야지요. 비인간적, 비성서적인 특히 폭력적인 방법은 결코 있어선 안 될 악입니다." 가장 높이 계셨던 하나님은 낮은 인간의 모습으로 이 땅에 오셨고 가장 밑바닥 인생을 살면서 사랑을 실천하셨던 분이다. 그래서 교회가 선택해야 할 복음의 방법은 가장 힘들고 어려운 곳으로 들어가 아픔을 어루만지는 사랑의 실천이라고 한다.

"가족과 사회의 평화를 위해 종교가 평화롭게 어우러지는 노력을 해야 한다"는 손 교수는 이제 교회와 학교에서 이웃 종교와 더불어, 함께 사는 방법을 적극 가르쳐야 한단다. 무례한 선교 대신 사랑의 실천을 우선 교육해야 한다는 손 교수는 교육부에 징계 재고를 위한 소청심사를 제기하면서 민사소송을 진행하겠다고 귀띔했다. 그러면서 이런 말을 남겼다. "비 온 뒤에 땅이 굳는다 했습니다. 이번 사태를 계기로 사랑과 평화의 종교인 기독교가 제 모습을 회복하고 다른 종교를 훼손하는 폭력이 사라지기를 바랍니다."

(《서울신문》 종교만화경, 2017.3.8)

## 4. '절돕기 모금'으로 중징계 당한 손원영 교수

조현_《한겨레신문》 기자

선승들이 겨울집중참선 동안거를 끝낸 강원도 인제 백담사에 최근 갔을 때다. 밖에서 자물쇠를 잠그고 3개월간 두문불출한 채 수행하고 나온 한산사 선원장 월암 스님과 일지암 주지 법인 스님과 만남에서 다종교가 화제로 올랐다. 이들은 "대만 자재공덕회 성엄 스님은 자연재해로 파괴된 교회와 성당과 이슬람사원까지 지어 줬다"며 "그런 자비가 종교의 본모습이 아니겠느냐"고 말했다. 이들이 말한 '본모습'을 보이며 화답한 이가 개신교에도 있었다. 서울기독대학 손원영 교수다. 그는 지난해 1월 한 개신교도가 경북 김천 개운사 법당에 들어가 불상 등을 훼손한 것으로 알려지자, 에스엔에스에 대신 '사과의 글'을 게재하고, 개운사 돕기 모금운동을 벌였다. 그런데 최근 서울기독대 이사회는 이것이 우상숭배 행위라며 손 교수를 파면했다. 27일 만난 손 교수는 의외로 표정이 멀쩡하다.

파면은 해임보다 큰 벌이다. 파면되면 연금액이 절반으로 줄고, 5년 동안은 타 대학에서도 교수로 임용될 수 없다. 당장 생계가 막막해지는 것이다. 그런데도 그는 "하나님께서 이를 통해 한국교회에 하시고 싶은 일이 계시는 모양"이라고 담담하게 얘기했다. 파면된 뒤 에스엔에스에서 학교 쪽 조처에 대한 비판이 쏟아지고, 연세대 신학과 동문들 230여 명이 파면철회를 촉구하는 공동성명을 낸 것도 위로가 됐음직하다. 지금까지 신학교에서 해직 사태가 적지 않았지만 연대 동문들이 대거 나선 것은 전례가 없는 일이라고 한다.

이들은 원로 목사와 신학자들까지 함께한 성명에서 "기독교인에 의한 이웃의 피해를 원상회복시키려 한 손 교수의 행위는 오히려 타 종교를 존중하고 성숙한 신앙을 지향하는 기독교인의 존재를 알림으로써 그 배타성으로 인한 세간의 기독교에 대한 부정적 인식을 바꾸는 데 기여한 행위로서 오히려 칭찬받을 만하다"고 손 교수를 옹호했다. 손 교수도 "모처럼 만에 착한 일 한번 했는데…."라고 허허롭게 웃으며 말했다. "우연히 페북에서 개운사 주지 스님 글을 보고 충격을 받았지요. 제 전공이 기독교교육, 종교교육이에요. 기독교는 늘 사랑과 평화의 종교라고 가르치는데 이건 아니라고 생각했죠. 절이 1억 이상이나 재산 피해도 보았다고 하고, 비구니 스님이 정신치료까지 받았다고 하니, 위로하고 도움을 주고 싶었어요."

에스엔에스를 통해 모금을 했는데, 100여 명이 십시일반해 267만 원이 걷혔다. 그런데 개운사 주지가 비구 스님으로 바뀌고 무슨 내부 사정이 있었는지, 절 쪽에서 "마음만 받겠다. 돈은 종교평화를 위해 쓰면 좋겠다"고 했다. 그래서 모금한 돈은 종교간 대화를 지향하는 레페스포럼에 기부했다. 레페스포럼은 이 기부로 기독교인 6명과 이웃종교인 6명이 함께 모여 가톨릭 시튼수도원에서 1박2일간 밤샘토론회를 열었다. 이 토론 내용은 곧 책으로 출간된다. 이웃종교에 대한 배타성의 우려는 그의 현장 목회 경험에서 자연스럽게 나온 것이다. 그는 1999년 서울기독대에 부임한 바로 그해 학교 내에 대학교회를 개척해 다른 목사와 함께 공동목회를 했다. "교회를 개척해 보면 새 신자 한 명 모시기가 굉장히 힘들어요. 기존 교인들도 떠나는 판국이죠. 떠나는 사람들 말을 들어보면 교회가 이웃종교에 대해 너무 배타적이고, 폭력적이고, 언행이 불일치한 데 대해 실망한다고 합니다. 그래서 사랑과 평화의 종교다운 실천이 필요하다고 늘 생각했어요."

학교 이사회는 왜 신학토론회 한번 없이 경고나 감봉도 아닌 최고 중벌을 내린 것일까. 연세대 신학과 동문회가 "학문의 자유, 종교의 자유, 표현의 자유 등의 헌법적 가치는 국민의 존엄한 기본권"이라며 "더구나 만약 손 교수의 학문적 태도가 서울기독대의 정체성과 맞지 않는다면 그가 지난 23년간 교수직을 수행하며 교무연구처장, 신학전문대학원장 등의 보직을 맡은 이유가 무엇이냐"고 물을 만하다. 파면의 표면적인 이유는 '개운사'이지만 내막은 따로 있다는 게 손 교수의 생각이다. 2015년 대학구조개혁평가에서 서울기독대는 E등급을 맞아 퇴출대상이 되자, 80년 역사상 최초로 교직원과 동문들까지 나서 '총장 사퇴'를 요구하고, 70%의 학생이 자퇴서를 쓰는 지경에 이르렀는데, 이때 학생들 편에 선 교수대표와 교무처장 등이 모두 사실상 '해임'됐다는 것이다. 특히 대학 총장의 주도로 사들인 학교 부지가 각종 규제로 묶여 사용이 어렵게 돼 교육부가 환수 조처하라고 한 50억 원이 환수가 안 된 게 퇴출학교 지정에 결정적으로 작용했는데, 손 교수는 그 건으로 총장과 갈등을 빚었다는 것이다.

이번에 서울기독대에선 손 교수가 파면된 것 말고도 1명은 해임되고 4명은 재임용이 거부됐다고 한다. 손 교수는 이를 두고 학내 사태에서 총장에 밉보인 결과라고 보고 있다. 손 교수는 "앞으로 복직을 위한 지난한 소송이 기다리고 있지만, 종교개혁 500돌인 올해 한국기독교가 본질을 회복하는 데 도움이 되길 소망한다"고 밝혔다. 대학 재단인 '그리스도의교회 협의회'가 예수정신으로 돌아가자는 환원운동을 주창하며 출범했는데, 자신의 시련이 환원운동의 조그만 초석이 되길 바란다는 것이다. 그는 또 "대학 후배이기도 한 대학생 아들이 아빠가 누구보다 자랑스럽다고 말해줘 용기가 난다"며 다시 한번 웃었다. (《한겨레신문》 칼럼, 2017.2.28)

## 5. 한국교회, 이성 되찾는 계기되었으면

박경은_《경향신문》 기자

그리스도의교회 협의회 신앙 정체성에 부합하지 않는 언행을 했다는 이유로 파면당한 손원영 서울기독대 신학과 교수가 부당징계 철회소송 1심에서 승소 판결을 받았다.

"건강한 실험들이 시대에 맞는 새로운 길을 찾을 수 있을 거라고 생각해요. 한편에선 종교에 대한 회의감이 커지고 있지만 저는 시민사회를 건강하게 하는 윤활유 역할을 종교가 감당해야 한다고 봅니다."

손 교수는 "종교개혁의 정신을 살리기 위해서는 교회가 가난해지고 목사는 권위를 내려놓아야 한다"면서 "가나안교회 운동이 교회의 본질을 회복하는 데 기여할 수 있을 것"이라고 말했다.

2016년 1월 한 '사건'이 사회관계망서비스(SNS)를 달궜다. 경북 김천에 있는 사찰인 개운사 법당에 60대의 개신교인이 무단 침입해 각목을 휘두르며 불상과 법구(불교 의식에 쓰는 기구)를 훼손한 것이다. 이 사건이 알려지면서 서울기독대 신학과에 재직하고 있던 손원영 교수(52)는 SNS를 통해 개신교계를 대신해 사과한다는 뜻을 밝히는 한편 법당 회복을 위한 모금운동을 벌였다. 하지만 이듬해 서울기독대는 되레 징계위원회를 열고 18년간 재직한 손 교수를 파면했다. 그리스도의교회 협의회의 신앙 정체성에 부합하지 않는 언행을 했다는 것이 파면 이유였다. 이 소식은 사회적 공분을 불렀고 지난해 6월 손 교수는 부당징계를 철회하라며 소송을 제기했다. 그리고 1년. 지난 8월 30일 법원은 원고 승소 판결을 했다.

1심에서 승소한 손 교수를 9월 3일 만났다. 손 교수는 "종교적 의견이 다르다는 이유로 차별받는 일이 없어지고 종교간 갈등이 잦아들면 좋겠다"면서 "한국교회가 이성을 되찾고 복음과 상식으로 돌아가는 계기가 되길 바란다"고 소감을 밝혔다.

Q 학교로 바로 돌아가는 건가요?

A "학교 측이 항소할 가능성이 없는 것은 아니니 지금은 지켜봐야겠지요. 하지만 상식적인 분들이라면 이 상황을 잘 이해하시리라 생각합니다. 고등법원으로, 대법원으로 간다고 해도 달라지지는 않을 거라 생각해요. 학교만 상처받을 가능성이 크지요. 한국 기독교와 복음에도 상처를 주는 것이고요. 한편으론 재정이 넉넉하지 않은 학교인데 소송비를 낭비하게 되는 것도 안타깝습니다."

Q 어찌 보면 종교계에 한정된 소식일 수 있는데 시민사회단체의 관심과 호응이 컸어요.

A "저도 깜짝 놀랐어요. 승소했다는 뉴스가 나왔는데 포털 사이트에 보니 댓글이 가장 많은 뉴스로 뜨더라고요. 개인적인 작은 투쟁이 생각지도 못한 사회적 반향을 불러일으켰고 결실을 얻었거든요. 감사하지만 한편으론 아팠어요. 한국교회에 대해 사회가 얼마나 많은 실망을 하고 있는지도 알 수 있었으니까요."

Q 어떤 결심입니까?

A "처음엔 제 복직을 위한 대책위원회가 만들어졌어요. 종교계 인사와 시민들이 참여해서 시작된 이 모임이 점차 발전하더니 아예 개신교, 가톨릭, 불교, 천도교, 유교까지 뜻을 모아 '종교개혁연대'로 발전했지요. 지난해 12월 30일 발족했습니다. 종교간의 대화를 통해 평화와 개혁을 추구하자는 취지로 말입니다. 내년 3·1절에 맞춰 한반도 평화와 통일을 위해 힘을 모으기로 했어요. 내년이면 3·1운동 100주년이거든요. 당시 기독교와 불교, 천도교가 힘을 합쳐 독립운동에 앞장섰고 평화와 희생을 실천했던 정신을 되살리자는 것이지요. 그래서 매달 학술대회도 열고 있어요. 개인의 보잘것없는 작은 날갯짓이 마치 태풍이 되어 돌아오는 것 같은 감동입니다. 사표를 내라는 회유를 버텨내길 잘한 것 같아요."

Q 그건 무슨 말씀인가요.

A "학교에서도, 주변에서도 처음엔 사표를 권유했어요. 파면을 당하면 수년간 다른 학교로 갈 수도 없으니까요. 사표를 내고 다른 학교로 옮기면 모든 것을 조용히 끝낼 수 있고 생활인으로서도 편할 수 있지요. 가장으로서 먹고사는 문제도 중요하니까요. 하지만 도저히 그렇게 물러날 수는 없더라고요."

Q 파면을 자청한 거네요.

A "이건 예수 정신과는 반대된 것이라는 걸 한국교회에 분명히 전하고 싶었거든요. 예수님은 당시 유대인이 배척하던 사마리아인이나 이방인들을 사랑으로 대하셨는데 예수님을 따른다는 후대가 오히려 이를 허물어뜨리고 있습니다. 제가 조용히 사표를 냈다면 훼손된 법당 복구를 위해 모금운동을

했던 제 행동이 잘못된 것이라는 걸 인정하는 꼴이 될 수밖에 없는 거죠. 학교의 설립 이념이 왜곡되는 것을 방조하는 결과이기도 했고요. 학생들에게 나쁜 뒷모습을 남기고 싶지는 않았어요."

Q 학교에 대한 사랑이 큰 것 같습니다.

A "우리 학교의 설립 이념이 초대교회로 돌아가자는 것이에요. 환원주의(Restoration)라고도 하는데, 교회의 부패상에 맞서 미국에서 일었던 교회개혁운동이기도 하지요. 예수님의 정신, 기독교의 본질 회복을 강조하는 것입니다. 리더십을 갖고 있는 몇몇 분 때문에 학교가 상처 입는 것이 가슴 아파요."

Q 당시 모금운동으로 마련한 성금은 어떻게 사용됐나요?

A "각계에서 많은 분들이 작은 정성을 모아주셨어요. 그 돈을 개운사에 전달하려 했는데 오히려 개운사 쪽에서 종교간 평화를 위해 사용해 달라고 하시더군요. 그래서 종교간 평화를 위한 토론 모임인 '레페스포럼'에 기부했습니다."

연세대 신학과와 대학원에서 석·박사 학위를 받고 미국 보스턴칼리지, 버클리 연합신학대학원에서 신학을 공부한 그는 감리교에서 목사 안수를 받은 목회자이기도 하다. 그동안 학생과 지역주민들을 대상으로 목회활동을 해 온 그는 지난해 6월부터 본격적으로 일명 '가나안 교인'을 대상으로 하는 실험적 대안 목회를 시작했다. '가나안 교인'은 크리스천이라고 하지만 교회에 나가지 않는 사람들을 일컫는다. 교계의 통계를 보면 국내 개신교의 가나안 교인은 190만 명 정도로 집계된다. 손 교수는 "기존 교회는 안타깝다는 말만 할 뿐 그들을 어떻게 보듬어야 할지에 대한 실천적 고민은 없다"면서 "목사로서 그분들과 함께하고 싶었는데 마침 시간도 많아져서 시작하게 됐다"고 말했다.

Q 가나안 교인이 늘어나는 이유는 뭘까요?

A "저마다의 이유가 있겠지만 사회적 · 도덕적 기준에 미치지 못하는 교회에 대한 실망감, 그리고 교회가 시대의 변화에 발맞추지 못하는 데서 오는 갈증이 큰 것 같아요. 그래서 개별 교회가 윤리적 회복운동을 하는 동시에 현대신학의 논쟁거리를 비롯한 다양한 주제에 대해 질문하고 생각하는 기회를 제공하는 것이 필요하다고 봐요. 시대와 함께 고민해야 하는 거죠."

Q 구체적으로 어떻게 운영됩니까?

A "이웃종교인들을 초대해 대화를 나누기도 하고 예술을 통한 영성수련을 하기도 합니다. 혹은 서울의 골목길을 다니며 이야기를 나누고 예배를 드리는 모임도 있지요. 다섯 가지 주제별로 모임을 매주 갖고 있습니다. 장소도 시간도 그때마다 페이스북을 통해 공지해요. 멤버십도 없고 강제성도 없지요. 그래서 매번 조마조마해요. 누가, 몇 명이나 올지, 아무도 안 와서 예배가 무산되지나 않을지. 그런데 신기하게도 매번 10~15분씩 찾아오세요. 그래서 저는 이것을 일컬어 '무위이화(無爲而化)의 기적은 오늘도 계속되었다'라고 늘 말합니다."

Q 새로운 형태의 신앙 공동체인 거네요.

A "계속 무언가를 시도하고 새로운 실험을 해보고 있는 중입니다. 기본적인 개념은 제도권 교회에서 상처 입은 분들이 치유 받고 회복되는 '쉼터'

(shelter) 역할을 하는 것이지요. 전 이게 선교이고 복음이라고 생각해요. 먼 나라에 선교사를 보내는 식은 이 시대에 큰 의미가 없다고 봐요. 나와 다른 타자를 만나서 대화하고 소통하는 것이 필요한 시대입니다."

Q 헌금은 있습니까?

A "양적 성장을 추구하는 일반 교회와는 다릅니다. 건물도, 헌금도, 목사 사례비도 없어요. 예배 공간은 뜻 있는 분들이 매번 제공해 주십니다. 십일조나 감사헌금을 하는 분들도 있긴 한데 다시 돌려드립니다. 직접 선한 일에 사용하실 것을 권하지요. 저 역시 사례비를 받지 않습니다. 교회가 바뀌기 위해서는 자발적 가난을 실천해야 한다고 생각해요. 그러려면 목회자가 자비량을 실천하는 것을 기본 원칙으로 하면 좋을 것 같아요. 저는 이 같은 운동이 교회의 본질을 회복하는 데 기여할 수 있을 거라 봅니다."

Q 특별한 어려움은 없었습니까?

A "처음엔 모임 장소를 구하느라 애먹었어요. 기존 교회에 두어 시간 정도 공간을 빌려달라고 했는데 의외로 배타적이더라고요. 생각지도 않았는데 어느 날 사찰음식 전문점인 '마지' 대표님께서 장소를 선뜻 제공하시겠다며 전화를 해 오셨어요. 어떻게 제 이야기를 들으셨는지 단골손님들 중에서도 가나안 신자가 있다면서요. 얼마나 부끄럽고 감사하던지요. 매달 이곳에서 이웃 종교인과의 대화 모임을 갖고 있어요. 제 생각에 마지는 '주어사' 급의 역사적 장소가 될 것 같아요. 18세기 후반 한국에 천주교가 처음 들어올 당시 유학자들이 여주 주어사에 모여 천주교 강학을 했습니다. 사찰에서 한국 천주교의 역사가 시작된 셈이지요. 우리의 가나안교회 역시 한국 기독교가 회복되는 역사의 시작이기를 바랍니다."

Q 이웃종교도 비슷한 고민을 할 것 같은데요?

A "안 그래도 얼마 전 한 신부님을 만났더니 갈수록 늘어나는 냉담자들을 어떻게 끌어안고 위로할지 고민이라고 하시더라고요. 그러면서 가톨릭에서도 가나안교회 실험을 해보고 싶다고 하셨어요. 불교개혁운동에 힘쓰는 우희종 서울대 교수 역시 불교의 가나안 신자 모임을 만들어야겠다면서 농담반 진담반 말씀하셨고요. 저는 이런 건강한 실험들이 시대에 맞는 새로운 길을 찾을 수 있을 거라고 생각해요. 한편에선 종교에 대한 회의감이 커지고 있지만 저는 시민사회를 건강하게 하는 윤활유 역할을 종교가 감당해야 한다고 봅니다."

(《경향신문》, 2018.9.9)

## 6. 종교인들이여! 종교의 자유 억압 말라

이필재_《더스쿠프》 대기자

손원영 전 서울기독대 교수는 "지난해 한 기독교 신자가 저지른 불상 훼손은 목사들이 교인들을 잘못 가르친 탓"이라고 말했다. "목사 지망생을 가르치는 신학대 선생으로서 이 일에 책임을 느꼈어요. 그 책임감 때문에 대신 사과하고 불상 회복 모금운동을 벌인 겁니다." 이 일로 그는 몸담았던 대학에서 쫓겨났다. 학교 측은 그에게 우상숭배자라는 낙인을 찍었다.

"이웃종교와 더불어 살아가는 건 기독교 정신과도 부합한다고 봅니다. 사찰에 무단 침입해 불상을 훼손하는 게 과연 기독교 정신과 일치한다고 할 수 있을까요?" 손원영 전 서울기독대 교수는 "기독교인의 불상 훼손으로 어려움을 겪은 이웃종교에 손을 내미는 건 성경의 사마리아 사람다운 일"이라고 주장했다.

지난해 1월 경북 김천 개운사에 60대 남성이 침입해 불상을 훼손하는 사건이 벌어졌다. 범인은 개신교 신자로 당시 경찰 조사에서 "불상은 우상으로, 신의 계시를 받고 한 행동"이라고 주장했다(그는 이 절에서 멀지 않은 천주교 황금성당에도 들어가 성모상을 훼손했다).

이 사건을 언론을 통해 접한 손원영 교수는 SNS(페이스북)를 통해 개신교인을 대신해 사과하고 '불당회복을 위한 모금운동'을 제안했다. 267만 원이 걷혔고 이를 전달하려 했지만 "개신교와 불교 간 상호 이해와 종교평화를 위해 써 달라"며 개운사 측이 고사해 그는 종교평화 모임인 레페스(REPES · Religion and Peace Studies)포럼에 이 돈을 기부했다.

지난 2월 서울기독대 측은 손 교수의 모금운동을 우상숭배 행위로 규정하는 한편 학내 복무규정을 어겼다는 이유로 그를 파면했다. 생활인에게 파면은 마치 사형과도 같은 것이다. 현직 목사이기도 한 그는 우상숭배를 했다는 낙인에 "속상하고 마음이 아팠다"고 말했다.

"목사로서 명예가 손상됐습니다. 파면 조치로, 모금운동을 지지한 다른 기독교인들도 똑같이 우상숭배자라고 판단한 셈이죠."

그는 학교를 상대로 파면 취소를 요구하는 민사소송을 준비 중이다. 한국종교인평화회의(KCRP), 그의 모교인 연세대 신과대 및 연합신학대학원 졸업생들, 불교계의 불교시민사회네트워크 등은 그의 파면 철회를 요구하는 성명을 냈다. 종교계 및 학계, 시민단체 대표들은 손원영교수불법파면시민대책위원회를 꾸렸다. 지난 16일 그와 만났다.

Q(이필재) 불상 훼손에 대해 대신 사과하고 불상 복구를 위한 모금운동을 벌인 목적이 뭔가요?

A(손원영) "기독교의 이름으로 신자가 그런 일을 저질렀다는 것을 알고서 처음엔 부끄러웠고 나중엔 미안했습니다. 그래서 불상을 회복해 주자는 제안을 하게 됐죠. 언론 보도에 따르면 개운사의 재산 피해 규모가 1억5천만 원에 이릅니다. 모금으로 조금이라도 돕는 불쏘시개 역할을 하면 좋겠다 싶었어요. 기독교 신자를 포함해 이 제안에 반응을 보인 페친의 90% 이상이 모금을 격려했습니다."

Q 모금 운동으로 어떤 효과를 거뒀다고 보나요?

A "교회가 사회적으로 중요한 역할을 해야 하는데 어떤 면에서 그동안 공공성을 등한시했다고 봅니다. 종교간 갈등을 최소화하려는 노력이 부족했다는 생각입니다. 사회가 건강해지려면 종교가 건강해야 합니다."

Q 서울기독대의 교단 격인 그리스도의교회 협의회 총무가 "우리 교단은 정통 보수신학을 가르치는데 불상은 우상숭배로 볼 수 있다"고 했고, 파면에 앞장선 이○○ 총장은 손 교수더러 그리스도의교회 협의회의 교단 정체성과 맞지 않는다고 주장했습니다.

A "서울기독대는 보수주의 신학을 가르치는 곳이 아닙니다. 오히려 환원운동(restoration movement)을 하는 곳이죠. 예수 그리스도에게서 비롯되는 기독교의 본질, 기독교가 잃어버린 예수의 참 정신이라는 본질적 가치를 다시 세우는 운동이죠. 한마디로 예수, 성서, 초대교회로 돌아가는 운동입니다. 환원운동의 구호가 '본질에는 일치(unity)를, 비본질에는 자유(liberty)를, 그리고 모든 것에는 사랑(charity)으로'입니다. 그리스도인의 삶은 '사랑의 실천'이어야 합니다. 환원운동을 한다면 종교의 이름으로 복음의 본질과 무관한 것들을 누릴 신자의 자유를 제한하지 말아야 합니다. 우리 대학의 정체성은 보수주의 신학이 아니라 환원운동입니다. 저는 기독교의 정통신학을 하는 사람으로서 개운사 사건에 대해서도 그리스도의 정신을 추구했습니다."

Q 보수적인 기독교인들은 불상을 우상으로 보지 않나요?

A "불상은 종교적 상징물입니다. 개신교의 십자가 목걸이, 가톨릭의 성모상과 마찬가지로 하나의 심벌이라는 거죠. 반면 우상은 피조물을 조물주 하나님처럼 떠받들 때, 유한한 것들에 무한성이라는 가치를 부여할 때 탄생

합니다. 돈이나 명예를 하나님처럼 여기면 우상이 될 수 있고, 불상을 하나님처럼 섬긴다면 그땐 우상이 되는 거죠."

Q 근본적으로, 신자가 다른 신자에게 '우상숭배를 했다'고 낙인을 찍을 수 있나요?

A "조심스럽지만 오랜 기독교 흑역사의 잔재라고 봅니다. 저에게 그런 혐의를 뒀다면 서로 토론하고 다른 신학자들 이야기도 들어 봤어야죠. 자기들의 일방적인 잣대를 들이댄 후 우상숭배라고 규정한 건 사리에 맞지 않는다고 봅니다."

## "사회가 건강해지려면 종교가 건강해야 한다"

Q 이번 파면 결정은 신앙 양심을 침해한 것이라는 지적이 나왔습니다.

A "기독교 신앙과 신앙 양심은 서로 충돌하는 개념이 아니라고 봅니다. 바울도 예수가 없었던 시대의 사람들은 양심에 따라 구원받는다고 했습니다. 일부에서 신앙은 양심과는 상관없다는 식으로 말하는데 그렇지 않아요. 양심은 중요한 하나님의 법이고, 기독교와는 떼려야 뗄 수 없는 관계입니다."

Q 시민대책위 측은 파면 결정으로 종교의 자유를 침해했다고 입장을 밝혔는데요?

A "누구나 헌법에 따라 종교의 자유를 누릴 권리가 있습니다. 민주 국가의 모든 국민은 스스로 종교를 선택할 수 있어야죠. 학교 측이 저의 파면으로 우리 사회의 이런 신념체계를 훼손했다고 볼 수 있습니다."

그는 이 점에서도 헌법에 대한 교육과 공부가 꼭 필요하다고 덧붙였다. 이번 파면 결정엔 그와 이 총장 간의 앙금도 작용한 것으로 보인다. 이 총장은 과거 비리 혐의로 물러났다가 2013년 무죄 선고를 받고 복귀했다. 학교 이전 부지를 편법으로 매입한 후 땅값의 일부를 리베이트로 받으려 한 이 사건으로 서울기독대는 2015년 교육부가 작성한 퇴출대상 대학 명단에 포함됐다. 당시 땅값은 10배 가까이 부풀려졌고 이른바 '업 계약서'가 작성됐다. 이 일로 학생의 70%가 자퇴서를 썼고 이를 지켜본 그를 포함해 다섯 명의 교수가 총대를 멨다. 이때 문제적 발언을 한 다섯 명 중 그를 제외한 나머지 네 명이 최근 교수 재임용에서 탈락했다. 결국 다섯 명 전원이 방출된 셈이다. 이들도 학교를 상대로 소송 중이다.

학교 측은 앞서 감리교 목사인 그에 대해 소속 교단을 그리스도의교회로 바꾸라고 요구했다. 학교와 타협하기 위해 교단을 바꾸려 하자 이번엔 배우자의 소속 교단도 변경을 요구했다. 이를 거부한 것이 이번에 학교가 징계 사유로 꼽은 성실성 의무 위반 항목에 포함됐다. 갈등을 빚은 교수와 배우자에게 교단 변경을 요구한 것은 헌법이 보장하는 종교의 자유를 침해한 것으로 볼 수 있다. 종교인들이 종교의 자유를 억압한 것이다.

"개운사 불상을 훼손해 감옥 간 그 사람의 죄는 목사들이 잘못 가르친 탓입니다. 목사 지망생을 가르치는 신학대 선생으로서 책임을 느꼈어요. 그 책임감 때문에 모금운동을 벌인 겁니다."

(《더스쿠프》 인터뷰, 2017.5.25)

# 7. 둥근소리 둥근이야기

오경석_ 원음방송 PD

오경석 매주 월요일 함께하는 코너입니다. '종교너머 아하!' 이 코너에서는 종교의 울을 넘어 서로의 종교를 배우고 협력하는 분들을 초대해서 이야기 나눠보는 시간 갖고 있는데요. 올해는 종교계에 큰 의미가 있는 한 해입니다. 기독교 개혁이 500주년을 맞는 해이고, 불교에서는 원효대사 탄생이 1400주년을 맞는 해인데요. 기독교 개혁을 이끌었던 마틴 루터와 불교의 개혁을 이끈 원효대사, 이번 주 금요일, 이 둘의 개혁의 정신을 되새기는 종교평화예술제가 경동교회에서 열립니다. 오늘은 이 행사를 주최하며 종교간 대화에 활발한 활동을 하고 계신 손원영 교수님과 함께 이야기 나눠보겠습니다. 교수님 반갑습니다. 먼저 저희 청취자분들께 간단한 소개와 함께 인사 말씀 부탁드립니다.

손원영 초대 감사합니다. 저는 서울기독대학교 교수로 18년간 봉직하다가, 종교평화를 위한 활동과 관련하여, 최근 학교 당국으로부터 파면되었습니다. 아시다시피 2016년 1월 중순경, 개신교 신자에 의한 개운사 훼불 사건이 벌어졌습니다. 그래서 저는 안타까운 마음으로 불자들에게 사과하고 불당을 원래의 모습대로 회복하는 불당회복운동을 펼쳤습니다. 학교에서 해직된 뒤 지금은 주로 세 가지 활동을 주로 하고 있습니다. 우선은 지금 교회

종교개혁500주년 · 원효탄생1400년 기념 종교평화예술제(2017년 10월 13일, 경동교회)

에 나가는 것을 포기한 신자 곧 가나안 신자들을 위한 가나안교회 설립운동을 하고 있습니다. 둘째는 종교와 예술을 가깝게 만드는 운동, 즉 예술목회 운동을 실천하고 있습니다. 그리고 마지막 셋째는 개운사 건으로 시작된 종교평화운동이 잘 확산될 수 있도록 노력하고 있습니다.

오경석  오늘은 이번 주 금요일 경동교회에서 진행되는 종교평화예술제에 대한 이야기를 나눠보려고 하는데요. 어떤 행사인지 자세히 소개 부탁드립니다. 주제가 "종교개혁을 함께 생각한다"라고 알고 있습니다만….

손원영  이번 행사는 공동주최 형식입니다. 〈손원영교수불법파면시민대책위원회〉와 (사)한국영성예술협회, 그리고 불교 인사들이 주로 참여하는 〈마지아카데미〉가 공동으로 행사를 기획하였습니다. 배경을 말씀드리자면 "손원영교수불법파면시민대책위"가 구성되었을 때, 한 기자가 이런 질문을 했습니다. "보통 억울한 일 당하면, 빨간 머리띠 두르고 단식투쟁하고 하는데, 왜 당신은 그렇게 안하느냐?" 그때 제가 이렇게 대답했습니다. "종교평화를 위하다가 해직되었으니 그 해결 방법도 가장 종교평화적인 방법으로 해야 한다고 생각합니다. 특히 제가 종교와 예술이 가까워지도록 예술목회연구원을 통해 예술목회 운동을 하고 있습니다. 따라서 예술적인 방법으로 종교간의 갈등을 해결하고 싶습니다. 특히 올해는 종교개혁자들을 생각하는 의미 있는 해입니다. 알다시피, 중세 가톨릭교회의 부패에 저항하여 루터는 1517년 종교개혁 일으켰고, 올해가 꼭 500주년이 됩니다. 뿐만 아니라 한국불교의 대명사는 '원효대사'가 아닙니까? 특히 그 역시 불교개혁의 선구자라고 해도 과언이 아닙니다. 그런데 그분이 617년 탄생하였으니 공교롭게도 올해가 만 1400주년 되는 해입니다. 하지만, 루터와 원효를 '함께' 생각하는 행사가 전혀 없는 것이 너무나 안타까웠습니다. 특히 개신교와 불교 모두 내부 문제로 정치적인 갈등이 너무 심하고 종교개혁의 정신이 오히려 후퇴하는 것이 아닌가 하는 아쉬움이 커서, 그 두 분을 기념하며 '종교평화예술제'를 갖게 되었습니다. 예술제의 첫날(10.13, 금)은 학술포럼으로, "종교개혁 함께 생각한다"라는 주제로, 루터전문 그리스도교학자 3명, 원효 전공한 불교학자 3명을 초대하여 한국종교, 특히, 그리스도교와 불교의 종교개혁에 대하여 혜안 모아볼 예정입니다. 경동교회에서 진행됩니다. 그리고 둘째 날(10.14, 토)에는 종교평화콘서트를 여는데, '조각보 같은 공존의 세상'이란 주제로 정법사에서 마임이스트 조성진 감독님이 연출하고 또 불교예술가와 그리스도교예술가 함께 어울림 마당을 가질 예정입니다. 큰 기대가 됩니다. 많이 참가해 주시길 부탁드립니다.

오경석 기독교와 불교에서 말하는 개혁의 정신을 생각해볼 수 있는 뜻깊은 자리가 아닐까 싶은데요. 그리고 오늘, 감리교 신학대학에서 〈작은교회 한마당〉 행사가 있었다고 들었습니다. 교수님도 오늘 다녀오셨죠? 작은 교회 한마당은 어떤 행사였나요?

손원영 예, 한국 개신교가 종교개혁 정신을 잃어버리고, 성직주의, 남성중심주의, 대형교회 중심주의로 흐른 것을 비판하면서, 그 대안으로 탈성직, 탈성별, 탈성장 곧 '3탈운동'을 전개하고 있습니다. 이것은 생명과 평화를 추구하는 작은교회운동이라고 할 수 있습니다. 2013년 시작되어 현재 5년이 된 것으로 알고 있습니다. 올해엔 저희 가나안교회도 3탈운동의 한 대표적인 기관으로 초대되어 프로그램을 소개할 예정입니다.

오경석 그동안 교수님께서는 종교간 대화와 종교평화에 큰 관심을 가지고 다양한 활동들을 해 오신 것으로 알고 있는데요. 어떤 활동들을 해 오셨나요? 예컨대, 가나안교회, 불상훼손에 대한 피해모금운동 등을 좀 구체적으로 말씀해 주시면 좋겠습니다.

손원영 예, 저는 아시다시피, 개운사 불당회복을 이한 모금 운동을 한 뒤, 그것을 개운사 측에 전달하려고 했습니다. 그런데 개운사 주지스님이 그 모금액을 정중히 사양하시면서, 그 대안으로 "한국 사회가 지금 종교간의 몰이해로 이런 일이 종종 벌어지는 종교대화 내지 종교평화를 위한 써주면 좋을 것 같다."고 말씀하셨습니다. 그래서 종교평화 모임인 레페스포럼에 기부를 하게 되었습니다. 레페스포럼은 1년 2차례, 종교평화를 주제로 하여 기독교학자와 불교학자 20여 명이 모여 집중 토의를 합니다. 토의된 내용은 나중에 책으로 묶어 낼 예정입니다. 그리고 저는 가나안신자 돕기 위한 가나안교회설립운동을 펼치고 있습니다. 특히 사찰음식점 〈마지〉에서 초대하여 매월 한 차례 가나안교회의 예배를 드리면서, 매월 1차례 모일 때마다, 종교간 대화 주제로 특강을 열고 있습니다. 아주 호응이 좋습니다. 한국 천주교는 1779년 주어사에서 유학자 권천신, 이벽, 정약용 형제 등 남인파들이 모여 서학 책을 갖고 강학을 한 것이 시작이라고 알고 있습니다. 그것이 한국 천주교의 효시로 알려져 있지 않습니까? 흥미로운 것은 한국 천주교가 교회가 아닌 한국의 불교사찰 주어사에서, 천주교 신자가 아닌 유학자들에 의해, 서학책을 읽으면서 시작되었다는 것입니다. 매우 재미있는 이야기입니다. 그런데 그 비슷한 것이 가나안교회입니다. 마지에서 시작된 가나안교회는 교회가 아닌 사찰음식전문점에서 종교대화로 시작된 점입니다. 참 아이러니 합니다. 좋은 결실을 맺기를 기대합니다.

오경석 2017년은 기독교개혁 500주년으로 기독교계에 굉장히 의미 있는 한 해인 것 같은데요. 기독교 개혁의 의미를 한번 짚어 주신다면요?

손원영 한국 개신교를 비롯한 모든 종교는 사람을 구원하는 것이 목적입니다. 이 목적을 위해 함께 공동으로 노력해야 합니다. 종교개혁의 모토로 이런 말이 있습니다. "교회는 개혁되어야 하되, 항상 개혁되어야 한다." 여기서 '항상'이라는 말이 중요합니다. 일회성으로 한 번 하고 마치는 것이 아니라 계속해야 되는 것이죠. 물이 고여 썩지 않게 말이죠. 이런 점에서 작은교회한마당이 참 의미가 큰 것 같습니다. 탈성직, 탈성장, 탈성별을 추구하고 있으니 말이죠. 그런데 저는 이와 연관시켜 세 가지를 더 강조하고 싶습니다. 그것은 제가 쓴 책 『테오프락시스 교회론』(동연, 2011)에서도 밝혔지만, 첫째는 고통당하는 이웃과 함께 하는 '해방적 교회'를 추구하는 종교개혁이고, 둘째는 이웃종교와 대화하는 '대화적 교회'를 추구하는 종교개혁이 되었으면 좋겠습니다, 그리고 마지막은 끊임없이 영적수행을 실천하는 '영성적

교회'가 되도록 하는 종교개혁입니다. 이 세 가지가 우리 한국교회가 나아가야 할 방향이 아닌가 싶습니다.

오경석 기독교에서도 이렇게 의미 있는 해이지만, 불교에서도 원효대사 탄생 1400주년을 맞은 해라고 들었습니다. 원효대사는 어떤 분이신가요?

손원영 전 원효 전문가 아닙니다. 그래서 잘은 모릅니다. 다만 상식적으로 말씀드린다면, 신라시대의 승려이고. 의상과 당나라 유학을 향해 가던 중 토굴에서 자다가, 해골 속에 고인 물을 마신 사건이 유명합니다. 그때 미몽에서 깨어나서 다음과 같은 큰 깨달음을 얻었다고 하지요? "어제 여기에서 머물며 잤을 때에는 토굴이라며 편안해 했는데, 이제 무덤이라며 마음으로 끔찍해 하니 무슨 조화인가? 이것은 다 마음의 작용이다. 즉 마음이 생하므로 갖가지 법이 생기고, 마음이 멸하므로 토굴과 무덤이 둘이 아님을 알겠도다. 또한 삼계는 오직 마음이요, 만법은 오직 식뿐이다. 마음 밖에 법이 없는데, 어찌 따로 구할 필요가 있겠는가? 나는 당나라에 가지 않겠다." 뿐만 아니라 그는 대승불교를 체계화한 분으로서, 한국 역사상 최고의 불교사상가이자 사회지도자가 아닌가 싶습니다. 더욱이 불교가 당시 권력층 중심으로만 믿어 온 상황이었는데, 원효에 의해 불교가 대중화되었다고 알려져 있습니다. 그리고 원효의 불교이론으로는 '일심사상'뿐만 아니라 '화쟁사상'도 유명합니다. 어쨌든 원효는 당시 난립하던 수많은 불교이론을 하나의 불교로 통일하는데 혁혁한 공을 세운 분으로 알려져 있습니다. 진정한 대승운동을 위해 환속한 후에는 '소성거사'로 불렸고, 『금강삼매경론』, 『대승기신론소』 등 240권 정도의 저서를 남겨서 한국 최고의 불교학자로 손색이 없는 분입니다.

오경석 마틴 루터와 원효대사 모두 각 종교계의 개혁가라고 볼 수 있는데요. 오늘날 기독교와 불교를 포함해서 종교계에 어떤 개혁이 필요하다고 생각하시나요? 작은 교회, 차별 없는 교회, 종교간 대화가 있는 교회 등등을 중심으로 말씀 주시면 감사하겠습니다.

손원영 우선 루터에게서 우리는 '저항정신'을 배워야 하지 않을까 생각합니다. 특히, 사회적 약자에 대한 관심과 함께 불의에 '아니오'라고 말할 수 있는 정신, 특히 교회 내부의 비리 등에 대하여 '아니오' 할 수 있는 것을 무엇보다 배워야 한다고 봅니다. 그리고 원효에게서는 우선 '화쟁정신'을 배웠으면 좋겠습니다. 지금 우리 사회가 얼마나 혼란스럽습니까? 모두가 옳다고 주장만 가득합니다. 따라서 서로를 배우는 자세로 종교평화를 이뤄야 하지 않을까요? 그리고 무엇보다 우리가 이 두 분에게서 통일평화로 나갔으면 좋겠습니다.

오경석 현재 우리나라는 다종교 사회인데요. 아직까지 이웃 종교들에 대한 이해가 부족한 것 같습니다. 교수님이자 목사님으로서, 기독교인에게 종교간 대화란 어떤 의미가 있다고 생각하시는지요?

손원영 지금 우리 사회는 종교간의 대화에 소극적이고 경우에 따라서는 색안경을 끼고 보는 것도 사실이지만, 다양한 종교가 공존한 현대사회에서 종교대화는 이제 피할 수 없는 일로 여겨집니다. 일종의 필수과목인 것이죠. 들뢰즈의 '사유' 개념을 빌려 말씀드린다면, 로뎅의 생각하는 사람이나 반가사유상의 생각하는 모습처럼 무엇인가를 무심코 생각하는 것이 사유가 아니라, 진짜 사유는 하나의 사건처럼 갑자기 어떤 일을 마주쳤을 때 비로소 시작되는 것입니다. 말하자면 기독교와 이웃종교와의 운명적인 만남, 바로 거기에서 비로소 사유가 시작되는 것이죠. 따라서 그 지점에서부터 우리는 어떻게 더불어 평화롭게 살아야 할지를 깊이 사유해야 할 것입니다. 바로 그

때, 기독교 계명의 핵심인 "하나님을 사랑하고, 네 이웃을 네 몸처럼 사랑하라"라는 말씀이 비로소 그 의미를 발휘하게 되지 않을까 싶습니다.

오경석 교수님께서는 가나안교회를 이끌고, 작은 교회 운동을 하고 계시는데요. 앞으로 이웃 종교와 함께 어떤 세상을 만들어가고 싶으신가요?

손원영 제게 있어서 이제 종교평화운동은 결코 피할 수 없는 운명이 되었습니다. 따라서 힘 닿는 데까지, 특히 제가 신분상 교수이니 '종교평화' 관련하여 계속적으로 학술 활동을 해야 하지 않을까 싶습니다. 그리고 제가 운영하는 〈예술목회연구원〉을 통해 종교평화예술제에서처럼 예술적 접근을 통해 종교평화운동을 지속해야 하지 않을까 생각하고 있습니다.

오경석 마지막으로, 둥근소리 둥근이야기 청취자분들에게 꼭 하고 싶은 말씀이 있다면, 전해주시죠.

손원영 예수님의 말씀 중에 이런 말씀이 있습니다. "안식일이 사람을 위해 생긴 것이지, 사람이 안식일을 위해 있는 것이 아니다." 즉, 종교는 사람을 구원하기 위해 존재하는 것이지, 종교를 위해 사람이 있는 것 아닙니다. 따라서 이 주객이 전도되지 않도록 조심할 필요가 있다고 봅니다. 사람을 참사람 되게 하는 일에 우리 모두 정진했으면 좋겠습니다.

오경석 예, 오늘 〈종교너머 아하〉에서는 종교간 대화와 협력 활동에 앞장서고 계신 손원영 교수님과 함께 이번 주 금요일 경동교회에서 진행되는 종교평화 예술제에 대한 이야기를 나눠봤습니다. 교수님, 오늘 좋은 말씀 고맙습니다.

손원영 네, 감사합니다. (원음방송, 2017.10.9)

## 8. The Sohn's Interview: The Ground Truth Project

Christoper Damien_ Researcher, University of Southern California

SEOUL- As Wonyoung Sohn, a Methodist pastor and former professor of Christian theology, steps from the bustling Gangnam sidewalk to the temple grounds, he makes a confession. "This is my first time here," he says in his shy, a little broken English. Sohn walks around the Buddhist temple's ornate campus with the enthusiasm of a foreign tourist despite having spent most of his life in Seoul.

But Sohn didn't visit the 1,200-year-old Bongeunsa Temple out of simple curiosity. He was fired last year from his professorship at Seoul Christian University after leading a controversial fund-raising campaign to repair a Buddhist temple vandalized by a Christian zealot.

The timing seems divinely ordained, at least to the faithful. First there was the historic summit between North and South Korea-in which both countries set goals for nuclear disarmament and officially ending the Korean War. And the 100-year anniversary of Korea's defining March First Movement-something like Korea's Declaration of Independence from Japanese colonialism-is approaching in 2019. Sohn's crusade for inter-religious peace is undoubtedly benefitting from the social momentum surrounding these events, yet resolving religious conflict is no small task.

While Korea's religions have generally coexisted peacefully, the nation has seen a steady stream of Protestant intolerance toward Buddhism-some of which has resulted in the destruction of valuable temple property. "Radical

Christians vandalize Buddhist sacred objects quite often in Korea," said Siyoon Lee, a doctoral student at Sogang University. And with 64 percent of Korea' s national treasures being Buddhist cultural artifacts, these acts of religious hate amount to more than bigotry. "There was a vandalism event at Dongguk University, back in 2000," Lee remembered. A cross was spray-painted on a revered statue of the Buddha and the words "only Jesus" tagged in Korean on the steps below.

For Sohn, such acts of religious hate are inconsistent with his Christian faith-a belief that has changed the course of his career. In January of 2016 a man vandalized the main hall of Gaeunsa Temple in the industrial town of Gimcheon. The attacker verbally assaulted the resident nun, destroyed the temple's statues, and ultimately caused $100,000 in damage.

"I felt sorry as a Christian," Sohn said. "I was deeply ashamed of the fact that the intruder simply followed the teachings of a pastor who received theological training and ordination." Sohn wrote a public letter of apology on Facebook and started a fundraising campaign to cover the temple's repairs. The temple' s administrators, to his surprise, encouraged him to use the funds to facilitate interreligious dialogue. Sohn got to work.

He organized a conference on religion and peace, gathering Buddhist and Christian scholars to openly discuss their faiths as well as conflict. He laid the framework for an event celebrating 2017 as both the 500th anniversary of Luther's Reformation and the 1400th birth year of Won-Hyo, a patriarch of Korean Buddhism.

"Professor Sohn is a civil servant," said Doheum Lee, a professor of Buddhism and philosophy at Hanyang University, who has participated in Sohn's interreligious conferences. While Sohn garnered diverse support for his efforts, the conservative administrators of his own school voiced their opposition. "The board of trustees and the chancellor were against me," Sohn says. "They tried to smear my reputation by saying that I had joined a cult. They said I violated the mission statement of the university."

With tensions mounting, several professors from the university urged him to resign to secure benefits for his family and future. He went as far as to draft a letter of resignation, but hesitated before submitting it. "If I resigned it would mean I admit to the school's accusation. As a Christian, I chose to stand up for what I believe in," Sohn said. Last February, Sohn was officially fired after 18 years of employment at Seoul Christian University.

In a notice obtained by GroundTruth citing its reasons for dismissing Sohn, Seoul Christian said Sohn's teachings were at odds with the university's theology-causing confusion for its students. It further states that Sohn failed to keep his promises to reform himself, cease his political activism and align with the school's theology. As a result, the university fired him.

As Sohn's professional life was thrown into disarray, political life in Korea was similarly in turmoil. Sohn was an ardent participant in the Candlelight Protests against corruption in former President Park Geun-hye's administration-who was recently sentenced to 24 years in prison as a result of the subsequent investigation.

Wonyoung Sohn at the Zentherapy Natural Healing Center, where he leads Christian meditation services once a month.(Chris Damien/GroundTruth) Sohn' s termination gave him more time to work for reconciliation between faiths and also occurred at a highly consequential time for politics on the peninsula. To Sohn, the reformation of Korea's religions is a necessary condition for the reformation of its governments and the reunification of the peninsula. And he' s not alone in this belief. "The Buddhist and the Christian, we do small prayers and work to build up the world in a healthy way," says Sister Catherine of Seoul's Anglican Order of the Holy Cross. As a supporter of Sohn, she says, "If we work together it is better."

In late 2017, Sohn unveiled an interreligious Declaration of Reformation. With 3,000 supporters, the Declaration outlines a commitment to root out corruption in Korea's Christian, Roman Catholic, and Buddhist congregations and to inspire the faithful to advocate for peace and reunification.

"In 1919 there were 33 leaders who declared independence from Japan during the March First Movement. All of them were religious," Sohn says. "Next year is the one-hundred-year anniversary. It is time for religious people to stand up again."

He is currently appealing his termination through the courts, and Sohn's interfaith allies are encouraged by his dedication. "We are hoping that Sohn doesn't win his trial," jokes William Lee, chairman of the Buddhist Korea-Bhutan Friendship Association. "We don't want him to go back to the quiet life of a Christian academic."

While Sohn believes that with more unity among religions will come greater social influence, he is clear that he is not intending for religion to control society. Rather, he believes Korea's diverse religions can transform the nation's soul to make way for reunification.

To this end, the Declaration pushes religious leaders to root out the "accumulated evils" of "chaebol churches" that act like for-profit corporations, Sohn Says. "To embrace, not neglect, their social responsibilities." It is a call for the return of Korean religion to the prophetic role that many believe it played in the nation's birth.

"Since our Declaration, we started to pray across religions. We've had good Olympic games." Sohn says with a smile. "We believe this is the result of our prayers. We need to revolutionize our religious groups. Our revolution will be the unification of the people."

Sakyung Han contributed reporting to this story.

(Interview/May 2, 2018)

(http://thegroundtruthproject.org/religious-leaders-resolving-conflict-reunification/2018.7.29검색)

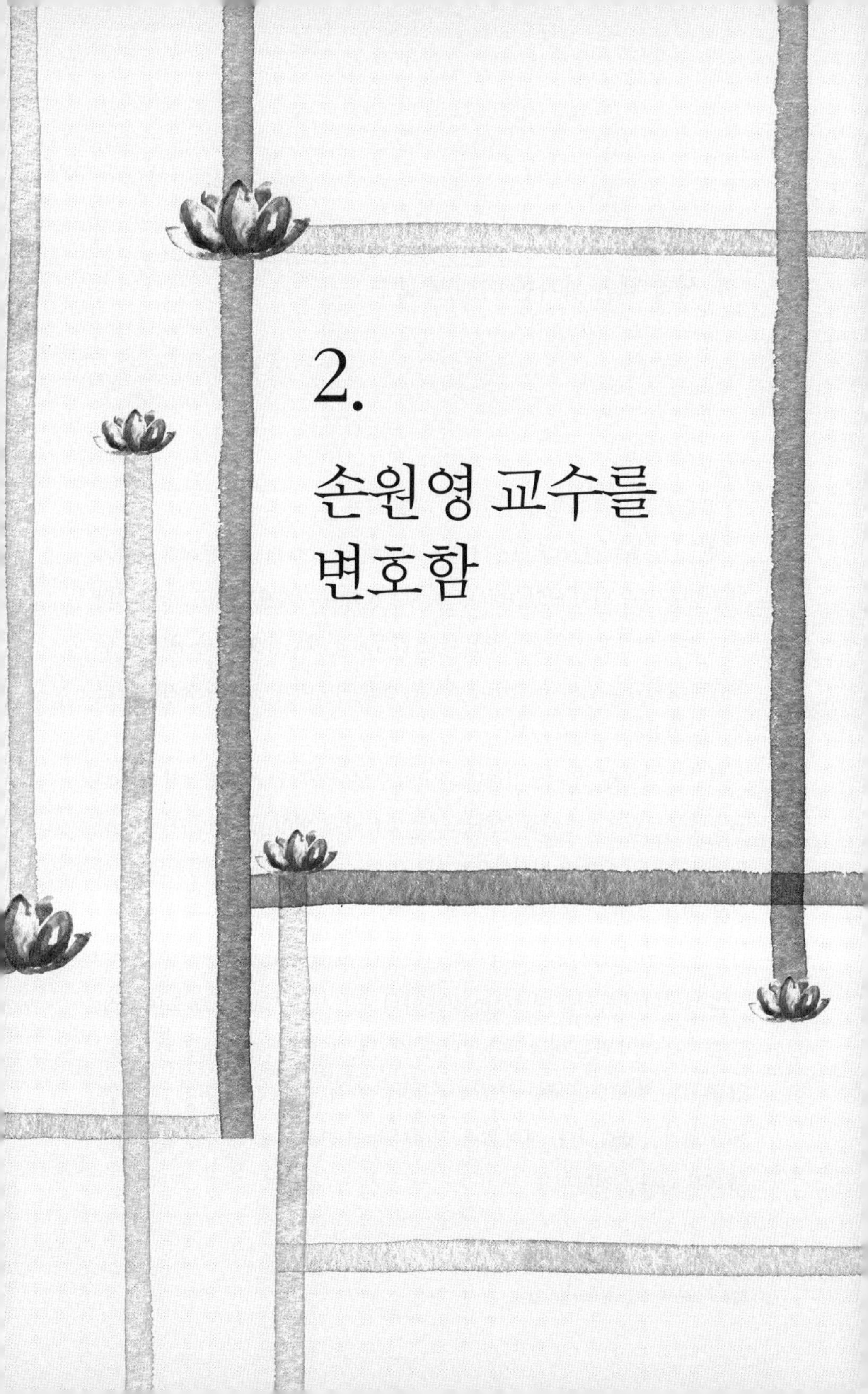

# 2.

# 손원영 교수를 변호함

## 1. 사찰 훼손 사과한 손원영 교수

강주화_《국민일보》 기자

"법당 복원 위해 작은 모금 종교간 평화 계기 되길…."

지난 1월 중순 한 60대 남성이 경북 김천의 한 사찰 법당에 들어가 불상과 법구 등을 부순 일이 있었습니다. 그는 그 절의 주지에게 "내가 교회에 다녀보니 절은 미신이고 우상이더라. 나는 기독교 신자로서 할 일을 했다"고 당당하게 말했다고 합니다. 당시 주지였던 분을 비롯해 이 사찰의 불자들은 큰 충격을 받았다고 합니다.

사건이 알려진 뒤 서울기독대 교수이자 예술목회연구원 원장인 손원영 교수가 불교인에게 용서를 구하는 글을 썼습니다. 이어 '우리가 말과 혀로만 사랑하지 말고 행함과 진실함으로 하자(요일 3:18)'는 말씀을 바탕으로 이 사찰을 위한 모금을 제안했습니다. 손 교수는 "미안한 마음과 용서를 구하는 마음을 갖고 나부터 작은 실천을 하기로 했다"고 했지요.

그 남성이 기독교를 대표하는 것은 아니지만 '기독교'라는 이름으로 그 일을 했다는 것이 마음 아팠던 것입니다. 석가탄신일인 어제가 모금 마감일이었습니다. 손 교수의 제안 취지에 공감하는 수십 명의 크리스천이 1만, 5만, 10만 원씩을 냈습니다. 적지 않은 정성이 쌓였습니다. 손 교수는 해당 사찰에 기부 의사를 전했지요.

사찰 측은 "우리를 위로하려는 그 마음을 감사히 받겠습니다. 하지만 후원금은 더 의미 있는 다른 일에 쓰면 좋겠습니다"라며 기부금 접수를 사양했습니다. 그래서 손 교수와 모금 참여자들은 고민 끝에 이 성금을 종교평화를 위한 토론 모임인 '레페스(REPES · REligion and PEace Studies)포럼'에 기부하기로 했다고 합니다.

기독교인은 이웃 종교에 대해 어떤 태도를 가져야 할까요. 예수님은 당시 유대교인들이 배척하던 이방인에게 온유했습니다. 우물가에서 만난 사마리아 여인에게 "내가 주는 물을 마시는 자는 영원히 목마르지 않는다"며 자신이 누구인지 상세히 말해 주었습니다(요4:3~30). 사마리아인을 포함한 한센병 환자 열 명이 "우리를 불쌍히 여기소서" 하자 이들 모두의 병을 고쳐주었습니다(눅17:11~19).

예수님은 이방인을 겸손히 대했고 이들을 긍휼히 여겼습니다. 지금 이 땅에 오신다 해도 같을 것입니다. 우리가 다른 종교를 가진 이들을 핍박하거나 괴롭게 한다면 같은 이유로 마음 아파하셨을 것입니다. '사랑'이자 '평화'이신 예수님과 거리가 멀기 때문입니다.

신학자 한스 큉은 "종교평화 없이 세계의 평화는 없다"고 말했지요. 하지만 자기가 믿는 신의 이름으로 살상을 저지르는 이들이 세계 도처에 있습니다.

손 교수는 15일 모금을 마무리하면서 후원자들에게 이렇게 말했습니다. "우리의 작은 노력이 큰 고통을 겪은 사찰 관계자와 불자님들에게 위로가 되길 바라며 우리 사회가 더 아름다운 사랑과 평화의 공동체로 나아가길 간절히 희망합니다." 다른 종교를 가진 이들과 어떻게 살아가야 할지 예수님의 마음으로 생각해 보면 좋겠습니다.

(《국민일보》 칼럼, 2016.5.15)

## 2. 손원영 교수 파면유감

탁지일_ 부산장신대 교수

"본질에는 일치, 의견에는 자유, 매사에는 사랑으로"라는 선언은, 최근 손원영 교수를 파면한 대학이 소속된 그리스도의교회 협의회의 핵심 가치들 중 하나이다. 한 기독교인에 의해 파손된 사찰을 돕기 위해 모금 운동을 했던 손 교수의 행동이 과연 우상숭배였을까, 아니면 선한 사마리아인의 긍휼이었을까. 기독교인의 긍휼은 '생각'뿐만 아니라 '행동'까지도 포함한다. 어려운 형편에 있는 이웃에 대해 누구든 안타까운 마음을 쉽게 가질 수 있지만, 실제로 도움의 손길을 내미는 것은 쉽지 않다. 현재 많은 사람이 손 교수의 행동에 공감하며, 손 교수를 강도 만난 이웃을 긍휼히 여긴 용기 있는 신앙인으로 바라보는 이유이다.

교회를 훼손한 이단을 손 교수가 옹호했던 것도 아니고, 불교 교리에 대한 공개적인 지지와 개종을 선언한 것도 아니며, 불상에 절하기 위해서 법당을 재건하려 했던 것도 아니다. 손 교수는 다종교 한국 사회를 살아가는 현대의 기독교인으로서 그리스도의 보편적 사랑을 실천했을 뿐이다.

특히 사건이 일어난 장소는 영남 지역이다. 영남 지역은 국내 다른 지역에 비해, 기독교 교세가 가장 열악한 지역이다. 종교 인구 반 이상이 불교 신도들이다. 그렇기에 영남 지역에서 살아가는 기독교인들에게 불당 훼손 사건의 의미는 더 큰 무게로 다가온다. 천주교와 불교의 시설을 폭력적으로 훼손한 사건이, 기독교인이 10퍼센트에도 못 미치는 영남 기독교의 복음 전도에 긍정적으로 작용하기보다, 오히려 고립을 초래할 수 있다.

폭력은 결코 기독교의 선택이 될 수 없다. 신앙의 이름으로 행해지는 그 어떤 형태의 폭력도 합리화될 수 없다. 미국 애틀랜타의 마틴 루터 킹 목사 기념관 입구에는, "우리의 싸움은 더 이상 폭력과 비폭력의 문제가 아닙니다. 비폭력적인 방법이 아니라면 우리들의 존재 이유가 없습니다"라는 킹 목사의 신념이 새겨져 있다. 이 글을 본 순간, 이단 단체의 폭력으로 선친(탁명환 소장)을 떠나보낸 필자는 얼어붙은 듯 그 자리에 서 있었고, 이후 이러한 관점으로 교회사와 이단 문제를 바라보게 되었다. 신앙이라는 미명 하에 용인되는 폭력은 없다. 손원영 교수는 그 폭력에 반대했고, 폭력으로 인해 상처 입은 이웃을 그리스도의 사랑으로 감싸기 위해 용기를 낸 한 사람의 신앙인이었을 뿐이다. 그리스도의교회 협의회의 핵심 가치인 "본질에는 일치"라는 선언처럼, 손 교수는 기독교의 본질인 복음을 그대로 실천하려고 했다. "의견에는 자유"라는 선언처럼, 현대인으로서, 신학자로서, 기독교인으로서 소신을 손 교수는 당당하게 표시했다. 그리고 "매사에는 사랑으로"라는 선언처럼, 손 교수는 주님의 사랑을 주저 없이 용기 있게 실천했다. 이 점에서 손원영 교수는 그리스도의교회 소속 신앙인의 자격을 충분히 갖추고 있다.

한국 사회가 이 사건을 주목하고 있는 오늘의 상황이 무엇보다 염려스럽다. 손 교수 파면이 기독교의 배타적인 모습을 한국 시민사회에 각인시키는 또 하나의 치명적인 실수가 되는 것은 아닌지 걱정된다. 부디 한국교회와 학교와 손 교수 모두가 더 이상의 상처를 입지 않도록, 속히 회복과 치유의 성숙한 발걸음을 내딛기를 간절히 소망한다.

(《뉴스앤조이》 칼럼, 2017.4.3)

## 3. 소멸 위기에 처한 한국의 종교들

원익선_ 원광대 교수/원불교 교무

신학대 교수로 재직하다 파면당한 손원영 교수가 이 학교를 상대로 낸 파면처분 무효 확인소송에서 최근 승소했다. 1심 재판부가 해당 교수를 복직시키라는 판결을 내린 것. 그는 개신교 신자가 불상을 파괴한 것에 양심의 가책을 느껴 참회의 심정으로 복구비용을 모금했는데, 대학이 그것을 트집 잡은 것이다. 종교간 대화의 마당에서 만날 때마다 나는 그의 인품에 고개가 숙여진다. 그런데 예수와 같이 다른 사람의 죄를 대신 짊어진 것이 도대체 무슨 죄란 말인가.

댓글을 보면 대중들이 사태의 본질을 더 잘 알고 있다. 대중들은 '내 종교가 소중하면 다른 사람의 종교도 소중하게 대해야 한다', '내가 인정받고 존중받고 싶으면 상대를 인정하고 존중해야 한다'고 꾸짖고 있었다. 거꾸로 세상이 종교를 걱정해야 하는 시대의 실상을 여지없이 보여준다. 세습, 도박, 성추행, 사기 같은 말은 이제 종교와 동급의 언어가 되어 버렸다. 왜 한국의 종교계는 이처럼 갈수록 추락하는 걸까.

이는 종교인들의 미성숙이 원인이지만, 거시적인 차원에서는 근대 이후 종교의 세속적 권력이 쇠퇴한 것에 연유한다. 특히 과학, 자본주의, 국가가 신적인 영역을 차지함으로써 자신의 영토가 줄어든 것에 대한 종교의 히스

테리라고 볼 수 있다. 도구적 이성이 승리하고, 이를 발판으로 욕망의 판도라가 열리기 시작했다. 상대의 절멸을 목표로 한 국가적 전쟁의 참상 속에서 그것을 전복시킬 힘을 잃은 종교는 설 자리마저 잃게 된 것이다.

조물주의 위치에 서게 된 과학은 창조적 능력을 갖게 됐다. DNA의 염기배열 정보를 해독하고 그것을 마음대로 바꿈으로써 생명의 질서를 새롭게 바꿀 수 있다. 자본주의는 종교가 배척했던 물적 욕망을 성취하게 하고, 중독성 있는 물신을 내세워 인간의 양심을 마비시키고 있다. 자신의 정당성을 보증해 주었던 종교 대신 국가는 민주주의라는 제도를 통해 스스로의 성스러움을 확립하고 있다. 국민들은 헌법과 법률이라는 경전을 읽으면서 국가권력에 복종하는 신자다.

그렇다고 각각 신적 권위를 확보한 '3각 편대'가 종교와의 경쟁에서 완전히 승리한 것은 아니다. 과학이 명석한 두뇌로 세계를 분석한다고 해도 애초에 조물주가 왜 그러한 질서를 세웠는지에 대해서는 알지 못한다. 욕망을 가신으로 둔 자본주의는 만족할 줄 모르는 인간의 방종과 무절제를 제어할 수 없다. 생산, 유통, 소비가 무한히 발전해야 행복하다고 믿는 한 인류는 결국 지구를 거덜 낼 것이다. 이 상태로는 다른 행성에서 자원을 가져와야 한다. 국가는 단일한 언어, 민족, 이념이라는 환상이 만들어낸 권력의 집합체로 오늘날 대부분의 갈등 · 분쟁의 원인이 되고 있다. 인간은 새들처럼 이 나라 저 나라를 마음껏 돌아다니지 못한다. 국경은 유목민적인 인간의 원초적 삶을 폐쇄적인 삶의 구조로 고착화시켰다.

현실이 이러함에도 왜소해진 종교는 과거 각 지역을 호령하던 자신들의 투지를 잃어버렸다. 오히려 과학, 자본주의, 국가의 지배를 받고 있다. 특히 근대에 들어서 종교는 이들에게 완패함으로써 재기의 발판조차 마련하지 못하고 있다. 이제 종교는 소멸의 길을 걸을 수밖에 없는 것이다. 지금의 말기적 증상은 다음과 같은 징후에서도 나타난다.

무엇보다도 자신의 교조 또는 종조의 말씀을 배반하고 있다. 아울러 배고프고 가난한 이웃을 돌보라고 했는데 돈 많은 부자들만 쫓아다니느라 자신의 존재 이유를 망각한다. 힘없는 백성은 내팽개치고 권세 있는 사람만을 우대한다. 교단 내 권력과 명예를 독점한 일부가 자신의 종교를 갈가리 분열시킨다. 종교는 사회를 정서적으로 통합하는 구심 역할을 해야 한다. 하지만 현실에서 종교는 사회는커녕 그 좁은 교단 안에서 끼리끼리 세력을 키워 파벌을 만들고, 구성원이 말을 안 듣는다고 탄압한다면 도대체 그 종교가 세상을 향해 무슨 권위가 서겠는가.

그러함에도 나는 여전히 종교가 살아남을 가능성은 있다고 본다. 모든 물욕과 권세와 명예로부터 자유롭고, 해탈한 마음과 눈빛으로 이웃을 바라본다면 마지막 희망은 있다. 그리고 종교 안으로의 욕망을 밖으로 돌려 세상의 정의와 평화를 향한 더 큰 욕망으로 나아간다면, 피곤에 지친 세상 사람들은 자신들의 몸을 종교에 기대고 싶어 할 것이다. 종교는 세속과 함께하면서도 결단코 세속을 초월한 힘을 갖추어야 한다. 불교에서 연꽃이 왜 수행자를 상징하겠는가. 삼독오욕(三毒五慾)의 번뇌와 같은 시궁창 속에서도 아름답고 향기로운 꽃을 피워 내기 때문 아닌가. 어차피 과학, 자본주의, 국가도 인간의 영역이다. 인간들이 더 이상 나아갈 수 없는 모순의 한계에 이르렀을 때, 그 해법을 향기 나는 종교에게 묻게 될 날이 반드시 올 것이다.

(《경향신문》 칼럼, 2018.8.31)

## 4. 손원영 교수 해임과 평화의 적들

이재형_《법보신문》 기자

최근 손원영 서울기독대학 신학과 교수의 해임 소식이 전해지면서 각계에서 우려의 목소리가 나오고 있다. 불교시민사회네트워크도 2월 22일 성명을 내고 "지난 23년간 근속한 양심적 학자를 파면하는 비합리적 결정"이라며 해임 철회를 촉구하는 등 불교계도 깊은 관심을 보이고 있다. 손 교수의 해임 원인이 불교와 직접 관련되기 때문이다.

사건의 발단은 지난해 1월 17일로 거슬러 올라간다. 김천 시내 포교당인 개운사에 60대 개신교 신자가 난입해 불상을 파손하고 향로, 촛대, 목탁 등을 바닥에 내던지는 훼불이 자행됐다. 그는 저지하는 스님을 "마귀!"라고 부르며 "불교는 우상을 따르는 집단" "법당에 불을 질러야 한다." "개신교 신자로서의 종교적 신념에 의한 행동"이라고 밝혀 충격을 주었다.

당시 불교계는 공분했다. 이 사건 전에도 기독교단체 소속 청년들이 봉은사에서 사찰이 무너질 것을 기도하는가 하면, 불교성지인 인도 마하보디사원에서 기독교 성지화를 위한 '땅밟기'를 시도했다. 또 팔만대장경을 보관한 해인사 전각에 개신교의 기도문을 적은 여성이 검거된 사건도 그리 오래지 않은 시점이었다.

이번 사건에서 해당 사찰과 불자들에게 따뜻한 위로의 마음을 건넨 이가 손 교수다. 그는 개운사 주지스님을 비롯한 관계자들에게 용서를 구하는 글을 SNS에 올리고 곧바로 포교당 복구를 위한 모금운동에 착수했다. 손 교수의 취지에 100여 명이 속속 동참했고, 십시일반 모은 기금 267만 원을 개운사에 전달하겠다는 의사를 밝혔다. 사찰 측은 "마음만 감사히 받겠다"며 사양했고, 결국 이 기금은 종교평화를 위한 토론 모임인 '레페스포럼'에 전달됐다.

그러나 훈훈한 미담은 오래가지 않았다. 그리스도의교회 협의회가 서울기독대 측에 손 교수의 신앙을 조사하라는 공문을 보냈고, 이 대학 총동창회도 손 교수의 개운사 법당 복구비용 모금운동을 철저히 조사할 것을 요구했다. 그 결과 이사회는 손 교수가 기독교 신앙의 정체성에 부합하지 않는다며 이번에 해임을 결의하기에 이르렀다. 마치 일본정부가 제국주의 시대 저지른 잘못을 참회한 일본인을 자신들의 정체성에 부합하지 않는다며 처벌하는 꼴이다.

서울기독대의 결정이 일각의 지적대로 "헌법이 보장하는 학문과 종교의 자유를 침해한 사건"인지는 좀더 따져볼 일이다. 하지만 그들의 판단이 종교간 평화의 분위기에 찬물을 끼얹는 몰상식한 행위임은 자명하다. 법당을 난장판으로 만든 60대 남성이야 애써 광신도로 치부할 수 있지만 불교계에 대한 사과 행위조차 해임으로 응징하는 대학 책임자들도 일개 광신도와 무엇이 다를까.

기독교의 모태가 된 유럽에서는 종교 차별이 엄격히 금지돼 있다. '관용'을 의미하는 프랑스어 '똘레랑스'도 신·구교 간의 극한 갈등과 폭력사태를 경험하며 정착된 단어다. 이런 유럽에서조차 최근 이슬람 근본주의자들의 배타와 공격성으로 점차 관용의 미덕이 사라지는 것은 안타까운 일이다.

(《법보신문》 칼럼, 2017.2.27)

## 5. 고난 받는 종을 위하여

차정식_ 한일장신대 교수

[《베리타스》 편집자 주] 서울기독대학교가 훼불 사건에 사과하고 모금운동을 했다는 이유로 손원영 교수를 파면한 일이 크나큰 파장을 일으키고 있다. 동료 신학자와 성직자들은 소셜미디어에 학교 측의 처사를 비판하는 한편, 한국교회의 편협함을 성토하는 글을 잇달아 올리는 등 연대에 나서는 양상이다. 대한성공회 서울 주교좌교회 주낙현 신부는 "다른 곳도 아닌 기독교 학교, 그것도 목회자를 양성하는 학교가 이런 행패를 부리는 현실 안에서, 우리는 일부 '한국적' 개신교의 민낯을 본다. 이들이 만들어 내는 배척과 횡포가 지금 우리 사회를 여전히 좀 먹는다"고 개탄했다. 이어 한일장신대 차정식 교수도 지난 20일 자신의 페이스북에 손 교수를 응원하는 글을 올렸다. 차 교수의 양해를 얻어 글 전문을 싣는다.

손원영 교수가 소속 대학에서 파면 당했다. 경상도 한 절에 난입해 불당을 파괴한 한 60대의 광적인 기독교인이 저지른 폭력에 같은 기독교인으로 양심의 가책을 느껴 공개적으로 사과하고 피해를 배상하기 위해 모금을 한 게 죄목이다. 이전에도 몇 차례 학교의 재정운영에 미심쩍은 부분을 지적하여 학교당국과 마찰을 빚어 미운 털이 박힌 것도 작용했을 것이다.

실제로 모금한 그 돈은 그 사찰에서 극구 사양하여 불상을 다시 세우는 데 사용되지 않고 불교-기독교간 대화를 위한 학술단체에 기부되었다고 한다. 손 교수는 오늘 인터뷰에서 자신에게 부과된 죄목을 조목조목 해명했다. 이 땅의 기독교가 전부 '개독'이 아님을 보여주고자 했다고 고백했다. 자신은 해방신학자가 되기엔 너무 부유하다고도 했다. 100년 전 유행을 탄 서구의 자유주의신학에 자신이 헌신할 이유가 없다고도 말했다.

나는 그의 친구로 그와 산악자전거를 몇 차례 함께 탔고 함께 어울려 밥도 여러 번 먹었으며 전주에서 함께 놀기도 했다. 그를 5년 전 샌프란시스코 신학대에서 처음 만나 내가 산악자전거계에 입문시켜 주었는데 그 인연으로 우리 교회 사경회 강사로 와서 '경건한 자태'로 하나님 말씀을 전해주기도 했다. 그는 천품이 온유하고 선한 사람으로 남을 독하게 해코지할 위인이 못 된다. 그게 얼굴에 다 씌어 있다. 예술을 좋아해서 자기 돈과 시간을 들여 예술목회연구원을 만들었고, 나를 포함해 주변의 여러 신학자들을 고달프게 또 즐겁게 만든 사람이다. '진'과 '선'을 앞세워 교회가 개혁되지 못했으니 이제 '아름다움'이 우리를 구원할 때가 왔다고 그는 평소 주장했다.

그에게 죄가 있다면 오지랖이 넓게 처신한 것이고, 선한 양심으로 다른 이들보다 민감하게 행동했다는 것이다. 그래서 자기 교단, 자기 교회 지인도 아닌 익명의 미친 사람이 예수의 이름을 앞세워 저지른 폭력을 부끄럽게 여기며 거기에 공개사과하고 손해배상까지 해주려 순수하게 힘쓰고 애썼을 것이다. 손 교수 대학이 속한 교단이 보수주의를 지향하는 걸 잘 알고 있다. 그러나 그 교단과 대학에 똑같은 생각과 똑같은 주의에 속한 사람들이 인형같이 일사불란하게 말하고 처신하는 것보다 손 교수처럼 조금 다르게 생각하고 말하며 행동하는 사람 한둘쯤 있는 것이 그 타자성의 존재가치만으로도 해당 공동체에 유익할 줄 믿는다.

대학당국은 손 교수를 너그럽게 용납하여 품어주시고, 서로 부대끼는 점들은 지성인답게 대화로 풀어가 주셨으면 한다. 손 교수가 소심하고 이기적인 우리 모두를 대신해 "고난받는 종"의 역할을 잠시 떠맡은 걸로 여겨주시고, 한 점의 유머와 도량을 발휘해 주시길 학교당국에 간절히 바란다. 연약한 손원영 교수와 역시 연약한 서울기독대를 주의 이름으로 축복한다.

(《베리타스》 칼럼, 2017.2.22)

## 6. 종교인 명찰 달았으면 이름값 해야지

고진하_ 목사 · 시인

어쩌다 젊은이들을 위한 강연 자리에 가면 "우리 시대에도 종교가 필요합니까?"라는 뜬금없는 질문을 더러 받곤 한다. 이런 질문은 대개 종교의 본질에 대한 것이라기보다는 왜소해지고 자기중심적인 종교인들의 삶의 행태에 관한 것이다. SNS 같은 통신문명의 발달로 활짝 열린 세상이건만 우리는 이웃종교와 높은 담을 쌓고 살아가는 종교인들의 배타적인 모습을 자주 목도하게 된다. 지난해에는 이런 어처구니없는 일도 있었다. 한 개신교도가 경북 김천 개운사 법당에 들어가 불상 등을 훼손했다. 이 소식을 접한 서울기독대 손원영 교수는 SNS에 대신 '사과의 글'을 게재하고 개운사 돕기 모금운동을 벌였다. 손 교수의 이런 행위는 이웃종교를 존중하고 성숙한 신앙을 지향하는 기독인의 존재를 알리는, 얼마나 아름다운 모습인가. 당시 나도 이 소식을 접하고 모금행위에 기꺼이 동참했다. 그런데 최근 서울기독대는 이것을 우상숭배 행위라며 손 교수를 파면했다.

이런 일을 마주하면 종교인의 명찰을 착용하고 사는 것이 부끄럽다. 명찰을 착용했으면 이름값을 해야 하는 거 아닌가. 왜 이름과 존재가 다른가. 기독인이라면 예수의 종지(宗旨)를 받들어야 하는 게 아닌가. 손 교수를 파면한 이들은 사랑 · 평화 · 관용이라는 예수의 종지를 가슴에 새겨 보았을까.

사랑할 수 있는 사람만 사랑하면 그게 무슨 사랑인가. 관용을 베풀 수 있는 사람에게만 관용의 손을 내민다면 그게 무슨 관용인가.

프란체스코 교황은 "위선적 신자보다 무신론자가 낫다"고 했다. 교황의 이런 발언은 결코 신을 부정하는 것이 아니다. 소위 신자라는 명찰을 달고 있으면서 그 이름과 존재가 어긋나는 위선을 질타하고 있는 것이다. 그렇게 위선을 저지르며 살 바엔 차라리 신자라는 명찰을 떼라는 것. 많은 종교인들이 오해하거나 착각하는 것은, 우리가 어떤 종교의 명찰을 착용하면 그에 부합하는 존재가 될 것이라는 것이다. 분명히 말하지만 그렇지 않다.

동양의 어느 선사가 일갈했다. 도(道)가 사람을 넓히는 것이 아니라 사람이 도를 넓히는 것이라고. 쉽게 말해 보자. 예수를 믿는다고 저절로 그 존재가 넓어지는 것이 아니라 그 존재가 넓어질 때 예수의 종지도 넓어지는 것. 그러니까 내 마음이 넓어지면 내가 신봉하는 진리도 넓어진다는 것. 이처럼 마음이 넓어진 사람은 다른 사람의 삶이나 생각을 짓밟지 않고 살아가면서 영혼의 관대함을 실천할 수 있다. 지금은 두 분 다 돌아가셨지만, 어느 해 법정 스님과 김수환 추기경이 성탄절 무렵에 만나 진지한 대화를 나누는 모습을 보고 '연꽃과 십자가'란 시를 쓴 적이 있다.

"자기보다 크고 둥근 원에/ 눈동자를 밀어 넣고 보면/ 연꽃은 눈흘김을 모른다는 것./ 십자가는 헐뜯음을 모른다는 것./ 연꽃보다 십자가보다 크신 분 앞에서는/ 연꽃과 십자가는 둘이 아니라는 것./ 하나도 아니지만 둘도 아니라는 것…/ 늦은 어울림이라도 어울림은 향기롭네."

그렇지 않은가. 이런 어울림은 얼마나 향기로운가. 국경의 담, 이념의 담, 종교의 담이 여전히 드높은 시대지만, 우리가 가야 할 길은 저 높은 울타리를 허무는 향기로운 어울림의 길이 아니겠는가.

(《중앙선데이》, 2017.3.19)

# 7. 아직은 먼 종교평화의 길

명법스님_ 온유와마음연구소 대표

지난달 이웃종교인들과 함께 "불교와 기독교, 무엇이 같고 무엇이 다른가"라는 주제로 끝장토론을 벌였다. 오후 2시에 시작된 토론은 저녁 9시 정해진 시간이 지나서 11시까지 계속되었다.

그래도 못다 한 이야기는 자리를 옮겨서 다음날 새벽 3시까지 이어졌다. 그날 정오에 이틀간의 끝장토론을 마무리했지만 참석자들 모두 처음 만났을 때보다 더 크게 아쉬움을 느끼며, 여름에 다시 모일 것을 약속했다.

만남은 즐거웠고 대화는 진지했다. 서로에게 배울 것도 많았고 무엇보다 진실하고 좋은 사람들이었다. 최근 들어 학자들과 밤을 새며 치열하게 토론한 기억이 드물다. 서로 갈등을 빚고 있는 두 종교, 불교와 기독교 전공학자들의 대화라면 귀를 의심할 사람들이 더러 있겠지만 진실로 깊은 학문적 사색과 종교인으로서의 고민을 함께한 자리였다.

다종교사회인 한국에서도 종교간의 갈등을 해결하려는 다양한 모임들이 있지만 이처럼 진지하게 논의가 이루어졌던 것은 '레페스 심포지엄'이 시작된 계기의 특별함 때문일 것이다. 2016년 1월 한 기독교인에 의해 김천 개운사 불상이 모두 파손되는 충격적인 사건이 일어났다.

언론을 통해 소식을 접한 기독교인 한 사람이 자기 페이스북에 사과의 글을 올렸다. 그리고 기독교인으로서, 목사를 양성하는 교육자로서 그는 사죄에 진정성을 더하기 위해 개운사 불상 복원을 위한 모금을 시작했다.

그렇게 모인 성금은 개운사에 전달되었으나 종교평화를 위한 활동에 써달라는 개운사 측의 간곡한 고사로 레페스포럼에 기부되었다. 페이스북에서 시작된 작은 모금 활동으로, 과격한 기독교인에 의한 훼불 사건으로 기록되었을 이 사건은 새로운 종교평화운동의 계기가 된 것이다.

개운사 주지인 진원스님이 다른 급한 일로 참석하지 못하게 되어 뒤늦게 내가 그를 대신하여 참가하게 되었는데, 이 모임의 진정성이 불교계 안의 문제로 고심하던 나를 종교평화 모임으로 이끌어낸 진짜 요인이었다.

하지만 이 땅에서 종교평화는 아직 요원한 것 같다. 그 운동을 시작한 서울기독대학교의 손원영 교수가 지난주 그의 대학에서 파면을 당했다. 사유는 '성실의무 위반.' 학교 측의 논리는 개운사 불당 복원을 위한 모금이 우상숭배 행위고 따라서 학교 설립취지에 어긋난 행동이라는 것이다.

그러나 손원영 교수야말로 수많은 훼불 사건에도 침묵을 지켰던 목회자들보다 더 철저하게 "내 이웃을 사랑하라"는 예수 그리스도의 가르침을 실천한 기독교인이 아닌가. 서로 다른 종교가 공존하는 한국사회에서 법질서를 존중하는 시민으로서 할 수 있는 바람직한 행동이 아닌가.

나는 비록 자신이 저지른 일은 아니지만 진정으로 사죄하는 그의 모습에서, 목회자를 양성하는 교육자로서의 책임을 통감하는 그의 자세에서, 심포지엄 당시 징계위원회에 회부되었음에도 불구하고 의연했던 그의 태도에 동료로서의 연대의식과 존경의 마음을 갖게 되었다.

상을 주어도 모자랄 판에 그것이 파면의 사유가 되었다는 것은 정말 납득할 수 없는 일이다. 그 덕분에 기독교인에 대한 오해와 불신이 불식되고 종교평화 논의가 시작되었는데, 정녕 종교평화는 서울기독대학의 총장과 이사들이 바라는 바가 아니라는 말인가.

오해와 차이를 넘어서는 힘은 서로에 대한 신뢰이다. 종교인들이 그들이 속한 종교 안에서뿐만 아니라 그들의 종교 바깥에서도 신뢰의 원천이 되어야 한다. 이제 나는 안다. 우리에게도 훌륭한 기독교인이 있음을. 그러므로 이 땅에 종교평화가 실현되리라는 것을. 손원영 교수의 용기 있는 행동을 지지하며 대학 측의 부당한 처분이 하루빨리 철회되기를 바라마지 않는다.

(《경기일보》, 2017.2.23)

## 8. 이웃 종교에 대한 몰이해

류제동_ 성균관대 전 연구교수

지난 3월에 가톨릭대에서 종교학과 폐과를 둘러싸고 두 차례의 공청회가 있었다. 공청회 내용에 따르면 가톨릭대에서 당장 2019학년도부터 신입생을 모집할지 여부가 불투명하다. 아직 폐과가 확정되지는 않았다는 것이 가톨릭대 측의 공식 입장이라고는 하지만, 두 차례의 공청회는 폐과의 수순이 진행되고 있다는 우려를 금하지 못하게 한다.

굳이 과학의 시대를 언급하지 않더라도 자기 종교만 관심을 갖기도 버거운 것이 현실이라면서 이웃종교까지 관심을 가질 여력이 없다고 하는 사람도 더러 있다. 사실 국립대학인 서울대를 제외하고는 천주교에서 서강대와 가톨릭대에 종교학과가 개설되어 있으며, 개신교에서 한신대학교에 종교문화학과와 감신대에 종교철학과가 개설되어 있는 것이 우리나라 종교학과의 현황이다. 이러한 현황은 불교 측 대학에 종교학과가 아예 없는 것보다는 그나마 양호하다고 할 수 있을까마는, 이러한 현실에서 가톨릭대의 종교학과나마 폐과될 우려에 처한 것이다.

우리나라의 종교 인구는 불교와 개신교와 천주교에 의하여 크게 3분되고 있다고 할 수 있다. 이러한 상황에서 종교간의 상호 이해는 우리나라가 하나의 공동체로 발전하는 데 매우 중요한 역할을 한다. 또 이주 노동자가 200만에 이르고 있는 현실에서 그중 상당수가 무슬림과 힌두교인이라는 것을 고려하면, 우리나라에 지구촌의 주요 종교들이 모두 모여 있다고 해도 과언이 아니다. 그만큼 종교간의 상호 이해는 더욱 중요하다.

당장의 취업에서 직접 사용할 수 있는 기술을 가르치는 차원에서는 다른 인문학과와 마찬가지로 종교학과는 쓸모없을지도 모른다. 그러나 앞에서 언급한 종교간의 화합은 물론이고 문화인으로서 전통문화의 체득 및 가치관 정립의 자양분으로서 지구촌의 다양한 종교문화에 대한 이해는 여전히 긴요할 수밖에 없다. 오늘날 지구촌 사회에서 서로의 종교에 대한 이해는 불필요한 갈등을 지양하고 보다 깊은 차원에서의 공동체 형성과 개인 인격의 성숙에 필요불가결하다.

이러한 중요성에도 불구하고 우리나라는 그러한 종교간의 상호이해에 기초적 기여를 할 수 있는 종교학과가 개설되어 있는 대학이 한 손으로 꼽을 정도에 불과하다. 그러한 열악한 상황에서 개선이 이루어지기는커녕 오히려 종교학과 하나가 폐과되는 것에 대한 논의 절차가 구체적으로 진행되고 있다는 것은 개탄스러운 일이다.

부처님의 핵심 가르침인 무아(無我)와 연기(緣起)는 우리가 타인과 분리된 개별적 자아로서는 존속 자체가 불가능하다는 가르침이다. 일찍이 종교학의 창시자 막스 뮐러도 "하나의 종교만 아는 사람은 아무 종교도 모른다"고 하였다. 모두 오늘날의 종교 다원 상황에 절실하게 적용되는 가르침이다. 타인의 종교에 대한 이해 없이는 내 종교에 대한 이해도 없다.

가톨릭대 종교학과의 폐과 관련 소식과 아울러 이 봄을 씁쓸하게 느끼도록 하는 것은, 서울기독대 손원영 교수가 개운사 훼불 사건에 대신 사과하고 법당 회복을 위한 모금운동을 전개한 일로 파면된 지 1년이 넘도록 아직도 복직이 이루어지지 않고 있다는 사실이다. 이 두 사실은 실로 동전의 앞뒷면이다. 이웃종교에 대한 몰이해가 훼불 사건을 야기하고, 지성인들의 전당이라는 대학에서 그러한 훼불 사건에 대하여 용기 있게 대신 사과를 한 양심적인 교수를 파면하는 파렴치를 야기한 것이다.

이미 70년 전에 김구 선생은 '나의 소원'이라는 글에서 우리나라의 독립에 대한 열망과 더불어 "오직 한없이 갖고 싶은 것은 높은 문화의 힘이다. 문화의 힘은 우리 자신을 행복되게 하고 나아가서 남에게 행복을 줄 수 있기 때문이다"라고 문화에 대한 열망을 피력하였다. 과학기술만으로는 생활의 편리만을 구할 수 있을 뿐, 진정한 의미에서의 행복은 구할 수 없다. 문화의 힘, 문화의 근간이 되는 종교의 힘이 없다면 물질적 진보와 성장은 공허하기만 하다.

(《법보신문》, 2018.4.11)

# 9. 한국의 이단 기독교와 기독교 이단, 그리고 하나님의 '말-씀'

이호재_ 전 성균관대 교수, 자하원 원장

종교(학)에서는 '정통과 이단'이라는 고정된 개념이 없으며 다양한 종교 문화와 신앙 현상이 존재할 뿐이다. '정통과 이단'은 상호 의존적인 개념으로 다원적인 사회에서는 거의 화석화된 용어라고 할 수 있다. 이는 기독교 역사 자체가 '정통'과 '이단'의 분열사이자 교체사였던 역사적 사실을 보아도 쉽게 알 수 있다.

지구촌 사유가 합류하고 다원화된 종교 시대에도 어느 종교에서나 '정통과 이단'을 판별하고 차별화하는 시대착오적인 근본주의적 종교현상이 있다. 역설적이지만 근본주의는 초기 종교의 정체성을 형성한 종교적 기제였기에, 그 관성적 종교적 영향력으로 진리 수호의 파수꾼을 자처하는 내적 신념이 내재화되어 있다.

원래 학술적으로 이 글 제목은 "한국의 그리스도교 '이단'과 '이단' 그리스도교, 그리고 말씀"이라고 해야 한다. 하지만 독자에게 편하게 전달하기 위해 통용화된 사회적 언어를 사용하는 것에 대해 양해를 구한다. 어찌 보면 사회적으로 소통되는 용어 자체가 이 글에서는 특정 종교가 다른 종교와 교파를 보는 사회적 잣대를 제공하기에 편리한 이해를 도울 수도 있다는 장점이 있다.

아마 보수 성향 기독교인일 경우, 한국의 이단 기독교 하면 쉽게 떠오르는 종교단체가 있을 것이다. 이단 기독교는 특정 기독교 단체가 배타적인 성경 해석권을 기준으로 종교 시장에서 이해관계에 있는 기독교를 판별하면서 생겨난다. 반면에 '기독교 이단'은 독자들에게 생소한 개념일 수도 있다. 이 개념은 기독교 내부에서 기독교적이지 않은 현상을 패러디해 필자가 특별히 붙인 종교적 용어이다.

전자가 소위 주류 기독교에서 서구 신학과 다른 새로운 성경 해석과 기성 기독교의 종교 권위에 도전하는 기독교를 표방하는 단체에 적용하는 배타적 방어기제라면, 후자는 한국의 역사적 종교 전통의 맥락을 존중하지 않고, 한국의 종교적 심성에 뿌리내리지 못하는 과도기적 기독교 현상, 즉 '격의 그리스도교 문화 현상'을 말한다. 앞으로 살펴보겠지만, 예를 들면 성경의 기본 정신과 기독교의 본질이 신앙생활과 괴리되어 나타나는 신행信行 불일치 현상, 사회적 문제가 되고 있는 교회 세습, 교회 매매 등과 같은 반反기독교적 현상을 말한다.

한국의 종교 문화는 풍류와 무교적 심성이 바탕이 되어 수용된 유교적 전통, 불교적 전통, 도교적 전통이 축적된 다원적인 종교 지형이 형성되어 있다. 한국에 근대가 들어설 즈음 서구의 기독교가 전래되었으며, 거의 동시에 동학이 효시가 되어 증산교, 대종교, 원불교 등 다양한 신종교가 창교되면서 오늘날과 같은 다원적이고 다층적인 종교 지형을 형성하였다.

한국 종교 역사의 '막내'격인 기독교는 초창기 열정적인 전도, 교육, 의료기관 설립, 한글 성경 번역 등 한국 사회에 긍정적 바람을 불어넣었다. 반면에 일제강점기의 신사참배, 해방 후 반공을 내세운 정권과의 정치적 결탁, 사회 차원보다는 개인 구원을 내세운 자본 신앙과 결탁한 '성장신학'과 '번영

신학'으로 세계 교회가 놀랄 만한 양적 성장을 이루어 내기도 한다. 그럼에도 일제강점기의 민족적 시련, 한국전쟁의 참화, 독재정권에 항거한 민주화 투쟁, 열강 사이 힘의 역학에서 분단된 남북한이라는 시련의 역사에 걸맞은 한국 신학과 한국 기독교 문화를 창출하였는가? 한국 사회가 본받을 기독교 인상이 정립되었는가? 이러한 질문에 명확하게 답하는 일은 쉽지 않다.

고난과 역경 속에 문화를 꽃피운 저력의 기독교가 왜 우리나라에서는 양적 성장에 걸맞게 질적인 내실을 갖추지 못했는지를 진지하게 반성적으로 성찰해 보아야 한다. 이는 우리가 살펴보려는 이단 기독교 현상과 필연적인 인과관계가 있다.

해방 전후 역사에서 우치무라 간조(1861~1930)에게 신학적 세례를 받았던 함석헌(1901~1989)은 무교회주의자라며 이단 혐의를 받은 적이 있다. 1956년 《사상계》에서 '한국 기독교는 무엇을 하고 있는가?'라는 기독교 비판과 대안 제시를 했고, 천주교 윤창중 신부와 몇 차례 지상논쟁을 했지만 '찻잔 속의 태풍'으로 끝나면서 건전한 기독교 담론으로 수용되지 못한다. 사실 '무교회'를 보고 어감상 교회를 부정한다는 편견을 가질 수 있지만, 우치무라의 교회론은 제도 교회가 끊임없이 개혁되어야 한다는 성경 정신과 부합하는 의미를 이야기한다.

한국이 낳은 세계적 신학이라고 할 수 있는 민중신학(MinJung Theology)의 거두인 서남동(1918~1984)이 1970년 통일교의 〈원리 강론〉을 '종교적 상상력과 독창성에 있어서 최고'라는 신학적 평가를 한 것이 개신교계 반발을 사, 재임하던 대학교를 떠나는 사건이 발생했다. 신학자가 성경에 토대를 둔 종교 조직, 예를 들면 초기 통일교 경전, 신천지예수교증거장막성전 경전 등을 연구하는 것은 지극히 당연한 학문적 권리이자 책임이라고 할 수 있다.

더불어 감리교신학대학교 학장이었던 변선환(1927~1995)은 '교회 밖에도 구원이 있다'는 종교다원주의 입장에서 누구보다 적극적으로 불교와의 대화를 추진한 일이 빌미가 되어, 1992년 감리회에서 목사 자격과 신자 지위를 박탈당하고 제명된 불행한 역사가 있다.

이러한 불행한 사태는 기억에서 사라질 만하면 재현된다. 2003년 이찬수 교수 해임 사건, 2017년 손원영 교수 파면 사건에서도 나타난다. 사회적으로 당연히 권장해야 하는 불교 등 다른 종교와 우호적 관계를 표현한 신앙적 양심이 강단을 떠나게 만드는 빌미로 작동한다.

그러나 생각해 보라. 다원화된 종교적 전통에 놓인 한국 사회에서 기독교와 다른 종교의 공존 및 공생은 적극 권장해야 할 종교 행위이다. 이런 몇 가지 종교적 선례는 대부분의 신학 교수와 신학자가 교단 소속의 범위를 벗어나는 신학적 범주와 자유에 기초해 학문하는 일을 꺼리게 만드는 내적인 원인으로 작동한다는 점을 부인하기 어렵다.

이런 종교적 적폐 행위는 건전한 이단 연구마저 왜곡해 특정 교단의 일방적인 종교 정보만 전달하는 통로로 악용되기도 한다. 건전한 종교 문화에 대한 반성적 성찰이 허용되지 않는 분위기는 종교의 사회학적 순기능을 스스로 유폐하는 악순환으로 작용하기 마련이다.

기독교 내부로 들어가 보자. 일반적으로 기독교는 로마 가톨릭과 동방정교회, 개신교로 범주화할 수 있다. 한국 개신교만 보더라도 장로교, 감리회, 성결교, 예수교 등 다양한 교파가 존재하고 있다. 최대 교단인 장로교는 신사참배와 친일청산 문제, 역사 비평 도입, 세계교회협의회(WCC) 가입에 대한 견해 차이로 다양한 교파로 나누어진다. 지금은 수백 개 교파로 분열되어 있다.

종교적 상식이지만 종교 내 분열은 늘 진리와 교권 수호를 외형적 명목으로 내세운다. 하지만 현실적으로는 교권과 교세의 확산과 확장을 위한 세속적 자리다툼이 주요한 동기로 작동하는 것을 부인할 수 없다. 그러기에 일정한 교세와 교단을 형성하면 이해 당사자 간 이단 투쟁은 상호 간의 '침묵의 카르텔'로 잠복한다.

거칠게 표현한다면, 교단 소속 신학자는 끊임없이 '신학적 자기 검열' 속에 교단이 허용하는 신학적 사유 테두리 안에서 교단 목소리를 추종하거나 강화하는 대변자 역할을 충실히 하는 것은 아닌지 자문자답해 보아야 한다. 이런 틈을 악용해 이단 기독교를 판별하고 정죄하는 일부 직업 종교인은 기독교/비기독교, 교회/비교회라는 이분법적 도식에서 형성돼 온 서구 기독교 담론에서 구축된 교리 체계를 신봉하면서 '이단 사냥'에 열중한다. 이 과정에서 양식 있는 다수 기독교인의 목소리는 덮이고 만다.

만일 '이단' 투쟁 정당성 측면에서 본다면, 천주교와 개신교, 기장과 예장, 예장 내의 합동과 통합, 감리회와 장로교 등 다양한 분파 현상을 보이는 기독교 내부에서 교단과 교파 사이에 '이단 판정의 동일성'을 유지하고 있는지 근본적 물음을 던져 보자. 누구나 쉽게 말하기를 주저하지만, 결국은 이해관계자의 종교권력 투쟁의 산물에 불과할 뿐이라고 말하는 것이 타당하지 않은가. 특히 이단 기독교 연구가에게 '하나님의 자비와 예수 그리스도의 사랑'이 있는가? 마치 예수를 정죄하려던 유대교의 바리새적인 독단적 태도로 상대방을 '이단 사냥'하는 데 몰두하고 있는 것은 아닌가 물어볼 뿐이다.

일부 이단 직업종교인에 대한 기독교계 내부의 시선도 그렇게 우호적이지 않다. 하물며 이단 직업종교인이 기독교가 아닌 다른 종교를 이단으로 대하는 태도는 더욱 배타적이고 독선적이다. 독단적인 이단 판정은 사실을 왜곡하는 뒤틀린 결과를 만들어낼 수도 있다. 이는 어느 교단은 이단을 해제하고, 다른 교단은 이단을 유지하는 이율배반적 이단 판정을 기독교계 내외에서 어떻게 평가할지 외부인 시선에서는 우려스럽기 짝이 없다.

일반 기독교계가 우려하는 이단 기독교가 한국 종교사에 부단하게 출현하는 것은 기성 기독교의 결핍을 채우려는 '한국적인 기독교' 문화 현상이라는 종교학자 윤승용의 비평에 귀를 기우려 봄직도 하다. 종교학자 입장에서 다원적 종교 전통을 가진 한국에서 서구 신학 전통과 이를 바탕으로 형성된 '성경 해석권'을 기준으로 한국적 기독교를 이단 기독교라고 하는 것은 제국형 식민신학의 배타적 독단에 불과하다. 이단 기독교 논쟁은 이해관계자가 종교 시장을 유지하고 확산하려는 종교현상에 불과하다.

종교학자 관점에서는 정통 종교도 없고, 이단 종교도 없다. 오직 하나의 종교 문화만 있을 뿐이다. 함석헌은 적절하게 지적한다. "이단은 없다. 누구를 이단이라고 지적하는 마음만이 이단이라면 유일한 이단일 것이다." '기독교 이단'은 기독교를 표방하면서도 창교자와 성경 가르침과는 본질적으로 괴리된 종교현상을 나타내는 기독교를 말한다. 예를 들면 기독교 종교 권력이 예수와 초기 제자와 같이 세속적 권력을 탐하지 않고 겸손의 자리에 있는 것이 아니라 권력지향적인 모습을 보이거나, 자본신앙과 기복신앙을 추구하는 탐욕적 모습을 보이거나, 세속적 명성을 추구하는 기독교(인)는 기독교 정신과 먼 기독교 이단의 모습이다. 특히 기독교 이단은 한국의 역사적 종교문화를 존중하지 않고, 기독교 이외에 다른 종교와 관계 설정을 할 때 배타적이고 독선적인 사회적 모습으로 나타난다. 구체적으로 기독교 이단은 다음과 같은 몇 가지 현상으로 크게 구별할 수 있다.

첫째, 기독교 신앙 공동체인 교회를 '예수의 몸 된 성전'이라고 종교 선전을 하면서 이를 세습하거나 매매하는 종교적 행위이다. 성전은 모세의 장막성전, 솔로몬의 예루살렘 성전 등 유형 건물 성전 시대를 지나, 예수를 기점으로 건물 성전이 아닌 인격 성전과 인격 공동체가 '참성전'인 시대가 왔음을 성경은 말한다. 기독교인 스스로 '하나님의 성전'이라고 선전하는 '교회'를 사유화해서 '세습'하고 '매매'하는 것은 기독교의 가르침이 아니다. 이런 교회 세습과 교회 매매 사태를 보고도 성전의 근본정신인 인격 교회, 인격 공동체를 형성하자는 기독교 담론은 거의 형성되지 않고 있다.

인간이 만든 건물 성전(교회)에는 하나님이 부재(행7:47-49, 행17:24-25)한다. 바울은 기독교인이야말로 '살아 있는 하나님의 성전'(고6:16)이라는 인격성전(요2:19, 고전3:16-17, 고전6:19)을 강조하고 있다. 특히 사도행전 2장의 공동체적 성령 체험과 새로운 생활 모형은 인격 공동체에 대한 성경의 진술이기도 하다.

그럼에도 최근에 사회적으로 문제가 되는 대형 교회 매매와 목회자 세습은 일부 직업 종교인의 일탈로만 보기에는 상황이 너무 심각하다. 오히려 외부인 시선으로는 기독교의 신앙 공동체가 자정 능력을 상실한 게 아닌가 의심될 정도이다. 지금도 건물 교회를 '참 교회'로 선전하면서도, 직업 종교인의 탐욕으로 교회를 매매하고 세습하는 일을 용인하는 것은 성경이 말하는 신앙 공동체의 본질을 호도하는 기독교 이단 현상에 불과하다.

둘째, 기독교 이단은 '자본신앙과 세속 권력'만을 추구하는 기독교인들 때문에 기독교가 사회적으로 존경과 사표의 대상이 아닌 미움과 배척의 대상으로 형성되는 기독교 현상을 말한다. 기독교 이단은 '예수 그리스도의 사랑과 자비'의 근본정신을 도외시하고 성장신학과 번영신학에 함몰되어 양적 교세만을 추구한다. 반면에, 십자가의 고난신학과 사회적 약자에 대한 자비신학이 주류 신앙이 되지 못하며, 그리스도의 향기를 발하는 참기독교인상을 만들어 내지 못하는 기독교 신앙 생태계를 말한다.

아울러 창조주에게서 위임(?)받은 지상의 대리인으로 자처하는 직업 종교인이 과학의 도전, 생태계 위협이라는 시대적 도전과 한반도 평화통일에 대한 역사적 소명에 능동적으로 대응하지 못하는 무기력한 기독교 모습을 보인다면, 이것이 바로 기독교 이단 현상이다. 또한 기복신앙과 자본신앙에 충실해서 값싼 은총과 믿음 신앙에 함몰되어 '건물 교회 안에만 구원이 있다'는 신자를 양산하는 것이 기독교 이단의 모습이다. 심지어 사회 법 수준에도 미치지 못하는 M교회의 성직 세습, 또 다른 M교회의 성직자 윤리 문제, S교회의 도로 불법 전용, 또 다른 S교회의 자금 횡령 문제 등은 빙산의 일각이다.

이런 기독교 이단의 모습을 가진 직업 종교인과 종교 조직의 행태는 진정한 참기독교인들의 빛나는 종교적 행위마저 평가절하하는 역기능을 한다. 심각하게 고려해 보아야 할 점은 한국 기독교 생태계가 '빛과 사랑'으로 넘친다면 이런 어두운 그림자마저 생기지 않았을 것이라는 사실이다. 한국 기독교가 '자기 십자가를 지고 예수 그리스도를 따르는' 참 신앙인만 있는 조직인지, 아니면 직업 종교인의 인건비와 건물 교회 유지비와 교세 확장을 위한 신자의 양적 확보에만 혈안이 되어 있는 것은 아닌지 자문해 보아야 한다.

셋째, 기독교 이단은 주체적인 한국 신학의 부재와 다른 종교간 대화와 공존을 부정하는 제국형 종교와 신학이 창궐하는 종교현상이다. 현재 한국 신학이 서구 신학 전래사이며, 대리전 양상을 띠고 있는 것은 마치 신라 시대에는 중국에서 전래된 종파 불교가 신라에 고스란히 재연되고, 조선 시대에는 성리학 이외에 무교, 양명학 등은 음사와 사문난적으로 치부하던 역사적 상황을 방불하게 한다. 이런 역사적 유비 현상이 지금 한국 기독교에서 재현되고 있는 것은 아닌지 의아스럽다.

한국인의 삶의 정황을 도외시하고 배타적이고 독선적인 종교적 신앙의 태도를 가진 기독교 교단과 교파, 신자가 있다면, 이는 다원화된 한국 종교 지형과 한국인의 종교적 심성에 뿌리내리지 못한 기독교 이단의 모습이다. 다시 말하면, 기독교 문화가 한국인의 주체적 심성으로 뿌리내리지 못하고 서구에서 전래된 '격의 그리스도교 문화'를 대리로 신앙하고 있다는 방증이라고 할 수 있다. 이는 서구 신학 전통과 서구 신학자의 사유 체계를 빌리지 않고는 주체적인 한국의 신학을 전개하지 못한 뼈아픈 한국 기독교의 슬픔이다.

지구촌의 모든 문제를 안고 있는 한국적 정황에서 세계적인 신학을 만들어 내놓지 못하고 '칼 라너', '본회퍼', '칼 바르트', '몰트만', '판넨베르크' 등 서구 신학자의 성과를 맹목적으로 이식해서 한국 기독교계에서 서구 신학의 대리전을 치르게 하는 제국주의적 식민 신학 현상이 있다면, 이것이야말로 기독교 이단을 발생하게 하는 온상이자 근본 원인이다. 이런 시대적 흐름을 거스르는 식민 신학과 제국 기독교의 행태가 한국 기독교에 큰 기대를 걸고 있는 필자를 포함해서 양식 있는 대중을 절망하게 한다.

이단 기독교와 기독교 이단이 발생하는 근본 원인은 성경 텍스트가 서술하는 '말-씀' 오해에 있다. '말-씀'을 오해하기에 생기는 현상이다. 우리는 이 시점에서 기독교가 지향하는 바가 무엇인지, 그 본질을 다시 생각해 보아야 한다. 통계청의 2015년 종교 인구 통계에 따르면, 기독교 인구는 1000만 명을 훌쩍 넘는다. 이렇게 많은 기독교 인구 가운데 '예수 그리스도의 사랑'을 실천하고, 세상에 '빛과 소금'이 되는, 예수와 같이 사회적 약자와 더불어 사는 기독교 인구가 얼마나 되는가? 세계 최고의 교세 성장을 자랑하면서도 자기 십자가를 지고 예수의 삶을 실천하는 기독교 인구는 얼마나 되는가!

재작년에 종교개혁 500주년을 기념하는 다채로운 행사가 열렸고, 올해는 3·1운동 100주년 종교 행사도 또 한 페이지의 과거 역사로 넘어갔다. 잘 알다시피 '기념과 선언'만으로 새로운 기독교 역사는 만들어지지 않는다. 지금은 믿음을 통한 실체 없는 개인 구원과 '남녀차별'의 기독교 전통, 그리고 '이미 그러나 아직'이라는 신학적 용어로 기독교의 앞가림을 할 수 있는 로마 시대가 아니다. 낡은 문명과 새 문명의 전환기에 처한 문명사적 시간 속에,

냉전 이데올로기가 여전히 대척점에 있는 지구촌의 하나뿐인 분단 한국에 사는 기독교인은 새로운 혁명적 결단을 해야 한다.

참다운 기독교인은 참다운 한국인이다. 참다운 한국인이야말로 참다운 지구촌 시민이다. 예수 그리스도의 복음은 절대 획일화되지 않는 다양성과 포용성을 가지고 각 민족 단위로 복음의 씨가 내려져야 한다. 예수가 "너는 한국인으로서 나의 복음을 어떻게 이해하고 실천했는가?"라고 물을 때 기독교인은 무엇이라고 대답할 것인가를 자문자답해 보라. 서구 신학을 통해 배운 신앙으로 '앵무새'와 같은 서구 신학을 통해 배운 영혼 없는 답변을 예수가 기대하겠는가! 절대 아니다.

한국의 기독교인은 한국인이라는 주체적이고 토착적인 신앙을 바탕으로 '말-씀'을 회복해야 한다. '말-씀'을 체화해서 새로운 기독교인으로 거듭나야 한다. 말-씀의 회복은 말(logos)을 쓰는(씀, praxis) 영성(靈聖) 생활인(生活人)의 탄생이다. 조직신학회장을 역임한 김흡영은 로고스(logos, 말씀)와 프락시스(praxis, 실행)가 이원론적으로 전개되는 서구 신학의 뿌리 깊은 한계를 지적하며, 로고스(말)와 프락시스(씀)가 일치되는 '도의 신학'을 주장한다. 잘 알다시피 도(道)의 어원적 해석 자체가 머리[首]를 찾아가는[辵] 활동이다. 전통 신학에서 태초에 감추어진 비밀이 '성육신 사건'을 통해 나타나고, 예수는 영성시대의 첫 열매가 된다.

이처럼 기독교인은 하나님이 자기에게 준 말, 예를 들면 평화 · 사랑 · 고난 · 믿음 · 은혜 · 봉사 · 섬김 · 구원 등의 근본어로 이루어진 다양한 말[言] 가운데 자기의 말을 찾아야 한다. 그 하나님이 자기에게만 준 말을 '마음의 지성소'에 고이 간직하고, 로고스의 창조적 행위의 참여자(요한복음 1장, 요한1서 1장 참조)로서 '말씀이 육신이 되신' 사건과 관계성을 맺고 일상생활에서 재현해야 한다. 그래서 하나님의 '말'과 자신의 씀(삶)이 생활 세계에서 개성적인 그리스도의 향기를 내야 한다.

다시 말하면, 하늘나라인 영(靈)적인 차원에 뿌리를 박고, 일상생활에서 성(聖)스러운 행동을 하는 영성(靈聖) 생활인(生活人)으로 거듭나야 한다. 제도 크리스천이 아닌 '하나님의 성전으로 지어져 가는' 참그리스도인으로서 '복음의 향기'를 싱그럽게 뿜어내는 화신체로서 말이다. 말-씀의 회복, 성서 텍스트에 면면히 흐르는 바탕의 말을 자신의 것으로 내면화해서 '사랑'의 화신체, '평화'의 전도사, '청빈'의 섬김이 등으로 거듭나 '기독교인다운 기독교인'을 육성하는 것이 한국 기독교의 목표가 되어야 한다.

이런 영성 생활인이 한반도 삶의 정황에서 평화통일의 주역이 되어 새 문명의 생활 세계를 구현해 실천하는 본보기를 지구촌 사회에 보여 주어야 한다. 또한 이것이 바탕이 되어 인격 성전과 인격 성전이 중첩적이고 다층적으로 연대한 영성 생활 공동체가 지구촌 차원에서 낡은 문명을 혁신하고 새 문명의 생활 세계를 선도하는 중추적인 역할을 해야 한다. 이것이 새 시대 한국 기독교의 사명이 되어야 한다.

결론적으로, 만일 이단 기독교와 기독교 이단를 판별하는 유일한 '이단' 판정의 기준을 만든다면, 기독교 신앙 공동체가 예수 그리스도의 삶과 성경의 황금률을 일상생활에서 실천하는 참 기독교인을 육성해 내는 종교 조직인가 여부로 규정되어야 한다. 즉 영성 생활인만이 참 기독교인이라는 '선포'를 통해 한국 기독교는 새롭게 거듭나야 한다.

(《뉴스앤조이》, 2019.9.19)

# 10. 종교인의 하늘팔이: 손원영 교수의 복직을 기원하며

이찬수_ 서울대 연구교수, 통일평화연구원

정치인은 종종 국민의 뜻을 받든다고 하고, 종교인은 종종 하늘의 뜻에 따른다고 한다. 자신보다는 국민과 하늘을 앞세우는 듯한 모습에서 이들은 닮았다. 그러면 그 받들고 따르는 '내용'은 어떨까? 국민의 뜻과 하늘의 뜻 운운하는 언어는 외견상 다른 듯해도, 정말로 받들고 따르는 것은 사실상 자기의 '욕망'일 경우가 많다. '받든다'는 미명하에 실상은 그 이름을 팔아 자신의 욕망을 채우는 것이다. 욕망이라는 원초적 표현이 거슬린다면, 그저 '자신의 뜻'이라고 해도 좋다. 자신의 뜻이 아니고서야, 어찌 "내 앞에서 빤스를 내리면 내 신자"라거나 "문재인의 모가지를 따는 거 하나만 남았다"거나 하며 폭력적인 언사를 일삼는 이가 '한국·기독교·총·연합회'의 대표 목사 노릇을 버젓이 하고 있을 수 있다는 말인가.

하늘을 파는 종교인은 자신의 욕망을 정당화하기 위해 자신의 욕망에 어울리는 경전의 구절을 본래 맥락과 관계없이 뽑아 내세운다. 경전에 그렇게 씌어 있다고 주장하면서 하늘의 뜻을 자신 안에 가두고, 자신을 정당화한다. 하늘의 이름으로 다른 종교와 문화를 배타하고 정죄하면서 스스로 하늘의 자리에 오르려는 시도를 하는 것이다. 심지어 하늘의 이름으로 전쟁까지 벌인다. 이러한 엄청난 착각도 오래 습관이 되다 보니, 양심의 가책도 받지 못한다. 가책을 받을 양심조차 실종되었달까. 아니면 두터운 무지로 인해 전혀 볼 수 없게 된 것이랄까.

슬라보예 지젝이 양심조차 거짓일 수 있다고 쓴 것을 본 적이 있는데, 이것은 국민의 이름을 내세우고 하늘의 이름을 팔아 자신의 위치를 공고히 하려는 데서 잘 볼 수 있다. 설령 의도적으로 파는 것은 아니더라도, 결국 자신의 기득권 유지로 나타난다면, 국민과 하늘을 내세웠던 언행이 거짓이라는 증거이다.

하늘의 뜻을 따르는 것인지, 그저 이름을 파는 것인지 우리 인간이 구별할 수 있을까? 그럴 수 있는 기준과 증거가 있다. 정말 하늘의 뜻을 받들려면, 그렇게 받드는 주체의 뜻은 스스로 내려놓고, 욕망은 깨끗이 비워야 한다. 그렇게 내려놓고 비우면, 자기 삶에 손해가 생길 가능성도 그만큼 커진다. 그렇지만 정말 내려놓고 비운 사람이라면 그러한 손해는 기꺼이 감수한다. 그것이 하늘의 뜻에 따른다는 증거이다. 하늘의 뜻을 받든다면서, 그 실제 목적과 과정이 자기 이익의 확대 쪽으로 나타난다면, 그것은 분명 자신의 욕망을 받드는 증거이다. 하늘의 뜻 운운하면서 결국 자신의 권력을 강화하려 하고, 무언가 금력도 유지하고자 한다면, 그것은 단연코 하늘의 뜻을 받드는 것이 아니다.

손원영 교수의 복직을 기원하지만, 손원영 교수가 '개운사 불당회복을 위한 모금'을 진행했다는 이유로 서울기독대학에서 파면된 지 3년이 다 되어간다. 그동안 학교에서는 하늘을 팔며 이른바 '우상숭배죄'를 내세웠었다. 불교가 어리석은 우상이라는 논리였다. 다시 생각해도 참으로 후안무치, 무지몽매한 주장이 아닐 수 없었다. 주지하다시피 손교수는 그동안 법원에 소송을 제기했고, 수천 수만의 사람의 응원을 받으며 1심과 2심에서 모두 승소했다. 학교는 더 이상 상고 절차를 밟지 않아서 외견상으로는 손교수의 복직

가능성이 높아졌다.

그러나 저간의 학교 행태로 보건대, 더욱이 총장을 위시해 사태를 이렇게 끌고 오는 학교 지도부가 바뀌지 않은 상황에서, 손교수의 복직 역시 쉽지 않을 것이다. 아무도 책임지려는 자가 없을 것이고, 사태를 수습하려 나서는 이도 없을 것이기 때문이다. 학교는 그저 시간을 끌려 할 것이다. 여론에 밀려 손교수를 받아들인다 해도, 각종 구실을 찾거나 만들어 다시 내보낼 기회를 보려 할 것이다. 이런 분위기를 감지한 교내 구성원들은 의도하든 의도하지 않든 손교수를 슬슬 피할 것이다. 은근히 소외시키면서 자신의 잘못을 회피할 것이다. 그렇게 손교수의 마음고생은 또 이어질 것이다. 과거 비슷한 경험을 해 본 나로서는 아주 자연스럽게 드는 추측과 상상이다. 말 그대로 그저 추측과 상상에 지나지 않기를 바랄 뿐이지만….

자기만의 유지와 확장을 위해 골몰하는 그런 행태는 언제쯤 삶의 무대에서 퇴장할 수 있을까. 국민의 이름으로 국민을 소외시키고, 하늘의 이름으로 하늘을 가리는 모순이 언제쯤 사라질 수 있을까. 이런 모순을 두 눈 부릅뜨고 인식하고 비판하면서 아래로부터 연대하는 세력이 확장될 때에만 그런 날이 조금씩 올 것이다. 그럴 때에만 국민과 하늘의 이름으로 행해지는 비정치, 반종교적 모순도 폭로되고 점차 사라져 가게 될 것이다. 손교수는 복직하고, 학교는 사과하고, 따뜻하게 환대하는 그런 모습, 그런 장면을 보고 싶다.

(『종교와평화』, 제142호, 2019.11.30.)

## 11. 한국종교인평화회의《종교와 평화》사설

2월 17일에 서울 은평구에 있는 서울기독대학교에서 기독교와 불교의 화해와 평화를 위해서 활동한 손원영 교수를 파면하였다고 한다. 이는 종교간의 평화에 역행하는 비상식적인 결정으로 즉시 취소되어야 한다.

파면의 배경에는 개운사 법당 훼손 사건이 있다. 지난 해 1월 어느 60대 개신교 신자가 김천에 있는 개운사 법당에 난입하여 불상과 관세음보살상을 바닥에 던져서 훼손시키고, 자신을 말리는 스님을 마귀라고 모욕하면서 난동을 부렸다. 이에 스님은 정신적으로 심한 충격을 받고 정신과 치료를 받았다고 한다. 이로 인한 피해액은 대략 1억 원 정도라고 한다.

비록 자신이 개신교 대표는 아니지만, 손 교수는 이 소식을 듣고 가만히 있을 수가 없어서 우선 자신의 SNS(Social Network Service)에 개운사 주지스님을 비롯하여 모든 불교신자들에게 용서를 구하는 글을 올렸고, 그 이후 개운사 불당회복을 위해서 모금활동을 시작하였다. 여기에 100여 명이 동참하였고 267만 원을 모았다.

이 금액을 석가탄신일 무렵에 개운사에 보내려고 했으나, 개운사에서는 이를 정중히 고사하며 기독교와 불교의 상호이해와 종교평화를 위해서 사용해 달라고 요청했다고 한다. 그래서 손 교수는 이 돈을 종교평화를 위한 대화모임인 레페스포럼에 기부하였다. 이러한 손 교수의 활동은 여러 언론을 통해 미담 사례로 알려져서 많은 사람들의 칭찬을 받았다.

그런데, 서울기독대학교는 손 교수가 했던 활동이 우상숭배에 해당한다면서 징계위원회에 회부했고 결국 파면을 결정하였다. 서울기독대학은 "손 교수가 (우상인) 불상 건립을 위해 모금한다는 기사로 인해 그리스도의교회 정체성에 대해 여러 교단 목사들로부터 지적을 받았다."고 주장하며, 손 교수가 진행한 불당 복원 모금활동은 우상숭배로 서울기독대의 설립이념에 맞지 않는 행동이며, 이 일이 기독교계 신문에 기사화되면서 학생모집에 상당한 타격을 입었다고 손 교수를 징계한 이유를 설명한다.

개운사 주지였던 진원스님은 손 교수의 활동이 다종교 사회에서 공존을 모색하는 나비효과가 나타날 것으로 기대했는데, 오히려 손 교수가 개신교인으로서 신앙을 의심받고 불이익을 당하는 것이 참으로 안타깝다고 말했다.

서울기독대에 묻고 싶다. "과연 기독교의 정신은 무엇인가?" 만약 지금 우리나라에 예수가 다시 온다면, 개운사 사건을 일으킨 개신교 신자처럼 혐오와 분노에 가득차서 폭력적인 행동을 하겠는가? 물론 예수도 예루살렘 성전을 뒤집어엎은 전력이 있다. 그러나 예수가 지금 다시 온다면, 뒤집어엎는 대상은 불당이 아니라, 그의 가르침을 훼손한 기독교가 될 것이다.

예수는 손원영 교수가 했던 것처럼 종교간의 화해와 일치, 그리고 평화를 위해서 일을 할 것이다. 지금 기독교의 정신을 훼손하고 있는 것은 손 교수가 아니라 서울기독대이다. 서울기독대는 손 교수에 대한 불합리한 파면결정을 즉시 취소하라.

(《종교와평화》제113호, 2017.2.28)

## 12. 《민중의소리》 사설

: '우상숭배'로 몰려 파면당한 손원영 교수의 복직을 촉구한다

개신교 신자의 불상 파괴 행위를 대신 사과한 행위가 '우상숭배'로 몰려 서울기독대학교에서 파면당한 손원영 교수와 관련한 파면처분 효력정지 가처분 재판이 얼마 전 시작됐다. 손 교수는 지난 2016년 1월 경상북도 김천 개운사에 자신을 개신교 신자라고 밝힌 한 남성이 난입해 몽둥이로 불당에 봉인돼 있던 불상 등을 부순 사건에 대해 대신 사과하고, 자신의 페이스북을 통해 사과의 의미를 담아 불당 복구비용을 모금했다는 이유로 파면된 바 있다. 당시 손 교수의 행위는 종교간 평화의 상징으로 사회적 주목을 받았지만 서울기독대가 속한 교파인 그리스도의교회 협의회와 서울기독대 총동문회 등은 손 교수의 모금을 '우상숭배'로 몰았고, 결국 서울기독대는 2017년 2월 이사회를 열고 손 교수를 파면했다. 이에 맞서 손 교수는 파면 무효소송을 제기했고, 현재 1심이 진행 중이다. 하지만 재판이 길어지면서 손 교수는 파면처분 효력정지 가처분 신청을 냈고, 지난 7일 재판이 시작된 것이다.

손 교수 파면 사건은 한국 개신교의 배타적 태도를 단적으로 보여주는 사건이다. 개신교 신자들은 그동안 다른 종교에 대한 배타적 태도로 인해 여러 사회적 문제를 일으켜왔다. 절에서 이른바 '땅밟기'를 하며 기도를 해 논란을 빚었고, 어떤 개신교 신자가 지하철에서 스님을 상대로 전도를 하는 모습이 인터넷 등을 통해 알려지기도 했다. 개운사 불상 파괴와 유사한 행동으로

사회적 지탄을 받은 사례도 많았다.

손 교수의 사과와 모금운동은 개신교가 배타적 태도에서 벗어나 종교간 화합을 이룰 좋은 계기였다. 하지만 칭찬 받아 마땅한 행동이 우상숭배로 몰리면서 다른 종교를 향한 개신교인들의 배타적인 태도를 더욱 키우는 결과를 낳을 것이란 우려까지 나오고 있다. 이런 우려에도 불구하고 서울기독대는 지난 7일 열린 가처분 재판에 출석조차 하지 않았다. 아울러 지금도 계속되고 있는 본안 소송에서도 파면 결정이 옳았다면서 배타적 태도를 버리지 않고 있다.

본래 성서가 금하는 '우상숭배'는 하나님이 아닌 다른 것을 하나님보다 높은 자리에 두지 말라는 요구다. 그런데 개신교는 그동안 일제강점기엔 신사참배를 하며 일본제국주의를 섬겼고, 과거 독재정권 시절은 물론 얼마 전 박근혜 정부가 국정농단을 자행할 때에 권력의 비리에 눈을 감으며 함께했다. 하나님의 교회를 자신의 재산인양 세습했다. 이런 자신들이 저지른 '우상숭배'엔 침묵하면서 다른 종교와 함께 하려는 화합과 화해의 노력을 '우상숭배'라 낙인찍고 있는 것이다.

재판을 앞두고 손 교수는 "재판에서 꼭 승리하여, 한국교회가 무엇이 우상숭배인지를 바르게 깨닫게 되고, 또 저와 같은 제2의 희생자들이 대학에서 다시는 만들어지는 일이 없도록 좋은 판례를 만드는데 최선을 하겠다"고 각오를 밝혔다. 이번 재판이 잘못된 길로 가고 있는 개신교를 향한 경종이 되기를 기대한다. 아울러 잘못이 재판에 의해 바로잡히기보다 서울기독대 스스로 잘못을 인정하고 바로잡을 수 있기를 기대해 본다.

(《민중의소리》 사설, 2018.6.18)

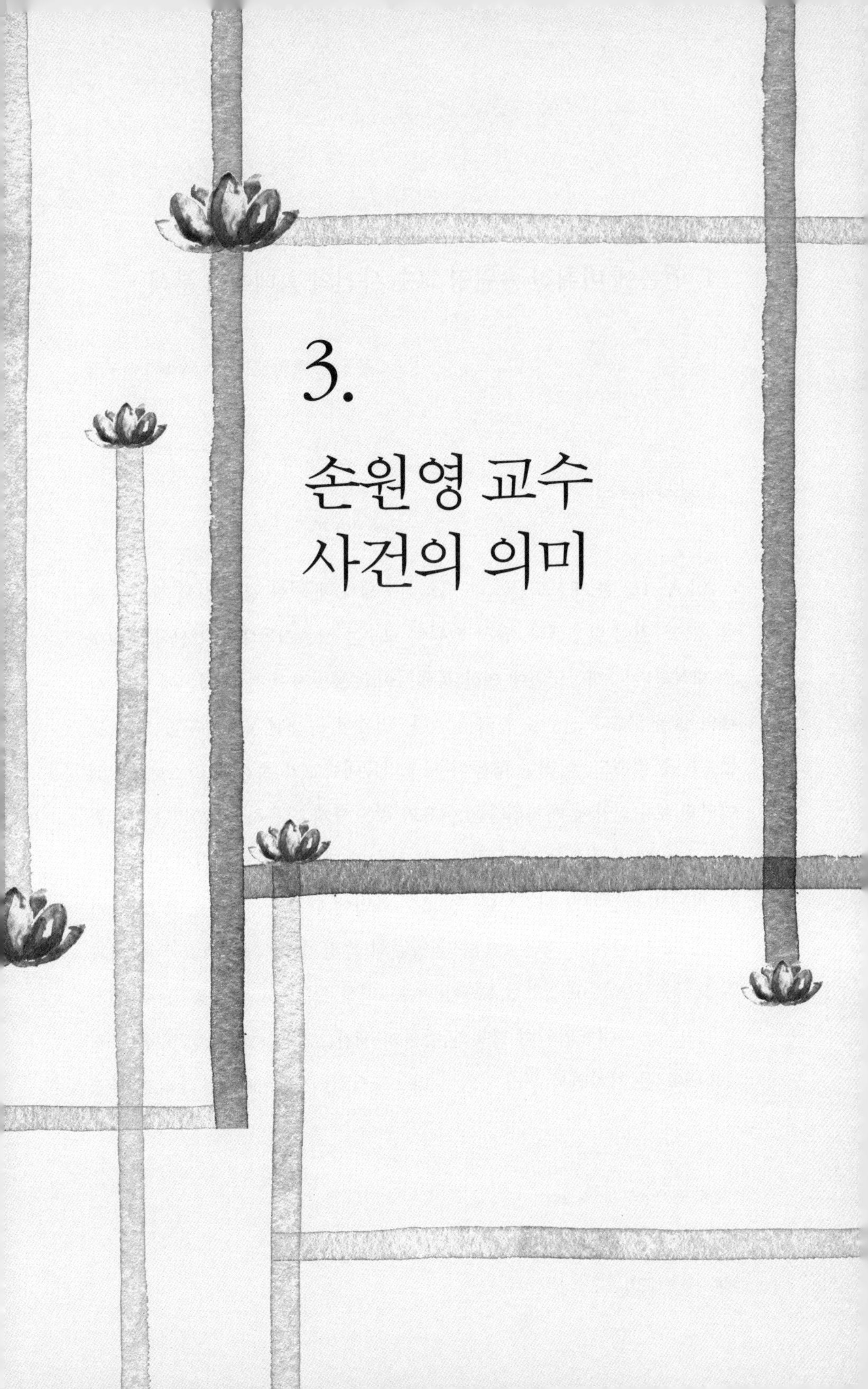

# 3.

# 손원영 교수 사건의 의미

# 1. 언론에 비춰진 손원영 교수 사건의 빅데이터 분석*

옥성삼_ Cross Media Lab 원장

## 1. 들어가는 말

2016년 1월 한 개신교인(60대, 서울 거주 남자)에 의한 경북 김천 개운사 불상 훼손사건이 발생했다. 당시 손원영 교수는 서울기독대학교 신학과 교수로 재직하면서 개신교인에 의한 폭력적이고 불법적인 불상 훼손에 대한 사과의 글을 SNS와 신문을 통해 실었다. 더불어 손상된 불상복구를 위한 모금운동을 펼쳤고, 이러한 행동이 서울기독대학교가 속한 그리스도의교회 협의회 보수신앙에 배치된다는 이유가 주요하게 작용하여, 2017년 2월 학교로부터 파면 처분을 받게 된다. 손 교수의 파면이 알려지면서 언론에서는 개운사 불상훼손 사건보다 손 교수 파면에 더 높은 관심을 보였다. 가칭 '손 교수 사건'은 지난 4년 동안 일련의 과정--불상 훼손(2016.01)→사과와 모금운동(2016.01~2016년 상반기)→종교평화 활동(2016년 여름~ )→파면처분 (2017.02)→대책위원회 활동과 법원의 재판(2017.03~2019.10)→2심 판결(2019.10)--을 거치면서 우리 사회에 '다종교사회에서 종교평화' 그리고 '종교

* 분석기관 : Cross Media Lab

성과 사회적 가치(합리성 · 윤리성 · 준법성)의 충돌과 해결'이라는 두 가지 화두를 남겼다.

지난 4년간 '손 교수 사건'에 대한 언론보도를 '내용분석'과 '뉴스 빅데이터 분석'을 통해 살펴봄으로써, 언론이 바라보는 '손 교수 사건'의 내용과 함의를 도출하고자 한다. 손원영 교수 관련 언론보도에 대한 내용분석은 (1) 네이버(www.naver.com) 뉴스의 상세검색 툴을 활용한다. 뉴스 빅데이터 분석은 (2)한국언론진흥재단의 빅카인즈(www.bigkinds.or.kr) 툴을 활용한다.

## 2. 네이버 뉴스 상세검색 내용

1) 검색 방법

- 기간: 2016년 1월 1일 ~ 2019년 11월 30일
- 출처: 네이버에 서비스 중인 언론매체 907개 모두
- 검색조건: 키워드 검색으로 907 매체에 보도된 기사 중 기본검색어 '손원영' '개운사' '서울기독대' '불상훼손' 등이 포함된 모든 기사 중, '손원영' 키워드를 반드시 포함.

2) 검색결과

- 총 279건 추출 기사 중 최종 208건 채택
- 네이버 뉴스검색에서 '손원영' 키워드로 450건→기간 내 기사 279건→동명이인의 기사를 제외하고, 개운사 사건 및 손원영 교수 파면과 연관성이 있는 기사 208건 추출.

3) 분석방법(필터링)

- 추출된 279개 기사 모두를 2차례 전수 리딩(1차 2019. 12.02~12.03, 2차 12.04~12.05). 표본오차 각 항목에 따라 ± 2.5% (0건~5건) 이내

- 279개 기사 중 손원영 교수와 관련이 없는 기사 71건(동명이인 작가, 사업가, 공무원 등)을 제외하고 최종 208건 기사를 대상으로 분석.

- 분석 내용은 (1) 기사빈도(연도별 매체별) (2) 보도 성향(사회 언론, 종교 언론) (3) 종교 언론별 보도(빈도수 및 보도 성향) (4) 보도의 비판 잣대

3. 기사빈도(연도별 매체별)

1) 개요

2016년 1월 17일 개신교 신자인 장씨(60대, 서울)가 경북 김천에 있는 개운사 법당에 들어가 불상을 훼손하였다. 이 사건에 대한 사과로 시작된 손 교수 관련 일련의 사건보도(사과→모금활동→종교평화 활동→파면처분→대책위원회 활동 및 법적소송, 예술목회연구원 및 가나안교회)가 지난 4년간(2016.1.1.~2019.11.30, 총 47개월) 이어졌다. 그동안 네이버 뉴스 서비스를 제공하는 907개 매체 중 총 46개 언론매체가 손원영 교수 사건을 보도했다. 관련 총 기사량은 208건이며, 2017년에 71건으로 가장 높은 빈도수를 보였다. 2016년 개운사 훼불 사건 보도 및 손 교수의 모금활동 기사는 뉴스량이 10건으로 높지 않았다. 기사량의 증가는 2017년 2월 서울기독대학교의 손 교수 파면결정이 사회적 논란을 일으키며 언론의 집중조명을 받았다. 이를 계기로 시작된 종교평화(레페스)포럼과 종교간 화합을 위한 활동이 지속적인 언론의 주목을 받았다. 더불어 2017년은 한국 종교계에 대한 개혁의 목소리가(조계종 총무원장 선거를 둘러싼 갈등, 종교개혁 500주년 및 명성교회 세습사태

등) 높았다. 이러한 2017년 종교계 환경에서 손 교수 사건은 한편으로는 다종교사회에서 종교간의 화해와 평화의 상징으로 그리고 한편으로는 개신교의 비합리적이고 독선적인 신앙문화에 대한 비판으로 이어졌다. 2018년과 2019년은 손 교수 사건에 대한 법원의 판결이 보도에 주요하게 작용했다. 한편 같은 기간 중 손 교수 주도로 진행된 예술목회연구원 및 가나안교회 활동도 언론의 관심을 받았다.

2) 유형별 기사량

네이버 뉴스서비스 기준에 따른 매체 유형별 기사량은 (1)일간지(63건) 〉 (2)전문지/기타(59건) 〉 (3)인터넷신문(48건) 〉 (4)방송/통신(25건) 〉 (5)경제/IT(8건) 〉 (6)지역지(3) 〉 (7)매거진(2) 〉 (8)스포츠/연예(0) 순이다. 기사량의 빈도순에서 일간지가 가장 높게 나온 것은 본 사건에 대한 사회의 관심(News value)이 비중 있게 다뤄지고 있다고 할 수 있다. 매스미디어 저널과 소셜미디어가 상호작용하는 현재의 언론 환경에서도 여론 형성에서 주요 일간지와 방송(지상파, 종편 등)은 여전히 상당한 역할을 하고 있기에, '손 교수 사건'에 대한 일간지의 관심은 사회적 이슈가 되는 바탕이 되었다. 다음으로 전문지/기타 그리고 인터넷신문의 기사 빈도가 높은데, 이것은 이 유형의 종교 매체가 많기 때문이다. 다종교사회에서 종교적 갈등 사건에 대한 종교간의 시각 그리고 종교적 신념과 법적인 갈등에 대한 조정 등이 주요하게 작용했다고 본다.

매체 유형별로 주도적으로 보도한 언론사의 특성을 살펴보면, 일간지에서는 국민일보와 천지일보가 종교계 신문이기에 가장 관심 있게 보도했다. 사회 일간지 중에서는 진보성향의 서울신문(9) 〉 경향신문(7) 〉 한겨레신문(3) 등 순으로 기사 빈도가 높다. 반면 보수 성향의 신문에서는 문화일보(6)

의 보도 빈도가 높고, 조선, 중앙, 동아 등에서는 본 사건에 대한 보도가 없다. 방송/통신사에서는 연합뉴스(12)와 btn불교TV(9)의 보도 빈도가 높고, KBS와 종편채널 등에서는 거의 보도되지 않았다. 이를 근거로 본다면 손 교수 사건은 방송보다는 신문이 더 관심을 가졌고, 보수성향 언론보다는 진보성향 언론이 더 주목하는 개혁적 특성을 띤 사건이라 할 수 있다.

□ 매체유형별 연도별 기사 빈도

| 매체유형 | 언론사<br>(보도/계) | 기사량 | 2016 | 2017 | 2018 | 2019 |
|---|---|---|---|---|---|---|
| 일간지 | 8/14 | 63 | 4 | 39 | 12 | 8 |
| | | 국민일보 18, 천지일보 14, 서울신문 9, 경향신문 7, 문화일보 6, 한겨레신문 3, 세계일보 2, 한국일보 1 | | | | |
| 방송/통신 | 7/65 | 25 | . | 9 | 7 | 9 |
| | | 연합뉴스 12, btn불교TV 9, YTN, 뉴시스, SBS, MBC, 뉴스1 | | | | |
| 경제/IT | 4/76 | 8 | . | 1 | 5 | 2 |
| | | 서울경제 3, 헤럴드경제 2, 브릿지경제, 아시아경제 | | | | |
| 인터넷신문 | 11/191 | 48 | 1 | 22 | 8 | 17 |
| | | BBSNEWS 11, 노컷뉴스 8, 뉴스앤조이 7, 민중의 소리 6, 가톨릭프레스 5, 불교포커스 4, 오마이뉴스 4, 위키트리, 불교공뉴스, 법률방송뉴스, 고발뉴스 | | | | |
| 스포츠/연예 | 0/149 | . | . | . | . | . |
| | | . | | | | |
| 지역지 | 3/80 | 3 | . | 3 | . | . |
| | | 경북일보, 국제신문, 경기일보 | | | | |
| 매거진 | 2/91 | 2 | . | 1 | 1 | . |
| | | 주간경향, 중앙SUNDAY | | | | |
| 전문지/기타 | 11/241 | 59 | 5 | 34 | 13 | 7 |
| | | 뉴스렙 16, 현대불교신문 10, 법보신문 7, 한국기독공보 7, 불교신문 6, 크리스천투데이 3, 원불교신문 2, 데일리굿뉴스, 가톨릭신문, 더 스쿠프, 가톨릭뉴스지금여기 | | | | |
| 계 | 46/907 | 208 | 10 | 71 | 32 | 36 |

## 4. 보도 성향과 종교언론별 보도 빈도

□ 보도 성향(사회언론, 종교언론)

| | 긍정(지지) | | 중립 | | 부정(비판) | | 합계 |
|---|---|---|---|---|---|---|---|
| | 빈도 | 비(%) | 빈도 | 비(%) | 빈도 | 비(%) | |
| 사회 언론 | 46 | 56.1% | 36 | 43.9% | . | . | 82 (39.4%) |
| 종교 언론 | 66 | 52.4% | 59 | 46.8% | 1 | 0.8% | 126 (60.6%) |
| 전체 언론 | 112 | 53.8% | 95 | 45.7% | 1 | 0.5% | 208 (100%) |

손 교수 사건에 대한 보도 성향은 손 교수에 대한 긍정(지지) 53.8%, 중립 성향 45.7%, 부정성향 0.5% 등이다. 사회 언론이 종교 언론보다 긍정(지지) 비율이 조금(3.7%) 높게 나타난다. 특히 매체유형 및 매체 성향에 관계없이 손 교수에 대한 부정적인 기사가 한 건밖에 없는 것은 이 사건에 대한 언론의 시각이 매우 선명함을 말해준다. 더욱이 손 교수 사건에 대한 부정 성향의 기사 1건도 그리스도의교회 협의회가 2017년 2월 21일 기자회견을 통해 밝힌 손 교수의 파면 사유를 CBS가 그대로 인용한 스트레이트 기사로 CBS 보도 성향과는 관련이 거의 없다.

□ 종교별 매체 보도 빈도 및 성향

| | 긍정(지지) | | 중립 | | 부정(비판) | | 합계 |
|---|---|---|---|---|---|---|---|
| | 빈도 | 비(%) | 빈도 | 비(%) | 빈도 | 비(%) | |
| 개신교 언론 | 27 | 45% | 32 | 53.3% | 1 | 1.7% | 60 (47.6%) |
| 불교 언론 | 37 | 62.7% | 22 | 37.3% | . | . | 59 (46.8%) |
| 천주교 언론 | 2 | 28.6% | 5 | 71.4% | . | . | 7 (5.6%) |
| 종교 합계 | 66 | 52.4% | 59 | 46.8% | 1 | 0.8% | 126 (100%) |

종교별 매체 빈도를 보면 불교 언론(59건)과 개신교 언론(60건)이 비슷하지만, 보도 성향은 불교 언론의 긍정(지지)이 62.7%로 개신교 언론의 긍정(지지) 45% 보다 훨씬 높게 나타났다. 즉, 손 교수 사건에 대한 불교계의 지지가 개신교계보다 더 높다고 할 수 있다. 한편 천주교 언론의 관심은 낮은 편이고, 기타 종교로는 원불교 언론에서 기사 2건 보도되었다.

□ 개운사 훼불 사건관련 종교별 매체 보도 빈도 및 성향

| | 긍정(지지) | | 중립 | | 부정(비판) | | 합계 |
|---|---|---|---|---|---|---|---|
| | 빈도 | 비(%) | 빈도 | 비(%) | 빈도 | 비(%) | |
| 개신교 언론 | 27 | 65.9% | 13 | 34.1% | . | . | 40 (44.5%) |
| 불교 언론 | 37 | 81.0% | 10 | 19.0% | . | . | 47 (52.2%) |
| 천주교 언론 | 2 | 66.7% | 1 | 33.3% | . | . | 3 (3.3%) |
| 종교 합계 | 66 | 73.3% | 24 | 26.7% | . | . | 90 (100%) |

종교 언론의 관련기사 보도는 총 126건이며, 이중 '손 교수 사건'과 연관성이 낮은 기사(예술목회연구원, 가나안교회, 개운사 사건과 무관한 종교평화 활동 등)는 36건(개신교 20건, 불교 12건, 가톨릭 4건, 28.6%)이다. 36건 기사는 중립적 성향의 기사가 대부분이다. 126건 기사 중 '손 교수 사건'과 관련성이 없는 36건의 기사를 제외하고, 직접적 연관성이 있는 90건(71.4%)의 기사만을 대상으로 보도 성향을 살펴보면, 긍정 성향 66건(73.3%), 중립 성향 23건(25.6%)로 부정성향 1건(1.1%) 등으로 긍정 성향의 보도가 20.9% 더 증가한다. 이를 다시 종교별로 구분해 보면 개신교 언론은 긍정 성향 27건(65.9%), 중립성향 13건(34.1%). 불교 언론은 긍정 성향 37건(81%), 중립 성향 10건(19%). 가톨릭 언론은 긍정 성향 2건(66.7%), 중립 성향 1건(33.3%) 등이다. 즉 손 교수 사건에 대한 종교계 언론 중 불교계의 지지(긍정)가 매우 높게 나타났다.

## 5. 언론의 비판 잣대

손 교수 사건이 언론의 집중 조명을 받게 된 계기는 2017년 2월 손 교수가 소속된 서울기독대학교 이사회로부터 교수직 파면이 결정된 일이다. 당시 이사회 회의록에 서울기독대 총장이 밝힌 징계 사유로 "기독교에서 금기시하는 우상숭배 행위에 해당하는 불상 재건을 위한 모금을 했다. 이 일이 기독교계 신문에 기사화되면서 학생모집에 상당한 타격을 입었다."고 밝히고, 언론 취재에서 "손 교수의 신앙이 민중신학과 해방신학으로 학교의 보수신앙과 배치된다." "모금운동 하나만 기준으로 삼아 파면한 것은 아니다. 여러 사안에서 교단의 정체성과 건학이념을 지키지 않아 '성실의무 위반'으로 파면이 결정된 것" 등이라고 밝혔다.

즉 학교의 징계사유는 '종교성'이 핵심이다. 반면 이 사건에 대한 사회언론의 보도는 "학교 측이 내세운 '종교성'--우상숭배, 진보신학, 교단 정체성과 건학이념 준수 등--이 징계사유로 타당한가?"라는 담론을 합리적 상식과 윤리성 그리고 '사회적 가치' 등의 비판적 잣대로 조명했다. 이후 언론의 보도의 초점은 사건의 발단이 된 개운사 불상 훼손보다는 '학교측의 징계가 정당한가?'로 전환되었다. 이른바 손 교수 징계 사건이 사회적 이슈로 떠오르게 되었고, 언론보도의 비판적 기준은 윤리성, 합리성, 준법, 사회가치 등으로 요약된다. 언론은 손 교수 사건의 발단이 된 개신교인의 개운사 불상 훼손의 부당함(윤리성, 합리성, 준법성, 사회가치)과 이런 맥락에서 손 교수의 사과 발언, 모금운동, 종교평화활동 등이 사회적 공감대가 많다고 보았다. 더불어 신학교수로서 손 교수의 사과, 모금운동 등 일련의 활동이 학교 측에서 주장하는 종교성에 반하는 행동이 아니라는 점에 무게를 실어 주었다.

208건 보도기사의 비판 잣대로 윤리성, 합리성, 사회가치, 준법, 종교성 등이 구체적으로 적용되기보다는 헤드라인, 리드, 맥락 등에 간접적으로 적용되는 경우가 많다. 또한 비판 잣대가 하나만 적용되기보다는 두 개 혹은 세 개 기준이 복합적으로 적용되는 경우도 있고, 비판 없이 단순 정보 전달을 한 경우도 역시 다수 존재한다. 따라서 이 분석에서는 비판 잣대의 간접적인 적용 등 선명성이 모호하거나 복합적 적용에 따른 유형화의 한계가 있음을 전제한다. 이러한 한계에도 불구하고, '기사 구성, 키워드 선택, 헤드라인, 리드' 등을 종합적(직관적)으로 판단하여 2차례 리딩을 통하여 5가지 비판 잣대로 유형화하려고 했다. 언론 보도의 비판 잣대를 5가지로 유형화하여 추출한 결과, 비판 잣대는 '사회가치(약 35%) 〉 합리성(약 25%) 〉 윤리성(약 20%) 〉 준법성(약 15%) 〉 종교성(약 5%)' 등의 순으로 적용된 것으로 분석된다. '손 교수 사건'에 대한 언론의 비판 잣대는 사회가치(종교평화)가 가장 중요하게 작용했고, 종교성(신앙정체성) 기준이 가장 적게 사용되었다. 이를 다른 시각에서 보면 '손 교수 사건'은 개신교 내의 문제(신앙노선 갈등), 개신교와 불교 간의 종교적 갈등 등으로 바라보기 보다는 사회적 이슈로서 종교평화 문제로 바라보았다고 할 수 있다.

□ 언론의 비판 잣대

| 비판기준 | 핵심가치 | 기사 키워드 사례 |
|---|---|---|
| 종교성 | 신앙정체성, 진리추구, 거룩함, 신비<br>본질, 구원, 세상의 빛과 소금 | 보수신앙, 우상숭배, 목회자<br>해방신학, 신앙정체성 등 |
| 윤리성 | 도덕성 - 양심, 선행, 정직, 성실, 인권<br>보편 가치 - 자유, 평화, 사랑, 정의, 평등, 생명 | 사과, 폭력, 모금운동<br>이웃사랑, 종교개혁 등 |
| 합리성 | 상식, 과학적 사고, 이성적 판단, 사회적 공감대 등 | 비상식적, 편협한사고, 이성<br>대책위원회, 기자회견 등 |
| 준법성 | 법적 기준 | 무효결정, 소송, 파면무효,<br>종교자유, 학문자유 등 |
| 사회가치 | 민주주의, 자본주의, 정교분리, 다종교 다문화사회<br>시대정신 - 상생, 지속가능성, 남북평화통일 등 | 다종교사회, 종교평화<br>상호존중 |

한편 언론 비판이 증가하는 상황에서 학교에서 내세운 '성실의무 위반 - 교단의 정체성과 건학이념을 지키지 않은 것'에 대한 대학교 측의 구체적인 제시나 적극적인 대언론 홍보가 거의 없는 것은, 대학 측 징계가 사회적 당위성(윤리성, 합리성, 준법성, 사회가치)을 인정받기에 미흡하거나 소극적 언론 대응이 유리하다는 자체적 판단에 따른 것으로 추론할 수 있다.

## 6. 언론계 및 각 주체별 보도 행태 분석

### 1) 일간지 및 방송/통신사 기사 헤드라인

'불교와 기독교, 무엇이 같고 다른가'…종교학자 12인 끝장토론(연합뉴스 2017.01.06)

불교와 기독교, 무엇이 같고 어떻게 다를까(경향신문 2017.01.12)

종교간 평화 위한 제1회 레페스 심포지엄 열려(세계일보 2017.01.18)

불상훼손대신사과・재건립 모금한 신학과 교수 파면(경향신문 2017.02.17)

불당훼손 사과・모금 운동한 신학과 교수 파면 논란(연합뉴스 2017.02.19)

"불상훼손 사과・모금한 죄로 교수 파면"…서울기독대 논란(뉴스1 2017.02.20)

'불상훼손 대신 사과' 신학대교수 파면…'종교재판' 논란(문화일보 2017.02.23)

손원영 서울기독대 교수 파면에 종교계 비판 여론 확산(연합뉴스 2017.02.24)

서울기독대 '불상 훼손' 사과한 교수 파면 논란(서울신문 2017.02.24)

"상처입은 이웃종교 도왔다고 파면이라니 씁쓸"(한겨레 2017.02.28)

'불상 훼손' 대신 사과했다가 파면…(서울신문 2017.03.09)

우상숭배 이유 '손원영 교수 파면' 시민대책위 발족(한겨레 2017.03.30)

'훼손된 불상 모금운동'으로 파면 당한 신학과 교수, 시민대책위 발족(경향신문 2017.03.31)

소수서원에서 공부하는 신학자 "예수가 곧 경계인이다"(경향신문 2017.05.15)

산사(山寺)에서 벌어진 기독교와 불교의 끝장토론(연합뉴스 2017.07.13)

불교 · 개신교 화해 모색 토론회(문화일보 2017.07.13)

불교 · 기독교인 '끝장토론'…"종교 갈등 없는(서울신문 2017.08.17)

원효 탄생 1400년과 종교개혁 500년을 조명한다(연합뉴스 2017.09.28)

루터와 원효…종교개혁을 돌아보다(서울신문 2017.09.29)

원효와 루터… 혼란의 시대 종교평화 위해 만난다(문화일보 2017.10.12)

'종교 안에서 종교를 넘어' 출간(문화일보 2018.01.25)

5대 종교인들 "달마고도 손잡고 걸으며 화합 · 통일 기원해요"(연합뉴스 2018.03.13)

벽 허문 5개 종교, "서로 손잡고 화합 · 평화통일 기원 순례길"(경향신문 2018.03.13)

6개 종단 종교인들, 해남 달마고도 걸으며 화합 · 통일 기원한다(한국일보 2018.03.14)

5대 종교인 달마산 평화순례(문화일보 2018.03.15)

해남 '달마고도'서 5대 종교 걷기 행사(세계일보 2018.03.18)

'불당 훼손 사과했다가 파면' 신학대 교수 "개신교 위한 행동"(연합뉴스 2018.06.07)

사찰 훼손 사과 파면 신학대 교수, 효력 정지 가처분 신청(MBC 2018.06.07)

신자들에 의한 '종교개혁' 시작되나(문화일보 2018.06.14)

'개신교 신자 불당 훼손' 사과한 신학교수…법원 파면 취소(연합뉴스 2018.08.30)

'개신교 신자 불당 훼손' 사과한 신학 교수 파면…복직 판결(SBS 2018.08.30)

'개신교 신자 불당 훼손' 대신 사과한 신학대 교수 파면에 복직 판결(서울신문 2018.08.30)

“이웃 종교 향한 폭력, 결코 있어선 안 될 악”(서울신문 2018.09.05)

“한국 교회, 이성 되찾는 계기 되었으면”(경향신문 2018.09.09)

100년만에 다시 나온 ‘독립선언서’…종교개혁연대 ‘탈성직’ ‘성상품…(경향신문 2019.02.28)

[세종로의 아침] 종교천국(서울신문 2019.04.25)

“종교 가르침대로 이웃사랑 실천했을 뿐인데 큰 파장”(서울신문 2019.08.06)

불당 훼손 대신 사과했다고 신학교수 파면…2심도 파면 취소(연합뉴스 2019.10.11)

법원 “불당 훼손 대신 사과한 신학교수, 파면 무효”(YTN 2019.10.11)

교회를 떠나는 사람들…가나안교회 새로운 모델될까(연합뉴스 2019.10.14)

교회 ‘안 나가’ 신자들, 가나안으로 이끌다(서울신문 2019.10.16)

‘법당훼손 사과’ 손원영 교수 “내년 복직”(서울신문 2019.11.13)

2) 불교계 및 개신교 언론의 보도

(1) 불교계

한편 이 사건을 처음부터 적극적으로 보도했던 불교 언론에서는 손 교수의 활동과 입장을 지지하는 논조가 여타 언론에 비해 강하게 나타난다. 손 교수 사건을 보도한 46개 언론매체 중 불교계 언론이 8개이며, 이중 BTN불교TV(9건), BBSNEWS(11건), 뉴스렙(16건), 현대불교신문(10건), 법보신문(7건) 등이 적극적인 보도를 이어갔다. 손 교수 사건에 대해 보도빈도가 가장 높은 뉴스렙의 경우 사건 초기부터 법원의 2심 판결 때까지 지속적인 관심을 보였다. 뉴스렙 보도에서는 ‘사회가치’와 ‘합리성’이 주요한 비판 잣대로 사용되었다.

〈뉴스렙 기사 헤드라인〉

기독교계, 김천 개운사 돕기 성금 모금/ 뉴스렙 2016.01.21

법당 훼손 사과한 사마리아인 시험에 들다/ 뉴스렙 2017.02.11

법당 훼손 대신 사과 신학대 교수...결국 파면/ 뉴스렙 2017.02.17

손원영 교수 "기독교 '개독' 아님 알리고 싶었다"/ 뉴스렙 2017.02.20

불시넷, 손원영 교수 파면 '깊은 우려'/ 뉴스렙 2017.02.24

절 도왔다가 파면된 신학대 교수 위한 대책위 발족/ 뉴스렙 2017.03.31

"화쟁이 해법" "개신교인 부끄럽게 해" "바로 시정을"/ 뉴스렙 2017.05.26

"종교인이 비종교인보다 못해서야"/ 뉴스렙 2017.07.12

루터 종교개혁 500년 원효 탄생 1400주년/ 뉴스렙 2017.10.12

종교적폐청산 운동 위한 '종교개혁선언' 추진/ 뉴스렙 2017.12.19

부처 · 예수 팔아 장사하는 종교인에 신자들 멍들어/ 뉴스렙 2017.12.27

개인 2175명 단체 55개 동참 서명/ 뉴스렙 2017.12.28

"종교개혁을 함께 생각한다"/ 뉴스렙 2017.12.28

개신교인 법당 훼손 대신 사과한 교수 복직 결정/ 뉴스렙 2018.08.30

"예수님은 육바라밀 실천한 보살이었다"/ 뉴스렙 2018.12.19

불상 복구 비용 모금하다 쫓겨난 손원영 교수 2심도 '파면 무효'/ 뉴스렙 2019.10.15

(2) 개신교

특히 언론보도에서 눈여겨봐야 할 부분은 개신교계 일간지로 기독교 보수신앙을 견지하고 있는 국민일보(미션라이프)의 보도이다. 국민일보에서 지난 4년간 손 교수 관련보도가 총 18건으로 전체 언론 중 가장 빈도수가 높았다. 이 중 '손 교수 사건'과 직접 연관된 기사가 8건으로, 국민일보가 이 문제를 비중 있는 사건으로 보도했음을 말해준다. 보도성향은 긍정(지지)이 5건, 중립 성향이 3건으로, 전반적으로 손 교수 해직 조치가 부당하다는 입장에 무게를 두었다. 특히 손 교수 사건에 대한 언론의 관심이 높았던 2017년 상반기에 국민일보의 논조는 서울기독대학교의 입장을 함께 전달하면서도 손 교수 입장에 무게를 실어주었다. 타 언론에서 종교성에 대한 비판이 미흡한 중에 개신교의 보수신앙을 대변하는 국민일보에서 본 사건(개신교인의 불상 훼손, 손 교수의 사과와 모금운동, 대학당국의 파면 징계, 종교평화 활동 등)에 대한 기독교 가치와 신앙에 대한 시각을 제시했다. 국민일보 2017년 5월 15일 보도에 따르면 기독교인의 이웃종교에 대한 태도(종교성, 윤리성, 사회가치)를 성경적(예수님의 사마리아인에 대한 행동, 요4:3~30, 눅17:11~19) 관점에서 그리고 신학자 한스 큉의 '종교평화 없이 세계의 평화는 없다' 글을 통해 비판적으로 조명했다. 국민일보가 손 교수 사건에 대해 적극적 보도를 이어간 초기와는 달리 2017년 하반기부터 재판 과정 및 결과 등에 대한 보도는 거의 없다. 그러나 국민일보가 손 교수가 중심이 된 예술목회연구원과 가나안교회 목회활동에 대한 기사를 다수 보도함으로 손 교수 사건에 대한 간접적인 지지를 이어갔다고 볼 수 있다.

〈국민일보 기사 헤드라인〉

[미션쿡] 사찰 훼손 사과한 손원영 교수/ 국민일보 2016.05.15

예술목회연구원, '르네상스와 종교개혁, 기독교 미술사적 조명' 특강/ 국민일보 2016.08.30

사찰 물품 훼손 대신 사과·보상 위해 모금한 교수 파면 논란/ 국민일보 2017.02.18

'불당 훼손 사건' 사과글 올리고 모금활동한 손원영 서울기독대 교수 파면

논란/ 국민일보 2017.02.20

서울기독대 "신앙 정체성 불일치" 파면vs손원영 교수 "부당한 징계에 법… / 국민일보 2017.02.21

그협, "손원영 교수 파면 사유는 그리스도의교회 정체성 파괴"/ 국민일보 2017.02.21

연세대 신대 동문회, "서울기독대는 손원영 교수 파면 철회하라"/ 국민일보 2017.02.24

예술목회연구원, 16일 서예가 신정균 초청 특강/ 국민일보 2017.03.15

'손원영 교수 파면사건' 시민대책위 출범/ 국민일보 2017.03.30

개신교인 불당 훼손 모금 활동 벌인 '손원영 교수 파면 정당한가' 토론회 열린… / 국민일보 2017.05.16

불교 · 기독교 비교분석 1박 2일 끝장 토론/ 국민일보 2017.07.11

건물 · 세습 없는, 우리는 가나안교회로 간다/ 국민일보 2017.12.15

음악 미술 건축… 예술 통해 말씀 만나고 신앙 성숙 돕는다/ 국민일보 2018.02.02

평화 · 연대의 역사 속 기독교 100년 반추하다/ 국민일보 2019.03.21.

'가나안 신자' 200만 시대… 교회 밖 교회 열어 품다/ 국민일보 2019.10.16

예술목회연구원 북콘서트 연다/ 국민일보 2019.10.22

3) 서울기독대학교의 대언론 활동

손 교수 사건이 사회적 관심사가 되고 재판이 진행된 3년간 서울기독대학교의 공적인 입장표명과 적극적인 대언론 활동이 부족한 것은 아쉬움이 남는다. 서울기독대학교는 2017년 2월 징계 결정에 따른 한 차례 기자회견을 가졌다. 이후 언론보도에 대한 적극적인 입장 표명이나 능동적으로 취재에 응한 기사가 없는 것으로 보아 소극적인 자세로 일관한 것으로 보인다. 언론에서 사회적 당위성(사회가치, 합리성, 윤리성, 준법성) 잣대로 비판적 보도를 이어갈 때 서울기독대학교의 합리적이고 적극적인 대응이 미흡했다. 더불어 학교 측에서 내세운 징계사유인 종교성(신앙적 노선, 교단정체성, 성실의무 불이행 등)에 대해서도 구체적인 사례 제시나 적극적인 언론 대응에 나서지 않았다. 이러한 정황을 근거로 보면 학교 측에서 내세운 징계 사유가 사회적 공감대를 얻기 어렵다는 자체 판단도 있었다고 추측할 수 있다. 또한 법원의 1심 및 2심 판결을 통해 손 교수 징계에 대한 무효판결이 확정되는 과정에서도 학교 측의 공개적이고 적극적인 언론 대응이 없었다.

만약 서울기독대학교의 적극적인 언론활동이나 '손 교수 사건'에 대한 공개 토론의 장이 마련되었다면, 당사자 간의 합리적 해결과 갈등 해소는 물론 다종교 사회에서 개신교의 이웃종교와의 구체적인 관계설정과 선교 활동에 대한 깊이 있는 논의도 이뤄졌을 것으로 본다. 서울기독대학교의 소극적 대언론 활동과는 반대로 손 교수는 자신의 사건에 대해 기자회견과 SNS 활동 그리고 언론취재에 능동적으로 임했다. 언론을 통해 손 교수의 목회활동(예술목회연구원, 가나안교회)과 관련 인터뷰 등이 지속적으로 이어졌다. 법원의 재판 진행과 함께 언론보도를 통해 손 교수 '징계의 부당함'과 함께 '종교간 평화운동' '목회적 활동' 그리고 재판의 승소 등이 전해지면서 손 교수의 사회적 당위성이 강화되었다고 할 수 있다. 2019년 11월 말 현재 '손 교수 사건'은 서울기독대학교의 파면처분 무효가 2심에서 결정되고 학교 측에서 대법원 상고를 포기함으로써 최종 결정되었다. 그러나 손 교수의 학교 복직 문제와 신앙노선 문제 그리고 재판 과정에서 갈등 등 넘어야 할 과제가 남아 있다. 사회적 이슈로서 법적인 판결이 현장에서 어떻게 적용될 것인지 그리고 '종교평화' 이슈와 관련하여 '손 교수 사건'에 대한 언론의 관심은 여전히 진행형이다.

#### 4) 빅카인즈 뉴스 빅데이터 분석

##### (1) 키워드 트렌드

기사의 키워드 트렌드는 ① 2017년 2월 손 교수 파면 관련하여 가장 높고, ② 2018년 3월 5대 종교인의 달마산 평화순례 ③ 2019년 10월 법원의 2심 판결(파면무효) ④ 2018년 8월 법원 1심 판결(복직판결) 등으로 높게 나타났다. 키워드 트렌드(기사량)를 근거로 손 교수 사건을 들여다보면 3가지 의미를 찾을 수 있다.

첫째, 오늘날 한국사회에서 종교간의 소통과 평화가 중요한 사회적 가치로 작용한다(언론의 주목도). 둘째, 종교적 신념이 사회적 가치, 합리성, 윤리성, 법적 타당성 등과 배치되거나 갈등적으로 부딪칠 때 뉴스의 가치(News Value)가 높고, 이런 경우 감시자로서 언론의 취재보도가 지속되는 경향이 있다. 셋째, 종교적 갈등 문제에 대한 해결로써 법정의 판결이 사회적 권위와 공감대를 가진다.(법원의 판결이 종교문제에 대한 언론 비판의 중요한 근거가 됨)

##### (2) 연관어 시각화(빈도수)

한국언론진흥재단의 뉴스 빅데이터 공공서비스인 빅카인즈(www.bigkinds.or.kr)를 이용하여 54개 언론사의 기사를 대상으로 분석하였다. '손원영'을 키워드로, 검색기간(2016.1.1-2019.11.30) 등으로 총 78건의 기사가 검색되었고, 이 중 손 교수 사건과 무관한 17건의 기사를 제외한 61건 기사를 대상으로 분석했다. 키워드 분석의 주요 결과는 4가지이다.

□ 연관어 빈도수 및 가중치

| 순 | 키워드 | 가중치 | 빈도 | 순 | 키워드 | 가중치 | 빈도 |
|---|---|---|---|---|---|---|---|
| 1 | 기독교 | 6.46 | 214 | | 기자간담회 | 1.5 | 5 |
| | 불교 | 3.43 | 155 | 20 | 이사장 | 1.33 | |
| | 개신교 | 9.26 | 96 | | 천도교 이우원 선도사 | 2.67 | 4 |
| | 모금운동 | 4.63 | 32 | | 불상 훼손 사건 | 2 | 4 |
| 5 | 종교평화 | 3 | 30 | | 그라찌에가나안교회 | 1.71 | 4 |
| | 종교인들 | 2 | 27 | | 복구비용 | 3 | |
| | 종교계 | 2.31 | 26 | 25 | 남북관계 | 1.33 | 3 |
| | 목회자 | 1.71 | 23 | | 민영진 | 1.33 | 3 |
| | 대책위 | 1.33 | 21 | | 부장판사 | 1.33 | |
| 10 | 천도교 | 3.08 | 19 | | 산하 예술목회연구원 | 2 | 2 |
| | 성공회 | 3.33 | 18 | | 시민대책위 발족 | 1.71 | 2 |
| | 기자회견 | 2.31 | 13 | 30 | 불교 사찰 | 1.5 | |
| | 윤정현 신부 | 4.12 | 9 | | 내부 추문 | 1.33 | 2 |
| | 우숭숭배 행위 | 2.73 | 9 | | 민낯 | 1.33 | 2 |
| 15 | 강신옥 수사 | 2.67 | 7 | | 참담 | 1.33 | |
| | 천주교 프란치스코 작은형제회 | 2.67 | 7 | | 그리스도의교회 정체성 파괴 | 1.33 | 1 |
| | 오인숙 수녀 | 4 | 6 | 35 | 시민대책위 출범 | 1.33 | 1 |
| | 파면 처분 | 2 | 6 | | | | |

① '손원영' 키워드와 연관성이 높은 키워드는 '기독교, 불교, 개신교, 모금운동, 종교평화, 목회자, 대책위' 등이다. 이 중 일상적으로 사용되는 개념으로 다중적으로 연관어로 사용된 '기독교, 불교, 개신교' 등을 제외하면 '손원영' 키워드 연관어 중 '모금운동, 종교평화, 목회자, 대책위' 등이 핵심 키워드이다. ② '손원영' 연관어 중에서 다중적으로 사용된 일반 키워드를 제외한 중심 연관어는 '모금운동, 종교평화, 목회자, 기자회견, 우상숭배 행위, 파면' 등이며, 개운사 불상 훼손으로 시작된 일련의 손 교수 사건의 핵심 키워드라 할 수 있다. 이 중 '모금운동, 종교평화' 등은 긍정 감성어로, '우상숭배 행위, 파면' 등은 부정 감성어로 사용되었고, '목회자, 기자회견' 등은 양가적으로

사용되었다. 또한 손 교수 사건 보도의 6가지 핵심 키워드는 언론보도와 법원의 재판 과정에서 손 교수에 대한 지지와 서울기독대학교 파면에 대한 부당함이라는 가치로 사회적 공감대를 확장 및 강화되었다. ③ 뉴스 키워드 연관어로 볼 때 손 교수 사건은 지난 4년간 개신교(기독교 사학인 서울기독대학교, 그리스도의교회 협의회)의 문제가 아니라, 다종교 문제(종교평화)이자 시민사회 문제로 발전되었다. '종교' 키워드로 '기독교, 개신교, 불교, 천도교, 천주교, 목회자, 신부, 수녀, 수사, 선도사, 성공회, 불상, 교회, 우상숭배행위, 불상 훼손 사건, 예술목회연구원, 그리스도의 교회 정체성 파괴' 등이며, '시민사회' 연관어로 '모금운동, 종교평화, 종교계, 종교인들, 대책위, 기자회견, 기자간담회, 시민대책위 발족, 시민대책위 출범' 등이다. ④ 키워드 감성을 분석하면 부정 감성어로 '개신교, 우상숭배 행위, 파면 처분, 불상 훼손사건, 내부 추문, 민낯, 참담, 그리스도의교회 정체성 파괴' 등이고, 긍정 감성어는 '모금운동, 종교평화' 등이다. 부정 감성어는 손 교수 사건에 대하여 특정 개신교단(서울기독대학교) 및 개신교계의 독선적 문화에 대한 비판적 의미가 강하고, 동시에 부정 감성어는 손 교수 행위에 대한 지지와 파면의 부당함이라는 사회적 가치판단이 담겼다. 부정 감성어 중 '내부 추문, 민낯, 참담' 등은 손 교수 사건과 직접적인 연관성은 없고, 2017년 불교계와 개신교계의 부조리한 현실에 대한 비판적 기사와 관련된 것이다. 긍정 감성어는 개운사 불상 훼손으로 시작된 손 교수 활동에 대한 사회적 관심과 윤리적 합리적 법적 당위성이 담겼다. 동시에 서울기독대학교의 손 교수 파면처분의 부당함 및 법원의 '파면 무효' 판결 근거로도 사용되고 있다. 감성 키워드로 볼 때 손 교수 사건은 기독교(개신교)의 중요한 신앙 정체성 중 하나인 '우상숭배 금지'가 왜곡된 한국교회 현실을 강하게 고발하고 있다. 먼저 개신교 신자에 의한 폭력적이고 불법적인 불상 훼손 사건의 발생과 그 신앙적 배경도 '우상숭배 금지'

에 대한 왜곡된 현실을 담고 있다. 다음으로 극단적 행동에 대한 손 교수의 활동이 교수직 파면으로 연관되는 것은 사회가치(종교평화)는 물론 합리성, 윤리성, 합법성 등이 결여되어 있음을 지적한다.

5) 뉴스 빅데이터 분석 결과 정리

(1) 지난 4년간(2016.01.01- 2019.11.30) '손 교수 사건'에 대한 언론보도를 '내용분석'과 '뉴스 빅데이터 분석' 두 가지로 분석했다. 관련 언론보도에 대한 내용분석은 네이버(www.naver.com) 뉴스의 상세검색 툴을 활용했고, 뉴스 빅데이터 분석은 한국언론진흥재단의 빅카인즈(www.bigkinds.or.kr) 툴을 활용했다.

(2) 네이버 뉴스 상세검색(all '손원영, 개운사, 서울기독대학교', and '손원영')을 통하여 907개 매체 중 46개 언론매체에서 총 279건이 추출되었다. 이중 동명이인 등 '손 교수 사건'과 무관한 71건을 제외한 208건을 대상으로 하였다. 208건 기사를 일반 언론과 종교언론으로 구분하면 일반 언론 82건(39.4%), 종교언론 126건(60.6%) 등으로 종교언론의 기사빈도가 높다. 종교언론의 기사량으로는 개신교 60건(47.6%), 불교계 59건(46.8%), 천주교 7건(5.6%) 등으로 개신교와 불교 언론의 빈도수가 비슷하고 천주교 언론의 관심이 낮다.

(3) 네이버 뉴스서비스 기준에 따른 매체 유형별 기사량은 일간지(63건)→전문지/기타(59건)→인터넷신문(48건)→ 방송/통신(25건)→경제/IT(8건)→지역지(3)→매거진(2건)→스포츠/연예(0) 순이다. 일간지의 기사량이 가장 높게 나온 것은 본 사건에 대한 사회 관심(News value)이 비중 있게 다뤄지고 있다. 사회 일간지 중에서는 진보성향의 서울신문(9)→경향신문(7)→한겨레신문(3) 등 순으로 기사 빈도가 높다. 반면 보수 성향의 신문에서는 문화일보(6)의 보도 빈도가 높고, 조선 · 중앙 · 동아 등에서는 본 사건에 대한 보도

가 없다. 방송/통신사에서는 연합뉴스(12)의 보도 빈도가 높고, KBS, 종편채널 등에서는 보도되지 않았다. 따라서 손 교수 사건은 방송보다는 신문에서 더 관심을 가졌고, 진보 성향의 언론이 더 주목하는 개혁적 특성을 가졌다.

(4) 손 교수 사건에 대한 보도성향은 긍정(지지) 성향 112건(53.8%), 중립 성향 95건(45.7%), 부정 성향 1건(0.5%) 등이다. 종교 언론의 보도성향을 보면 긍정(지지) 66건(52.4%), 중립 59건(46.8%), 부정 1건(0.8%) 이다. 종교별 긍정(지지) 성향을 보면 개신교 언론 27건(45%), 불교 언론 37건(62.7%), 천주교 언론 2건(28.6%) 등으로 불교 언론의 긍정(지지) 성향이 월등히 높게 나타났다.

(5) 언론보도의 비판 잣대를 유형화하여 분류하는 데 한계가 있지만, '기사 구성, 키워드 선택, 헤드라인, 리드' 등을 종합하여 5가지 비판 잣대로 유형화하여 추출했다. 언론보도의 비판 잣대는 '사회가치(약 35%)→합리성(약 25%)→윤리성(약 20%)→준법성(약 15%)→종교성(약 5%)' 등의 순으로 나타났다. '손 교수 사건'에 대한 언론의 비판 잣대는 사회가치(종교평화)가 가장 중요하게 작용했고, 종교성(신앙정체성) 기준이 가장 적었다. 따라서 '손 교수 사건'은 개신교내의 문제(신앙노선 갈등)나 개신교와 불교 간의 종교적 갈등 관점보다 사회적 이슈로써 종교평화 문제로 바라보았다고 할 수 있다.

(6) 언론보도에서 눈여겨 봐야 할 부분은 개신교계 일간지로 기독교 보수 신앙을 견지하고 있는 국민일보(미션라이프)의 보도이다. 국민일보의 기사보도는 총 18건으로 전체 언론 중 가장 빈도수가 높았고, 이중 '손 교수 사건'과 직접 연관된 기사가 8건으로, 국민일보가 이 문제를 비중 있는 사건으로 보도했다. 보도성향은 긍정(지지)이 5건, 중립 성향이 3건으로, 손 교수에 대한 해직이 부당하다는 입장에 무게를 두었다. 또한 타 언론에서 종교성 잣대로 비판한 기사가 거의 없지만, 국민일보에서 기독교 가치와 신앙에 대한 시각

을 제시하면서 긍정(지지) 성향으로 보도한 것은 의미가 크다.(2017.5.15. 보도)

(7) 언론보도에서 아쉬운 점은 서울기독대학교의 공적인 입장표명과 적극적인 대언론 활동이 부족했다는 것이다. 서울기독대학교는 2017년 2월 징계 결정에 따른 한차례 기자회견을 가졌다. 이후 언론보도에 대한 적극적인 입장표명이나 능동적으로 취재에 응한 기사가 없는 것으로 보아 소극적인 자세로 일관한 것으로 보인다. 서울기독대학교가 능동적으로 대 언론 활동을 했다면 향후 실질적인 문제해결에도 도움이 되고 '종교평화' 이슈에 대한 개신교계의 논의 역시 발전 했을 것으로 본다. 서울기독대학교의 소극적 대 언론 활동과는 반대로 손 교수는 자신의 사건에 대해 기자회견과 SNS 활동 그리고 언론취재에 능동적으로 임했다.

(8) 한국언론진흥재단의 빅카인즈(www.bigkinds.or.kr)을 이용하여 54개 언론매체의 뉴스 빅데이터를 분석했다. 기사 트렌드는 ① 2017년 2월 손 교수 파면 관련하여 가장 높고, ② 2018년 3월 5대 종교인의 달마산 평화순례, ③ 2019년 10월 법원의 2심 판결(파면무효) ④ 2018년 8월 법원 1심 판결(복직판결) 등으로 높게 나타났다. 키워드 트렌드(기사량)를 근거로 손 교수 사건을 들여다보면, 첫째 오늘날 한국사회에서 종교간의 소통과 평화가 중요한 사회적 가치로 작용한다(언론의 주목도). 둘째, 종교적 신념이 사회적 가치, 합리성, 윤리성, 법적 타당성 등과 배치되거나 갈등적으로 부딪칠 때 뉴스 가치(News Value)가 높고, 이런 경우 감시자로서 언론의 취재보도가 지속되는 경향이 있다. 셋째, 종교적 갈등 문제에 대한 해결로써 법정의 판결이 사회적 권위와 공감대를 가진다.

(9) 네이버 상세검색과 동일조건으로 빅 카인즈를 통해 추출된 61건의 기사를 분석한 결과 4가지의 의미가 있다.

① '손원영' 키워드의 핵심 연관어는 '모금운동, 종교평화, 목회자, 대책위'

등이다. ② 긍정 감성어는 '모금운동, 종교평화'이며, '개신교, 우상숭배 행위, 파면 처분, 불상 훼손 사건, 그리스도의교회 정체성 파괴' 등은 부정감성어로, '목회자, 기자회견' 등은 양가적으로 사용되었다. 또한 손 교수 사건 보도의 핵심 연관어와 감성어(긍정/부정)는 손 교수에 대한 지지와 파면의 부당함이라는 가치에 무게중심이 실렸다. ③ 손 교수 사건은 지난 4년간 개신교의 문제가 아니라, 다종교 문제(종교평화)이고 시민사회 문제로 발전되었다. '시민사회' 연관어로 "모금운동, 종교평화, 종교계, 종교인들, 대책위, 기자회견, 기자간담회, 시민대책위 발족, 시민대책위 출범" 등이다. ④ 감성 키워드로 볼 때 손 교수 사건은 기독교(개신교)의 중요한 신앙정체성 중 하나인 "우상숭배 금지"가 왜곡된 한국교회 현실을 강하게 고발하고 있다.

## 2. 이제는 뜻을 모아야 할 때이다

일균_ 대한불교조계종 김천 개운사 주지스님

"새벽마다 사람의 등불이 꺼지지 않도록 서울의 등잔에 홀로 불을 켜고 가난한 사람의 창에 기대어 서울의 그리움을 그리워하고 싶다. 나를 섬기는 자는 슬프고, 나를 슬퍼하는 자는 슬프다. 나를 위하여 기뻐하는 자는 슬프고, 나를 위하여 슬퍼하는 자는 더욱 슬프다. 나는 내 이웃을 위하여 괴로워하지 않았고, 가난한 자의 별들을 바라보지 않았나니, 내 이름을 간절히 부르는 자들은 불행하고, 내 이름을 간절히 사랑하는 자는 더욱 불행하다." (정호승, 「서울의 예수」, 부분)

성탄절 즈음이면 저절로 읊조리게 되는 정호승 시인의 「서울의 예수」라는 시 중 일부입니다. 성탄절이 되면 불교계는 아기 예수님이 사바세계에 나신 것을 축하하는 현수막을 걸고 함께 기뻐합니다. 불교에는 불성(佛性)이 있고, 기독교에는 성령(聖靈)이 있습니다. 그리고 이 불성 혹은 성령이 임해야 할 자리는 사회의 어두운 곳에서 외면 받고 있는 이웃들입니다. 가장 낮은 곳에서 아픔에 신음하는 이웃에게 선행을 베푸는 것을 불교는 자비라 하고, 기독교는 사랑이라고 합니다. 부처님은 왕자로 태어났으나 보장된 왕위를 버리고 출가하셨습니다. 그리고 깨달음을 성취하신 후 일생을 맨발로 전법의 길을 걸으셨습니다. 예수님은 아담이 유산으로 남긴 인류의 원죄를 대속하기 위해 십자가를 짊어지고 골고다의 언덕을 올라야 했습니다. 이처럼 부처님과 예수님의 삶은 이타적이라는 점에서 동일합니다.

그런데 불행하게도 다종교 사회인 우리나라에서는 종교간 대립과 반목이 사회문제로 대두된 지 오래입니다. 때로는 유일신교인 까닭에 기독교 신자들은 헌법에 명시된 종교의 자유를 타종교에 대한 박해의 자유로 오해하기도 하였습니다. 하지만 비교종교학자 오강남 교수는 『예수는 없다』라는 책에서 한국의 개신교가 '닫힌 종교'에서 '열린 종교'로 나아가야 한다고 역설했습니다. 『예수는 없다』를 출간한 이유는 선교를 위해서가 아니었습니다. 교세의 확장보다 중요한 것은 그 종교의 건강성을 확보하는 것입니다. 다원주의의 반대는 일원주의입니다.

기실, 불교와 기독교 등 고등종교의 윤리관은 배타가 아닌 포용에 바탕을 둔다고 할 수 있습니다. 불교로만 좁혀 보면 존재론적인 '견성'(上求菩提)을 통해서 관계론적인 '자비'(下化衆生)를 실천하자는 게 부처님 가르침의 요지인 것입니다. 세계적인 석학 알랭 바디우는 『사도 바울』이라는 책에서 사도 바울이 죽음만 판각한 율법시대를 종언하고 사랑 실천의 새 시대를 열었다고 평가했습니다.

불교의 자비, 기독교의 사랑을 펼치기 위해서는 먼저 상대방의 종교를 인정하고 존중해야만 하는 것입니다. 상대방의 종교가 나의 종교와 '틀린 것'이 아니라 '다른 것'임을 인정하고 존중해 줄 때 함께 공존하며 종교로서의 가치와 역할을 할 수 있는 것입니다.

『무소유』의 저자 법정스님, 전 조계종총무원장 지관스님, 김수환 추기경은 한국 근·현대사에서 지남(指南)이 되는 가르침을 남겼습니다. 김수환 추기경은 1997년 12월 14일 길상사 개원식에 참석했고, 이에 대한 답례로 법정스님은 1998년 1월 24일 가톨릭 서울대교구 명동성당에서 강연을 하였습니

개운사 점안식 후 기념촬영(2019년 10월 28일). 황금동성당 박병래 신부(좌), 직지사 법보스님(중)

다. 지난 2006년 부처님 오신 날을 앞두고 지관스님은 가톨릭복지시설 성가정입양원을 방문했고, 이에 대한 답례로 성탄절을 앞두고 정진석 추기경이 불교 복지시설인 승가원을 찾았습니다. 그분들이 우리에게 보여주신 것은 서로의 종교를 인정하고 존중하는 것이었습니다.

3년 전 납승이 주지로 있는 김천 개운사에는 끔찍한 훼불 사건이 발생했습니다. 법당에 기독교인을 자처한 남성이 난입, 불상과 불구들을 훼손한 것입니다. 개운사 훼불 사건이 일어나자 손원영 목사님은 개운사 주지스님과 신도, 모든 불자에게 용서를 구하고 개운사 법당 복구를 위해 모금운동을 펼쳤습니다. 의식 있는 참된 종교인으로서 본연의 모습을 보여주셨지만, 목사님이 몸담고 있던 서울기독대에서 이로 인하여 파면을 당하고, 이후 목사님은 힘든 시간을 보내야만 했습니다. 자신에게 불이득이 올 것을 뻔히 알면서도 용기 있는 행동을 하신 목사님에게 이 지면을 통해서 깊은 감사의 말씀을 전합니다.

『법화경』「약초유품」에서 부처님이 가섭에게 약초의 비유를 들면서, "한

점안식 후 복원된 개운사 법당(2019년 10월 28일)

구름에서 내리는 비지만 그 초목의 종류와 성질에 맞춰서 싹이 트고 자라고 꽃이 피고 열매를 맺느니라. 비록 한 땅에 나고 한 비로 적시어서 주는 것이지마는 여러 초목이 각각 차별이 있는 것이니라."라고 말씀하신 것을 가슴에 새기길 바랍니다.

또한 『성경』에 나오는 "피리나 거문고같이 생명이 없는 악기도, 음색이 각각 다른 소리를 내지 않으면, 피리를 부는 것인지, 수금을 타는 것인지, 어떻게 알 수 있겠습니까?"라는 질문을 이 시대의 화두로 삼는다면, 우리 사회에서 종교분쟁은 일어나지 않을 것입니다. 종교인이라면 서로 다툴 것이 아니라 '가난한 사람의 창'에 불을 밝히는 일에 뜻을 모아야 할 것입니다.

# 3. 하나님의 뜻 하나님의 나라

민성식_ KCRP《종교와 평화》 편집장

얼마 전, 고등학교 선배의 동생이 세상을 떠나셨다는 소식을 듣고 빈소를 찾았습니다. 조문을 마친 뒤 나를 접객실로 안내하던 선배는 뜬금없이 "너 하나님 믿지?"라고 물었습니다. 엉겁결에 "예!"라고 대답한 나에게 선배는 "그 하나님이 나를 참 허망하게 하시는구나."라고 탄식하듯 말했습니다. 사랑하는 동생을 잃은 슬픔이 너무도 컸기에, 후배한테라도 그렇게 넋두리를 하고 싶었던 모양입니다.

하나님을 믿는 개신교인들에게 있어서, 사람의 생명은 오로지 하나님께 달린 일입니다. 나 역시 허망하게 아버지를 잃었지만, 그 또한 하나님의 뜻이겠거니, 하늘나라에서 아버지가 하실 일이 있기 때문에 하나님께서 그렇게 급히 아버지를 데려가신 것이겠거니 생각했습니다. 이 정도면 내 신앙이 그다지 나쁘지는 않은 것 같습니다. 또 그렇기 때문에, 우리가 살아가는 사회를 하나님의 뜻이 이루어지는 '하나님 나라'로 만들어 나가기 위해 노력해야 한다는 생각도 갖고 있습니다. 물론 진짜로 노력했느냐고 물으신다면 대단히 옹색한 대답밖에는 할 수 없는 처지지만 말이지요.

그래서일까요? 참으로 이상한 것은, 개인적으로 슬프고 허망한 일에서는 하나님의 뜻이 착착 이루어지는 반면, 우리가 살아가는 사회를 '하나님 나라'

로 만들어가는 일에서는 하나님의 뜻이 잘 이루어지지 않는 것 같아 보인다는 사실입니다. 따지고 보면 더 이상한 일도 있습니다. 한국 개신교계는 우리나라 인구의 4분의 1이 개신교인이라고 자랑합니다. 그렇다면, 우리 사회의 적어도 4분의 1 정도는 '하나님 나라'와 비슷한 모습을 갖추고 있어야 할 텐데, 과연 그럴까요?

이쯤에서 이렇게 말씀하시는 분들도 있을 것입니다. "그게 뭐가 이상해? 개신교인들이 너처럼 하나님 나라를 만들어가려는 노력을 게을리 하고 있기 때문 아니겠어?" 아프지만 결코 부정할 수 없는 지적입니다. 무릇 개신교인이라면 당연히 그리 해야 하겠지만, 나부터도 그러지 못하고 있는 게 분명한 사실이니까요.

그런데 말입니다…. 이렇게 문제의 근원을 개신교인 한 사람 한 사람에게 돌리는 것이 틀리지는 않지만, 그렇다고 해서 그것이 문제를 해결하는 길도 아닌 것 같아 보입니다. 왜냐하면, 하나님 나라를 만들어 나가기 위한 노력을 게을리 하는 것을 넘어서, 아예 하나님 나라의 개념과 이상을 깡그리 부인하면서 전혀 반대편으로 질주하는 개신교계의 인물들이 있기 때문입니다. 최근에 일어난 두 가지 일들을 사례로 들어 보겠습니다.

얼마 전 이른바 '속옷 목사님'이라는 별명을 가지신 분(진짜 별명은 이보다 더 적나라하지만, 여기서는 이 정도로 표현하겠습니다.)께서 '전도사님'의 직함도 갖고 계신 제1 야당의 대표와 만나 이런 이야기를 했다고 말씀하셨습니다. "집권하면 나한테 장관 자리를 주기로 했다."

기본적으로 믿기지 않는 사실입니다. 왜냐하면 제1 야당의 대표님은 '황교ㅇ'라는 이름을 패러디한 '황X활'이라는 별명을 갖고 계신 만큼, 그런 중요한 이야기를 함부로 하지는 않았을 것 같고, 또 '속옷 목사님'은 예전부터 '뻥'이 심하기로 이름난 분이셨기 때문입니다.

사실 여부보다 중요한 것은 이 두 분이 최근 보여주시는 모습이 과연 '하나님의 뜻' 혹은 '하나님 나라의 개념과 이상'에 부합되느냐 하는 것입니다. '속옷 목사님'은 이미 여러 차례 기독교 정당을 만들어 '소수자 차별', '이슬람 배제' 같은 말도 안 되는 내용을 정강정책에 포함시켜 비난을 받았고, 최근에는 자신의 뜻과 다른 인물이나 단체, 정당은 물론, 자신을 비난하는 언론마저도 '종북좌빨'로 몰아가고 계십니다. 제1 야당의 대표님 역시 '종북좌빨 몰이'에 있어서는 '속옷 목사님'에 결코 뒤지지 않고, 부처님 오신 날 봉축 법요식에 참석하고도 불교의 예를 행하지 않아 불교계의 분노를 샀습니다. 이것은 모두 하나님 나라의 개념과 이상에 반대되는 행동들입니다.

이런 두 분이 함께 한 자리에서 어떤 이야기가 나왔느냐는 사실 중요하지 않습니다. 이 두 분이 자리를 함께한 것 자체가 '하나님 나라의 개념과 이상에 반대되는 일을 하기 위해 뭉친 것'으로 해석될 수밖에 없기 때문입니다. 실제로 '속옷 목사님'은 제1 야당 대표에게 "다음 총선에서 200석 이상을 차지해야 한다"고 말하기도 했습니다. 이쯤 되면, "우리가 힘을 합쳐 나라 전체를 하나님 나라와는 반대되는 방향으로 이끌어 가자"고 제안한 것이나 마찬가지입니다.

두 번째 사례는 서울기독대학교에서 해고된 손원영 교수 재판 이야기입니다. 손 교수가 왜 해고됐는지 여러분들도 잘 아실 것이고, 또 해고무효소송 1심에서 승소한 것도 아실 겁니다. 그러나 학교 측은 1심 판결에 불복해 항소했고, 지난 5월 24일에는 2심의 결심공판이 예정돼 있었습니다.

그러나 학교 측은 이날 2명의 증인을 신청해 결심공판을 무력화시켰습니다. 결국 한 차례 더 공판을 진행한 뒤 8월에나 가서야 2심 선고가 내려질 것으로 보입니다. 1심 판결이 내려졌을 때 많은 사람들은 '상급심은 가보나마나'라고 생각했습니다. 재판부가 손 교수의 손을 들어준 이유가 판결문에 너무나도 명확하게 나와 있었기 때문입니다. 그럼에도 학교 측은 국내 굴지의 대형 로펌에 의뢰해 '누가 봐도 이길 가능성이 희박한' 재판을 질질 끌고 가기 시작한 것입니다.

이로 인해 손 교수가 받는 정신적 물질적 피해는 이루 말할 수 없습니다. 기본적으로 정당한 행동을 했다는 분명한 명예회복이 그만큼 더뎌지고 있고, 또 아무리 뜻있는 변호사들이 돕고 있다고 해도 '공짜'로 변론을 부탁할 수는 없기 때문입니다. 재판이 길어지면 길어질수록 손 교수가 받는 피해도 그만큼 커지는 것입니다.

그렇다면 학교 측은 왜 '승산 없는' 재판을 이렇게 끌고 가고 있을까? 한마디로 '갈 데까지 가면서 손 교수에게 최대한의 고통을 주자'는 심산이라고밖에는 생각할 수 없습니다. 말도 되지 않는 이유로 학교에서 쫓아낸 것도 모자라서, 안 봐도 될 피해를 최대한으로 입히고 있는 것입니다. 그것도 서울 '기독'대학이 말입니다.

이 두 가지 사례로 볼 때, 우리 사회에서 하나님의 뜻이 제대로 이루어지지 않는 이유가 꼭 개신교인 한 사람 한 사람에게 있는 것 같지는 않다는 생각이 듭니다. 하나님의 뜻을 왜곡하고, 하나님 나라의 개념과 이상과는 반대되는 행동을 서슴지 않으면서 우리 사회를 그쪽으로 몰고 가려는 일부 개신교 목회자나 교인들이 존재하는 한, 하나님의 뜻, 그리고 그 뜻이 이루어지는 하나님 나라는 우리 사회에서 결코 현실이 될 수 없을 것입니다.

하나님의 뜻을 왜곡하고, 하나님 나라의 개념과 이상과는 반대되는 행동을 서슴지 않으면서 우리 사회를 그쪽으로 몰고 가려는 일부 개신교 목회자나 교인들이 존재하는 한, 하나님의 뜻, 그리고 그 뜻이 이루어지는 하나님 나라는 우리 사회에서 결코 현실이 될 수 없을 것입니다.

# 4. 손원영 교수 사건의 종교사회학적 의미: 위기와 성상 파괴

하홍규_ 연세대학교 사회발전연구소 연구교수

성상(聖像)을 파괴하는 것은 처음부터 종교개혁과 관련되어 있었다. 종교개혁자들은 이전 가톨릭 교회 성전 안에 있는 벽화들과 제단들을 제거했으며, 하나님과 사람 사이에 있는 깊은 심연을 교회 안에 있는 성상들(icons)과 성인들의 유골이나 유품들이 메울 수 있다고 여겼던 중세 교회들의 마법적 주장에 반대하는 것은 신앙을 새롭게 하는 데 필수적인 일이었다. "너를 위하여 새긴 우상을 만들지 말고, 또 위로 하늘에 있는 것이나, 아래로 땅에 있는 것이나, 땅 아래 물속에 있는 것의 어떤 형상도 만들지 말며, 그것들에게 절하지 말며, 그것들을 섬기지 말라"는 명령은 문자 그대로 지켜져야 했다. 사회학자 막스 베버(Max Weber)가 말하듯이, 엄격한 칼뱅주의자들은 "구원 수단으로서의 모든 성례전을 가장 철저하게 평가절하했으며, 또한 그럼으로써 세계의 종교적 '탈주술화'(disenchantment)를 그 최종적인 논리적 단계까지 관철시켰다."

예수님은 성전을 정화하신 후, 이에 대해 묻는 유대인들에게 "너희가 이 성전을 헐라 내가 사흘 동안에 일으키리라"(요한복음 2장 19절)라고 말씀하셨다. 깨끗하게 하는 일은 파괴로 인해 가능해진다. 기독교는 실로 성상 파괴적 종교이다. 역사적으로 볼 때, 기독교는 성상 파괴를 통하여 스스로를 갱신해 왔던 종교이다. 그런데 자신의 종교 성상이 아니라 다른 종교의 성상들을 파괴하는 일은 개혁이 아니라 폭력이다. 원래 "종교는 성스러운 우주를 형성하는 인간적인 기획"이다(피터 버거). 그래서 가령 전쟁에 이겨서 상대방의 성상을 파괴하는 것은 상대방이 형성한 성스러운 세계를 파괴하는 행위이다. 이에 대한 많은 보기를 들 수 있다. 불교 국가인 태국의 아유타야(Ayutthaya)에는 머리가 잘린 불상이 아주 많은데, 이는 오랜 시간의 흐름 속에서 자연적으로 퇴화된 것이 아니라, 침략자들이 그 나라의 신성을 꺾어서 다시 일어서지 못하게 하려는 파괴 행위에 의한 것이었다. 영화 〈침묵〉에서 일본 관리는 박해의 한 형식으로 신체적 고문을 하는 데서 멈추지 않고, '성상'을 발로 밟도록 강요한다. 곧 상대의 성스러운 우주를 파괴하려는 것이다.

개운사 훼불 사건은 한 개인의 우발적인 범행이 아니라, 종교적으로 수행된 의례적 실천(ritual practice)이었다. 그래서 나는 개운사 훼불 행위를 상징적인 것으로 이해하고자 한다. 그 행위자는 술에 취하지 않았고, 자신이 개신교 신자임을 밝혔으며, "신의 계시를 받아 그런 행동을 했다"고 주장했다고 한다. 그리고 개신교도에 의한 훼불 사건에 대해 자신의 페이스북에 사과문을 올리고 불당회복을 위한 모금 운동을 벌인 손원영 교수에게 서울기독대학교는 '우상숭배에 해당하는 죄'를 지었다고 파면 조치하였다. 이 모든 것들은 종교적 · 상징적 언어로 표현되어 있다. 그래서 이 표현들은 이 사건이 단지 타인의 재산에 손해를 입힌 사건이 아니라, 상징적인 것임을 보여주는 증거들이다.

나는 이 상징적 사건을 해석하기 위해 문화인류학자이자 문화비평가인 르네 지라르(René Girard)에 기대고자 한다. 나는 그의 '희생 가설'이 이 개운사 훼불 사건을 이해하는 데 중요한 단서를 제공한다고 믿는다. 지라르는 『폭력과 성스러움』에서 모든 종교적 · 문화적 활동의 텍스트들에서 발견되는 '희생제의'라는 문화적 장치에 대한 설명을 시도한다. 희생제의는 집단 속에 내재하여 언제든지 분출할 수도 있는 폭력을 집단 내부에 있는 특정한 대상, 곧 희생양에게 분출시키거나 또는 집단 외부의 대상에게 분출시킴으로써, 바로 그 '내부적 폭력'을 제거하려는 시도이다. 희생제의는 집단 내부에 있는 경쟁, 분쟁, 질투심과 언쟁의 씨앗들을 희생되는 대상에게로 집중시켜, 곧 폭력의 방향을 공동체 전체로부터 희생물에게로 돌려서, 공동체의 조화를 다시 세우고 강화하며, 사회적 일치를 세우는 문화적 장치이다.

희생제의는 폭력에 대한 예방 수단이라고 할 수 있지만, 종교적인 예방책은 폭력적인 성격을 갖는다. 이때 예방적 폭력은 바꿔치기 된 대상을 향한다. 희생제의는 대체 폭력을 통해서 평화를 회복하는 공동체의 메커니즘이다. 그래서 희생제의의 진정한 기능은 바로 내부적인 폭력을 진정시켜 달래고, 그것이 폭발하여 공동체가 깨어지는 것을 막는 데 있다. 그래서 폭력과 성스러움은 서로 뗄 수 없는 관계에 있다. 아니 성스러움은 이미 인간의 평온함을 위협하여 해칠 수도 있는 폭력적 힘을 내포하고 있다.

집단은 폭력이 터져 나올 수도 있는 위기의 상황에서 비난해도 마땅한 희생양을 찾고자 한다. 여기서 희생할 만한 것과 희생할 가치가 없는 것을 구별하는 것이 중요하다. 훼불 행위자가 개운사 주지인 진원스님을 '마귀'라고 부른 것은 개운사의 불상과 탱화 등이 '희생할 만한 희생물'임을 선언하는 것이다. 개운사의 성상들은 집단 외부에서 손쉽게 발견할 수 있는 희생 제물이다. 타 종교가 있는 한 집단 내에서 굳이 희생양을 찾아야 할 이유는 없다. 집단 외부의 희생양은 그 희생을 정당화하기가 더욱 쉬울 뿐이다.

'희생할 만한 희생물', 곧 정당화된 희생물은 화해의 대상이 아니다. 손원영 교수는 자신의 사건을 통해 "기독교와 불교 사이에 좋은 화해와 친교의 계기가 되었으면 좋겠다"고 했지만, 그것은 파괴되어야만 했으며, 그리고 그 파괴 행위는 정당화되어야 했다. 서울기독대학교의 손 교수 파면은 바로 그 정당화 작업이었다. 그리고 많은 기독교인들이 학교의 처분을 지지했음은 뻔하다.

만약에 희생제의가 쇠퇴한다면 공동체는 위험에 빠질 수 있다. 지라르는 희생의 파멸을 '희생 위기'라고 개념화한다. 희생당할 만한 희생물과 그렇지 않은 희생물의 차이, 정당한 폭력과 그렇지 못한 폭력 사이의 차이가 소멸된다면, 그래서 폭력에 의해 폭력을 해소할 수 있는 메커니즘이 작동하지 않게 된다면, 이제 공동체에는 "해롭고 전염성이 강한 폭력, 즉 상호적 폭력이" 퍼져나갈 것이다. 실로 위기이다.

지라르는 "모든 인간사회의 근원에 종교적인 것이 존재한다"고 말하면서, "종교적인 것의 대상은 희생양 메커니즘이며, 그 기능은 이 메커니즘의 효과를 영속시키거나 새롭게 하는 것, 다시 말해 폭력을 공동체 밖에 유지시키는 것"이라고 단정하여 말한다. 한국의 기독교는 북한이라고 하는 '희생할 만한 희생물'을 항상 폭력적으로 희생시켜 가며 내부의 평화를 유지해 왔다. 새로이 등장한 '희생할 만한 희생물은' '이슬람'과 '동성애'이다. 국회 입성을 노리는 기독교 정당이 내거는 기치가 어떠한 긍정적 정책이 아니라, 이슬람 반대와 동성애 반대인 것은 한국 기독교가 바로 희생 메커니즘에 의해서 유지되는 종교임을 보여준다. 폭력에 의해 평화를 유지하려는 시도가 반복되고 있는 것은 기독교가 오히려 상시적 위기 상황에 있음을 반증한다. 반복적인 위기에서 집단 밖의 희생 제물에게 지속적으로 폭력을 가하고 있는 것이 지금의 한국 기독교이다.

기독교는 성상 파괴를 통하여 스스로 갱신해 왔던 종교라는 것을 상기해 보자. 자신의 성상을 파괴하는 종교는 역사상 매우 독특한 종교이다. 누구든 자신의 성상은 지키려고 한다. 기독교는 이상하게도 어떠한 신상도 허용하지 않는 신을 섬기는 종교이다. 예수님은 당시 유대인 사회 내부의 갈등과 긴장, 폭력을 해소하기 위해 만들어 낸 대체 희생물이었겠지만, 그를 믿는 이들에게는 결백한 희생양이다. 기독교가 독특한 이유는 신이 바로 그 희생자의 편에 선다는 것이다. 그래서 기독교는 보편적인 희생제의 메커니즘의 플롯에서 약간 벗어나 있다.

만약 외부의 희생양에 대한 폭력을 통해서만, 타종교의 성상을 파괴함으로써만, 평화를 유지하고 연대할 수 있다면, 기독교는 더 이상 스스로 개혁할 수 없는 종교이다. 신이 편들어 주고 있는 성상 파괴자, 곧 결백한 희생양에게는 그다지 관심 없어 보인다. 오히려 그 결백한 희생양에게 돌을 던졌던 이들과 같은 편에 서 있는 것으로 보인다.

## 5. 소송 경과보고: 손원영 교수 사건의 의미

오동운_ 변호사

손원영 교수님은 2017년 2월 20일 파면을 당하였고, 파면처분의 무효를 구하는 소송을 제기하였으나 2018년 5월 경 다음 재판기일이 두 달이나 더 지나서 잡히자, 상당히 낙담하여 저를 찾아오셨습니다. 소송을 신속하게 승리로 이끌기 위하여 새로운 판을 짜야 했습니다. 제가 서울북부지방법원의 사무분담표를 보니, 상당히 신망이 높으신 김현룡 수석부장께서 신청부 업무를 담당하고 계셨습니다. 그래서 본안소송과는 별도로 파면처분의 효력의 정지를 구하는 가처분 신청을 새로이 제기하기로 하였습니다. 가처분 사건은 원래 신속하게 기일이 진행되고, 결론도 신속하게 나오기 때문이기도 하지만, 경륜이 높고 훌륭하신 재판부로부터 신속하게 가처분 결정을 받아서 이를 본안재판에서 활용하는 것이 맞다고 보았습니다.

가처분 신청 사건을 제기한 전략이 적중했습니다. 재판부께서는 교회의 목사 신분과 신학대학의 교수 신분을 명확히 구분하시어, 신학대학의 교수도 사립학교법, 교원지위향상특별법의 보호를 받는 지위에 있음을 명확히 하시고, 신속하게 파면처분의 효력을 정지하는 결정을 하여 주셨습니다.

결정문의 논리는 선명하였습니다. 종교의 색깔에 대해서는 여러 논의를 할 수 있지만, 그런 논의가 아니라, 설령 기독교 대학의 교수가 뒤늦게 개종

항소심 승소 후 변호인 오동운, 김민선 변호사와 함께 한 손원영 교수(2019.10.11. 서울고등법원)

하여 불교신자가 되었다 하더라도 개종을 이유로 파면하는 것은 헌법이 보장하는 종교의 자유, 종교 관련 양심의 자유를 침해할 수 있다고 보셨습니다. 우리 헌법에 근거한 합리적인 논증이었고, 우리 재판이 어느 방향으로 가야 하는지를 명확하게 알려주는 결정이었습니다. 이 자리를 빌려 사건의 본질을 보시고 올바른 방향으로 이끌어 주신 재판부께 감사드립니다. 이후 본안 재판부에 가처분 결정문을 제출하였고, 본안 재판부께서도 가처분 결정의 취지대로 판결하여 주셨습니다.

서울고등법원에서 열린 항소심 재판부에서는 예상 외로 1심에서 나왔던 증인을 포함하여 피고 측 증인을 다 받아주셔서 긴장되었습니다. 더구나 피고 측이 변론의 방향을 바꾸어 이단 시비를 하면서 한국기독교총연합회 대표회장의 '이단확인서'를 제출하기도 하였습니다. 그런데 증인신문을 통하여 이변은 일어나지 않았고, 이단 시비는 꼭 필요한 그때에, 사실확인서를 작성해 준 단체의 회장의 언행이 크게 언론에 회자되는 바람에 사실확인서가 거의 휴지가 되는 놀라운 역사를 경험하는 것으로 끝이 나 버렸습니다.

항소심에서는 1심에서 전부 승소한 우리가 부대항소까지 제기하여 미지급 급여에 대해 연 12% 이자까지 챙기는 쾌거를 이루었습니다.

서울북부지방법원에서 서울고등법원으로 이어지는 여러 차례의 변론기일마다 늘 교수님을 응원하는 분들이 오셨습니다. 동료 교수님, 수녀님 등이 오셔서 식사와 차 대접을 하면서 응원하여 주셨습니다. 그러한 주위의 응원과 격려는 이를 지켜보는 저로 하여금 더욱 열심히 변론하게 하는 힘이 되었습니다. 교수님은 SNS를 통해 재판의 경과를 중계하셨는데, 그때마다 교수님을 응원하시는 SNS 친구들 또한 이를 지켜보는 저로 하여금 더욱 더 열심히 변론하게 하고, 반드시 교수님에게 승리를 안겨 드려야겠다고 다짐하게 하는 큰 힘이 되었습니다.

사건의 내용이야 많은 분들이 다 아시니, 상론하지는 않겠습니다만, 기독교 신자에 의한 개운사 불상 훼손 사건이 있었고, 교수님은 2016년경 불당훼손 개운사 돕기 모금활동을 하였습니다. 대학을 살리기 위해 1인시위까지 하면서 총장과 척져 온 교수님에 대해 위와 같은 의로운 일을 핑계로 파면을 하게 된 것이지요. 교수님은 모금활동을 하시면서 "한 기독교인의 테러로 고통 받고 있는 한 여승의 얼굴에서 십자가에 달리신 예수 그리스도의 얼굴을 보았습니다."라는 멋진 명언도 남기셨습니다.

교수님이 모금 활동을 하고 불의한 처분에 맞서 소송을 제기한 행위는 비용이 들고, 때로는 힘이 드는 고달픈 일이지만, 우리 시대가 참으로 부족하여 몹시도 이루고 싶어 하고 애타게 기다리는 것들, 타인에 대한 관용과 배려, 다른 세대와 다른 이념에 대한 이해와 관용, 다른 종교에 대한 존중과 배려, 종교간의 평화를 위한 주춧돌이 되었다고 확신하며, 앞으로 더욱 타인들에게 관용하는 사회를 위한 멋진 메시지가 되었음을 확신합니다. 훌륭한 의뢰인을 만나 함께 성공 스토리를 만들어 내서 참으로 기쁩니다.

# 6. 손원영 사건의 헌법학적 의미: 종교간 평화를 위하여

황치연_ 전 헌법재판소 연구관

## 1. 서론

### 1) 사건 개요

손원영 교수 파면 사건은 2016년 1월 초에 한 개신교 신자가 경북 김천 개운사에 들어가 법당과 불상을 훼손한 일에 대해 손 교수가 대신 사과하고 법당 복구를 위한 모금활동 등을 한 것에서 발단된다. 손 교수의 행위는 "예수라면 어떻게 했을까"라는 실천 원칙의 관점, 사회적 약자의 연대라는 해방신학의 관점, 대한민국 헌법정신의 구현이라는 관점에 기초한 것이었다. 이에 대해 서울기독대를 운영하는 그리스도의교회 협의회와 학교법인 환원학원은 손 교수의 행위가 그리스도의교회의 환원정신에 입각한 정체성에 부합하지 않는 언행을 했다는 이유 등을 들어 2017년 2월 그를 파면하였다.

### 2) 손원영 교수의 파면처분무효확인 등의 판결

서울고등법원 제15민사부 2019.10.14. 2018나2053697 파면처분무효확인 등 판결; 서울북부지방법원 제12민사부 2018.8.30. 2017가합23688 파면처분무효확인 등 판결에 대해서 그 판결요지를 소개하는 차원에서 평석하기로 한다.

## 2. 헌법적 인식

표현의 자유는 전통적으로는 사상 또는 의견의 자유로운 표명(발표의 자유)과 그것을 전파할 자유(전달의 자유)를 의미하고, 개인이 인간으로서의 존엄과 가치를 유지하고 행복을 추구하며 국민주권을 실현하는 데 필수불가결한 것으로서, 종교의 자유, 양심의 자유, 학문과 예술의 자유 등의 정신적인 자유를 외부적으로 표현하는 자유라고 할 수 있다(헌재 1989.9.4. 88헌마22, 판례집 1, 176, 188; 헌재 1992.11.12. 89헌마88, 판례집 4, 739, 758-759 등 참조). 종교적 행위의 자유는 종교상의 의식 · 예배 등 종교적 행위를 각 개인이 임의로 할 수 있는 등 종교적인 확신에 따라 행동하고 교리에 따라 생활할 수 있는 자유와 소극적으로는 자신의 종교적인 확신에 반하는 행위를 강요당하지 않을 자유 그리고 선교의 자유, 종교교육의 자유 등이 포함된다. 종교적 집회 · 결사의 자유는 종교적 목적으로 같은 신자들이 집회하거나 종교단체를 결성할 자유를 말한다.(헌재 2011.12.29. 2009헌마527, 판례집 23-2하, 840, 848).

학문의 자유라 함은 진리를 탐구하는 자유를 의미하는데, 그것은 단순히 진리탐구의 자유에 그치지 않고 탐구한 결과에 대한 발표의 자유 내지 가르치는 자유 등을 포함하는 것이라 할 수 있다(헌재 1992.11.12. 89헌마88, 판례집 4, 739, 756).

교육의 자주성 · 대학의 자율성은 "대학에 대한 공권력 등 외부세력의 간섭을 배제하고 대학구성원 자신이 대학을 자주적으로 운영할 수 있도록 함으로써 대학인으로 하여금 연구와 교육을 자유롭게 하여 진리탐구와 지도적 인격의 도야(陶冶)라는 대학의 기능을 충분히 발휘할 수 있도록 하기 위한 것이며, 교육의 자주성이나 대학의 자율성은 헌법 제22조 제1항이 보장하고 있는 학문의 자유의 확실한 보장수단으로 꼭 필요한 것으로 이는 대학에게 부여된 헌법상의 기본권이다. 여기서 대학의 자율은 대학시설의 관리·운영만이 아니라 전반적인 것이라야 하므로 연구와 교육의 내용, 그 방법과 대상, 교과과정의 편성, 학생의 선발과 전형 및 특히 교원의 임면에 관한 사항도 자율의 범위에 속한다(헌재 1992.10.1. 92헌마68등, 판례집 4, 659, 670 참조; 헌재 1998.7.16. 96헌바33등, 판례집 10-2, 116, 144; 헌재 2014.4.24. 2011헌마612, 판례집 26-1하, 150, 167; 헌재 2015.11.26. 2012헌바300, 판례집 27-2하, 144, 155-156; 헌재 2015.12.23. 2014헌마1149, 판례집 27-2하, 710, 715).

### 3. 확정된 판결요지

사건의 전반적인 개요는 일반적으로 주지되어 있으므로 생략한다.

#### 1) 청구의 적법성

(1) 종교 활동은 헌법상 종교의 자유와 정교분리의 원칙에 의하여 국가의 간섭으로부터 그 자유가 보장되어 있다. 따라서 국가기관인 법원으로서도 종교단체 내부관계에 관한 사항에 대하여는 그것이 일반 국민으로서의 권리의무나 법률관계를 규율하는 것이 아닌 이상 원칙적으로 실체적인 심리·판단을 하지 아니함으로써 당해 종교단체의 자율권을 최대한 보장하여야 한다. 교인으로서 비위가 있는 자에게 종교적인 방법으로 징계·제재하는 종교단체 내부의 규제(권징재판)가 아닌 한 종교단체 내에서 개인이 누리는 지위에 영향을 미치는 단체법상의 행위라 하여 반드시 사법심사

의 대상에서 제외하거나 소의 이익을 부정할 것은 아니고, 한편 징계결의와 같이 종교단체 내부의 규제라고 할지라도 효력의 유무와 관련하여 구체적인 권리 또는 법률관계를 둘러싼 분쟁이 존재하고 또한 그 청구의 당부를 판단하기에 앞서 징계의 당부를 판단할 필요가 있는 경우에는 판단의 내용이 종교 교리의 해석에 미치지 아니하는 한 법원으로서는 징계의 당부를 판단하여야 한다.

(2) 피고('서울기독대학교'를 설립 · 운영하는 학교법인 환원학원)는 비록 그리스도의 교회 협의회와 관련되어 있으며, 환원정신 등 특정 종교적 이념이 정관상 명시되어 있기는 하나, 종교단체가 아니라 학교법인이며 피고도 사립학교법에 근거를 두고 설립된 사립 종합대학이다. 피고는 신학과 외에도 일반학과를 두고 있으며 그리스도의 교회 소속 학생이나 교직원들로만 구성되어 있지도 않다. 피고는 사립학교법 등 관련 법령에 의한 각종 보조금 등 재정적 지원의 대상이 되며, 관할 교육청의 관리 · 감독도 받는다. 피고 소속 교직원은 사립학교법 등 관련 법령에 따라 그 신분이 보장되며, 징계의 사유 · 방법 및 정도에 있어서도 종교단체 내부의 교단헌법 · 징계사유 · 권징절차 등이 아닌 사립학교법 등 관련 법령이 정하는 바에 따라야 한다.

원고(손원영 교수)에 대한 파면처분은 원고 개인이 종교단체 내부에서 신도나 목사로서 누리는 지위에 영향을 미치는 단체법상의 행위가 아니라, 사립학교법에 따라 설립된 종합대학의 교수지위와 그에 따르는 권한과 권리를 일거에 박탈하는 것이다. 이와 같이 원고의 구체적이며 법적인 권리 또는 법률관계를 둘러싼 분쟁이 존재하는 이상, 원고의 재판청구권을 부정하거나 그에 대한 사법심사를 거절할 수는 없다.

2) 본안판단

(1) 징계권의 행사가 임용권자의 재량에 맡겨진 것이라고 하여도 공익적 목적을 위하여 징계권을 행사하여야 할 공익의 원칙에 반하거나 일반적으로 징계사유로 삼은 비행의 정도에 비하여 균형을 잃은 과중한 징계처분을 선택함으로써 비례의 원칙에 위반하거나 또는 합리적인 사유 없이 같은 정도의 비행에 대하여 일반적으로 적용하여 온 기준과 어긋나게 공평을 잃은 징계처분을 선택함으로써 평등의 원칙에 위반한 경우에 이러한 징계처분은 재량권의 한계를 벗어난 처분으로서 위법하다. 사립학교 교원에 대한 징계처분의 당부를 판단함에 있어서는 징계위원회에서 징계사유로 삼은 사실을 기초로 판단해야 하며 소송과정에서 들고 나온 사유까지 이에 포함시켜 판단할 것이 아니다.

(2) 원고에 대한 파면처분 당시 징계사유로 삼은 사실을 기초로 할 때, 원고의 모금활동 · 언행 등으로 나타난 신앙적 정체성을 문제 삼은 부분은 징계사유가 없거나, 가사 일부 인정된다 하더라도 징계 양정이 사회통념상 현저하게 타당성을 잃어 징계권자가 그 재량권을 일탈 · 남용한 것으로서 위법하여 무효이다. 원고의 활동은 피고의 교직원 징계양정 기준 및 사립학교법 제55조에 열거된 '성실의무 위반'에 해당하지 아니한다. 오히려 원고는 교수업적평가에서 상위권에 속해 온 것으로 보이고, 재임기간 중의 이력으로 볼 때, 교원으로서 '성실성'이 부족했다거나 교수로서의 직무를 소홀이 했다고 보이지 않는다.

(3) 원고가 피고의 정관 제1조에 규정된 '그리스도의 교회의 환원 정신'에 충실하지 않았고, 모금활동 등은 이에 반하므로 일반 항목인 '기타 성실의무 위반'에 해당한다고 주장하지만, '기타 성실의무 위반'이라는 항목은 '열거적 한정적 징계 사유'에 준하는 것으로 해석되어야 하는데, 원고

의 행위가 그에 준한다고 보이지 않는다. 피고 정관 제1조의 목적규정은 법인의 설립이념을 일반적으로 밝힌 것으로 그 자체를 징계와 같은 중대한 신분상 불이익 처분의 근거규정으로 삼기에는 지나치게 포괄적이다. 따라서 피고가 근거로 든 정관 제1조는 신학적 해석의 관점에서, 헌법 제22조 '학문의 자유' 관점에서 볼 때, 개별적인 상황에서 어떤 행위가 요구되고, 어떤 행위가 금지되는지 쉽게 예측할 수 없을 뿐만 아니라, 신분상 중대한 불이익인 징계처분의 근거가 되는 처벌 규범으로서 구체적 표지들을 충분히 갖추었다고 보기 어렵다.

(4) 원고의 신학적 정체성에 관련하여 사립대학교의 자율성에 기초한 피고의 주장은 징계에 관한 사립학교법의 제도적 취지, 비례성의 법리, 종교 간 상호 존중 및 평화라는 공익적 측면 등을 고려하면, 가사 일부 징계사유가 인정된다 하더라도 파면처분은 사회통념상 징계 재량권을 현저히 일탈 · 남용한 것으로서 위법하여 무효이다.

(5) 원고가 약속한 호소문 위반 부분도 원고만의 귀책사유로 인한 호소문의 불이행이라고 할 수 없다. 신앙의 선택, 종교적 확신에 근거한 내적 고백의 자유는 헌법 제19조 및 제20조가 보장하는 종교의 자유, 양심의 자유라는 기본권의 본질 내용에 포함되는 것으로서 그러한 자유마저 박탈되면 위 기본권이 형해화되므로, 원고 소속교단인 감리교를 포기하고 원고의 아내 및 가족에게까지 그리스도의 교회협의회 입회를 요구하는 것은 공 · 사법적 수단으로 이를 법률상 강제할 근거가 없다. 따라서 호소문의 작성 경위, 그 이행을 위한 원고의 노력 등을 감안하면, 호소문의 불이행으로 인한 일부 징계사유의 존재를 인정할 수 있다 하더라도 파면의 징계양정은 비례의 원칙에 어긋나 재량권을 현저히 일탈 · 남용한 것으로서 위법하여 무효이다.

## 3. 평석과 결론

이 사건 판례는 피고가 상고를 포기하여 대법원 판례가 형성되지 못하고, 하급심의 판례로 확정된 것이다. 외견상으로는 신학교수의 파면처분이 법적 쟁송의 대상으로 되고 있지만, 실체적으로 종교간 평화를 진작시켰다는 측면에서 헌법상의 종교의 자유, 학문의 자유, 양심의 자유의 관련하여 헌법사적인 의미가 중대한 판례이다. 자신의 종교적 확신에 입각한 선교의 활동은 국가공동체의 평화를 촉진하는 방향으로 헌법적 한계 내에서 순수한 방법으로 이루어져 한다. 폭력적 · 파괴적 방법으로 행해지는 모든 불순한 전교활동은 형법적으로 처벌대상일 뿐만 아니라, 인류에 대한 사랑과 자비 및 공동체의 평화를 지향하는 종교의 목적과 기능, 신앙의 본질을 망각하는 행위이다.

소속 대학 당국의 파면조치라는 신분상의 불이익이라는 위협에도 굴하지 아니하고, 진리탐구라는 학문의 자유의 주체로서 손원영 교수가 기독교적 신앙과 학자적 양심에 투철하여 종교적 평화에 기여한 활동 등은 평화수호자의 소임을 다한 종교인으로서 역사의 한 페이지에 기록될 만하다 할 것이다. 또한 대한민국이라는 평화공동체를 유지하기 위하여 종교간 상호 존중 및 평화라는 공익적 측면에서 헌법사적 지침이 될 만한 판결을 내린 재판부에도 경의를 표하지 않을 수 없다 할 것이다.

## | 손원영 교수 사건일지 |

2016.01.17. 개신교인에 의한 김천 개운사 훼불사건

2016.01.21. 개운사 불당회복을 위한 모금운동 시작

2016.05.10. 개운사 불당회복을 위한 모금운동 마감

2016.05.16. 레페스포럼에 모금액 기부(종교평화학술모임 지원)

2016.05.20. 개운사 불당회복을 위한 모금 관련 서울기독대학교의 의견서 요구

2016.12.19. 서울기독대학교 이사회 징계위원회 구성

2017.01.11-12. 제1회 종교평화를 위한 레페스심포지엄 개최(씨튼영성센터)

2017.02.17. 서울기독대학교 이사회 손원영 교수 파면 결정

2017.02.20. 서울기독대학교 법인 손원영 교수 파면 통보 및 손원영 교수 기자회견

2017.03.31. 손원영교수불법파면시민대책위원회 결성(공덕감리교회)

2017.05.30. 대책위 주최 〈손원영교수불법파면 시민토론회〉(서울시청)

2017.06.18. 가나안신자들을 위한 교회-가나안교회 설립운동 시작(마지종교대화가나안교회 첫모임)

2017.08.30. 민사1심소송 승소(서울북부지방법원 제12민사부. 사건번호 2017가합23688호, 손원영 교수파면처분무효확인등)

2017.09.03. 가처분소송 승소(서울북부지방법원 제1민사부. 사건번호 2018카합20158, 파면처분효력정지가처분 등)

2017.10.13-14. 루터 종교개혁 500년 및 원효 탄생 1400년 기념 종교평화예술제(경동교회/정법사)

2017.12.31. 레페스포럼 기획, 『종교 안에서 종교를 넘어: 불자와 그리스도인의 대화』 출판

2018.12.09. 열린선원 & 마지종교대화가나안교회 성탄절 공동축하회 '예수보살과 육바라밀' 설교

2019.02.28. 3.1운동100주년기념 종교개혁연대 '한반도독립선언서' 발표

2019.10.01. 『교회밖교회: 다섯빛깔가나안교회』 출판

2019.10.11. 항소심 승소 (서울고등법원 제15민사부. 사건번호 2018나2053697, 파면처분무효확인 등)

2019.11.04. 서울기독대학교측 상고포기 및 판결 확정

2020.01.30.-02.02. 레페스심포지엄 및 아시아종교평화학회창립 의결(日本 四日市市 正泉寺)

2020.04.01. 서울기독대학교 이사회 손원영 교수 복직 결정

## | 손원영교수불법파면시민대책위원회 |

상임대표　박경양(평화교회 담임목사, 전 동덕여대이사장)

공동대표　원진희(연세대학교 신과대학 동문회장) / 박숭인(한국문화신학회 회장, 협성대 교수)
홍성학(충북보건과학대 교수, 전국교수노조위원장) / 원용철(벧엘의집 대표)
이병두(종교평화연구원장) / 김은규(성공회대 교수)
조광호(인천가톨릭대학교 명예교수, 신부)

총　　무　오범석(사회적기업 살기좋은마을 대표) / 박정범(NCCK 인권센터)

위　　원

강미은(숙명여대 교수)
권수영(연세대 신과대학장)
김광산(변호사)
김시곤(한국종교교육학회회장, 동국대교수)
김영천(변호사)
김진호(제3시대그리스도교연구소 연구실장)
김찬호(성공회대 교수)
김호동(연세대 84학번 동기회장)
민경식(연세대 교수)
송현주(순천향대 교수)
염동철(나우리교회목사)
유철희(한국영성예술협회 이사)
이영호(서울기독대 해직교수복직투쟁모임대표)
이재광(당진시의원)
전용배(기업인)
정진우(NCCK 인권센터 소장)
조용재(송악고 동창회총무)
최병춘(돈암그리스도의교회 원로목사)
홍규선(동서울대 교수)
황치연(전 헌법재판소 연구관)
강승우(기업인)
기석호(서울과학기술대학교 교수)
김성복(NCCK 인권센터 이사장)
김영록(신한대 교수, 전국교권수호교수모임대표)
김정준(성공회대 교수)
김찬기(한경대 교수)
김학철(연세대 교수)
남재영(NCCK 정의평화위원장)
박광서(서강대 명예교수)
양희송(청어람아카데미대표)
옥성삼(Cross Media Lab 원장)
이도흠(한양대 교수, 정의평화불교연대 상임대표)
이정구(성공회대 총장)
이찬수(레페스포럼 대표, 서울대 교수)
정승우(연세대 교수)
조성진(한국영성예술협회 예술감독)
최병천(신앙과지성사 대표)
한인철(연세대 교수)
황건원(계동교회 목사)